여성의 눈으로 본
한일 근현대사

국립중앙도서관 출판시도서목록(CIP)

여성의 눈으로 본 한일 근현대사 = Gender perspective on
modern and contemporary history of Korean Japan / 한일
여성공동역사교재 편찬위원회 지음. -- 파주 : 한울, 2005
 p. ; cm. -- (한울아카데미 ; 800)

참고문헌과 색인수록
ISBN 89-460-3463-7 93910

911.06-KDC4
951.903-DDC21   CIP2005002133

여성의 눈으로 본

한일 근현대사

한일여성공동역사교재 편찬위원회 지음

한국과 일본 여성이 모여 함께 한일 역사 교재를 출판하게 된 것을 참으로 기쁘게 생각한다. 마침 금년이 을사늑약이 조인된 지 100년, 아시아·태평양 전쟁이 끝난 지 60년, 한일협정이 맺어진 지 40년이 되는 해로, 우리로 하여금 많은 것을 생각하게 하는 해이기도 하다.

이 교재는 소외되어 온 여성의 눈으로 다시 역사를 보려고 애쓴 결과이다. 이 교재에서 우리는 당시 조선을 위시해서 여러 아시아 국가가 일본의 침략을 받기 시작한 시기부터 2000년까지를 다루었다. 인류 역사상 가장 전쟁이 많았던 20세기의 후반을 다룬 것이다.

이 시기에 일본은 '천황'을 정점으로 하여 가부장제 가족국가를 형성했다. 그리고 패전으로 끝난 아시아·태평양 전쟁 동안에는 '천황' 히로히토가 육해군을 총지휘하는 대원수폐하(大元帥陛下)였으며, 가족국가의 가부장인 그는 국부폐하(國父陛下)로 추앙받았다. 육해군의 정상 대원수폐하이며 나라의 아버지인 국부폐하는 침략전쟁에 나간 아들들을 생각해서 하사품으로 '위안부'를 선물했다.

이 처사는 중대한 인권침해이다. 가부장제의 부정적인 면이 극치에 이른 결과라고 하겠다. 그러나 일본은 오늘까지 전쟁에 패했음을 인정하지 않을 뿐 아니라, 전쟁 중에 저지른 전쟁범죄를 축소·왜곡·부정하고 있다. 일본군 성노예 문제에 이르러는 이른바 '위안부'의 산 증언도 인정하지 않고 있다. 따라서 피해자가 원하는 공식 사죄와 배상은 요원해 보인다.

노령의 피해자는 한을 품은 채 세상을 떠나고 있다. 간절히 요구되는 것은 사회정의와 평화이다. 2000년과 2001년에 도쿄와 네델란드 헤이그에서 열린 '일본군 성노예제 전범 여성국제법정'은 바로 이런 갈망, 즉 역사를 바로 세우고 사회에 정의를 회복시키고 우리의 후손은 다시는 이와 같은 경험을 하지 않는 평화로운 세상을 꿈꾼 우리의 갈망의 표출이었던 것이다.

이 갈망은 또한 이 교재를 낳게 했다. 지금까지 10여 년 동안 일본군 성노예 문제로 함께 일해온 한일 여성이 우리와 뜻을 같이하는 남성들의 협력을 얻어 이 교재를 출판하게 되었다. 독자 여러분과 함께 축하하고 싶다.

이 교재의 총책임을 지고 수고해 주신 정진성(서울대학교) 교수와 스즈키 유코(여성사 연구) 여사, 그리고 집필에 참가해 주신 여러분에게 진심으로 감사하는 바이다.

물심양면으로 크게 도와주신 미야마 아키(深山あき) 여사에게 교재 출판에 참가했던 모든 분을 대신해서 깊이 감사드린다.

2005년 8월 15일

전 한국정신대문제대책협의회 대표 윤정옥

 우리 '여성·전쟁·인권' 학회와 한국의 여성학자들이 공동으로 새로운 역사 교재 『젠더 시점으로 본 일한 근현대사』(한국어 판 제목은 『여성의 눈으로 본 한일 근현대사』)를 간행하게 되었습니다. 페미니즘의 시점에 서서 '여성의 눈'으로 본 역사를 쓴 이 책은, 이제까지의 한국과 일본의 관계를 중심으로 시민의 새로운 역사를 만들자고 한 지 4년의 세월 동안 공동 연구를 계속해 온 성과입니다.
 우리가 '여성·전쟁·인권' 학회를 설립한 것은 1997년 5월의 일로서, 그 설립취지서에는 다음과 같이 기록되어 있습니다.

 1993년 빈의 유엔 인권회의에서 "여성의 권리는 인권이다"라는 것이 세계적으로 인지되었다. 그 뒤 1995년의 베이징 세계여성대회에서는……일본군 '위안부' 문제가 크게 다루어져 세계의 여성들은 이 문제를 여성의 인권의식으로 이해하고, 그 해결을 구하게 되었다.
 우리들은 학회 설립의 목적으로, 이제까지의 남성 중심의 역사가 해왔던 '여성에 대한 폭력'의 규명을 통해서, 지배·종속의 권력구조를 명확히 하고 싶다. 일상의 문제부터 지구적인 문제까지……개개인이 자유롭게 주체적으로 활동해 가는 것을 원칙으로 삼아 기존의 학회에는 없었던 열린 논쟁의 장이 되기를 희망한다.

 우리 학회는 이 이념을 살릴 수 있도록 이제까지 여러 활동을 전개해 왔습니다. 그렇지만 공교육의 장에서 벌어지고 있는 우경화는, 마침내 2001년 '새로운 역사 교과서를 만드는 모임'(약칭 '만드는 모임')이 만들었던 '역사·공민' 교과서가 문부과학성의 검정을 통과하는 사태에 이르고 말았습니다. 일본의 식민주의 역사를 왜곡했던 역사 교과서가 다음 세대로 이어질 가능성이 생긴 것입니다.

이러한 위기의 상황 속에서, 우리 학회는 '위안부' 문제해결 운동을 통해 연대해 왔던 한국의 여성학자들과 함께 2001년 10월부터 '한일 여성에 의한 공동 역사 교재 만들기'를 조직했습니다.

책이 간행될까지는 치열한 논쟁도 있었고, 많은 어려움도 함께했지만, 공유해 왔던 기본적인 생각으로 되돌아오면서, 어려움을 넘어 간신히 이 책을 세상에 내보낼 수 있게 되었습니다. 여기에 우리 학회의 연구자 외에 뜻있는 시민도 포함하여 60여 명이 집필에 참여한 것은 특별히 지적할 만한 부분입니다.

2000년 12월에 '여성국제전범법정'을 함께 열면서 아시아의 여성들이 교류했고, 또한 2003년 이후 이른바 '한류 붐'의 대중문화 교류가 널리 확산되는 것과 더불어 동아시아 전체의 근현대사를 재구성하는 보편적인 시각이 점차 폭넓게 공유되어 나아가기를 기대합니다. 이를 위한 첫걸음으로서 젠더 시점에 서서 쓴 이 책이 가지고 있는 커다란 의미를 생각하지 않을 수 없습니다.

이 책의 간행에 유형무형의 격려와 조언을 주신 윤정옥 선생님과 전후(戰後)에 반전(反戰) 단가(短歌)를 통해 세상에 일관된 메시지를 보내면서, 이 프로젝트에 공감해서 커다란 도움을 주신 시인 미야마 아키 씨에게 마음으로부터 깊이 감사드립니다. 그리고 이 책이 만들어지기까지 힘이 되어 준 한일의 많은 친구들 모두에게 성원을 보내고 싶습니다.

2005년 8월 15일

'여성·전쟁·인권' 학회 대표 시미즈 기요코(志水紀代子)

차 례

1. 근대화의 동기와 일본 제국주의의 확립

1) 일본의 근대화와 식민주의

내국식민지

존왕양이(尊王攘夷)를 내세워 도쿠가와(德川) 막번 체제를 타도한 메이지(明治) 정부는 서양의 문물과 법제를 적극적으로 받아들이며 근대화를 추진했다. 부국강병과 식산흥업을 목적으로 폐번치현(廢藩置縣),[1] 지조개정(地租改正), 병세개혁(국민개병)을 단행하여 천황을 중심으로 한 중앙집권 국가 건설을 서둘렀다.

메이지 정부는 조선과 대만을 식민지화하기에 앞서 홋카이도(北海道)와 오키나와(沖繩)를 '내국식민지'화했다. 홋카이도에 이미 살고 있던 아이누 민족으로부터 토지와 언어를 빼앗는 '동화 정책'을 실시했으며, 1868년에는 삿포로(札幌)에 둔전병제[2]를 실시하고 개척사(開拓使)를 설치했다. 또한

---

1) 막부 시절의 번을 없애고 근대적 행정기관인 현을 두는 행정구역 개편이다.
2) 현지 농민에게 토지를 주고 군역을 부과하는 제도이다.

'내지'로부터 대량의 이민을 꾀하여 홋카이도 '개척'을 진행했다. 한편 메이지 정부는 1872년에 류큐에 국왕제를 폐지하고, 1879년에 군사점령을 통해 강제로 일본 지배의 틀로 편입시키고 오키나와 현으로 삼았다(류큐 처분).

근대 천황제 국가의 확립과 식민주의

　메이지 정부는 성립 초기인 1873년부터 1874년에 걸쳐 한국과 대만을 정복해야 한다는 정한론(征韓論)과 정대론(征臺論)을 분출시키면서 아시아 침략을 도모했다. 한편 정한론에서 패배하여 하야했던 이타가키 다이스케(板垣退助)를 중심으로 자유민권운동이 시작되어 각지에서 민권결사가 탄

1879년 3월 27일, 메이지 정부는 군대와 경찰을 류큐(琉球)에 파견해 '류큐 처분'을 단행했다. 500년의 역사를 지닌 왕국이 파멸하고 중국과의 종신관계나 조공무역이 모두 단절된 류큐는 '오키나와 현(沖繩縣)'이 되어 일본의 근대국가 체제 안으로 강제 편입되었다. 또한 류큐 왕국의 멸망과 함께 왕국의 제정일치에 일익을 담당했던 제사 조직의 여성들 역시 공적인 지위를 잃었다.

류큐인의 '일본인화'를 도모하기 위해 발 빠르게 학교교육이 도입되었다. "왕비라 해도 여자는 글을 모른다"라는 오랜 세월의 관습을 깨고, 부유층 여성들이 처음 배웠던 것은 '양처현모', '가부장제'였다. 그 기반을 정비하기 위해 학교에서는 '류큐 복장'에서 '일본 옷'으로 '옷 갈아입히기'를 실시하고 하지치(손등의 문신)를 제거하는 등 오키나와의 독특한 언어와 문화, 풍습을 '개량'해서 여성의 '일본인화'를 적극적으로 진행해 나갔다.

(미야기 하루미)

생되었다. 민중 사이에는 민권사상이 확산되어 국회 개설을 요구하는 목소리가 높아졌다.

삿초(薩長) 번벌 정부(藩閥政府)의 지도자인 이토 히로부미(伊藤博文)는 정부 내부의 온건 개혁파 오쿠마 시게노부(大隈重信)를 추방해서 민권운동의 기선을 제압하고, 메이지 천황으로 하여금 「국회 개설의 조칙」을 내리게 하여 운동을 탄압했다. 1889년에 대일본국헌법을 공포하는 데 이어 1890년에 교육칙어를 공포하여 근대 천황제 국가의 제도적·이데올로기적 기초를 마련했다.

대만·조선의 점령

1880년대에 민간에서도 '탈아론(脫亞論)'이 제창되었다. 그중에서도 유명한 것이 근대 일본의 대표적 계몽가 후쿠자와 유기치(福澤諭吉)의 탈아론(1885)이었다. 후쿠자와는 이웃 나라 조선과 중국이 문명화되지 못했다고 단정하고, 일본은 아시아에서 벗어나 '구미 문명 제국'과 같이 되어야 한다고 설파하며 동아시아에서 일본의 패권 확립을 주장했다. 이러한 아시아 멸시 풍조는 일본인들을 선동하여, 일본 민중은 아시아에 대한 차별 인식을 갖게 되었다.

1894년에 조선에서 전국적인 농민운동이 일어나자 메이지 정부는 조선 출병을 획책했다. 조선 정부의 요청으로 청나라가 출병하자 일본도 이를 빌미로 즉시 출병하여 청나라 함대를 기습 공격하고 청일전쟁을 일으켰다. 그리고 여기에서 승리함으로써 시모노세키(下關) 조약을 맺어 대만 점령을 승인받았다. 이에 대만인들이 항일투쟁을 벌여 대만민주국을 세웠으며, 대만총독부는 7~8년에 걸쳐서 이를 겨우 무력으로 진압했다. 청일전쟁의 승리는 '대

제국의회의 개원식을 보도한 ≪요미우리(讀賣)신문≫ 호외 (1890년 11월 29일)

국 국민'이라는 일본인의 의식을 한층 더 부풀리는 결과를 낳았다.

메이지 정부는 1904년에 치안경찰법을 공포해 노동운동을 비롯한 사회운동을 엄격히 단속했다. 1902년에 체결한 영국과의 동맹을 배경으로 1904년에 러시아와 전쟁을 시작했으며, 이듬해 포츠머스 조약을 통해 당시의 대한제국에 대한 일본의 보호권을 승인받았다. 1905년, 무력적 위협을 통해 대한제국 정부와 제2차 한일협약(이른바 을사조약)을 체결하여 다음 해에 한국에 통감부를 설치했다. 그리고 이토 히로부미가 초대 통감으로 취임하여 사실상 조선을 일본의 지배 아래 두게 되었다. 1910년에는 일본이 한국 병합을 무력으로 감행하여 대한제국의 국권을 빼앗고 통감부 대신 조선총독부를 설치했다. 천황 직속 총독으로는 육군대장 데라우치 마

사타케(寺內正毅)가 부임해서 무단정치를 수행했다.

(스즈키 유코)

2) 천황제 국가의 확립

'천황제' 국가의 '국민' 창출

   메이지 정부의 가장 중요한 과제는 도쿠가와 막부가 1858년에 미국과 맺은 미일수호통상조약을 비롯하여 네덜란드, 러시아, 영국, 프랑스 등과 맺은 불평등 조약을 개정하는 일이었다. 그러므로 국경 영토를 확정하고 막강한 무력과 이를 뒷받침할 수 있는 경제적 기반을 구축하여 구미 열강과 대등한 입장에서 경쟁할 수 있는 '문명국'을 건설하려고 했다. 그러나 구미 제국으로부터 문명국으로 인정받기 위해서는 헌법에 기초한 '입헌'

정부 체제를 만들어내야 했다. 이러한 상황 아래서 이와구라 도모미(岩倉具視), 오쿠보 도시미치(大久保利通), 이토 히로부미 등이 정부 내부의 패권을 장악하여 민간에서 활발했던 자유민권운동을 탄압하고, 천황이 정하는 헌법을 제정·공포한 것이 '대일본제국헌법'이었다.

헌법 제정에 의해 '천황'이라는 제도를 국가 기초로 삼는 제국, 일본이 성립되었다. 근대 천황제 국가의 확립인 것이다. 정부가 천황이라는 제도를 필요로 했고, 천황제 국가가 '국민'을 창출했다. 그 전에는 일본 국민으로서의 '일본인'이 존재했던 것은 아니었다. 천황이라는 명칭조차 알지 못하는 사람도 적지 않았다. 천황제의 성립으로 천황의 국가에 자발적으로 복종하는 '신민(臣民)' 의식을 가진 '일본 국민', 곧 징용 및 납세의 의무를 지는 국민으로서의 '남성'이 창출되었다. 이와 동시에 그들을 낳아 기르고 지원하는 국민으로서의 '여성'이 만들어졌다. 이 모든 것은 축제, 천황과 황후의 행차, 신문과 같은 미디어, 그리고 학교나 군대라는 제도를 통해 이루어졌다.

천황에 의한 통치의 근거

제국헌법은 제1조에서 "대일본제국은 영원히 하나의 계통으로 이어가는 천황이 통치한다"라고 규정하고 있으며, 제4조에서는 "천황은 국가의 원수로서 통치권을 총람하고, 본 헌법의 조규에 의해 이를 행한다"라고 명시하고 있다. 이는 대외적으로는 입헌정치 체제를 취하면서 통치 원리로서는 일본 제국의 '고유성'을 취하겠다는 주장이다. '제국 일본'은 대내적으로 천황 통치를 정당화시키는 근거를 아마테라스 오미카미(天照大神)의 후손이라는 '혈통'과 건국 황조(皇祖)의 유훈에 두고 있다. 더욱이 황실을 종가로 섬기는 신민을 천황이 인자하게 통치한다고 하는 '국체(國體)'는 계약에 기초한 구미 제국의 통합 원리보다 절대적으로 뛰어나다고 주장했다.

천황제의 신민 서열화

천황의 신민에 대한 '일시동인(一視同仁)', '사민평등(四民平等)'을 외쳤던 메이지 정부는 '예다(穢多)·비인(非人)의 칭(稱)을 폐지'[천칭(賤稱) 폐지령, 1871]하는 등 막번 체제의 신분제를 해체하고, 같은 해 호적법을 마련했다.

호적법은 뒤에 제정된 민법의 가족법과 더불어 개인이 아닌 '이에(家)'를 단위로 하여 원칙적으로 장남을 호주로 하여 모든 가족 구성원을 호주의 권한 아래 두었다. 더욱이 '천황은 신성불가침'(헌법 제3조)의 존재로 규정하고 황실전범(皇室典範)으로 '남계 남자(男系男子)'에게만 황위 계승을 인정한다고 명시했다. 천황제 국가는 천황과 황족을 최고 위치의 '고귀한 태생(貴種)'으로 보았다. 1884년에는 화족령(華族令)을 제정해서 천황이 수여하고 남자만이 세습받을 수 있는 '작위'를 가진 화족을 상위로 삼고, 그 아래 신민을 두었다. 천황제 아래서 '국민'을 이와 같은 지배·관리의 대상으로 하는 신분질서를 새롭게 편성한 것이다.

또한 일본 국토 내에 통합시켜 지배한 홋카이도의 아이누인이나 오키나와 사람들에 대해서는 그들이 '혈통'이나 풍습·풍속 면에서 볼 때 본래의 '일본인'에 비해 뒤떨어진다고 전제하면서 호적제도 안에 편입시켰다. 그리고 식민지화한 지역의 사람들과 민족에 대해서는 더욱 뒤떨어진 존재로 여기면서 제국에 동화하도록 강요하고 황민화하려고 했다. 천황제 국가의 국민 통합 원리가 '성', '혈통' 또는 '문화'에 의해 인간을 서열화하고 우열관계를 사회적으로 고정시키는 것이었기에 가능한 일이었다.

이러한 차별적 국가 체제 아래서 열등한 위치에 놓인 사람들은 천황제를 부인하지 않고 오히려 '천황의 신민으로서의 평등'을 지향하려는 경향을 보였다. 이에 대해 일본 정부는 천황제 국가의 차별구조 타파를 주장하거나 식민 지배로부터의 독립을 주장하는 사람들을 가차 없이 탄압했다. 그러나 가혹한 탄압도 인간평등, 민족독립을 열망하는 사람들의 운동을 완전히 막을 수 없었다.

(이게다 미도리)

3) 한말 근대화의 시도와 좌절

국왕 중심의 전통적인 가부장적 지배구조를 유지했던 조선 사회는 19세기 중반, 나라 안팎으로 커다란 격변기를 맞이했다. 안으로는 기존의 양반 지배 체제에 도전하는 민중세력이 형성되고, 밖으로는 일본과 서구 열강의 제국주의 침략이 노골화되어 갔다. 당시 국왕이었던 고종의 아버지로서 섭정한 흥선대원군(1864~1873)은 전제 왕권을 강화하고 통상 수교를 거부하여 당면한 위기를 극복하려 했다. 이후 고종은 아버지의 섭정에서 벗어나 조선의 문호를 개방하고 뒤늦은 개화 정책을 시도하여 근대화를 서둘렀다. 그러나 결국 조선이 세계열강에 의한 침략 경쟁의 무대가 되는 것을 막지는 못했다.

왕권 중심의 근대적 개혁과 명성황후

1864년 조선왕조 제26대 왕으로 즉위한 고종(高宗)은 1873년 12월 흥선대원군의 오랜 섭정에서 벗어나 친권 체제를 구축하고 개화 정책을 추진하기 시작했다. 이는 유교적 윤리관에서 볼 때 아버지 대원군의 권력과 쇄국정책에 정면으로 도전하는 '불효'의 길이었다. 명성황후는 고종의 '내조자'로서 고종이 불효자가 되는 것을 막고 스스로 '나쁜 며느리'가 되는 길을 택했다. 명성황후는 자신의 친·인척 세력을 동원하여, 고종의 왕권 자립을 돕고 그의 국권수호 의지를 받드는 실무를 나눠 맡았다. 명성황후는 개화 정책을 고종 친권 체제의 핵심 기조로 삼았다. 그러나 조선의 개화를 위해서는 일본의 협력과 지원이 불가피하며 왕권 자체도 부정할 수 있다고 본 급진적 개화파와는 입장을 달리했다.

임오군란

임오군란은 1882년(고종 19) 6월 일본식 군제(軍制) 도입과 민씨 세력에 대한 반항으로 일어난 구식 군대의 군변(軍變)을 말한다. 1882년 당시 조선의 국가 재정은 개화 정책의 추진과 민씨 세력의 부정부패, 왕실의 사치로 말미암아 바닥을 드러냈다. 구식 군대에 대한 월급도 13개월이나 체납된 상태였다. 구식 군대의 분노를 부추긴 것은 별기군이라는 이름으로 일본 교관의 훈련을 받은 신식 군대와의 심한 차별 대우였다. 군란은 구식 군대에 양곡을 지급하는 과정에서 나타난 분배의 불공평과 무성의에 대한 불만에서 비롯되어, 명성황후의 척족(戚族)들을 살해하고 일본 공사관을 습격하는 사건으로 번졌다. 부당한 대우에 분노한 구식 군대의 폭동에는 이태원과 왕십리의 빈민들도 가세했다. 이 사건으로 여러 명의 민씨 척족들이 살해당했고, 생명의 위협을 느낀 명성황후는 궁녀의 옷으로 변장하고 지방으로 피신했다. 일본 공사인 하나후사(花房)는 본국으로 도망갔으나 별기군의 일본 교관 호리모토 레이조(堀本禮造) 공병 소위 등 13명의 일본인이 살해되었다. 이 사건은 민씨의 척족정권이 무너지고 대원군이 잠시 재집권하는 계기가 되었지만, 결과적으로 청일전쟁을 불러일으키는 도화선이 되었다.

갑오농민전쟁

1894년(고종 31, 甲午年) 동학교도와 농민들이 합세하여 일으킨 두 차례의 대규모 농민전쟁이다. 당시 동학은 사회개혁과 외세배척을 요구하는 농민들의 사상을 뒷받침했던 신흥 종교로서 전라·충청·경상 지방에 널리 전파되어 있었다. 동학 농민들의 대규모 항쟁은 정치 부패와 지배계층의 착취, 세금의 과다한 부과 등으로 심화된 전통적 통치체제의 모순과 외세 침략으로 인해 불안해진 당시 민생 상황을 배경으로 한다. 동학 농민들의 폐정개혁을 요구하는 무장투쟁은 대다수 농민의 호응으로 4월 27일 전주성을 점령하기에 이르렀고, 이에 고무된 농민들은 전국 각지에서 봉기, 항쟁, 폭동을 일으켰다. 그러나 농민군은 정부의 농민군 진압 지원 요청에 의해 조선에 군대를 파견한 청나라와 이를 빌미로 조선에 군대를 진군시킨 일본의 군사적 갈등으로 국가의 존폐가 위태롭게 되면서 정부와의 화약(和約) 형식을 통해 자진 해산되었다.

갑오농민전쟁의 농민군

이후 정부와의 화약을 통해 농민군은 일시적이나마 '집강소'를 설치하고 폐정개혁안의 실시를 통제하고 감독할 만큼 전통적 왕조 체제를 무력하게 만들었다. 농민군들은 그해 가을 2차 농민전쟁을 재개하여 일본군 축출과 개화정권 타도를 시도했지만, 청일전쟁의 승리로 조선의 국정을 장악하기 시작한 일본의 군사력 앞에 무릎을 꿇어야 했다. 한마디로 갑오농민전쟁은 조선 전통사회 해체의 결정적 계기를 이루는 한편 일본 자본주의에 의한 한국 식민지화(植民地化)의 중요한 빌미를 만들어주었다.

(강선미)

고종의 개화 정책 추진은 일본, 청, 러시아, 미국 등과 연계된 다양한 개화, 수구세력들과의 지난한 정치적 갈등과 협상의 과정이었다. 우선 1876년 개항 추진, 개화파 등용을 통한 개화 정책 실행은 보수 세력인 구식 군인과 위정척사 운동의 중심이 되었던 유생들의 반발을 불러일으켰다 (임오군란, 1882). 이로 인한 대원군의 재집권으로 명성황후는 한때 권력을 박탈당하고 죽음의 위기를 넘겨야 했다.

고종 친정 체제의 위기는 대원군이 군란의 책임자로 청에 압송된 후 정계로 복귀한 명성황후와 그 일족이 일본을 견제하기 위해 친청정책을 쓰면서 다시 찾아왔다. 일본의 지원을 받아왔던 개화파가 실권 위기를 극복하는 동시에 새로운 근대 정치 체계를 구축하기 위해 1884년 12월 4일에 일본공사(日本公使)의 도움으로 갑신정변을 일으킨 것이다. 이 사건은 청 군대의 간섭으로 3일 만에 실패로 돌아갔다. 재집권한 명성황후와 민씨 세력은 배일친청정책을 지속하는 한편 청을 견제하기 위해 독일과 미국을 활용하는 다변적 외교정책을 추진했다.

갑오농민전쟁과 갑오개혁

1894년(갑오년) 전라도 고부에서는 전통적 지배계급인 양반 관리들의 오랜 학정에 반발한 농민들이 봉기했다. 이 갑오농민전쟁의 발발로 고종 친정 체제는 또 한 번의 위기에 직면했다. 당시 집권층은 농민들의 내정개혁 요구에 제대로 대응할 만한 역량을 갖추지 못했다. 이는 운동의 진압을 위해 청일 양국군이 조선에 진군하는 빌미를 제공했다. 청일 양국군의 대치와 갈등, 청일전쟁의 발발은 집권층의 무력화와 농민운동 지도부의 해산을 초래했다.

일본은 전쟁에 승리한 후 명성황후를 밀어내고 대원군을 섭정으로 하는 제1차 김홍집 내각의 구성에 깊이 개입했다. 이로써 시작된 갑오개혁(1894)은 일본 공사가 고문이 되는 초정부적 회의기관인 군국기무처의 설치와 일본의 공작에 의한 대원군의 실권, 그리고 갑신정변 이래 일본에 망명했던 개화파 인사들의 입각(入閣)으로 이어지면서 왕권을 약화 일변도로 몰아갔다.

을미개혁과 명성황후 시해 사건

청일전쟁 이후 일본의 내정 간섭이 심해졌다. 고종 체제는 명성황후의 주도하에 1895년(을미년) 삼국간섭[3]으로 일본 세력이 퇴조하게 된 것을 계기로 하여 2차, 3차의 개각을 통해 친로배일 정책을 추진했다. 같은 해 고종은 문무백관을 거느리고 종묘에 나아가 독립 서고문(獨立誓告文)을 바치고 홍범 14조[4]를 발표했으며, 조관(朝官)의 복식 환원에 대한 칙령 제1호

---

3) 삼국간섭은 러시아가 주도하여 프랑스·독일의 협조를 얻어 일본이 조선 정부를 위협하여 차지한 독점적 권한을 철회하고 청일전쟁의 승리로 일본이 얻은 랴오둥 반도(遼東半島)를 포기하게 한 것이다.
4) 홍범 14조는 오늘날의 헌법에 해당하는 것으로, 조선의 제도·경제·사회 전반에 걸친 대개혁을 담고 있었다.

를 공표하고 일본의 훈련대 해산을 통고했다.

이러한 일련의 조치들은 일본이 조선을 보호국화하기 위한 첫걸음으로 추진하고 있었던 근대적 내정개혁안의 좌절을 의미했다. 이에 주한일본공사 미우라 고로(三浦梧樓)는 일본 정규군, 영사 경찰 및 낭인을 고루 동원하여 1895년 10월 8일 새벽을 기해 건청궁(乾淸宮)에서 명성황후를 잔혹하게 살해하고, 시신은 궁궐 밖으로 운반하여 소각했다. 이후 이 사건은 국제적으로 중대한 사건으로 부각되지 못한 채 미궁으로 빠져들었다. 그러나 국내적으로는 전국 각지에서 의병운동을 촉발시키는 요인이 되었다.

이후 1897년 고종은 전제군주 체제인 대한제국의 황제로 추대되었다. 대한제국의 집권층은 갑오개혁과 을미개혁의 급진성을 비판하고 점진적인 개혁을 추구하여, 경제·교육·시설 면에서 국력 증강을 꾀했다. 그러나 그 보수적 성격과 열강의 간섭으로 인해 큰 성과를 거두지는 못했다.

명성황후 시해를 제1면에 보도한 《뉴욕헤럴드》
(1895년 10월 15일)

(강선미)

4) 일본의 조선 강제 점령과 을사조약

청일전쟁 이후 일본은 만주와 한반도를 독점적으로 지배하고자 러시아와 날카로운 대립을 보이더니 마침내 러일전쟁을 일으켰다(1904). 전쟁이 일어나자, 대한제국은 국외 중립을 선언했다. 그러나 일제는 전쟁 도발과 동시에 한국 침략의 발판을 굳히기 위하여 대규모 병력을 한국에 투입하여 서울을 비롯한 전국의 군사적 요지를 점령했다. 또한 대한제국 정부를 위협하여 일본국이 전략상 필요한 지역을 마음대로 사용하고, 일본의 동의 없이 제3국과 조약을 체결할 수 없다는 내용의 한일의정서를 강요했다. 그 후 전세가 일본에 유리하게 전개되자 일제는 한국 식민지화 방안을 확정하고, 이어서 제1차 한일협약의 체결을 강요하여 외교와 재정 분야에 그들이 추천하는 외국인 고문을 두도록 했다. 그러나 실제로는 협약에도 없는 군부, 내부, 학부, 궁내부 등 각 부에도 일본인 고문을 두어 한국의 내정을 간섭했다.

일제는 러일전쟁에서 승리한 후, 더욱 노골적으로 식민화 정책을 강행했다. 일제는 러일전쟁을 전후하여 미국, 영국, 러시아 등 열강으로부터 한국에 대한 독점적 지배권을 인정받은 후, 한국을 보호국으로 만들려는 이른바 을사조약의 체결을 강요해 왔다(1905). 일제는 군사적 위협을 가하여 일방적으로 조약 성립을 공포하면서, 대한제국의 외교권을 박탈하고 통감부를 설치하여 내정을 간섭했다. 이에 고종 황제는 자신이 조약 체결을 거부했으며 서명 날인을 하지 않았음을 들어 국내외에 조약의 무효를 선언했으며, 헤이그에 특사를 파견하여 조약의 무효를 거듭 밝혔다(1907).

통감부를 설치하고 대한제국의 내정을 장악한 일제는 대규모의 일본군을 한반도에 파병하여 우리 민족의 저항을 무자비하게 탄압했으며, 헤이그 특사 파견을 구실로 고종 황제를 강제로 퇴위시켰다. 그뿐만 아니라, 황제의 동의 없이 한일신협약(정미7조약)을 강제로 체결하여 각 부에 일본의 차관을 두게 했다. 나아가 군대해산에 반대하여 봉기한 대한제국 군대의 저항을 무력으로 진압하고, 군대를 해산시켜 대한제국을 방위력이 없는 나라로 만들어버렸다. 경제적으로는 화폐, 금융제도와 철도, 우편, 통신기관을 장악했을 뿐만 아니라, 광업권과 어업권을 약탈했다. 또한 불법이던 일본인의 토지 소유를 합법화하고 촉진하기 위해 「토지가옥증명규칙」과 「토지소유권증명규칙」을 공포하여 외국인의 토지 소유를 합법화했다.

그 후, 일제는 한국 민중이 각종 정치결사를 통해 전개한 주권수호 운동

여선교사와 조선의 여성교육 운동

1885년 개항 이후 조선에서 전개된 개신교 여선교사들의 여성교육 운동은 일제강점기 말까지 일본과는 달랐던 조선 여성들의 근대 의식 형성 과정에서 중요한 요소로 작용했다. 1886년 이화학당의 창립을 시발로 늘어나기 시작한 기독교계 사립 여학교는, 1908년 우리나라 최초의 「여자교육령」에 의해 관립 여학교가 세워진 해에 이미 29개에 달했으며, 당시 12개에 달했던 민족계 사립 여학교보다 양적으로 두 배 이상 앞서있었다.

여성 선교사에 의한 교육 계몽 운동 풍경

일제와의 미묘한 협상관계 속에서 전개되었던 개신교 여선교사들의 여성교육 운동은, 조선의 여성들에게 '딸' 교육열을 불러일으킨 동인이었으며, '배운 여성'으로서의 새로운 의식을 성장시킨 밑거름이었다. 당시 '배운 여성'들은 '여성의 지위는 국가발전의 척도'이며, 여성교육은 조선의 근대적 민족국가 건설에서 필수적이라고 역설했던 여선교사들과 '배움을 통한 여성적 애국'을 기대했던 민족 지도자들의 역학관계 속에서 근대 의식을 형성시켜 갔다. 이후 조선의 신여성들은 서구 문명에 대한 맹신 혹은 저항, 전통문화에 대한 회귀 등 다양한 삶의 스펙트럼을 보여주었다.

(강선미)

을 무력으로 탄압하고, 사법권·경찰권을 빼앗은 후 마침내 국권마저 강탈했다(1910).

(강선미)

5) 재조(在朝) 일본인 사회의 형성과 여성

조선의 개항장과 일본인 거주민

　일본인의 조선 거주는 강화도조약(1876)의 체결에서 비롯되었다. 이를 계기로 부산·원산·인천이 개항장으로, 서울 남산 주변 일대(진고개)가 개시장(開市場)[5]이 되었고, 각각 일본인 거주지로 결정되었다. 강화도조약을 통해 일본은 조선으로부터 일본인 거주지에 대한 치외법권을 인정받았을 뿐 아니라 무역 제품에 대한 무관세 조치와 일본 통화의 유통권을 인정받았다. 이는 일본이 미국 등과 체결했던 불평등 조약에도 없었던 것으로 일본은 한층 불평등한 조항을 조선에 강요했다. 조선은 일본인 거주지 이외의 지역에서 일본인이 자유 통행하고 무역 품목을 자유 매매하는 것을 인정하려 하지 않았지만, 일본은 당초 4km 내로 한정되었던 자유 지역을 40km까지 늘림으로써 거주지 이외의 지역에서도 특권을 행사했다. 더욱이 이러한 범위 규정은 처음부터 경시되어 이를 어기고 통행이나 상행위를 하는 일본인이 끊이지 않았다. 급기야는 정해진 구역 이외의 장소에 '불법정착'하는 일본 상인도 등장했다. 이러한 경향은 청일전쟁 뒤 더욱 강해졌다.

조선으로의 이주 장려와 식민열

　일본 정부는 부산 개항 직후부터 조일(朝日) 간의 항로 개설에 보조금을 낸 것을 비롯하여 도항과 무역을 장려하는 정책을 시행해 왔다. 청일전쟁 뒤, 조선에 대한 팽창주의적인 태도는 전승의 열기를 타고 민중에게까지 확산되었다. 전쟁에 참여했던 병사와 상인에 의해 조선의 사정이 일본에

---

5) 개항장(開港場), 개시장(開市場)은 쇄국에서 개국에 이르기까지 단계적으로 일정 구역을 정해 외국인의 거주와 통상을 특별히 허가했던 지역이다.

오쿠무라 이오코(奧村五百子, 1845~1907)는 애국부인회 (1901년 창립)의 창립자로 유명하지만, 뿌리 깊은 식민주의자 이며 팽창주의자였다. '조선을 손에 넣는 것을 일본의 국시'로 믿어, 정한론(征韓論)을 주장한 사이고 다카모리(西鄕隆盛)를 열렬하게 지지했다.

오쿠무라 이오코

그 뒤 고노에 아쓰마로[近衛篤麿: 나중에 수상이 된 고노에 후미마로(近衛文麿)의 부친]와 오쿠마 시게노부(大隈 重信), 가바야마 스케모리(樺山資紀, 초대 대만 총독) 등의 정계 및 군계(軍系)의 유력자와 결탁하고, 조선으로 건너가서 광주에 '일본촌'의 건설을 도모했으며, 인천·부산 근방에 뽕나무 밭을 빌려서 양잠업을 일으킬 계획을 세우기도 했다. 이는 모두 실패로 끝나지만 다시 실업학교 설립을 도모해서 일본인 식민 이민자 양성을 꾀하려 했다. 바로 정치· 경제·교육 분야에 걸쳐 조선 침략의 첨병 역할을 수행했던 것이다.

(스즈키 유코)

전해지자 일확천금을 노린 일본인들이 줄을 이어 바다를 건너갔다. 일본인 상인단 중에는 무장을 하고 조선인을 위협하거나 불량품을 강매하는 사람 도 있어서 조선인들의 반발이 심했다. 또한 재조 일본인의 대다수는 중계 매매, 무역, 잡화상 등 주로 고리대금업을 했고, 빚을 갚지 못하는 조선 농민들의 토지를 저당 잡아 빼앗는 방법으로 지주나 농장주로 탈바꿈했다.

조선으로 건너온 일본인의 출신 지역으로는 지리적으로 조선과 가까운 규슈(九州)나 주고쿠(中國) 지방이 많았고, 오사카(大阪)의 상인들도 많았 다. 그들이 조선에서 닥치는 대로 사들인 것은 주로 쌀과 사금이었고, 조선

후치사와 노에(淵澤能惠, 1850~1936)는 불행했던 어린 시절부터 향학열이 강해, 29세 때 가정부로 미국에 건너가 영어와 가정학을 독학했다. 귀국 후에는 도요에이와(東洋英和) 여학교, 구마모토(熊本)여학교 등에서 교단에 섰다. 1905년에 조선 시찰단과 동행해 조선 여성의 '황민화'를 꾀하는 여자 교육을 위촉받았다. 노에는 우선 조선 부인의 각성을 목적으로 한 한일부인회(총재 엄비)를 설립해서 총무를 담당했다. 또한 조선 사립여학교의 애국 교육에 저항하여, 일본식 '부덕' 함양을 철저히 하기 위한 여학교 설립에 전력을 다했다. 1906년에 명신여학교(현재 숙명여자대학교)를 열어 32년간, 학감 겸 주임교사(실질적 교장직)를 맡았다.

1930년경의 후치사와 노에

노에가 조선의 여성교육의 발전을 위해서 많은 노력을 했다는 평가가 있기는 하나, 한편으로 조선총독부의 방침을 따라 침략의 선두에 선 선구자로서의 역할을 담당했다는 사실을 잊어서는 안 된다. 많은 일본인 여성 지도자가 그 뛰어난 능력과 뜨거운 마음을 국가주의에 의해 농락당했듯이 노에도 국가주의의 길에 들어서 있었던 것이다.

(우에다 아케미)

인에게 팔았던 것은 잡화나 면포 따위였다. 일본 상인의 대다수는 메이지 유신 이래 일본의 사회변동 과정에서 일본 사회에서 소외되었던 하층민들이었다. 식민 열기가 높아짐에 따라 조선에서 활로를 찾기를 기대하며 도항했던 사람들은 일본인이라는 사실만으로 우월의식을 가지고 특권을 휘두르며 조선 사람들의 민족의식을 억눌렀다.

<표 1-1> 조선 재류 일본인 인구 추이

연도	1876	1895	1905	1911	1919	1931	1942
인원수	54	12,303	42,460	210,989	346,619	514,666	752,823

자료: 『朝鮮を知る事典』(平凡社, 1986).

증가하는 일본인 식민 이주자

러일전쟁 뒤 일본에 의한 조선의 식민지화가 가속화됨에 따라 일본인의 조선 거주는 본격화되었다. 일본인이 조선으로 오는 데에는 여권이 필요하지 않았다. 물론 한국이 완전히 식민지가 되는 1910년 이전까지 일본인의 거주는 거류지와 그 주변 지역으로 법적 제한을 받고 있었지만, 실질적으로는 일본인의 불법정착이 증가하고 있었다.

일본의 이주자를 크게 구분하면 거대 자본가와 관리, 군인, 서비스 산업 종사자, 그리고 농어민으로 나눌 수 있다. 재조 일본인은 농어민을 제외하면 대다수가 도시의 일부 지역에서 일본인 마을을 형성해 살면서 조선인과 어울리지 않았다. 이 때문에 조선인의 마음을 이해하지 못했을 뿐만 아니라, 지배 민족으로서의 영화가 계속되리라는 환상에 빠져있었다.

재조 일본인 마을에 어김없이 존재한 것이 고리대금, 전당포, 유곽이었다. 이는 식민지 시기를 통틀어 조선에서 살던 일본인 사회의 커다란 특징이었다. 일본인 여성들은 가족 단위로 건너온 경우를 제외하면 대다수가 작부, 기녀, 창부라 불리던 여성들이었다. 또한 도시의 유곽과는 별도로 일본인이 식민 이주해 있던 항구에서도 계절적으로 건너오는 어부를 상대로 한 성산업이 횡행했다.

(가미야 니지)

2. 근대 여성 지배를 위한 법적 기반의 구축

1) 근대법에서의 여성의 지위

천황과 이에 제도

1889년 일본은 대일본제국헌법의 공포와 함께 천황 제도를 수립함으로써, 천황제 국가 체제를 법적으로 확립했다. 일본 국민은 천황을 가부장으로 삼는, 일본국이라는 이에(家)의 가족 구성원으로서 권리와 의무를 부여받았다. 민법을 비롯한 각종 법률이 이 체제를 유지했다. 국민의 권리는 천황으로부터 받은 '은혜'이며, 의무는 천황에게 충성을 다하는 것이다. 천황의 이에는 곧 일본이며, 이를 구성하는 각각의 이에에는 가부장인 호주가 여타 가족 구성원을 지배하고 명령할 수 있는 권력을 지녔다. 가족은 호주의 권위에 복종했다. 이 관계를 법으로 정한 것이 민법과 호적법이었다.

민법과 호적법

1871년에 호적법이 공포되고 이듬해에는 이 법에 근거한 임신호적(壬申戶籍)이 편제되었다. 국민은 호주를 대표로 해서 하나의 이에 단위로 등록되었다. 민법은 1890년에 공포된 뒤 '민법전 논쟁'을 거쳐 1898년에야 시행될 수 있었다. 프랑스법을 모델로 한 이 법률은 물권·채권 관계에 대한 조항들은 계승했지만, 친족·상속 관계에 대해서는 계승을 거부했다. 법률 시행이 늦어진 것은 가족관계를 법률로 정하는 것, 곧 가족관계에 권리와 의무를 도입하는 것은 일본 고유의 아름다운 전통과 습관에 어긋난다는 주장 때문이었다. 그 결과 1898년에 시행된 메이지 민법(공포로부터 1947년 개정까지의 민법을 '메이지 민법'으로 표기한다)은 호주와 장남의 권리를 강조하고 여성의 권리를 제한하는 특징을 갖추게 되었다.

이에 제도와 여성

메이지 민법이 규정한 이에 내의 여성의 지위는 남성보다 훨씬 낮았다. 그리고 여성은 이에 밖에서는 국민으로 인정되지 않아 무권리 상태에 놓여 있었다.

호주제와 장남단독상속제, 신고에 의한 일부일처제가 메이지 민법의 특징이었는데, 여기에서 여성은 주로 '아내'나 '어머니'로서만 등장했다. 혼인이나 입양을 할 때에는 호주의 동의가 필요하며(제750조), 아내는 혼인에 의해 남편의 이에로 입적되고(제788조), 남편과 동거할 의무를 지닌다(제789조). 남편은 아내의 재산을 관리하고, 아내는 일정 정도 무능력자로 취급된다(제801조). 이혼할 때, '아내의 간통'은 법정 이혼의 사유가 되었지만(제813조), 남편의 경우에는 해당 사항이 아니었다. 아이에 대해서는 "자(子)는 부(父)의 가(家)로 입적한다"(제733조)라는 것을 원칙으로 하여, 혼외 관계에서 태어난 아이는 '사생자'로, 그 가운데 아버지가 인지한 아이는 '서자'로 구별했다. 가독상속(家督相續)의 순위는 "부모 등이 같은 자를 우선으로 하고, 그에 덧붙여 적출자를 우선"(제970조)으로 한다고 규정했다. 호적법과 메이지 민법에 의해 아이는 '적출자, 서자, 사생자'라는 차별적 지위를 법적으로 부여받았다.

형법·공적 권리와 여성

여성의 낮은 지위는 메이지 민법뿐만 아니라 형법(1880년 공포, 1882년 시행)으로도 규정되었다. 1870년의 신율강령(新律綱領)에서 아내와 첩이 2촌 간으로 규정되었다는 사실을 생각하면 첩의 조항이 삭제된 형법은 표면적으로는 일부일처제가 관철된 것처럼 보인다. 그러나 간통죄로 처벌되는 것은 원칙적으로 아내뿐이었고, 남편의 혼외관계는 거론되지 않았다(형법 제311조, 제353조).

각 지방자치단체 의회와 중의원 의원선거법은 여성의 선거권을 인정하지

양처현모주의

　메이지 초기 일본은 '양처현모'를 서구 근대 일부일처제 가족의 이상적인 여성상으로 받아들였다. 기독교계 여학교는 이 이념에 의해 여성을 봉건제로부터 해방하고, 아내와 어머니로서 재능을 키우는 교육을 했다.

　그러나 1899년 2월에 「고등여학교령」이 공포되고 일본형 양처현모주의를 여자교육의 이념으로 삼자, 양처현모주의는 이에 제도를 보충하고 강화하는 기능을 해냈다. 유교의 '부덕'이나 무가(武家) 사회의 '부도(婦道)'가 모델이 되었다. 초대 문부장관 모리 아리노리(森有礼)는 양처현모의 양성이야말로 국가부강으로 가는 길이라고 하며 여자교육의 위치를 분명히 했다. 양처현모는 전시 아래 '군국의 어머니'상에서 그 모습을 가장 분명히 드러냈다. 특히 일본의 근대화 과정에서 중등·고등 교육을 받은 여성들이 전 계층에 걸쳐 지도자로 성장하여 국가의 목적에 따라 양처현모주의를 퍼뜨렸다는 점은 중요하다. 패전 뒤 민법 개정, 여성의 참정권 획득, 남녀공학이 실현되면서 양처현모주의 교육은 더욱더 여성교육의 이념으로서 뿌리 깊게 침투했다.

(우에다 아케미)

않았고, 1890년의 집회 및 정치결사법에서는 여성의 정치 담화나 연설회 참가, 정당·정치결사의 가입조차 금지했다. 그 뒤 여성의 정치 활동 금지는 치안경찰법 제5조로 계승된다. 여성의 공민권, 참정권 등은 전쟁 후 개혁이 될 때까지 실현되지 않았고, 여성은 대부분 정치 테두리 밖에 놓여있었다.

이에 제도 안의 여성들

　이에 제도는 호적제도와 민법, 형법, 공민권 등 다양한 측면에서 여성을 차별하고 권리를 제한했다. 또한 이에 제도의 틀 안에서는 살아갈 수 없는 여성들, 특히 공창제도 아래에서 남성들의 '성적 쾌락'을 위해 성적 착취와 성적 예속을 강요받았던 성매매 여성들을 낳았다. 여성을 이에의 안팎으로 분리시켜 지배하는 체제는 여성 상호 간의 차별과 반목을 초래해 여

성 지배구조의 강화에 큰 역할을 담당
했다.

(우에다 아케미)

2) 일제강점기의 호주제도 이식

한말의 호주제 이식 준비

조선 시대에도 호적제도는 존재했다.
그러나 이는 일제강점기의 호적제도와
는 달리 실제 생활 공동체, 즉 가구의
실태를 파악하기 위한 것이었다. 호적에

개교(1901) 당시의 일본여자대학의 수업 풍경. 일본여자대학은 여성의
고등교육기관으로서 '양처현모'를 표방했다.

는 호주 및 그 세계(世系), 동거하는 자녀 및 노비 등이 기재되었으며, 호적
에 나타나는 가구주의 명칭 또한 호주, 호수인(戶首人), 가장 등 다양했고
남자뿐만 아니라 여자도 호주가 될 수 있었다.

이러한 전통적인 호적제도는 1896년에 실시된 「호구조사규칙」에서부
터 변화되기 시작했다. 갑오개혁 이후 대한제국 건설을 주도했던 친일 세
력들은 이 신제도에서 일본과 같이 가구주의 명칭을 '호주'라는 법률상의
칭호로서 고정하고, 호주에게 가(家)의 대표자, 주재자로서의 명확한 지위
를 부여했다. 그러나 1906년 통감부 설치 이후 일본이 보호정치라는 명목
하에 1909년 4월 1일 민적법을 시행할 당시만 해도, 일본식의 이에나 호
주, 가독상속의 관념은 조선의 전통적인 가족 관습을 규제하는 개념으로
자리 잡지 못했다.

일본식 호주제도의 본격적 이식

일본식 호주제도가 본격적으로 이식된 것은 1915년 일제 식민 정부의
민적법 개정 때부터였다. 일제강점기 초기에 제정되어 민사에 관한 적용

법령을 규정한 1912년의 「조선민사령」까지만 해도, 조선인의 친족 및 상속에 관하여는 별다른 규정이 있는 경우를 제외하고는 관습에 의한다는 규정이 있었다(제11조). 그러나 일제는 「조선민사령」 제1조에 근거하여 "식민지 조선에 해당 법규가 없다"라는 이유로 강점 기간 동안 필요할 때마다 일본의 가족법을 도입했다.

1915년 민적법(民籍法) 개정의 핵심은 기존의 인구조사 방식을 폐지하고 실제 거주 상태와 무관한 추상적인 '가(家)' 개념을 도입하는 것이었다. 이로써 호적은 관념적인 가를 편제 단위로 하여 가에 속한 개인의 친족적 신분관계를 증명하는 공적 문서의 성질을 띠게 되었다. 호적에는 호주, 호주의 직계존속, 호주의 배우자, 호주의 직계비속 및 그 배우자, 호주의 방계친 및 그 배우자, 호주의 비친족의 순서로 기재되었고, 출생, 사망, 호주 변경, 분가, 일가창립, 폐가, 폐절가재혼, 개명, 이거(移居)의 경우에는 호주의 신고의무가 부과되었다.

일본식 호적제도의 이식은 1920년대 초에 완료되었다. 1921년 12월 18일의 「조선호적령」은 조선의 상속제인 제사상속과 유산상속에 새로이 가독상속제를 추가하여, 호주상속 개념을 도입하고 호주의 권리와 의무를 선언했다. 이후 1922년 12월 7일, 제2차 「조선민사령」 개정에서는 가족사항 변화에 대한 등록주의 원칙이 채택되었다. 이로써 결혼, 출생, 사망, 양자, 파양, 분가, 부흥가(復興家) 등 가족사항의 모든 변동은 호적관계 사무소에 보고하고 호적에 그 사실을 기록함으로써 인정받게 되었다.

이러한 가족사항 등록의 법제화는 국가가 승인하는 일정한 가족 모형만이 허용되는 통제 효과를 가져왔다. 더욱이 식민지 조선에서는 국적법 등 여타의 신분법이 적용되지 않았으므로 호적은 신분을 밝히는 유일한 문서이자 제도로서 기능하게 되었다. 이는 식민지 조선인의 사회적 정체성이 가족적 정체성을 중심으로 형성되는 데 중대한 영향을 미쳤다.

(강선미)

3) 일본의 공창제와 조선 도입

근대 일본의 공창제도의 확립

근대 공창제도는 유곽제도의 단순한 연장이 아니었다. 더욱 새롭게 포장한 성매매 통제이자 성의 국가 관리 제도였다. '창기등록제'란 이름으로 국가권력이 성매매 여성을 완전 장악하고 강제성병검사 제도를 도입했는데, 이는 성의 국가 관리를 보여주는 노골적인 표현이었다.

「창기해방령」의 포고

1872년에 마리아·루즈호 사건이 일어났다. 이 사건은 페루 선박인 마리아·루즈호가 요코하마(横濱)에 정박해 있던 중 사실상 배 안에 감금되어 있던 중국인 노동자가 바다로 뛰어들어 영국 군함에 의해 구조된 뒤, 학대받아 온 사실을 호소한 데서 비롯되었다. 영국 대표공사의 진행으로 가나가와(新奈川) 현 권령(權令: 현재의 현 지사) 오에다쿠(大江卓)의 지휘로 재판이 벌어져 중국인 노동자들은 해방되었다. 그런데 페루 선박 측의 대리인이었던 댄킨스가 창기의 인신매매를 지적하며 "노예 매매는 일본의 법률로도, 풍습으로도 금지할 수 있는 부분이 없다"라면서 반론을 폈다. 이 사건은 유럽을 비롯한 여러 국가의 주목을 받았고 근대국가 대열에 진입할 것을 꿈꾸던 메이지 정부로는 '인신매매' 국가가 아니라는 것을 증명할 필요가 절실해졌다. 그리하여 같은 해 메이지 정부가 태정관달(太政官達: 최고행정기관인 태정관에서 정한 법령) 제295호(이른바 「창기해방령」)과 사법성달(司法省達) 제22호를 포고하고 시달하기에 이른다.

근대 공창제로의 재편

「창기해방령」을 포고는 했지만 원래부터 메이지 정부는 유곽제도를 폐지할 의사가 전혀 없었다. 형식상 인신매매를 금지한다고 하는 법적 체제를 갖추기는 했지만, "이후 당사자의 희망에 따라 유녀, 예기 등을 생업으로 하고자 하는 자는 각각 엄격히 조사한 후 허가해야 하는 경우도 있음"(인신매매 엄금에 관한 도쿄 부 포령, 1872)이라는 조항에서 나타나듯이 예기, 창기의 '자유의사'라면 생업으로 인정하는 식으로 실제로는 유곽제도 존속정책을 취했다. 더욱이 '직업유녀옥(遊女屋渡世)'은 모두 '대좌부(貸座敷)'로 명칭을 바꾸어 잔존시켰다.

　유곽의 업주들은 창기에게 자리만 빌려주는 대좌부업자들이고 창기는 어디까지나 '자유의사'로 영업을 하는 것이라는 「창기해방령」은 외형적으로는 이때까지 존재했던 인신매매적인 관계를 일소시킨 듯이 보인다. 그러나 공창제 아래에서 창기들은 여전히 포주의 감시를 받았고, 빚에 묶여 '자유의사'에 따라 영업을 그만둘 수가 없었다.

성의 국가 관리

　사창박멸책이 진행되어, 1876년에 태정관 포고에 의해 이른바 '매음' 단속은 경찰권력의 일원적인 관할 아래 놓이게 되었다. 사창은 경찰의 감시·적발·탄압의 표적이 되어 철저한 단속 대상이 되었다. 사창이 범죄시되는 한편에서는 군대 보호 등을 이유로 공창을 시행하고 강제성병검사를 엄격하게 시행하면서 창기의 인신구속이 이루어졌다. 1900년에 내무성은 내무성령(令) 제44호로 「창기단속규칙」을 정해 경찰의 권한과 통제를 더욱 강화하고, 국가에 의한 성의 통제와 관리를 확립시켰다.

(가미야마 노리코)

공창제의 조선 도입

　일본의 공창제도는 일본이 조선을 식민지 지배·통치하는 과정에서 조선 사회에서도 퍼져나갔다. 그 과정은 크게 세 단계로 나눌 수 있다.

용산에 있던 미생정(彌生町) 유곽

제1단계는 강화도조약 이후 항구를 중심으로 증가하고 있던 일본인의 거류지에 일본의 성매매업자가 여성을 투입시켜 유곽을 형성시키기 시작한 단계이다. 최초의 개항구였던 부산에서는 1881년에 「대좌부(貸座敷) 및 예창기(芸娼妓) 영업단속규칙」이 발포되고 창기에 대한 성병검사도 실시되었다. 이 외에도 원산·인천·진남포를 비롯하여 모든 일본인 거주 지역에 같은 형태로 유곽이 형성되었다.

제2단계는 청일전쟁과 러일전쟁을 거쳐 조선에 통감부를 설치한 뒤 일본인 거류 지역의 성매매뿐 아니라 조선 사회의 성매매 통제에 착수해 들어간 단계이다. 기생 및 창기에 관한 서류철(통감부 경무과)에 의하면 통감부 설치 직후인 1906년 2월부터 조선인 창기에 대한 성병검사가 강제로 실시되었다. 또한 1908년에는 경시청령으로 「기생단속령」과 「창기단속령」을 발포해 조선 사회의 공창제도화를 도모했다.

제3단계는 1910년 이래 총독부가 조선 전국에 공창제를 넓혀간 과정이다. 애초에 각 도(道)의 경무부가 중심이 되어 각각 단속 규칙을 만들었지만, 1916년에는 「경무총감부령」으로 전국적으로 통일된 규칙을 정하고 실시했다. 곧 「대좌부 창기 단속규칙」은 조선인과 일본인, 그리고 각 도마다 달랐던 창기의 연령 하한선을 17세로 통일하고(일본에서는 18세), 남편이 있는 사람은 창기로서 돈을 벌 수 없도록 했다. 한편 조선인 창기가 생업을 목적으로 하는 대좌부 영업에 대해서는 지정 지역 내에서만 영업을 하도록 규정한 제3조를 적용하지 않아, 조선인의 대좌부 영업은 사실상 시내에 산재하게 되었다. 이 규칙은 미군정하의 1947년 11월에 폐지되지만,

그 뒤 한국 사회의 성산업이 확대되는 데 토대가 되었다.

(야마시타 영애)

3. 사회운동과 여성 의식의 발전

1) 자유민권운동과 여성

여성과 민권

자유민권운동을 주도하며 고치(高知)의 민권결사 릿시샤(立志社)에서 활동했던 우에키 에모리(植木枝盛)는 1877년에 국회 개설, 토지세 경감, 불평등 조약 철폐를 건의하고, 1881년에는 오늘날의 일본 헌법에도 결코 뒤지지 않는 헌법 초안을 작성했다. 민권운동가들은 전국 방방곡곡을 찾아다니며 연설회와 학습회를 개최해 연설을 했으며, 2,000개에 이르는 민권결사가 결성되고 헌법 초안의 작성도 각지에서 시도되었다.

여성의 민권결사도 각지에서 탄생했다. 1882년에 설립된 오카야마(岡山)여자친목회를 비롯해서, 1883년에는 도요하시(豊橋)부녀협회[아이치(愛知)], 센다이(仙台)여자자유당이, 1884년에는 아이고(愛甲)부녀협회[가나가와(神奈川)] 등이 유명했다. 오카야마여자친목회는 발족할 때에 여성 민권 연설가 제1호로 불린 기시다[岸田, 결혼 후 성은 中島(나카지마)] 도시코(俊子)를 초청해 연설회를 열었는데, 토시코의 연설에 감격한 가게야마[景山, 결혼 후 성은 福田(후쿠다)] 히데코(英子)가 이 친목회를 기점으로 민권운동가로 성장했다.

여성 민권가

기시다 도시코가 연설 활동에서 주장한 것은 여권론(남녀동권론)과 민권

가게야마 히데코와 그녀가 쓴 자서전
『첩의 반생애(妾の半生涯)』의 표지
(1940년 간행)

론(정부 비판)이었다. 도시코는 후에 남녀평등론, 여성의 참정권 획득, 폐창론을 호소한 우에키 에모리조차 이전에는 유곽에 드나들었다고 하는 사례를 들면서 남성 민권가가 지닌 남존여비적인 태도를 날카롭게 지적했다. 가게야마(후쿠다) 히데코는 조코(蒸紅)학사를 설립하고 교편을 잡았다. 주야 2부제로 6세에서 60세까지의 여성을 대상으로 토요일에는 토론회와 연설회를 열어 지식을 교환하고, "구식 교수법에 반대하고 오직 진보주의를 따른다"라고 하여, 봉제 등 기예만을 배우는 여학교와는 다른 특징을 보이고 있었다. 히데코는 갑신정변에 관련되어 체포·구금되었지만, 교육사업 이외에도 잡지 《세계부인》을 발간하는 등 전 생애에 걸쳐 과감한 도전을 계속했다.

이 두 사람 외에도 1878년 납세의 의무는 있는데 선거권이 없다는 것은 말도 안 된다며 납세를 거부하는 소송을 제기한 고치 출신의 구스노 세기타(楠瀬喜多), 1880년에 "고난은 편안함을 얻을 기회"라는 연설을 한 니가타(新潟) 시바타(新發田) 출신 요시다 하마(吉田ハマ), 1881년에 남녀동권론 연설을 한 니가타 가시와자키(柏岐) 출신의 니시마키 가이야(西卷開耶), 참정권을 포함한 정치적 권리를 요구한 시미즈시 긴(清水紫琴), 야마자키 치쿠유(山崎竹幽) 등 많은 여성들이 활약했다.

민권과 국권

원래 민권가란 국권보다도 민권을 우위에 두는 사람을 말하지만, 철저히 민권을 우선시하고 국권을 그 다음으로 생각한 우에키 에모리 같은 사람을 제외한 많은 민권가들은 민권을 국권과 불가분의 관계로 보아 대외적인 위협과 선전 앞에서는 국권 우위로 돌아섰다. 이는 여성도 예외가 아니어서 기시다 도시코, 가게야마 히데코도 갑신정변에 즈음하여 국가의식과 관런한 대외적인 '위기'에 처해서는 '애국자'로 돌변했다. 민권을 성, 신분, 계층, 민족에 따라 차별해서는 안 되는 보편적 권리로 인식하지 않았던 것이 압제에 저항할 힘을 가질 수 없었던 이유이다. "국내에서 사회적 차별을 허용하는 인민은 반드시 배외주의로 전락한다"라고 설파한 것은 나카에 조민(中江兆民)이었다. 국가에 의한 외교 정보 독점과 배외주의적인 여론 조작 앞에서 국권을 우위에 두고 대륙침략을 정당화했을 때, 민권운동은 자연히 붕괴되기 시작했다.

집회 및 정치결사법: 여성의 정치적 권리 박탈

1890년에 제1차 중의원선거(총선거)가 실시되어(유권자는 국민의 1%) 제1차 제국의회가 열린 해에 집회 및 정치결사법이 공포되었다. 이때까지도 여성에 대한 정부의 탄압은 엄격해서 기시다 도시코의 경우, 1883년 시가현(滋賀縣) 오쓰(大津)에서의 연설이 집회조례를 위반하고 관리를 모욕했다는 혐의를 받아 구류당하고 벌금 5엔을 내야 했다. 또 히데코가 조코학사의 생도와 함께 자유당의 납량(納涼) 대회에 참가한 것이 집회조례 위반이 되어 학사가 폐쇄될 위기에 처하기도 했다. 벌칙이 강화된 집회 및 정치결사법에 의해서 여성의 정치집회 회동이나 정치결사 가입이 금지되어 여성은 철저하게 정치로부터 배척당했다.

(미야자키 레이코)

2) 대역사건과 간노 스가코

대역사건의 발단

1910년 8월의 「한일합병에 관한 조약」이 조인되기 3개월 전인 5월에 나가노 현(長野縣)의 아카시나(明科)에서 기계공 미야시타 다키치(宮下太吉)의 폭파사건이 발각되어 미야시타 외 4명이 체포되었다. 연이어 6월에

간노 스가코

도쿄에 있던 고토쿠 슈스이(幸德秋水)도 구인되었다. 이것이 대역사건(大逆事件)의 발단이다.

　그 당시 일본은 아시아에서 강력한 제국주의 국가로 한층 더 약진하기 위해서 일본 내 반체제 세력에 대한 철저한 탄압을 시도했다. 아카시나의 작은 사건은 당시 반체제 세력의 우두머리로 간주되고 있던 아나키스트 고토쿠를 겨냥한 것이었다. 야마가타 아리토모(山縣有朋)와 가쓰라 다로(桂太郎) 내각은 면밀한 시나리오를 기초로 하여 이 사건을 정치적으로 이용한 것이다.

간노 스가코

　아카시나와 도쿄(東京)를 연결시킨 것은 간노 스가코(管野須賀子, 본명은 스가)였다. 그녀는 간사이(關西) 지방에서 기자 생활을 할 당시 '기독교부인교풍회(矯風會)'에 소속되어 공창제도를 비롯한 남성 중심적인 사회제도에 반대하며 필봉을 휘둘렀다. 또한 그녀는 사회주의에 공감하여 도쿄로 나와 사카이 도시히코(堺利彦), 고토쿠가 운영하는 평민사(平民社)를 방문했다. 1908년에 간노는 '아카하타(赤旗) 사건'에 연루되어 체포당했을 때 부당한 고문을 받고, 천황제를 정점으로 한 국가권력에 대해 저항을 하겠다고 결심했다. 그녀는 집필 활동에 주력하고 있던 고토쿠를 배려하면서, 한편으로는 직접 행동을 꾀하는 미야시타 다키치, 니무라 다다오(新村忠雄), 우치야마 구도(內山愚童)와 함께 천황도 피를 흘리는 인간임을 알릴 목적으로 폭탄 투척 계획을 세웠다. 이 계획이 준비 과정에서 발각되자, 당시 강권적인 가쓰라 다로 내각은 이 사건을 억지로 고토쿠와 연관시켜 고토쿠와 그 관계자를 줄줄이 체포함으로써 메이지 천황에 대한 '대역' 역모를 꾀한 대규모 반역 사건으로 조작했다.

　사건의 중심으로 지목된 고토쿠 슈스이는 러일전쟁을 전후로 사카이 도시히코와 함께 평민사를 세워 ≪주간평민신문(平民新聞)≫ 등에 비전론(非戰論)을 전개했다. 고토쿠는 필화 사건으로 투옥되어 출소한 후, 1905년에 미국으로 건너가 일본 이민의 참혹한 현장을 목격하고 미국에 있던 아나키스트들과의 교류를 통해 직접 행동의 중요성을 확신했다. 일본으로 귀국한 후, 다조에 데쓰지(田添鐵二), 가타야마 센(片山潛) 등의 의회정책파에 대하여 직접 행동론을 강력히 주장하여 일본 정부의 경계를 환기시켰다.

가부장제와 천황제에 맞선 투쟁

초기 사회주의 운동에는 여성도 참가했는데, 오사카에서 여성 차별에 저항하는 평론 활동을 해온 간노 스가코는 주장을 굽히지 않고 "일어나라 여성이여, 거부할 준비를 하라"(≪히지뎃포(肱鐵砲)≫, 1906)라고 하면서 여권론적 자세를 일관했다. 고토쿠도 일찍이 여성에 대해 "당당함을 바란다"라고 호소해서 여성의 권리 회복을 설파했다(≪부인과 정치≫, 1904). 그러나 당시 대부분의 운동가와 마찬가지로 고토쿠 또한 대의명분으로는 평등을 말했지만 실제로는 여성을 완전히 대등하게 생각했다고 말하기 어렵다. 그러나 간노와 함께 발행한 ≪자유사상≫(1909년 창간)의 발간사에서 그는 "일체의 미신을 타파하라, 모든 악습을 철폐하라, 모든 세속적 전설적 압제를 벗어버려라"라고 기술했다. 그들은 '자유사상'의 실천으로 연애관계에 들어갔지만, 이 때문에 주변의 동료들로부터 심한 비난을 받아야 했다.

남성 사회주의자들의 여성 경시·멸시에 대항하여 간노는 가부장제에 대한 투쟁이 천황제에 대한 투쟁과 연결된다는 점을 실천적으로 제시하기 위해 직접 행동으로 나아갔다. 체포 뒤 사건 진술에서 그녀는 천황 무쓰히토(睦仁, 메이지 천황) 개인의 문제가 아닌 천황이라는 제도적 존재가 '경제적으로는 약취자 장본인', '정치적으로는 죄악의 근원', '사상적으로는 미신의 근본'이 되어있다고 진술하고, 천황제 구조가 해체되어야 하는 대상임을 분명히 했다. 더욱이 그녀는 천황제가 '천황의 신성화된 가부장적 신

평민사의 여성들

《만조보(萬朝報)》에서 기자로 일하던 사카이 도시히코(桂利彦), 고토쿠 슈스이는 1903년 11월에 신문의 논조가 '러·일 비전(非戰)'에서 '개전(開戰)'으로 변하자 조보사(朝報社)를 그만두고 러·일 비전, 자유·평등·박애의 사회주의를 내건 평민사(平民社)를 창립

아카하타 사건으로 검거된 오스가 사토코, 가미카와 마쓰코, 고구레 레이코

했다. 또한 《주간평민신문》을 창간하고 각지에서 '연설회(傳道行商)' 등을 열어 그 사상을 확대해 나갔다. 그리고 계속해서 사회주의 부인 강연을 열어 여성해방을 논했다.

이윽고 평민사의 주장과 사상에 공감하는 여성들이 모이기 시작했다. 니시카와 후미코(西川文子)·노베오카[延岡, 결혼 뒤 성은 (堺)] 다메코(爲子)·후쿠다 히데코(福田英子)·간노 스가코를 비롯하여, 학생 출신의 가미카와 마쓰코(神川松子)·오스가 사토코(大須賀さと子, 후에 야마카와 히토시와 결혼), 뒤를 이어 고구레 레이코(小暮れい子)가 참가했다. 평민사의 여성을 중심으로 1905년에 치안경찰법 제5조의 개정청원 운동을 전개하고, 1907년에는 후쿠다 히데코의 주재로 일본 최초의 여성 사회주의 신문을 표방한 《세계부인》을 창간했다. 야마카와 히토시(山川均)에 의해 몇 년 뒤 '신여자'란 단어가 만들어지기 이전부터 '신여자'라 불린 가미카와 마쓰코는 종종 이 신문에 여성해방론을 기고했다. 1908년에 동지인 야마구치 고켄(山口孤劍)의 출소환영회에서 아라하타 간손(荒畑寒村) 등 직접 행동파가 적기를 흔들고 혁명가를 부르면서 시위운동을 일으키자 경찰대가 탄압했던, 소위 아카하타(赤旗) 사건이 일어났다. 간노·가미카와·오스가·고구레, 4명이 남성 동지와 함께 도쿄 감옥[뒤의 이치가야(市谷) 형무소]에 투옥되어 처참한 고문을 당했다. 이는 뒤에 간노가 천황의 암살 계획을 기도한 하나의 요인이라고 전해지고 있다.

(스즈키 유코)

체'를 통해서 존속하고 있는 모순을 천황 습격이라는 행동을 통해 천하에 알리려 했던 것이다.

공판의 심리는 비공개로 열려 1911년 1월에 고토쿠, 간노 등 24명은 사형판결을 받았다(뒤에 12명은 무기징역을 받았다). 이같이 놀랍도록 부당한 판결이 알려지자 미국 등지의 일본 대사관에는 수많은 항의가 빗발쳤다. 그러나 일본 국내에서 이 대역사건은 사람들에게 천황제 권력에 대한 공포심을 뿌리내리게 하여 종속＝신민(subject)화를 촉진시켰다.

(오고시 아이코)

2) 한국에서의 국권수호와 여성의 의식 발전

독립협회와 애국계몽운동

독립협회는 명성황후 사후 단발령의 실시로 촉발된 제1기 의병운동으로 인해 고종이 러시아 공관에 피신해 있던 시기에 창설되었다(1896). 협회가 주도한 애국계몽운동은 개혁 지향의 진보적 지식인들이 도시 시민층을 중심으로 학생, 노동자, 여성, 천민 등 광범위한 사회계층의 지지를 기반으로 한 것이었다.

우선 이들은 국민 성금을 모아 중국의 사신을 맞이하던 영은문(迎恩門)의 자리에 독립문을 건립하고, 강연회와 토론회 개최, 신문과 잡지의 발간 등을 통하여 근대적 지식을 전파하고 국권과 민족 사상을 고취시켜 갔다. 한편 만민공동회를 개최하여, 외국의 내정 간섭과 이권 요구 및 토지 조사 요구 등에 대항하여 자주국권 운동을 전개해 나갔다. 이후 협회는 왕정을 폐지하고 공화정을 실시하려 한다는 보수 세력의 모함과 탄압으로 진보적 내각의 붕괴와 함께 1898년 해산되었다.

여권론의 등장

여권론은 조선의 준식민지화에 대처하기 위해 개화파 정치가들이 주도한 근대적 자주국가 건설기획 추진과정에서 처음 등장했다. 1888년 박영효가 일본에서 고종에게 올린 28개조의 개화 상소문에는 여성의 인격 존중과 학대·멸시의 금지, 여성의 노예화 금지, 교육의 남녀균등, 과부재가 허락, 축첩 폐지, 조혼 폐지, 내외법 폐지 등을 내용으로 하는 여권론의 주장이 들어있었다.

그러나 그 대중적 확산은 독립협회가 발행했던 《독립신문》을 필두로 《대한매일신보》, 《대한일보》, 《만세보》, 《제국신문》, 《황성신문》 등 민족계몽을 위한 출판운동이 본격화되면서 시작된 것이다. 특히 여성교육의 중요성은 이 모든 신문에서 가장 두드러지게 강조되었다. 이는 개화파 지식인들의 자주적 민족국가 건설 목표와 관련해서 여성 동원이 불가피했던 당시 조선의 특수한 상황을 반영한다. 그들은 당시 아시아 각국에서 여성교육 기관을 설립·운영하던 기독교 선교사들의 이념을 차용·재해석하여, 여성들이 근대적인 현모양처로서 자녀교육과 내조를 담당하게 되면 가정이 근대화됨과 동시에 국가 또한 자주적인 근대화를 이룰 수 있다는 인식을 심어주었다.

찬양회 결성과 여성교육 운동의 전개

이러한 개화파 지식인들을 중심으로 한 여권론의 전개와 1886년부터 시작된 기독교 여선교사들의 활발한 사회 활동 및 여성교육 기관의 설립과 운영은 신분의 차이를 넘어선 여성들의 여권에 대한 자각과 여성교육 운동으로 이어졌다. 1898년 9월 서울의 북촌6) 양반 부인들은 독립협회의 자매단체인 찬양회를 결성하고 최초의 여권 선언서인 「여권통문」을 통해 여성

---

6) 청계천과 종로 윗동네로, 왕족과 고관대작, 사대부 들이 주로 거주했던 곳이다.

의 사회 진출을 강력히 주장했다. 그리고 10월 11일에는 100여 명의 부인들이 대궐 문밖까지 시위행진한 후 고종에게 관립여학교 설립을 청원했다.

그러나 이후 여성들이 중심이 된 순수한 여권운동은 보수 세력의 발호와 몰이해 속에서 순탄하게 성장하지 못했다. 1905년 이후 일제 침략으로 인한 국망의 위기에 처하자 수많은 여성교육 단체와 여학교가 설립되었다. 그러나 이 시기의 여성교육 운동은 대부분이 남성들이 추진한 것이다.

1886~1910년에 설립된 사립여학교 설립자 실태를 보면 174개교 가운데 21개교만 여성 설립자이며, 1905~1910년 여성교육 단체들 가운데 규모가 큰 것은 주로 남자에 의해 조직·운영되고 있었다. 따라서 이 시기의 여성교육을 비롯한 다양한 여성운동은 항일구국적 차원의 성격을 강하게 띤 남성 중심 사회에 적합한 운동으로 제한되어, 여권의식의 성장에는 그다지 큰 영향력을 미치지 못했다.

국채보상운동과 여성의 활약

국채보상운동은 1907년 1월 대구에서 서상돈의 발의로 시작되어 서울과 지방의 관리와 애국계몽운동가, 상인들과 부녀자들이 합세하여 일본에 대한 국채를 갚으려고 조직·전개한 거국적 운동이다. 당시 일본의 차관 1,300만 원은 조선 정부의 1년 예산과 맞먹는 금액으로, 국가의 재정 능력으로는 도저히 상환이 불가능한 거액이었다. 이 운동은 장차 일본에 경제적으로 완전히 예속될지도 모를 위기상황을 극복하기 위해 시작된 항일 자주 국권수호 운동이었다.

각종 신문 캠페인을 통해 이 운동에 대한 소식을 접하게 된 여성들은 신분과 계층을 초월하여 초기 단계부터 '국민의 일 분자로서 국민된 의무를 다하겠다'는 확고한 국민 평등 의식을 보이며 이에 적극 참여했다. 국채보상을 위한 여성 참여가 활발해지면서 여성들은 자발적으로 독자적 단체를 조직하고 남성들보다 다양한 모금 방법을 동원하여, 국가와 민족문제 해결에 앞장서는 여성들의 능력을 유감없이 보여주었다. 여성들의 독자적이고 자율적인 국채보상운동 참여는 전통적인 신분차별, 성차별을 타파·극복하고 남녀동등권을 실현하기 위한 중요한 역사적 전환점을 마련했다.

여성과 의병운동

대한제국기의 의병운동은 1905년 을사조약의 체결 이후 본격화되어,

윤희순(?~1935)은 1895년 의병운동 당시 「안사람 의병가
(義兵歌)」, 「의병군가(義兵軍歌)」, 「병정가(兵丁歌)」 등을
작사·작곡하여 부녀들의 항일 독립정신을 고취하는 한편
친일파와 일본군에게 서신을 보내어 그들의 죄상을 꾸짖었다.
1907~1908년에는 의병전쟁을 지원하기 위해 강원도 춘성군
에서 여자 의병 30여 명을 조직하여 군자금을 모으는 한편
직접 남장을 하고 군 정보를 수집하기도 했다. 1911년 4월
만주로 망명하여 이후 독립운동을 지원했다. 윤희순이 지어 각
가정의 안사람들에게 돌린 「안사람 의병가」는 다음과 같다.

주위의 반대를 무릅쓰고 의병 활동을
했던 윤희순

　　아무리 왜놈들이 강성한들

　　우리들도 뭉쳐지면 왜놈 잡기 쉬울세라,

　　아무리 여자인들 나라 사랑 모를소냐,

　　아무리 남녀가 유별한들 나라 없이 소용 있나,

　　우리도 의병 하러 나가보세, 의병대를 도와주세,

　　금수에게 붙잡히면 왜놈 시정 받들소냐,

　　우리 의병 도와주세,

　　우리나라 성공하면 우리나라 만세로다,

　　우리 안사람 만만세로다.

(강선미)

1907년 고종 황제 양위와 군대해산 이후에는 조직과 무기를 갖춘 대규모
항전의 형태를 띠었다. 1907년부터 1911년에 걸친 시기에 의병단체 수는
약 600단, 1단의 병력은 3,000~6,000명이었다.

이 전쟁의 최전선에 있던 사람들은 대부분이 남성들이었지만, 을사조약이 체결되자 강원도 춘성군에서 여자 의병을 조직하여 이 운동에 참여했던 윤희순과 같은 여성도 있었다. 그러나 대부분의 여성들은 역사의 주변부에 있었다. 아들의 이토 히로부미 암살을 장한 일로 여기며 죽음을 당당하게 받아들이도록 격려했던 안중근의 어머니나 1909년 호남 지역의 의병 소탕을 위한 일본군의 살육작전으로 희생양이 된 수많은 부녀자들이 그 예일 것이다. 여성들의 의병운동 참여가 여성이라는 조건에 의해 제한을 받고 있었기 때문이다. 그러나 이러한 기록들은 당시 여성들의 신분·성별을 초월하는 국민 평등 의식과 국권수호 운동에 대한 참여 의지가 상당했음을 말해주고 있다.

(강선미)

3) 일제의 토지조사사업과 조선의 빈곤화

1910년 조선을 강제 병합한 일제는 이른바 조선 통치 방침을 결정했다. 첫째, 조선을 영원한 농업국가로 통치한다, 둘째, 일본의 상품판매시장으로 통치한다, 셋째, 대륙침략을 위한 병참기지로 통치한다는 것이었다. 일제는 이를 위한 기초사업으로 '토지조사사업'을 실시하여 대륙침략을 대비한 기반시설 건설용 토지를 확보하고 식민지 농업정책의 수행을 위한 기반을 마련하는 한편 「회사령」을 공표·시행하여 회사설립을 허가제로 묶어놓고 일본의 국내 공업과 경합되는 업종은 설립을 제한하여 민족자본의 형성을 억제했다.

토지조사사업과 조선 농민의 토지 이탈

토지조사사업은 1910~1918년까지 9년간에 걸쳐 실시되었다. 사업의 규모는 1910년 총독부에 설치되었던 임시토지조사국의 직원만도 3,200명이었을 정도로 매우 컸다. 이는 미완으로 끝난 대한제국 시기의 양전(量田: 토지 측량)사업과 지계(地契: 토지소유권 증명서)사업을 대치하는 것이었으며, 농지세를 징수하기 위한 것이었다.

이 사업의 결과로 전통적으로 소유가 인정되었던 농민들의 토지가 몰수 되어 일본인 대자본가들의 투자를 위한 막대한 토지가 확보되었으며 많은 일본인 대지주가 등장했다. 반면, 대부분의 조선 농민들은 소작농으로 전 락했으며, 사업 종료 후 배가되기 시작한 소작료로 인해 토지를 이탈하여 정처 없이 떠돌며 생활하는 유랑농민들이 급증하게 되었다. 이리하여 당시 만주·중국·대만·일본 등지에 헐값에 노동력으로 팔려간 사람만도 180만 명을 넘었다.

여성의 빈곤화와 경제적 지위 저하

일제의 토지조사사업과 병행된 일제의 식민지 농업정책은 호주제도와 더불어 여성들의 경제적 지위를 급격히 저하시키는 결과를 초래했다. 일제 는 1910년대부터 관헌을 동원한 폭력적 방법으로 전통적 농업 체계를 파 괴하고, 쌀·면·고치의 증산을 위한 토지개량사업과 신품종 교체사업, 고 치·면의 지정공판제를 도입했다.

당시 대부분의 조선 여성 농민들은 전통적 성별 분업에 의해 밭농사와 잠업, 면업 등에 종사했다. 이들의 밭일은 전통적 농가의 식량자급에 중요 한 원천이었으며, 양잠과 면업은 농가경제에서 큰 비중을 차지하는 것이었 다. 일제의 식민지 농업정책은 조선 농민 일반의 소작농화·유랑민화는 물 론, 남성에 대한 여성의 종속이 심화되는 결과를 초래했다. 남성 농민들의 일이었던 벼농사에 비중을 두는 정책, 지정공판제를 통한 잠업·면업 생산 물의 판매와 수익금 관리 권한을 농회나 조합에 단독 가입한 호주에게 귀 속시키는 정책 등이 그 원인이었다. 이에 따라 여성의 농업생산노동은 가 족생계와 관련하여 부수적인 것으로 전락했으며, 여성 농민의 빈곤은 더욱

방직공장의 여성 노동자들(≪신동아≫, 1932년 6월호)

심화되었다.

여성 노동자의 출현

토지를 빼앗기고 타지를 떠돌게 된 여성 농민들은 어떻게든 새로운 일자리를 구해야 하는 광범위한 잠재적 실업자들이었다. 이들 중 일부는 1910년대 조선에 세워지기 시작한 방직·고무·식료품·연초 등 제조업 분야의 공장노동자로서 일하기 시작했다. 이 최초의 여성 노동자들은 열악한 노동환경과 조건 속에 있었다. 이들은 민족·계급·성 차별에 의해 가장 낮은 임금을 받으며, 때때로 임금이 체불되는 고통을 참아내야 했다. 한편 농촌을 떠나온 젊은 여성들 중에는 첩이나 창기로 팔려간 경우도 많았다.

(강선미)

제2장
3·1운동과 사회운동의 전개

1. 3 · 1운동의 발발과 한국의 여성운동

1) 3 · 1운동과 여성의 각성

재일 조선인 여자 유학생의 활동

조선인의 일본 유학은 1881년 신사유람단 파견 이래 1895년 정부 파견 유학생으로 시작되었다. 새로운 근대국가 건설에 필요한 인재 양성을 위한 일본 유학은 전통 사회의 해체와 근대 사회 체제로의 변화에 적응하려는 노력의 일환이었다. 특히 여성에게는 자신을 실현하고자 하는 욕구이면서 여성의 사회 진출, 또는 신분 상승을 위한 선택의 길이기도 했다.

1915년 4월에 발족된 '재동경조선여자유학생친목회'[1]는 유학생 간의 친목 도모뿐만 아니라, 국내 여성들에게 앞선 지식을 전달하는 데 힘썼다. 또한 제1차세계대전 종결 후 민족자결주의 원칙에 따른 식민지 해방의 기

---

1) 이 모임의 유영준, 나혜석 등은 1917년부터 《여자계(女子界)》라는 기관지도 발행했다. 1920년 3월에는 '조선여자유학생학흥회'로 이름을 바꿔 방학 때 조선에서 전국 순회 강연회를 여는 등 여성 교양과 민족의식 고양에 노력했다.

<표 2-1> 일본 유학생의 추이

연 도	여학생 수(%)	남학생 수(%)
1910	34(8.1)	386(91.9)
1920	145(11.8)	1,085(88.2)
1926	234(5.9)	3,711(94.1)
1929	252(5.7)	4,181(94.3)
1930	215(4.1)	5,070(95.9)
1931	300(5.9)	4,762(94.1)
1935	494(6.8)	6,798(93.2)
1938	915(7.4)	11,441(92.6)
1940	1,707(8.2)	19,117(91.8)
1942	2,947(9.3)	26,480(90.7)

자료: 朴宣美, 「朝鮮社會の近代的變容と女子日本留學 — 1910~1945」, ≪史林≫, 第82卷(京都大出版部, 1999), p.64.

운에 힘입어 1919년 남녀 도쿄 유학생들은 2·8독립선언을 주도하는 등 민족 독립운동의 신호탄을 쏘아 올렸다.

3·1운동과 민중 여성의 각성

1919년에 일제에 저항하여 전국적으로 3·1운동이 일어나자, 여학생은 물론이고 기생 등 다양한 계층의 여성들이 집단적으로 참여했다. 이 같은 여성들의 참여는 대한민국임시정부의 활동을 적극적으로 돕는 등 항일 민족운동으로 이어졌을 뿐 아니라 이후 여성운동의 단단한 기반이 되었다.

1913년 9월경 평양 숭의여학교의 교사와 학생들이 시작한 '송죽결사대(松竹決死隊)'는 여성 구국의식을 배양할 목적으로 조직한 비밀단체였다. 송죽결사대의 은밀한 활동은 3·1운동에 전국의 여성들을 불러 모으는 초석이 되었다. 일제는 여성들은 본래 정치의식이 부족하다고 여겨 여성에 대한 감시와 단속을 상대적으로 느슨하게 했기 때문에, 여성들은 오히려 조직적 활동을 적극적으로 할 수 있었다.

|왼쪽| 3·1운동 때 거리로 나와 시위하는 여성들 |오른쪽| 3·1운동 1주년 기념연설회에서 검거된 조선 여학생들(1920년 3월 1일, 도쿄의 조선기독교회관)

항일 여성단체의 조직과 활동

1919년 6월 '대한민국애국부인회'는 김마리아, 황에스터 등이 조직을 개편하여 약 2개월 만에 100여 명 이상의 회원을 모았으며, 6,000여 원의 자금을 대한민국임시정부로 보냈다. 그러나 11월 말 일제에 발각됨으로써 회장 김마리아를 포함하여 회원 9명이 투옥되었다. '대한애국부인회'는 3·1운동 이후 최대의 여성조직으로 비밀 항일운동을 전개했다. 그 밖에도 '여자향촌회' 등의 여성애국단체들이 군자금을 모집하고, 은신처를 제공하는 등 임시정부 활동을 지원했으며, 일제의 공공기관 폭파에 이르기까지 위험을 무릅쓰고 헌신했다. 이 여성들은 민족의 독립에 민족의 일원인 여성들도 책임이 있다고 생각했으며, 더 나아가 일반 여성들의 각성을 불러일으켜 이후 여성해방운동의 디딤돌을 놓았다.

(신영숙)

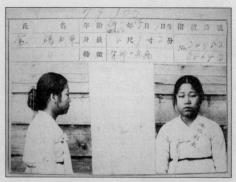

　유관순(1904~1920)은 충남 천안에서 태어나, 이화학당 재학 중 1919년 3월 1일에 전국적인 만세 운동이 일어나자 시위에 뛰어들었다. 1919년 음력 3월 1일, 유관순은 부모와 마을 사람들을 이끌고 그의 고향인 아오내 장터로 가 태극기를 나누어 주었다. "우리는 단결해야 합니다. 삼천리강산이 울리도록 만세를 부릅시다. 대한 독립 만세!" 유관순은 서울 고등법원에서 7년형을 선고받았고 모진 고문에도 만세를 부르며 동지들을 격려하다 16세로 숨졌다.

　김마리아(1892~1944)는 3·1운동 당시 체포되어 법정에서 "독립운동은 남녀가 함께해야 하며, 조선과 일본의 행복과 세계의 평화를 도모하기 위한 것"임을 당당하게 진술했다. 심한 고문의 후유증으로 1921년 병보석을 받기도 한 김마리아는 국외로 탈출하여 상하이, 미국 등지에서 독립운동을 계속했다.

일본 관헌에게 체포되었을 때의 김마리아(위)와 유관순(아래)

(신영숙)

2. 일본 여성운동의 진전

1) ≪세토≫에서의 여러 논쟁

≪세토≫의 탄생

　근대 일본에서 여성들이 자아를 드러내고 그것이 사회적으로 충격을 준 것은 1911년에 발간된 ≪세토(靑鞜)≫에서 비롯되었다. 1910년에 천황제에 도전했던 이른바 대역사건으로 사회운동은 겨울을 맞이했는데, 이러한

|왼쪽| ≪세토≫ 창간호 표지 |오른쪽| 세토샤 동인들. 오른쪽에서 둘째가 히라쓰카 라이초

분위기 속에서 ≪세토≫의 여성들은 '여성'과 '성'을 키워드로 세상에 문제를 제기했다. 이들은 근대 일본의 지배 이데올로기인 천황제를 일상적으로 지탱하고 있던 이에(家) 제도와 호주와 처라는 젠더 질서를 뒤흔들었던 것이다.

　≪세토≫는 히라쓰카 라이초(平塚らいてう)가 이쿠타 조코(生田長江)의 권유를 받아 여성에 의한, 여성을 위한 문예잡지를 기획하고, 여기에 야스모 지요시(安持研), 나카노 하쓰(中野初), 기우치 데이(木內錠), 모즈메 가즈(物集和)가 찬동하여 함께 세토샤(靑鞜社)를 설립하면서 시작되었다. 1911년 9월 1일에 발행된 창간호에는 요사노 아키코(与謝野晶子)가 「산이 움직이는 날이 온다」라는 권두시를 쓰고, 라이초가 「원시 여성은 태양이었다」라는 창간사를 실었다.

　≪세토≫는 여성의 시대를 개척할 목적으로 창간되었다. 여성의 연대를 통해 남성 중심 사회가 강요하는 양처현모주의에 이의를 제기하고 여성의 자기해방을 호소했던 스타일은 참신한 것으로, 새로운 지식과 생활을 찾아

갈등하고 있던 여성들에게 커다란 반향을 불러일으켰다.

당시 일반 사회의 여성 규범에 저촉되는 ≪세토≫ 여성들의 언동은 언론의 많은 주목을 받았다. 언론은 이들을 '신여자'라 불렀고, 이들의 오색주(五色酒) 시음이나 요시하라(吉原) 유곽의 견학을 조소적으로 보도하는 등 이 여성들을 스캔들로 취급했다. 그러나 ≪세토≫ 여성들의 문제제기는 대단히 진지한 것이어서 ≪세토≫가 판매금지를 당하는 등의 정치적 탄압을 받기도 했다.

≪세토≫의 의미는 여성들이 자기의 생활 경험에서 나온 언어들을 솔직하게 발산하고 삶과 성에 관해 여러 논쟁을 벌인 데 있다. 그중에서도 '정조논쟁'(1914~1915), '낙태논쟁'(1915), '폐창논쟁'(1915~1916)은, 이에 제도를 지키기 위해 여성에게 정조를 요구하고 낙태를 금지하고 남성에게는 공창제도를 허용하는 성의 이중 규범을 날카롭게 지적해 낸 획기적인 것이었다.

정조논쟁, 낙태논쟁, 폐창논쟁

'정조논쟁'2)에서 이쿠타 하나요(生田花世)는 여성 노동이 여성의 성적 위기를 내포하고 있는 현상임을 분명히 했다. 그녀는 고용주의 성적 요구에 굴복한 자신의 체험을 "나 자신과 남동생 둘이 먹고사는 일이 우선이었고, 나 한 사람의 정조라는 것은 부차적인 것이었다"라고 기록하여, '먹는 것과 정조'라는 문제에 직면해 있던 여성들의 처지를 호소했다. 야스다 사쓰키(安田皐月)는 '정조'란 "무엇을 가지고도, 어떤 일에 맞닥뜨려도 깨뜨릴 수 없는 것", 곧 여성의 기본적인 생존권이라고 생각하고 정조를 준수하는 일은 '인간으로서 살아가는 기반'이라고 하면서 이쿠타를 비판했다.

---

2) 여기에서 정조란 가부장적 일부일처제에서 채용된 결혼 또는 그와 유사한 관계 속에 있는 상대와의 성관계를 특권화하는 윤리도덕을 말한다.

그러나 이 논쟁은 '정조'의 의미를 둘러싼 도덕논쟁으로 변용되어 여성 노동권의 침해라는 중요한 문제는 간과해 버리고 말았다.

'낙태논쟁'에서 야스다 사쓰키는 당시 시행되던 '낙태죄'[3]에 대해서 "태아가 태어나기 전 모태의 생명에 속해있는 동안 어머니가 태아의 행복이라고 믿는 신념대로 태아의 생명을 좌우하는 것은 모권에 속한다고 생각합니다"라면서 생식에서 여성의 자기결정권을 주장했다. 한편 이토 노에(伊藤野枝)는 생명자연주의의 입장에서 "생명을 죽인다는 것은 어떠한 이유에서건 자연을 모독하는 일"이라고 하여 중절에 맹렬하게 반대했다. 하

---

3) 1907년에 제정된 형법 제29장 제212조에 "부녀자가 약물을 사용, 또는 그 외의 방법으로 낙태할 때는 일 년 이하의 징역에 처한다"라는 조항이 있다.

모성보호논쟁

1918년부터 1919년에 걸쳐 전개된 논쟁이다. 요사노 아키코가 국가에 대한 모성보호 요구를 비판하며 출산과 육아는 사적 영역에 속하는 문제라고 주장하면서 격렬한 논쟁이 시작되었다. 히라쓰카 라이초는 '어머니는 생명의 원천'이라는 점과 '물품 생산'보다 우선해야 할 '생명 재생산'의 가치를 강조하며 모성보호의 국가적 의미를 주장했다. 이에 대해서 야마카와 기쿠에는 여성의 경제적 독립과 어머니로서의 권리가 양립 불가능한 이유는 자본주의의 여성 착취 체제 때문이라고 지적했다.

모성을 둘러싸고 여권주의(여성의 개인적 자유를 중시하는 입장)와 모성주의(여성의 특질로 인식되는 혈육의 재생산을 높이 평가하는 사고방식), 그리고 사회주의(자본주의에 의한 여성 착취, 계급, 성, 민족의 분단을 구조적으로 해명하는 논리)가 서로 대립하여 논쟁을 전개했던 것이다.

(오고시 아이코)

지만 논쟁은 중절 시비를 둘러싸고만 전개되어 낙태죄가 갖고 있는 근대국가의 성 관리 시스템의 문제점에 대해서는 건드리지 않았다.

이토 노에는 '폐창논쟁'에서 '일본기독교부인교풍회'가 전개한 폐창운동을 비판했다. 이토는 운동이 상류 부인의 "허영을 위한 자선적 입장"에서 이루어져 성적 쾌락과 '창부(娼婦)'라고 불리는 여성에 대한 멸시가 엿보인다고 주장했다. 이에 대해 야마카와 기쿠에(山川菊栄)는 이토가 남성의 성적 욕망을 자연스러운 것으로 당연시한다고 비판하고, 남성을 위한 공창제도를 문제시한 폐창운동의 의의를 옹호했다. 그리고 성매매의 배경에는 사유재산제에 기초한 부의 불균형과 여성의 예속이 있다는 것을 명시했다.

이들 논쟁은 당시의 남존여비적 성도덕에 저항한 여성들의 도전을 반영한 것이다. 그러나 '연애'로 맺어진 남녀의 관계를 특권화한 이성애주의, 일부일처제 결혼도덕주의, 그리고 '모성'을 여성의 본능이라고 하는 모성

본질주의 등, 국가의 성 관리 틀 안에서 만들어진 성도덕에 기초하고 있다
는 한계를 갖고 있다.

(오고시 아이코)

2) 일본의 폐창운동

세계 폐창운동

1870년대에 조세핀 버틀러를 중심으로 한 여성운동가, 노동자, 기독교
인들이 연대하여 성매매를 여성의 성에 대한 수탈로 보고 이에 반대하는
국제적인 운동을 활발하게 전개했다. 그러나 그것은 점차 여성의 순결을
중시하고 타락한 여성의 구제를 목적으로 하는 기독교 윤리에 기초한 사회
정화운동으로 변질되었다. 1877년에 제네바에서 열린 제1회 세계대회에서
는 공창제도가 '자유의 원칙에 반한다'고 결의했으며, 그 뒤 공창제도 폐
지의 기운이 세계적으로 높아졌다.

부인교풍회의 탄생과 활동

만국부인교풍회 본부에서 일본에 특파원을 파견한 것이 계기가 되어
1886년에 도쿄기독교부인교풍회[회장 야지마 가지코(矢島楫子)]가 탄생되었
다. 이 단체는 일부일처제 확립, 해외 '매춘부' 단속 등을 건의하고 청원운
동을 전개했다. 1900년 2월에 "창기폐업은 자유"라는 대심원(최고 재판소)
판결이 나오자 여성들과 지원자, 구세군이 응원하던 창기들의 자유폐업 운
동이 전국적으로 퍼져갔다. 그러나 같은 해 10월에 「창기단속규칙」이 발
포되어 공창제도는 경찰의 통제가 강화된 형태로 법적으로 정비되었다.
전국 각지에 부인교풍회가 차례차례 탄생하면서 1893년에 이들이 통합
하여 일본기독교부인교풍회(회장 야지마)를 발족해서 폐창운동을 더욱 적극
적으로 전개했다. 1911년에는 폐창운동 단체들이 모여 남녀 공동의 곽청

회[廓淸會, 회장 시마다 사부로(島田三郎), 부회장 야지마]가 발족되었다. 교풍회와 곽청회는 각지에서 유곽 설치 반대 운동을 전개했다. 1917년에 오사카를 중심으로 일어난 도비타(飛田) 유곽 설치 반대 투쟁은 특히 격렬했다.

제3회 전국폐창동지대회(1928년 6월). 오른쪽은 일본기독교부인교풍회 회장 야지마 가지코, 왼쪽은 곽청회 회장 시마다 사부로

교풍회의 여성들은 가난한 여성들이 선불금에 묶여 성을 착취당하는 일에 분노하여 '창기'로 불리는 여성들의 구제에 전력을 다했다. 그러나 폐창운동이 '창기'가 된 여성을 '매춘부'라고 불렀다는 점에서도 알 수 있듯이 여성을 '아내'와 '창부'로 나누고 성매매를 죄로 간주했다. 결국 당시의 남성 중심적 기독교의 성도덕에 기초하여 활동하는 한계를 가지고 있었다.

(오고시 아이코)

전국공창폐지기성동맹회에서 폐창연맹으로

1923년 9월에 도쿄연합부인회가 탄생했다. 도쿄연합부인회에 참가한 여성들은 사상과 당파를 넘어 공창 폐지와 참정권 획득 문제에 공동 행동을 취했다. 같은 해 11월에 전국공창폐지기성동맹회가 결성되어 야마카와 기쿠에가 "국민에게 호소한다"라는 글을 발표했다. 종래의 여성 기독교인을 중심으로 전개된 폐창운동의 조류에 야마카와 등 사회주의자들이 가담하여 공동전선이 형성되는 듯했으나 이것은 곧 좌절되었다. 이에 대신하여 일본기독교부인교풍회와 곽청회가 1926년 6월에 곽청회부인교풍회연합을 발족시켜 전국적인 운동을 전개했다.

이 연합(나중에 곽청회부인교풍회폐창연맹으로 개칭)은 제1기 운동으로 중앙운동(대정부·대제국의회 운동), 지방운동(대부현회, 부현별 폐창동맹회의 결성), 교육선전 운동을 했으며, 사이타마(埼玉), 후쿠이(福井), 후쿠시마(福島), 아키타(秋田)의 현회(縣會) 여러 곳에서 폐창 결의를 쟁취했다. 이 성과에 탄력을 받아 1930년부터 5개년 계획을 세워 1934년에 제국의회에서 폐창령을 획득한다는 목표로 제2기 운동을 전개했다.

그러나 1934년에 폐창 진영의 일부와 유곽업자 사이에 '공창 폐지, 사창 묵인'이라는 타협이 이루어졌다. 단속 당국인 내무성도 강한 국제적 비판을 의식하여 이 움직임을 환영했다. 그러나 폐창은 단행되지 않은 채, 폐창연맹은 1935년 3월에 '폐창이 가까워졌다'고 보고 서둘러 해산하여 새롭게 국민순결동맹을 발족시켰다. 순결동맹은 "관민 타협"으로 "국민의 순결 정신을 고무"하고 "남녀 도덕 이상화에 일대 윤리운동"을 표방했다. '창기'의 인권은 뒤편으로 밀려난 것이다.

〈스즈키 유코〉

3) 참정권 운동

신부인협회의 결성과 치안경찰법 제5조 개정 운동

1890년에 공포된 집회 및 정치결사법은 여성의 정담(政談)집회 회동, 정치결사 가입을 금지하면서 여성의 정치적 권리를 박탈했다. 10년 뒤 집회 및 정치결사법은 치안경찰법(치경법) 제5조의 제정으로 이어졌다. 1910년대의 데모크라시의 기운 속에서 1919년 히라쓰카 라이초, 이치카와 후사에[4] 등이 신부인협회를 창설하고 여성·어머니·어린이의 권리 옹호, 가정의 사회적 의의의 천명 등을 내세우며 치경법 제5조 개정 운동, 화류병

---

4) 이치카와 후사에(市川房枝, 1893~1981)는 1919년에 히라쓰카 라이초와 함께 신부인협회를 일으킨 이래 여성참정 운동에 전념했다. 그러나 전쟁 중에는 익찬(翼贊) 체제에 협력하여 대일본언론보국회 이사에 취임했는데, 이것이 이유가 되어 패전 뒤 공직에서 추방되었다. 참의원 의원으로 복권한 뒤에는 금권정치와 싸웠다.

(성병) 남자 결혼 제한 운동을 전개했다. 1922년 4월에는 치경법 제5조의 일부 개정을 실현하고 정담집회 발기 회동을 쟁취했다.

신부인협회가 1922년에 해산한 뒤, 후속 단체로서 부인연맹이 발족되었다. 1923년에는 부인연맹, 신진부인회, 부인금주회 등이 결집하여 부인참정동맹을 결성하고 부선(婦選) 운동의 대동단결을 지향했다.

신부인협회 제1회 총회에 모인 회원들. 가운데 왼쪽이 히라쓰카 라이초, 오른쪽이 이치카와 후사에

부선획득동맹과 부선운동

도쿄연합부인회는 참정권 문제에서도 한 걸음 앞으로 나아갔다. 정치부 설치를 거쳐, 1924년에는 부인참정권획득기성동맹회를, 1925년에는 정치연구회부인회를 발족했다. 1925년 3월에 남자 '보통선거법'이 성립되자 부인참정권획득기성동맹회는 같은 해 4월에 '부선'에 골몰하는 부선획득동맹으로 개칭했다. 간사이(関西)·서일본에서도 부선운동이 활성화되었다. 서일본의 부인회 조직을 집결한 전(全)간사이부인연합회는 1924~1925년부터 부선을 대회의제로 삼았다.

부선획득동맹의 확립은 여성참정권 운동의 본격적인 전개를 가져와 1930년에 절정에 달했다. 그러나 1931년 만주사변의 발발로 군부 파시즘이 강해짐에 따라 부선운동은 어려움에 봉착했다. 전시 총동원 체제기에 부선운동 진영은 부선의 깃발은 계속 들지만 자치제 정치와 진흥운동에 협력하면서 활로를 모색한다는 '전술 전환'을 했다.

(스즈키 유코)

4) 한국의 여성교육 운동

여자교육의 필요성

3·1운동 이후 조선 여성들의 교육열은 높아갔고, 사회 전반적으로도 여성교육의 필요성이 강조되었다. 여성교육은 대한제국 시기부터 단순한 교육 목적에서 한 걸음 더 나가 부국강병, 애국계몽운동의 일환으로서 민족독립운동의 한 방편으로도 적극 요청되어 왔던 것이다. 이 같은 의미에서 여성교육의 필요성과 시급함은 3·1운동을 계기로 훨씬 고양되었다. 교육 내용에서는 아직 전통적인 여성상이 충분히 극복되지 못했지만, 여성에 대한 근대적 신교육이 양적 팽창을 이루어 여성 자신에게나 일반 사회의 의식이 변화하는 데 기여하고 있었다.

그러나 여성을 위한 교육기관은 여전히 크게 부족하여 수요에 미치지 못했다. 이러한 상황에서 신교육을 먼저 받은 여성들은 여성단체를 조직하고 교육운동을 전개했다. 그리고 교육 내용도 문자해독이나 수신제가, 자녀교육을 위한 수준을 뛰어넘어 점차 여성문제와 정치사상 토론으로까지 확장되어 갔다.

여자교육 단체의 조직과 활동

1920년 2월에 조직된 조선여자교육회[5]는 일반 가정부인을 위한 야학 강습소로 출발했는데, 1922년에 조선여자교육협회로 개칭하고 근화학원(槿花學院)을 세웠다. 그리고 1925년에 그것을 근화여학교로 승격시켰다. 조선여자교육회는 또한 순 한글 잡지인 ≪여자시론(女子時論)≫을 발행하고, 1921년부터 전국 순회 강연회, 연극 공연 등을 통해 여성교육의 중요

---

5) 회장 김미리사(본래 이름은 차섭섭)는 청상과부로 자신과 같은 처지에 있는 여성들의 교육에 주력하다, 60대에 가서야 남편 성이었던 김씨를 버리고 자신의 본성인 차씨를 되찾아 차미리사가 되었다.

성을 알렸다. 이 단체는 여성의 의식 계몽과 실생활에 도움이 되는 내용을 중심으로 정규 학교에 가지 못하는 과부들의 교육에 주력했다. 1922년 4월에 창립된 '조선여자청년회'도 가정부인을 대상으로 상설 야학 '조선여자학원'을 운영했고, 조선어·산술·한문 등을 가르치는 강습회도 열었다. 그 밖에 부인견학단, 활동사진대회, 음악회 등 다양한 활동을 펼쳤다.

전국 강연회를 떠나는 조선여자교육회 회원들(《동아일보》, 1921년 10월 1일)

특히, 빈민 하층 여성의 교육과 자립을 모색한 여자고학생상조회[6]는 1922년 4월부터 학자금을 마련하기 위해 재봉틀을 놓고 일하면서 공부했다. 동시에 전국 순회 강연회를 열거나 사회운동에 적극 참여하는 학생단체로서 활동했다. 이렇게 여성교육 단체들은 대한제국 시기 민족 독립과 구국운동의 성격을 띤 여성교육 운동의 맥을 이어 야학운동 등 여성교육 운동을 추동시키며 신여성의 출현과 직업 진출의 계기를 마련했다. 이 같은 여성교육 운동은 일제시대 내내 대표적인 여성운동으로 지속적으로 전개되었다.

문자 보급 및 계몽운동

일제시대에 여성을 위한 정규교육 시설이 부족하여 여성교육의 기회는 매우 제한되어 있었다. 그 대안으로 나온 것이 서당이나 야학, 강습소 등이다. 초등교육을 받는 여학생 수가 1910년 1,274명에서 1942년에는 50만여 명으로 390배 이상 증가했으나, 일제 말까지 보통학교에 다닐 수 있는 비율은 전 국민의 20~30% 정도에 불과했다. 그중 여학생의 구성비가

---

6) 회장 정종명(鄭鍾鳴)은 사회주의 운동가로, 직업은 산파(조산원)였다.

1920년경의 신여성 나혜석. 한국 최초의 여성 서양화가로, 자유연애, 자유결혼을 통한 여성해방에 대해 많은 글을 발표했다.

1/10에서 1/5 정도였던 것을 감안하면 정규교육을 받을 수 있는 여성은 아주 미미했다. 이 같은 상황에서 1930년대 조선일보, 동아일보의 '브나로드(민중 속으로)' 운동에 여성단체들은 적극 협조했다. 특히 야학 등 농촌 여성을 대상으로 한 문맹퇴치 운동은 "아는 것이 힘, 배워야 산다"라는 구호 아래 이념을 초월하여 당대 가장 시급한 과제였던 교육에 힘을 모았다. 1920년대 도시 여성을 중심으로 이루어졌던 교육운동은 1930년대 농촌으로까지 크게 확산되어 갔다. 그러나 1930년대 후반에 이르러 이 운동은 일제 전쟁의 방편으로서의 일본어 보급 운동으로 변질되었다.

(신영숙)

5) 신여성과 한국의 여성 사회의 변화

신여성의 출현

세계적으로 제1차세계대전과 러시아 혁명 전후의 역사적 산물로 등장한 신여성은 조선에서도 3·1운동 전후에 출현했다. 신여성이란 전쟁 중 남성 노동력을 대체하여 본격적인 산업 역군이 된 여성이 종래 가정을 지키던 현모양처 여성상과는 또 다른 사회적 인격체로 부상했음을 의미한다.

당시 조선에 등장한 단발머리[毛斷, modern] 양장의 신여성은 기독교식 세례명을 갖기도 하고 서양식 문화생활을 추구했다. 또한 사회주의 여성해방론에 눈뜨기도 하고 자유연애, 자유결혼을 주장하면서, 여성에게만 강조되는 정조 이데올로기의 부당성을 적극 비판했다. 이로써 남녀차별적인 종래의 사회적 인식은 조금씩 흔들리기 시작했고, 여성의 생활상도 점차 변화하게 되었다. 대표적인 1세대 신여성으로는 서양화가 나혜석, 소설가 김일엽, 김명순, 성악가 윤심덕 등이 있다. 그러나 이들을 쉽게 용납하지 않은 당시 사회에서 신여성이 감당해야 할 몫은 크기만 했다.

신여성의 활동과 삶

신여성의 활동은 무엇보다 출판문화를 통해서 두드러졌다. 일본 유학을 다녀온 김일엽은 이화학당 관계자들과 함께 잡지 ≪신여자(新女子)≫를 창간했다. 이 잡지는 한국에서 최초로 여성들 스스로가 만들고 쓴 잡지라는 점에서 일본의 ≪세토≫와 비견할 만하다. 김일엽은 ≪신여자≫의 창간사에서 남성 중심적인 사회를 개조하여 여성을 해방해야 한다고 주장했다. 그러나 ≪신여자≫는 제4호를 끝으로 일제 당국에 의해 폐간당하고 말았다. 어느 청상과부의 솔직한 심경을 토로한 「어느 청상과부의 고백」이란 글이 풍기 문란하다는 것이 이유였다. 이처럼 ≪신여자≫는 가부장적 사회에서 금기시되었던 여성들의 내밀한 이야기를 솔직히 담아내기도 했다.

김일엽 등 여성들이 발간했던 잡지 ≪신여자≫

그 뒤 ≪부인(婦人)≫, ≪신여성(新女性)≫, ≪부녀지광(婦女之光)≫, ≪여성(女性)≫ 등 여성을 대상으로 한 잡지가 계속 창간되었다. 여성교육이 확대되면서 글을 읽고 쓰게 된 여성들은 여성잡지에 자신의 일상과 생각을 싣기도 했다. 그러나 여성잡지에서 기자로 활동하거나 글을 투고하는 사람은 여전히 근대 지식을 전유했던 남성 지식인들이었다. 이들은 남성의 입장에서 '여성해방론'을 전개하면서 가정과 민족을 벗어나 '개인'을 내세우는 신여성들의 말과 행동을 끊임없이 경계했다.

김일엽이나 나혜석처럼 자유연애와 결혼을 주장하고 실천한 신여성이 있는 반면, 김활란처럼 독신으로 지낸 신여성도 많았다. 또한 일찍 남편과 사별하고 여성교육계나 운동계에 투신한 과부나 가족의 생계를 책임져야 하는 직업여성들도 적지 않았다. 신여성의 직업으로는 교사·기자·의사 등 전문직뿐 아니라, 음악가·화가·문인·배우 등 예술인들과 여성 비행사도 있었다. 또한 사무직·서비스직의 이른바 근대적 여성직과 여성 노동자가 증가하기 시작했다. 이들은 전통적 가부장제의 폐해와 식민지 지배에 부대끼는 한편 그것을 극복하고자 하는 여성운동에 적극 뛰어들었으며, 민족주의와 사회주의 운동에도 참여했다.

(신영숙)

3. 조선의 항일 민족주의 운동과 여성

1920년대 민족주의 운동은 기독교·불교·천도교 등 종교계와 교육계의 인물들이 대거 참여한 실력양성 운동과 국내외에서 조직적으로 전개된 항일 무장독립투쟁, 물산장려운동 등으로 분화되었다. 여성들도 교육과 생활개선 등을 통한 실력 향상의 온건한 민족운동에 참여했을 뿐 아니라, 독립자금 모금 등 직접적인 항일 민족운동에 적극적으로 동참했다.

1) 항일 여성 독립운동

무력항쟁

여성들은 대한제국 시기 의병운동 등 국권회복 운동으로부터 일제시대 독립운동에 이르기까지 남성들을 도왔을 뿐만 아니라, 직접 무력항쟁에 투신하기도 했다. 1920년에 조신성(趙信聖)이 조직한 대한독립청년단[7]은 항

---

7) 대한독립청년단은 여성 단장 조신성의 지도 아래 남성을 포함한 여러 단원들이 활동했다. 평남 맹산의 한 호랑이 굴에 본부를 둔 이 조직은 영원·맹산·덕천 등 3군에서 다수의 청년을 모집, 일제 순사 및 친일파 암살을 기도하며 대대적으로 조선 독립사상을 선전했다. 영원에서 체포된 조신성은 당시 평양은 물론, 전국을 떠들썩하게 했고 일본 경찰의 간담을 서늘하게 함으로써 '여장군'으로 불렸다. 호랑이 굴에 본부를

일 독립 자금의 모금, 독립운동가 은신처 제공과 연락 등은 물론, 항일을 위한 테러 공작도 시도하여 독립사상의 고취와 실천운동에 적극 참여했다. 또한 안경신(安敬信)은 3·1운동 이후 평양에서 애국부인회 활동을 하다 1920년 남편 김행일과 함께 상하이로 망명했다. 같은 해 8월 미국 의원단 이 조선을 통과할 때 열렬한 독립사상을 알리기 위해 다시 귀국하여, 평남 도청에 폭탄을 투척했다. 그러나 이 같은 항일 여성 독립운동은 주로 간도 지방 등 해외에서 활발히 전개되었고 국내에서는 그리 많지 않았지만, 공산당 재건 운동과 관련된 비밀조직 운동에 여성이 다수 참가했다.

물산장려운동

"조선 사람, 조선 것으로"라는 구호 아래 조선인 소유 민족기업의 육성 을 지원하고 일본인 대자본의 경제침략을 저지하며 민족경제의 자립을 추

두었다는 것은 그만큼 열악한 조건 아래에서 비밀리에 항일운동이 전개되었음을 보여준다.

구하는 물산장려운동이 일어났다. 여기에 많은 여성들이 적극 호응했는데, 마산의 기생조합은 총회를 열어 조선 물산을 사용하고 검소한 생활을 할 것을 결의했다. 특히 이에 참여한 여성들은 음식물과 일상용품은 토산품을 사용하기 등을 기본으로 삼아 검정색 무명치마 입기 운동도 전개했다. 또한 "토산 애용에 대한 여자의 책임"과 같은 강연회를 통해 여성들이 우리 것을 사 쓰며 절약해야 민족과 가정을 일으킬 수 있고, 그래야 민족경제의 자립과 부흥이 가능하다고 주장했다. 이 같은 운동은 생활개선 운동의 일환으로 여성이 참여하기 쉬운 이점은 있었으나 개량주의적 실력양성 운동의 한계를 안고 있었다.

(신영숙)

2) 해외 여성 독립운동

3·1운동을 전후한 시기에 만주와 러시아 지역의 한인 거주지는 독립군 기지가 되어 여러 항일단체들이 조직되었다. 1919년에 설립된 상하이임시정부 애국부인회를 비롯하여 혼춘(琿春)애국부인회, 난징(南京)조선부녀회, 러시아 블라디보스토크의 신한촌(新韓村) 부인독립회 등 해외 여성단체들이 조직적인 활동을 전개했다. 특히 만주 지역에서는 사회주의 단체의 부녀 야학운동과 항일선전사업, 유격대 또는 혁명군 원호사업, 부상자 치료와 간호 등 항일운동이 활발히 전개되었다. 1943년 이후 전쟁 시기에는 충칭(重慶) 등지에서 한국애국부인회 활동을 비롯하여 더욱 적극적인 활동이 이루어졌다.

미주 지역에서도 1919년 8월에 조직된 대한여자애국단, 1928년 2월의 근화회(槿花會) 등이 자금을 모아 국내 민족해방운동을 지원하고 미국을 비롯한 세계열강에 한국의 독립을 청원했다. 이들 단체는 한인여자학원을 설립하여 교육과 문화운동에도 힘썼다. 또한 이들은 국어 교육 장려, 일본 상품 배척, 재난 동포 구제 등의 활동도 전개했다. 그 밖에도 미주부인회,

이화림(李華林, 1905~?)은 1927년에 조선공산당에 가입한 후 1930년 상하이에서 김구(金九)가 이끄는 한인애국단의 핵심 단원으로 활동하여 일본군 밀사들을 유인하고 살해하는 일에 가담했다. 동시에 나물 장수·삯빨래·수놓기 등을 하며, 임시정부 요인들의 생계를 돌보았다. 이화림은 1932년 1월 이봉창(李奉昌) 의사의 일왕 히로히토 암살 투척 수류탄 제조와 1932년 4월 윤봉길(尹奉吉) 의사의 홍커우(虹口)공원 의거를 위해 위장 결혼도 했다. 1936년 1월에 김원봉이 조직한 민족혁명당 부녀대장을 거쳐, 1938년에는 조선의용대에서 주로 의료보건사업과 선전 활동을 하며 조선 여성의 조직화, 중국 여성들과의 통일전선 결성 등에 진력하다 중국 연안에서 해방을 맞았다. 이 외에도 대한민국임시정부의 살림을 도맡았던 정정화(鄭靖和) 등 많은 여성들이 해외에서 민족독립에 헌신했다.

(신영숙)

멕시코대한부인애국회 등 많은 여성단체들이 조직되어 민족운동을 지원하는 한편 여성의 지위 향상에 힘썼다. 이들은 현재 해외 한국 동포의 뿌리를 내리는 데에도 커다란 공헌을 했다.

(신영숙)

4. 간토 대지진과 사회운동

1) 간토 대지진과 조선인 학살

유언비어

1923년 9월 1일, 일본의 간토(関東) 지방을 덮친 대지진은 14만여 명의 사망자, 행방불명자가 생긴 피해를 냈다. 이때 "조선인이 방화했다", "조

간토 대지진 때 많은 조선인이 학살되었다. 학살 현장의 한 곳이
었던 도쿄 야나기바시(柳橋) 부근

선인이 우물에 독을 넣었다"라는 유언비어
가 유포되었다. 혼란과 공포에 싸인 사람들
은 그 유언비어에 자극되어 각지에서 조직
된 자경단(自警團)과 군대, 경찰과 합세하여
많은 조선인과 중국인을 학살했다.[8]

　일본 정부는 "조선인·사회주의자 폭동"이
라는 유언비어를 부추기고 경찰도 학살을
저지하지 않았기 때문에 많은 조선인이 일
본 사람들에게 학살되었다. 유언비어를 쉽
게 믿도록 만든 배경에는 조선인에 대한 뿌
리 깊은 편견과 불신이 있었다.

　1919년 3·1운동 뒤 일본의 군과 경찰은 조선인을 '후테이센진(不逞鮮
人)'으로 규정하고 경계를 강화하여 단속의 대상으로 삼았다. 또한 신문은
"독립의 음모를 계획한 불령선인"이란 기사를 고의로 강조하여 보도하고,
근거도 없이 조선인에 대한 불신감을 조장시켰다.

　간토 대지진 직전인 1923년 7월에는 자경단 조직이 생겨났는데, 이는
조선인과 사회주의자를 경계하기 위한 목적으로 보인다. 조선인의 독립운
동이 활발해졌으므로 경찰은 조선인이 몇 명 모인 것만으로 과도하게 경계
하고 단속을 강화하여 일반 사람들에게 조선인에 대한 적개심과 공포심을
심어주었던 것이다.

8) 지진 재해 후 11월 말까지 행해진 학살 희생자에 대한 조사는 「재일본 관동 지방
　이재 조선 동포 위문반 조사보고」로 정리되어, 그 수가 6,661명이라고 발표되었다.
　상세히 검토하면 중복되는 것도 있고, 실제로는 그보다 적다는 이야기도 있다. 그러
　나 사법성 보고인 230명은 도저히 있을 수 없다. 가나가와 현에서만도 약 2,000명이
　라는 숫자가 확인된 것으로 보아 5,000명에 가까운 숫자로 추측할 수 있다.

조선인 학살과 일본의 은폐

간토 대지진 때 일본인들은 죽창과 쇠갈고리 등으로 무장하고 조선인을 습격했다. 여성에 대해서는 특히 잔인한 학살 행위를 저질렀다. 또한 경찰에게 보호되던 조선인까지 억지로 끌어내 죽인 경우도 있다. 그것은 이미 공포심에 의한 자위 행위를 넘어서 있었다. 조선인 학살을 '떳떳한 살인'이라고 하면서, 죽인 수를 공훈담처럼 이야기하는 사람마저 있었다. 이렇게 죽임을 당한 조선인 희생자 수는 1,000명에 이르며, 재일 중국인 또한 700여 명 이상이 학살당했다고 한다.

관헌이 "조선인으로 보이면 죽여도 괜찮다"라고 알리고 다녔다는 증언이 다수 나왔으며,[9] 학살을 행한 것은 자경단뿐이라고 정부가 발표한 데 대해 분노한 자경단원들은 군과 경찰이 직접 '조선인 사냥'을 했다는 사실을 폭로했다.

이렇게 국가 책임이 확실함에도 불구하고 일본 정부는 보도 규제를 하고 증거 인멸을 꾀하는 등 국가 책임을 회피하려고 했다. 자경단의 일부에게만 그 죄를 묻는 것으로 그쳤을 뿐이다. 오늘날에도 실태 조사조차 행하지 않고 있다.[10]

학살 사건과 탄압이 준 영향

조선인·중국인 학살 사건과 더불어 간토 대지진을 계기로 일본의 사회

---

9) 당시 사이타마(埼玉) 현 지사는 이들 자경단의 행위를 애국심·애향심·복수심·적개심 등 "공공적 정신을 발휘하여 한 일"이라고 인지했다. 내무대신 미즈노 렌타로(水野鍊太郎)는 자경단을 "시민 자치자위의 정신을 발휘한 결과"라고 오히려 칭찬했다.

10) '조선인 박해 사건 사실 조사회'가 만들어져 많은 박해와 방해 속에서 조사하여 같은 해 12월에 재동향 조선인회를 개최하고 유언비어와 조선인 학살에 관한 일본 정부의 책임을 추궁하는 성명서를 냈다. 학살이 있었던 현장에 그 뒤 추모비와 공양탑이 세워졌다. 그 대부분은 '비참한 최후'를 기록할 뿐으로 누가 학살했는지에 대해서는 기술하지 않았다.

가네코 후미코

주의자들과 아나키스트들이 살해되거나 감금되었다. 이는 일본의 사회운동에 큰 영향을 주었다. 일본의 노동총동맹은 간토 대지진이 일어나기 1년 전인 1922년에는 노동조합의 실력으로 노동자계급의 완전한 해방과 자유평등을 위한 신사회를 지향한다는 전투적 목적을 정했지만, 간토 대지진 때의 학살과 탄압으로 방향을 전환하여 보선 실시 등의 현실적이고 개량적인 운동으로 전환했다.

(김영)

2) 가네코 후미코의 사상과 행동

천황제에 대한 반역

1923년 9월 3일, 간토 대지진의 혼란 속에서 가네코 후미코(金子文子, 1903~1926)는 동지이며 반려인 박열[11]과 함께 검속되었다. 애초에는 '치안유지법 위반'으로 검거되었지만, 죄는 '폭발물 단속 벌칙법 위반'으로 확대되어 1926년 3월에는 '대역죄'로 사형선고를 받았다. 며칠 뒤 천황의 '은사'(특별사면)로 무기징역으로 감형되었지만, 그해 7월에 도치기(栃木) 여자교도소에서 스스로 목매어 죽었다.

박열과 함께 《대담한 조선인(太い鮮人)》이라는 잡지를 내고 '후테이사(不逞社)'를 조직[12]하여 황태자 폭살을 계획했다는 죄목으로 사형선고를

---

11) 박열(1902~1974)은 3·1운동에 참가하고 같은 해 10월 일본으로 건너갔다. 일본제국주의 권력 타도를 목표로 활동하던 중에 후미코와 만나서 1922년부터 공동생활에 들어갔다. 아나키즘 사상을 품고 있다는 이유로 관헌에게 주목되어 간토 대지진 때 후미코와 함께 검거되었다. 해방 뒤 한국으로 돌아갔지만 1950년 한국전쟁 때 북으로 연행되었다.

12) 그들은 '후테이센진'을 암살·파괴·음모를 꾀하는 존재가 아닌 "자유의 이념에 불타고 있는 살아있는 인간이다"라고 했다.

받은 가네코 후미코의 삶과 사상의 궤적은 천황제 국가권력 체제의 최하층 또는 주변부에 놓여있던 인간이 선택한 극한의 모습을 보이고 있다.

무엇이 나를 이렇게 만들었는가

가네코 후미코는 수기『무엇이 나를 이렇게 만들었는가』에서 어린 시절 계부와 그에게 의존하여 살았던 어머니에게 극심한 고통을 받고 할머니한 테 맡겨져 한반도로 건너가 7년간을 살았던 체험이 그녀에게 큰 의미를 지닌다고 말하고 있다. 그녀는 할머니의 가족을 비롯하여 지배자로 군림하는 일본인이 조선인을 멸시하고 착취하는 모습을 직접 보았다. 후미코는 할머니 일가에게서도 학대받아 괴로워하는 그녀에게 다정하게 대해준 조선 여인의 '인간애'에 감동했다. 또한 3·1운동을 목격하면서 "내게도 권력에 대한 반역의 기분이 일어나 감격이 가슴으로부터 솟아났다"라고 했다.

'후테이샤'의 사상

법과 도덕은 "강자에게 알맞게 다듬어져 있다"라고 외치면서 국가 체제에 반역하는 '후테이샤(不逞者)'[13] 후미코에게 예심판사는 '전향'과 '반성'을 권고했다. 그렇지만 굶주림에 괴로워하고 죽음에 이를 지경의 노동을 강요당하는 민중에게 "천황은 실제로 하나의 고깃덩이"라는 것과 "인민과 평등해야 함"을 알리기 위해, '꼭두각시'에 불과하지만 정치적 실권과 일체분리의 관계에 있는 황태자에게 폭탄을 던지려고 한 것에 대해서 반성하거나 권력에 대한 생각을 바꿀 의향은 없다고 거부하고 사형판결을 받았다. 천황의 자비를 의미하는 '특별사면'도 거부했다고 전해지고 있다.

(이게다 미도리)

---

13) 국가 체제에 반역하는 사람을 말한다.

클라르테와 『씨 뿌리는 사람』, 그리고 김기진

"만인에게 빛을"을 슬로건으로 하는 프랑스의 클라르테(Clarté) 운동(1918년에 시작된 반전문학 운동)에 공감하여, 1921년에 일본에서 고마키 오미(小牧近江) 등이 문예 동인지 ≪씨 뿌리는 사람(種蒔く人)≫을 발행했다.

여기에 영향을 받은 김기진은 일본 유학에서 귀국한 후 식민지 통치 세력에 억압받는 대중의 교화와 생활의 향상이야말로 민족의 단련과 민족해방의 지름길이라고 생각하여, 지식인은 사회적 역할을 자각하고 대중 지도의 실천적 행동에 솔선해야 한다고 주장했다. 뒤에 그 의식은 신극(新劇) 운동인 토월회(土月會)와 조선 프롤레타리아 예술동맹(KAFP, 1925~1935)의 결성에 적지 않은 영향을 미쳤다.

(이수경)

5. 사회주의 · 공산주의 운동과 여성운동

1) 일본의 사회주의 · 공산주의 운동과 여성

사회주의와 여성

사회주의는 자유주의 등과 함께 근대화·문명화를 촉진하는 사상으로 20세기 초를 전후해서 일본에 수입되었다. 사회주의는 급속하게 진전되고 있던 사회적 불평등과 노동자 착취를 타파하기 위해 현 체제의 변혁의 필요성을 주창하는 혁명사상으로 발전했다.

여성의 억압을 자본주의 체제에 기초한 사회적·경제적 문제로 해명한 '사회주의 부인론'은 사회와 생활 속에서 성차별의 해결을 요구하며 고투하는 여성들을 사회주의 운동으로 이끌었다. 대역 사건 뒤 사회주의자들은 운신의 폭이 좁아졌으나 1910년대 말 노동자·농민 운동이 대중적으로 고조되었다.

한편 여성 노동자들은 격렬한 동맹파업을 일으키며 불평등한 사회에 문제를 제기하고 자본가들에게 격렬하게 저항했다.

세키란카이

1917년 러시아 혁명의 성공은 전 세계에 충격을 주었다. 「메이데이가」[14]와 「인터내셔널가」[15]의 노랫말에 있는 것과 같이 노동자라는 의식 아래 전 세계인들이 연대한다는 이상이 생겨났다. 1920년에 일본사회주의동맹이 결성되었지만 정부의 탄압정책으로 반년 만에 와해되었다. 직접 행동을 주창한 아나키즘파와 마르크시즘 이론을 따르는 볼셰비즘파의 심각한 대립은 여성들의 운동에도 드러났다.

이러한 상황에서 1921년에 일본 최초의 여성사회주의단체인 세키란카이(赤瀾會)가 결성되었다. 사카이 마가라(堺眞柄)가 기초한 "우리들 형제자매를 빈핍과 예속에 빠지게 한 일체의 압제에 대해 단호히 선전을 포고한다"라는 강령이 울려 퍼졌다. 그해 제2회 메이데이에는 세키란카이의 깃발을 휘날리며 여성단체로는 처음으로 참가했다. 전원검속 속에서도 세키란카이의 여성들은 당당함을 잃지 않았다.

---

14) 「메이데이가」
열어라 만국의 노동자/ 널리 울려 퍼지는/ 메이데이의 시위자에게/ 일어난 발걸음과 미래를/ 고하는 시대의 목소리
15) 「인터내셔널가」
깨어라 노동자의 군대/ 굴레를 벗어던져라/ 정의는 분화구의 불길처럼 힘차게 타오른다/ 대지의 저주받은 땅에/ 새 세계를 펼칠 때/ 어떠한 낡은 쇠사슬도 우리를 막지 못해/ 들어라 최후 결전 투쟁의 외침을/ 민중이여 해방의 깃발 아래 서자/ 역사의 참된 주인 승리를 위하여/ 참자유 평등 그 길로 힘차게 나가자/ 인터내셔널 깃발 아래 전진 또 전진

평의회 부인부 설치 논쟁

1920년대에 전개된 여성운동의 성과와 1922년에 발표된 야마카와 히토시(山川均)의 「무산계급의 방향 전환론」의 영향으로 부르주아적이라고 여겨지던 여권 획득에 대한 요구가 사회주의 여성운동 속에서도 받아들여지고 있었다. 세키란카이의 해산 뒤 야마카와 히토시(山川均), 야마카와 기쿠에(山川菊栄)가 지도하는 수요회에서 사회주의 이론을 배운 여성들은 국제 여성의 날인 3월 8일을 기념하여 팔일회(八一會)라는 사회주의 여성 그룹을 만들었다. 이들이 주축이 되어 노농러시아기근구제운동을 벌였으며, 1923년 3월 8일 제1회 국제 부인의 날에 여성들의 연설회를 열었다.

일본노동총동맹은 1925년 3월에 분열하여 5월에는 일본노동조합 평의회(評議會)가 결성되었다. 이 단체는 각 지역에 유력한 여성 조합원들을 소집하여 평의회전국부인부협의회를 설립했다. 위원장은 단노 세쓰(丹野セ
ツ),[16] 상임위원은 구쓰미 후사코(九津見房子)였다.

야마카와 기쿠에가 기초한 부인부 테제[17]는 계급적 입장에서 여성 노동자의 현상을 분석하고 부인부 설치의 필요성을 제기한 획기적인 것이었다. 그러나 이 테제는 성차별의 철폐, 봉건적 인습 타파는 노동조합의 임무인 경제 투쟁의 직분 밖이라는 것과 조합에 부인부를 설치하는 것은 여성을 분리시키는 것이며 남성과의 공동전선을 방해한다는 반대에 부딪혔다. 그 결과 부인부 설치는 보류되었다.

---

16) 단노 세쓰(1902~1987)는 병원 간호사 시절에 노동자 해방에 눈을 떠서 '난카쓰(南葛) 노동조합'에 가입했으며, 1926년에는 재건된 일본공산당에 입당했다. 1928년에 체포되었으며 많은 당원들이 전향하는 가운데 비전향을 고수하여 옥중에서 투쟁했다.

17) 주된 요구로 1. 여성 8시간 노동제 확립, 1. 여성 야간작업, 잔업 및 유해 작업 금지, 1. 기숙 제도 철폐, 1. 강제 저금 제도 폐지, 1. 성에 의한 임금 차별 폐지, 1. 산전산후 각 8주간 휴양, 그 기간 임금 전액 지불, 1. 유아를 가진 어머니에게는 3시간마다 30분 이상 수유 시간을 줄 것 등이다.

부인동맹 '전국' 조직 좌절

1926년 12월에 평의회 중앙상임위원회에서 '부인운동에 관한 의견서'를 제출하여 노동조합 부인부의 틀을 넘어 조합원 이외의 무산계급 여성도 포함한 지역횡단적인 부인동맹결성을 제창했다. 정당 가입의 자유를 가지지 못한 여성을 위해 정치조직을 만드는 것이 목적이었다. 1927년 2월에는 '부인동맹전국준비위원회'를 개최하여, 같은 해 7월에 간토부인동맹이 결성하고 시즈오카(静岡), 오카야마(岡山), 오사카 등에 계속해서 부인동맹을 조직했다. 준비위원회의 강령에는 '만18세 이상 부녀자의 참정권 획득', '봉건적 호주 제도 철폐', '식민지 부인의 일체 차별대우 철폐', '수평사 부인회에 대한 일체의 천시 관념 철폐', '인신매매 폐지' 등 다양한 문제를 포함했다.

1928년 3월 8일에는 각 지역의 부인동맹과 지부 등에서 국제 부인의 날의 쟁취에 힘썼으며, 같은 달 중순에 '전국조직창립대회'를 개최할 준비를 했다. 그러나 "그저 단순히 부인 일반의 정치적 자유를 요구하는 부인 조직이라고 말하는 것은 오류이며, 이는 결국 부르주아 계급의 유희"라는 견해가 ≪무산자신문≫(공산당계 합법 기관지)에 게재되었다. 또한 경찰이 활동가들을 일제 검거하기도 하여 지역횡단적인 부인동맹조직창립대회는 무기한 연기되어 버리고 말았다. 간토부인동맹에 대해서도 「부인동맹 동지 제 누이에게 보내는 공개장」이 당상임중앙집행위원회로부터 제출되어 해산을 권고받았다. 이러한 일련의 개입은 당시 사회주의 여성운동이 남성 중심의 정당과 조직의 지배하에 있던 것을 여실히 드러낸다.

공산당과 여성

1922년에 일본공산당이 창립되어 '군주제 폐지', '18세 이상 남녀 보통선거권', '반봉건토지제도폐지' 등을 강령으로 들었다. 이들은 관헌에게 혹독한 감시와 탄압을 받았는데, 1923년에 제1차 공산당 사건이 일어나 일

일본공산당의 합법기관지 《무산자신문》을 팔고 있는 여성들(1926)

본공산당은 다음 해에 해체될 상황에 처했다. 1926년에 공산당이 재건되었지만 노선을 둘러싼 대립은 끊이질 않았다. 재건 공산당에 입당한 구쓰미 후사코, 단노 세쓰 등은 정치적 야심이 강한 남성 당원들 속에서 동맹파업을 지원하거나 여성 노동자 조직을 결성하는 등의 활동을 전개했다.

학생들 사이에서도 공산당의 지지자는 늘어갔다. 1924년에는 '학생사회과학연합회'(학연)라는 이름으로 제1회 대회를 열었다. 여대생들은 '여자학연'의 일원으로 참가했는데, 그 가운데 와타나베(시가) 다에코[渡辺(志賀)多惠子], 하타노(후쿠나가) 미사오[波多野(福永)操], 이토 지요코(伊藤千代子), 세이케(데라오) 도시[淸家(寺尾)とし] 등은 공산당에 입당하여 통신연락 등의 활동을 벌였다.

1928년 3월에는 공산당과 그 지지자가 1,600여 명이 검거되어 자백과 전향을 강요당하는 한편 극심한 고문을 받았다. 이때 여성 당원에 대해서는 성고문도 가해졌다고 한다. 남성 사회주의자와 공산주의자들 또한 성차별의 가해자였다. 그들은 여성 당원에게 젠더 역할을 강요했으며, 특히 공산당은 탄압을 피해 지하로 숨어들면서 비합법 활동의 위장을 위해 여학생들에게 동거를 강요하기도 했다.[18] 차별과 억압으로부터의 해방은 사회와 경제체제의 변혁만이 아니라 의식변혁이 더욱 중요한 것임을 보여주는 사실이다.

(오고시 아이코)

---

18) 공산주의 운동의 이상과 남성 중심적 활동의 모순 사이에서 여성 활동가들은 괴로워했다. 오이즈미 겐조(大泉兼藏)의 하우스키퍼가 된 구마자와 데루코(熊澤光子)가 오이즈미의 배신에 괴로워하며 자살한 것은 가장 비참한 경우이다.

2) 야마카와 기쿠에의 사회주의 페미니즘

야마카와 기쿠에와 사회주의

야마카와 기쿠에(1890~1980)는 근대 일본의 탁월한 여성 해방가이자 이론가였다. 그녀는 억압과 착취에 괴로워하는 사람들을 해방시키기 위해 사회주의에 투신했다.

야마카와의 사회주의 페미니즘 사상의 기저에는 그 자신을 포함한 여성의 체험과 현실이 있었다. 그녀의 사상은 무엇보다도 변혁의 사상이었다. 성차별, 계급차별, 민족차별을 삼위일체의 구조적 폭력장치로 보고, 이로부터 해방되기 위해서는 무산계급과 피압박 민족이 연대해야 한다고 생각했다. 무산정당여성강령, 평의회부인부논쟁(1925~1926)을 통하여, 무산계급 운동이 계급차별 철폐에 머물지 않고 여성에게 가하고 있는 억압과 민족차별 철폐에 대해서도 적극적으로 문제제기를 해야 한다고 주장했다.

야마카와 기쿠에

여성 노동자에 대한 시각, "이것이 우리들의 자매이다"

야마카와는 이른바 중산층 출신으로 여자영학숙(女子英學塾)을 나온, 당시 여성으로서는 최고급 교육을 받은 엘리트였다. 그러나 야마카와에게는 일찍이 자신의 출신 계급을 뛰어넘는 사회인식이 자라고 있었다. 소녀 시절, 구세군 관계자들과 도쿄, 시타마치(下町)의 방적공장에 견학을 가서 그곳에서 일하는 여성 노동자의 비참한 상태를 눈으로 보고 강한 충격에 휩싸였다. 더욱이 "생혈을 짜내 핼쑥해진" 여성 노동자들 앞에서 "일하는 데에 신의 은총이 있다, 우리들도 불평 없는 좋은 노동자가 되자"라고 설교하는 구세군 사관들의 모습에 수치와 분노로 몸이 떨릴 정도의 충격을 받았다. 야마카와가 현실의 '여성문제'에 대면한 최초의 경험이었다. 착취당하는 노동자를 자본주의에서 해방하는 것, 이것이 야마카와 해방 사상의 첫 번째 요청이었다.

성차별·성폭력 인식

야마카와는 이윤을 추구하며 노동자를 착취하는 자본주의 사회의 모순을 묻지 않는 이른바 부르주아 페미니즘에 대해 비판적이었다. 히라쓰카 라이초 등의 세토샤와 거리를 둔 것은 세토 운동이 사상운동에 일관하여 경제문제를 간과하고 있었기 때문이었다.

야마카와는 여성의 성을 착취하는 공창제도와 여성을 속박하는 '정조' 강요에 대해서도 강하게 비판했다. 공창제는 "노예 영업에 대한 보호정책"이라고 지적하여 그 본질을 예리하게 지적했으며, '정조'에 대해서는 그것이 "남자의 여자에 대한 독점욕"에서 발생한 "여성의 개성 무시, 본능 억압의 요구"라고 설파했다. 야마카와는 또한 공창제도를 "본질적으로 무산 계급 여성의 인신권(人身權) 옹호의 문제"라고 지적하고 여성의 인신권=성적 자유(성적 인권)를 근저에서부터 침해하는 것이라고 비판했다. 나아가서 야마카와는 강간 등 성적 범죄 피해자인 여성이 오히려 사회적·도덕적으로 매장당하고 가해 남성은 그다지 사회적 제재를 받지 않는 것에 대해서도 지적했다.

여성의 주체성 확립을 향하여

전전(戰前)과 전시 일본에서 출산과 모성은 엄격한 국가 관리 아래 놓여 있었다. 야마카와는 무산 여성의 다산과 빈곤, 과로의 고리를 끊기 위해서 서구의 산아제한 운동에 주목하고 '자주적 모성론'의 입장에서 여성의 성적 자기결정권에 의한 산아조절론을 전개했다. 또한 야마카와는 '모성보호 논쟁'에서 일찍이 가사노동의 무보상성이 여성의 경제적 자립을 위협한다고 지적했다. 가사와 육아의 이중 노동부담에 고통당하는 여성의 현실을 목격하고 여성 노동자와 주부 해방을 동시에 이야기한 것이다.

식민주의 비판

야마카와는 1910년대 후반부터 1920년대 전반에 걸쳐 사회주의 페미니스트로서 이론과 실천 활동을 했다. 세키란카이 참가, 노농러시아기근구제운동, 제1회 국제 여성의 날 제창 등이 이 시기 야마카와가 관여한 주요 운동이다. 1923년 여름에는 조선 여자 유학생 박순천, 황신덕 등과 교류했으며, 간토 대지진 때 많은 조선인들이 학살당하는 것을 규탄하기도 했다.[19]

야마카와는 무산정당강령 문제에서 호주제·공창제도 폐지, 성적 차별 철폐, 식민지 민족 민중에 대한 교육·직업상의 차별 철폐, 최저생활임금 실시, 임금·본봉 차별 철폐를 주장하는 '8항목'의 요구를 제시했다. 또한 평의회 부인 테제에서는 여성 노동자를 하나의 독립된 인간으로 생각하지 않고 함께 싸워야 할 동지로 인정하지 않는 남성 노동자들과 지도자들을 고발했다. 야마카와의 이론은 결국 남성 중심, 일국주의적 경향이 강한 일본의 사회운동 속에서는 발현되지 못한 채 끝났다. 1930년경부터 평론·집필 활동에 전념하여 점점 파쇼화하는 군부를 과감하게 비판했지만 1931년에 15년 전쟁이 발발한 뒤에는 숨어 지내야 하는 처지가 되었다.

(스즈키 유코)

3) 조선의 사회주의·공산주의 여성운동

1920년대 조선 사회에도 사회주의와 공산주의 이념이 들어와 민족독립

---

19) "일찍이 샌프란시스코 대지진·대화재 때에, 미국의 군대와 경찰은, 이를 배일감정과 인종적 편견을 표현할 천재일우의 호기로 보아, 일본인에 대한 대학살을 시도한 일이 있었는가. 지난 가을 대지진 시에, 조선인과 노동자가 맞닥뜨린 것과 같은 운명을, 일본인이 미국에서 맞닥뜨린 일이 있겠는가"[야마카와 기쿠에, 「인종적 편견·성적 편견·계급적 편견」, ≪웅변≫(1924년 6월호)].

운동과 함께 중요한 사회운동을 형성했다. 일본 유학생 중심의 화요파, 서울상해파, 엠엘파 등 여러 사회주의 계파가 만들어지고, 1925년 4월 '조선공산당'의 창당을 전후하여 여성운동도 사회주의 이념을 적극 수용하고 반일 민족해방운동과 여성운동에 실천 방향과 방안을 제시하게 되었다. 이후 일제의 사상단체에 대한 탄압이 지속적으로 강화되면서 조선공산당은 조직의 와해와 재건을 수차례 반복할 수밖에 없었다. 이때 여성들은 의식화와 조직운동에 참여하고, 남성 운동가들의 은신처 제공, 자금 모금 등 많은 일들을 계속적으로 해나갔다.

이처럼 1920년대 들어 이념과 실천의 양면에서 민족독립운동이 발전하면서, 여성운동 진영도 분화·발전했다. 사회주의적 여성단체들은 계급투쟁을 통한 여성 노동자·농민의 해방을 주장했다. 계급문제가 해결되어야 여성해방도 이뤄진다고 보아 사상교육에 주력하는 한편 여성 노동자, 여성 농민을 조직하여 정치투쟁으로 나아가고자 했다. 이들은 계급해방, 민족해방, 여성해방의 실현을 이상으로 삼고 힘겨운 활동을 전개했다.

여성동우회의 조직과 활동

1924년 5월에 최초의 사회주의 여성단체로 조선여성동우회가 창립되었다. 조선청년총동맹의 정종명, 허정숙, 주세죽 외에도, 김해 김필애, 대구 정칠성, 밀양 고원섭, 서울의 박원희 등 당시 사회주의계 여성들[20]을 망라한 이 단체는 여성의 새로운 교양을 목표로 각종 민중운동의 조직화를 기했다. 창립발회식에서 발표된 강령은 "신사회의 건설과 여성해방운동에 입(立)할 일꾼의 양성과 훈련, 조선 여성해방운동에 참가할 여성의 단결"을 표방했다. 주요 활동으로 공장방문대의 조직, 위안음악회, 여성 노동야

---

20) 당시 사회주의 여성운동가들은 많은 경우 남편과 함께 활동했다. 대표적인 예로 주세죽과 박헌영, 허정숙과 임원근, 정종명과 신철, 박원희와 김사국 등이 있다.

학 등을 계획했고, 지역 노동총동맹의 여자부 확대사업에 동참했다. 또한 여성의 생활고를 덜어주기 위해 여성직업 조합을 설립하기도 했다.

사회주의 여성단체의 통합

1925년 1월에 주세죽, 허정숙 등이 주도한 '경성여자 청년동맹'은 유산계급, 종교단체 여성조직의 정신주의에 대항하여 무산계급 여성의 투쟁적 교양, 조직적 훈련, 단 결과 상호부조를 주목적으로 했다. 같은 해 2월 박원희 (朴元熙), 김수준(金繡準) 등이 조직한 '경성여자청년회'

김 알렉산드라와 남편(정철훈 제공)

는 여성의 독립과 자유 확보, 모성보호 및 남녀평등을 실 현하는 사회제도의 마련, 사회과학적 여성해방론의 보급 등을 강령으로 삼 았다. 그 밖에도 '프로여성동맹', '조선여성해방동맹' 등으로 난립해 있던 다수의 사회주의 여성단체들이 1926년 12월에 통합하여 '중앙여자청년동 맹'을 발족한 후 사회주의 여성운동의 통일을 기했으며, 이것이 좌우 통합 여성단체인 근우회 탄생의 단초가 되었다.

공산주의 운동과 여성

공산주의 여성운동가들은 1920년대에는 주로 개인 공산당원으로 활약 했으나, 1930년대에는 많은 적색노조, 독서회, 그리고 공산당 재건 운동 등에 적극 가담하여 사회주의 민족해방운동에 일조했다. 이들은 러시아 볼 셰비키 혁명과 초기 한인공산주의 운동을 위해 투쟁하다 1918년 희생당한 김 알렉산드라 스탄케비치[21]의 후예라고 할 수 있다.

---

21) 김 알렉산드라 스탄케비치(1885~1918)는 러시아령 연해주에서 태어나 1905년 러 시아 민주화 운동과 1917년 볼셰비키 혁명에 참여한 노동운동가이다. 1918년 4월 '한인사회주의자동맹' 결성을 지도한 그는 시베리아 내전에서 체포·처형되었다.

인텔리 여성 중심의 계급운동

광주학생항일운동에 촉발된 인텔리 여성과 여학생들의 독서회 등 적색 비밀조직이 1930년대 초반에 여러 곳에 생겨났다. 예컨대 1930년 4월 백청단[22]을 비롯하여 1932년 12월 도쿄 전협(全協: 일본노동조합 전국협의회)계에서 활동하던 김부득이 임종근과 함께 소작쟁의와 공장동맹파업을 지도한 후 모 사립학교 여교원들을 모아 독서회를 조직했다. 이때 광주의 사립학교 교원, 유치원 보모, 광주도립의원 견습간호부 등 인텔리 여성들이 다수 참가했다. 1933년 3월 나남에서 안분옥은 소녀대를 편성하고, 일반 농촌 여성에게 계급의식의 고양과 훈련을 기도했다. 1934년의 인천독서회, 1936년 함흥 편창제사 공장의 여공 엄춘자 등의 적색노조재건회 등 공산주의 조직 운동에는 교사와 학생 외에 회사원, 여점원, 카페 여급, 전기공, 공장 직공 등이 망라된 것이 특징이다.

공산당 재건 운동에의 참여

공산당 재건 운동에 깊이 관여한 박진홍과 이순금, 유순희 등은 산업별 적색노조 반제동맹 조직을 위해 맹활약한 이재유[23]에게 없어서는 안 될 존재들이었다. 1929년 동덕여고보의 지리·역사 교사 이관술과 그의 아내 박선숙의 영향을 받은 이들은 1936년 11월 함흥에서 좌익 섬유노동조합 조직을 위해 편창제사 700명의 여공을 상대로 활동하기도 했다. 또한 이들은 이재유와 같은 대표적인 공산주의 활동가의 도피와 은닉을 돕는 등, 위험한 일도 마다하지 않았다. 동시에 여성 농민, 노동자, 여급의 의식 계

---

22) 백청단은 1930년대 초기 많은 비밀결사의 하나로, 1933년 1월에 광주 수피아 여학교에서 이 조직에 연루된 학생 조아라 등 9명이 피검되기도 했다.

23) 이재유(1903~1944)는 '이재유 그룹'을 형성하여 1933년부터 1936년 사이에 공산당 재건 운동을 주도한 대표적인 인물이다. 이순금, 박진홍과 공동생활을 하며 관헌의 감시를 피해 활동했다.

몽, 모금과 연락, 동지 규합 활동에 헌신하면서 공산주의 운동과 항일 민족
해방운동에 일익을 담당했다.

(신영숙)

6. 신간회와 근우회의 통일운동

근우회 창립과 활동

1927년 초에는 민족해방운동에 중요한 움직임이 있었다. 바로 민족협동
전선체의 결성이었다. 민족주의계는 이념과 지도력의 부재로 인한 운동의
침체를 타개하기 위한 돌파구로서, 사회주의 계열은 운동의 대중적 기반을
좀 더 강화하고 개량주의 운동과의 경계를 선명히 하기 위한 방법으로 전
국적 대중조직의 결성에 노력한 것이다.

남성들의 좌우 민족협동전선은 1927년 2월, 신간회의 결성으로 결실을
보았다. 여성들도 1927년 5월 "여성 스스로 해방하는 날, 세계가 해방될
것"이라고 선언하면서 최초의 전국적인 통일여성단체인 근우회를 설립했
다. 근우회는 신간회의 자매단체로서 알려져 있는데, 신간회 회원이 근우
회 임원으로 활동하기도 했다. 신간회 안에 여성부가 있었지만, 남성 조직
안에서 여성이 그 역량을 발휘하는 데 한계가 있었다. 근우회는 신간회의
별동대라는 의미보다는 독자적인 여성단체로서 여성운동에 주력하면서 민
족운동 선상에 필요한 경우에는 신간회와 함께 일제에 대응했다.

근우회는 '정치적·사회적·경제적 남녀차별 반대, 봉건적 관습 폐지, 공
창 폐지, 여성 노동자의 산전산후 휴가 보장, 탁아소 설립' 등의 강령을
내걸고 지방 순회 강연회와 토론회를 개최했으며, 기관지 《근우》를 발
간했다. 특히 사회에 영향력을 가장 크게 미친 활동으로서 1930년 서울
여학생 만세 운동을 주도했다. 각 지방의 지회에서도 야학, 부인 강좌를

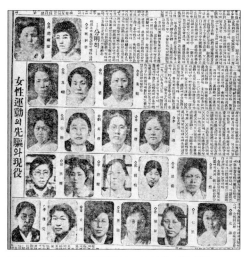
근우회 중심인물(《동아일보》, 1928년 1월 6일)

개설했으며, 여성 노동자, 농민 문제를 해결하기 위해 노농부를 설치하기도 했다. 여공파업의 진상을 조사하는 등 여성 지위 향상을 위한 구체적 방향뿐 아니라 정치적 행동진출 표명에도 노력했다.

근우회의 조직 구성

여성만의 대중운동 조직을 표방한 근우회는 1929년에는 본부→지회 도연합회→지회→반으로 전국적 조직 체계를 정비했다. 그 밖에도 해외 지회로 1927년 12월 동경지회, 1928년 7월 용정지회 등을 조직했다. 근우회 창립집행위원 21명은 김활란, 유영준, 최은희, 황신덕 등 기독교를 비롯한 종교계 민족주의 여성운동가와 허정숙, 정칠성, 박원희 등 혁신적이고 급진적인 여성해방을 주장하는 사회주의 여성운동가들로 구성되었다. 그러나 위원장으로 1928년에 정종명과 1929년에 정칠성 등이 선출되고 지방과 해외 지회에 사회주의 여성들이 대거 진출하자, 1929년에 여기에 반발한 김활란, 유각경 같은 일부 기독교 여성 지도자들이 탈퇴했다. 1930년에는 다시 평양지회장 조신성이 위원장이 되고 민족주의계 여성들로 중앙집행위원이 구성되어 근우회 해체를 막아보려고 안간힘을 썼다.

근우회의 해소와 의의

1930년 초 서울 여학생 만세 시위 운동은 허정숙 등 근우회 지도층이 적극적으로 개입·조직하여 전개되었다. 그 때문에 근우회 임원과 많은 여학생들이 투옥되었고, 일제의 감시와 탄압이 가중됨으로써 근우회 활동은 크게 위축되었다. 그뿐만 아니라 창립 당시부터 안고 있던 근우회 내부의 이념적 갈등은 당시 코민테른의 노선변경을 계기로 더욱 노골화되었다. 마침내 일본 사회주의의 영향을 받은 동경지회, 대구지회 등의 근우회 해소론이 등장하면서 더욱 심한 내분을 겪고, 파쇼 체제를 지향하던 일제의 강력한 탄압이 계속되자 근우회 조직은 와해되고 말았다. 그러나 좌우 통합을 표방한 근우회의 반제 반식민의 민족 자주 독립운동과 반봉건 여성해방운동은 이후 한국 여성운동의 이념과 방향을 뚜렷하게 제시한 것으로 그 의의를 높이 평가할 만하다.

(신영숙)

7. 여성 민중운동

1) 일본의 수평사 운동과 여성

'수평사 선언'에서 부인 수평사로

"전국에 산재하는 우리 특수 부락민이여 단결하라"라는 호소로 시작하여 "사람의 세상에 열정 있어라, 인간에게 빛 있어라"라고 끝맺는 수평사(水平社) 선언은 세계에 자랑할 만한 일본의 첫 번째 인권선언이다. 그러나 "형제여", "남자다운 산업적 순교자" 등의 표현에서 남성 중심적 선언이라는 한계가 보인다.

이 선언이 채택된 1922년 3월 3일의 전국수평사창립대회에는 '부락'의 여성들도 다수 참가했다. 오사카의 오카베 요시코(岡部よし子)는 3,000명 대표들 앞에서 여성 대표로 나와 "스파르타 무사의 어머니 나와라, 잔 다르크와 같은 딸 나와라"라고 호소했다. 수평사 선언의 사상과 운동은 이중 삼중의 차별을 일상 속에서 한 몸에 받아온 '부락'의 여성들에게 '부락민'으로서의, 여성으로서의, 인간으로서의 사회적 입장을 자각시켰다. 1923

선주민의 목소리

　선주(先住) 민족으로서의 아이누 사람들은 자기 민족의 역사·생활·신화 등을 구전문학이란 형식으로 이어왔으며, 이것은 '유카라(ユカラ)'로 불리고 있다. 제국 일본은 '동화 정책'의 일환으로 1899년에 홋카이도 구토인(舊土人) 보호법을 공포했다. 일본 정부에 의해 학교 등에서 아이누 말의 사용은 엄격하게 제한되었다. 그러나 유카라는 일상생활 속에서 전승되어 억압·차별·빈곤으로 괴로워하는 아이누인들을 지탱했다. "은빛 물방울 흔들흔들 주위에, 금빛 물방울 흔들흔들 주위에"로 시작되는 지리 유키에(知里幸惠, 1903~1922)의 『아이누 신요집(アイヌ神謠集)』(1923)은 아이누 여성이 처음으로 기록한 '가무이유카라(カムイユカラ)'이다.

(오고시 아이코)

년 제2회 대회에서는 전국부인수평사가 탄생했다. 그 뒤 각 지역에서 부인수평사가 계속해서 조직되었다. 전국 수평사 관계지 ≪수평신문≫에 '부인란'이 생겼으며, 부인수평사는 노동운동, 농민운동과도 연대하며 무산여성 운동의 중요한 역할을 담당했다.

　남성 주도의 수평사 운동 속에서 여성들의 조직화는 부차적인 문제로 취급당하곤 했다. 그러나 각지의 여성 활동가들은 주체로서의 '부락' 여성의 자각을 환기하고 인간평등과 '남녀 간의 수평운동'을 향한 의식화를 주장하여 여성해방을 위한 조직화의 필요성을 호소했다. 그러나 열악한 환경은 '부락' 여성의 조직화를 저해했다.

　1926년에 수평사 지도자 마쓰모토 지이치로(松本治一郎)가 검거된 후쿠오카 연대(福岡連隊) 사건이 일어나는 등 수평사 운동에 대한 탄압이 혹독해지는 가운데 체포와 결혼, 출산 등으로 인해 활동에서 이탈하는 여성 활동가들이 늘어났다. 또한 1929년 세계공황에 따른 코민테른의 사회파시즘론과 일본공산당의 삼일테제에 영향을 받아, 1931년 12월에 수평사 해소론24)이 제기되었다. 이에 따라 여성운동의 정체성 혼란도 가중되었고 부인

수평사는 자연적으로 소멸해 갔다.

(구마모토 리사)

2) 한국의 형평사 운동과 여성

형평사는 백정[25]의 신분해방과 평등사회의 건설을 목표로 1923년 4월에 경남 진주에서 창립되어 1930년대 중반까지 활동한 단체이다. 즉, 형평사 운동은 조선 시대의 천민 중에서도 가장 천대받던 백정이 사회적 차별과 박해로부터 해방되고자 한 신분해방 운동이자 인권운동이었다. 이는 일본의 수평사 운동에 어느 정도 영향을 받았으며 초기에는 사회주의 운동 단체와도 적극 제휴했다.

형평사 제6회 전선 정기대회 포스터[1928, 나라(奈良) 현 수평사박물관 제공]

같은 해 5월 형평사는 부인 100여 명을 모아놓고 "앞으로 나아가며 인류에 비켜나지 않고 마땅히 해야 할 일을 해나가며, 여자

---

24) 계급 분화가 격화되고 있던 부락 대중을 수평사라는 하나의 신분으로 단일화한 것은 혁명운동에 장애가 되기 때문에, 부락의 노동자·농민을 혁명적 노동조합, 농민조합으로 재조직하고 수평사를 즉시 해소시키라고 주장한 것이다. 이는 해방운동을 일본공산당의 혁명 전선에 기계적으로 복종시키려고 한 것으로, 전 수평운동에 타격을 주었다. 1934년에 해소론의 오류가 공식적으로 확인되었다.

25) 백정의 원래 의미는 국가에 역(役) 부담을 지지 않는 '백성'이란 뜻이었다. 조선 시대에 전국을 유람하며 재주를 부리고 버들고리를 만들어 파는 유민들을 받아들여 '백정'이라 부르고 농민화했다. 그러나 일반 백성들은 이들을 차별하고 혼인을 기피했다. '백정'들은 생계 방편으로 도살이나 유기 제조 등에 종사하며 16세기 이후 특정한 거주지에서 살았다. 19세기 말 신분제가 폐지된 뒤에도 이들에 대한 사회적 차별은 여전히 존재했고, 이러한 배경 아래에서 형평사 운동이 일어났다. 일본에 아직도 '부락민'에 대한 사회적 차별이 존재하고 있는 데 비해, 일제시대와 한국전쟁, 이후의 급격한 산업화를 겪으면서 한국 사회에서 '백정'이라는 신분은 완전히 사라졌다.

된 직분을 굳게 지키고 가정을 개혁하며, 앞으로 자녀의 발전을 위하는 가정교육에 힘써야 하겠으며, 무엇보다도 형평운동을 위하여 각자 한 가지 일을 하자"라는 기치를 내걸고 형평운동의 동반자로 여성들을 참여시켰다. 또 기관지 등을 통해 러시아 여성의 생활상 등을 소개하면서 형평여성의 의식을 각성하고자 했다.

1926년 4월 전국대회에서 형평여성 문제가 정식 의제로 채택된 뒤, 1928년 정기총회에 여성들이 공식 참여했으며, 1929년에는 충남과 전북에서 여성 대표 20여 명이 여성 형평사원 문제를 논의했다. 특히 지방 각 도연합회의 매년 대회에서는 마을을 돌아다니며 고기를 팔던 백정 여성의 차별 철폐 등 형평여성 문제를 토의·결의하는 등, 여성들의 지위 향상에 힘썼다.

〔신영숙〕

3) 한국의 여성 농어민운동

여성 농민운동

1920년대에 들어와서 농민들이 주체가 된 소작쟁의가 급격히 증가했다. 일제의 토지조사사업의 결과로 소작권이 불안정해지면서 소작 조건을 둘러싸고 소작쟁의가 발생하기 시작했다. 당시 여성의 80% 이상을 차지하던 여성 농민들은 고율의 소작료에도 불구하고 소작권이 불안정한 상태에 있었고, 가족 단위의 생산에 참여하면서도 생산물의 관리권, 처분권을 갖지 못했다. 이러한 상황에서 여성 농민들은 생산자로서 자신의 정당한 경제적 요구를 주장하는 운동을 전개하기도 했다. 예를 들어 1923년에 전남 신안군(당시 무안군) 암태도 농민들은 암태소작인회를 결성하고 지주에게 소작료를 낮춰줄 것을 요구했는데, 이때 암태부인회도 창립되었다. 여성 농민들은 이 조직을 통해 주체적으로 소작쟁의에 참가했다. 암태부인회 회장 고백화는 암태소작인회와 암태청년회와 함께 단식 농성을 벌였고, 조직

1932년 1월, 제주도에서 대규모 잠녀(潛女) 투쟁이 일어났다. 1920년에 만들어진 잠녀조합이 관제조합으로 바뀌면서, 잠녀의 이익 대신 일본인 무역상인 해조회사의 이익을 대변하고, 공판 부정이나 자금 횡령 등이 자행된 것에 대한 항의·투쟁이었다. 이 운동으로 잠녀조합 운영권은 확보하지 못했지만 지정판매제 폐지, 경쟁 입찰에 의한 공동판매 부활, 미성년자와 50세 이상 잠녀의 출가수수료 면제 등의 요구사항은 관철시켰다.

(신영숙)

적인 지원도 해나갔다. 당시 언론과 사회단체의 적극적인 지원을 받아 소작료 인하 투쟁은 결국 성공을 거두었다.

1930년대 여성 농민들은 대체로 농민조합 안에 여성부를 설치하여 자신들의 문제를 풀어갔다. 여성 농민들은 국고 부담의 탁아소와 무료 산파원 설치, 농촌 여성에 대한 정치·사회적 차별대우 철폐, 여성을 위한 야학 설치, 일제 어용단체인 여자청년단과 부인단의 해체 등을 주장했다. 이렇게 여성 농민운동은 1920년대에서 1930년대 초까지 당시의 적색노조, 적색농조(農組) 등 사회주의 조직의 영향을 받으면서 지속적으로 활발하게 전개되었다.

당시 전체 인구의 80%를 상회한 농민들의 운동은 1930년대 후반에 이르러서는 일제의 탄압에 의해 약해졌으며, 여성 농민의 힘은 더욱 미약해질 수밖에 없었다.

(신영숙)

4) 일본의 쌀 소동·소작쟁의와 여성

쌀(미곡) 소동

제1차세계대전 뒤 지주를 우대하는 정부의 미가(米價) 조절책 실패로 인해 쌀값이 폭등했다. 1918년 7월에 도야마(富山) 현의 어촌 주부들이 일어나 쌀 상인 사무소 등에 염가매매를 요구하고 항구에서 쌀의 현(縣) 외 이출을 저지하는 등 실력행사도 이루어졌다. 이 움직임은 도야마의 '여성 폭동'이라고 평한 신문 보도에 의해 전국으로 전해졌다. 분노로 가득 찬 여성들의 운동은 전국의 도시·어촌·공장·광산으로 확대되었다. 특히 '피차별 부락' 여성의 참가가 많은 것이 특징이었다. 특히 간사이 지방에서 격렬했는데, 홋카이도의 탄광에서 규슈까지 거의 모든 도도부현(都道府縣)으로 번져갔다. 정부는 '소동'이 전국화된 8월에는 군대 출동을 요청하여 전국 70개소의 시정촌(市町村)에서 실탄과 총검으로 민중을 살상했다. 정부는 신문의 보도도 금지하려고 했으나 각 신문사는 연합하여 보도금지를 철회시켰다. 그 뒤 쌀 소동은 다양한 운동으로 계승되었다. 쌀(미곡) 소동은 여성들의 생활권 옹호라는 직접 행동에서 시작되었으며, 민중운동에 대한 군대와 경찰의 가혹한 탄압을 보여준다는 점에서 중요한 문제를 제기했다.

소작쟁의와 여성

농촌의 소작인들은 지주 소작 관계 아래에서 지주에게 고액 소작료를 징수당하고 각종 수탈에 고통 받았다. 자작농과 소작농은 지주를 '다난사마(旦那樣)'라고 부르면서 쟁의를 일으키기 시작했는데, 1921년부터 소작쟁의가 급증했다. 그 뒤 26년에 걸쳐 연간 10만 명이 넘는 농민이 쟁의를 일으키고 소작료 감면 등을 요구하면서 투쟁했다. 1922년에는 농민조합(日農)이 결성되고, 1923년부터 1924년에 걸쳐 전국에서 격렬한 소작쟁의가 일어났다. 이들 쟁의에 여성들이 활발히 참여했으며, 1924년 일농 제3

회 대회에서는 부인부 설치를 결정했다. 1925년 일농대회에서 부인부는 모성보호와 농번기 탁아소 설치 등을 요구했다.

1920년대 후반 무산정당이 분열하는 가운데 농민전선도 분열하는 상황에서 농촌 공황이 농촌에 타격을 가했다. 농민 생활의 처참함은 극에 달했고 '딸의 인신매매'가 증가했다. 소작쟁의의 건수는 증가했으나 참가 농민은 줄어들었고 규모도 축소되었다. 요구사항도 토지박탈 반대, 출입금지 반대 등 방어적인 것으로 바뀌었다. 이러한 상황 속에서도 부인단(女房團)은 장기 투쟁을 격렬하게 벌였다.

〔기쿠치 니쓰노〕

5) 조선의 여성 노동자 운동

여성 노동자의 동맹파업

정미·방직·고무 공장 등은 식민지 공업화 과정에서 집중적으로 발달한 분야였다. 일제는 조선의 공업화를 통해 자국의 이윤을 최대한 확보하려 했고, 여기에 여성과 아동의 노동력이 값싼 임금으로 동원되었다. 여성 노동력은 남성보다 떨어진다는 편견과 이들의 수입은 가계를 보조하는 정도면 충분하다는 선입관으로 공장주들은 이들에게 턱없이 낮은 임금을 주었다. 여성 노동자들의 임금은 남성 노동자들의 반을 밑도는 수준이었다. 12시간 넘는 장시간 노동은 기본이었고, 남성 감독관의 욕설과 구타, 성희롱 또한 심한 고통이었다. 게다가 불량품이 나오면 벌금을 내야 해서 어떤 때는 내야 할 돈이 받아야 할 돈을 넘기기도 했다. 여성 노동자들은 저임금·장시간 노동이라는 열악한 노동조건과 비인간적인 대우에 대항하여 점차 조직적인 운동을 벌이기 시작했다.

경성고무 여직공 파업은 1923년 7월에 경성고무 공장을 비롯한 4개 고무 공장 여직공들이 임금인하 반대와 여공의 인권을 모독한 감독의 파면을

강주룡

1930년 원산 총파업에 이어 일어난 1931년
5월 평양의 평원고무 공장 아사동맹파업을
주도한 노동운동가. 당시 강주룡(1901~1932)은
대동강 변 을밀대의 12미터 높이 지붕 위에
올라가 9시간 이상 밤을 새며 '고공농성'으로
고무 여공 파업을 알렸다. 평양의 '히로인',
'여류 투사 강 여사' 등의 제목으로 언론이 이
사건을 대서특필했다. 어려서 아버지를 따라
서간도(西間島)에 이주하여 결혼도 했으나
남편이 항일 무장단체에서 활동하다 사망한 후

을밀대 지붕 위에 올라가 농성을 벌이고 있는 강주룡

24세에 귀국하여, 가족을 위해 5년간 평양에서 고무 공장 여공으로 일했다. 그는 다음과 같이
외쳤다.

"우리 49명의 파업단은 우리의 임금감하를 크게 여기지 않습니다. 이것이 마침내는 평양의
2,300명 고무 직공의 임금감하의 원인이 될 것이므로 우리는 죽기로써 반대하려는 것입니다. 내가
배워서 아는 것 중에 대중을 위하여 자신을 희생하는 일은 명예로운 일이라는 것이 가장 큰
지식입니다. ……나는……근로 대중을 대표하여 죽음을 명예로 알 뿐입니다"(《동광》, 1931년
7월).

(신영숙)

요구하며 시작되었다. 아사동맹을 결성하여 해고에 맞서 밤샘 노숙을 하는
등 격렬히 투쟁했다. 1924년 인천 선미 여공 300여 명의 파업은 임금인상
요구와 일본인 남성 감독의 폭행, 구타, 희롱 등 성적 폭력에 항의한 것이
었다. 또한 조선방직 여공들은 1930년 1월에 임금인상, 벌금제 폐지, 민족
적 차별대우 폐지, 감독 파면, 식사 개선, 유년공의 야간작업 폐지, 8시간

노동제 실시, 작업 부상자에 대한 위자료 지불, 기숙사 직공의 자유 허용 등을 요구하며 파업했다.

여성 노동운동의 양상과 성격

임금인하에 반대해 1930년 8월 평양의 10개 고무 공장 노동자 1,800여 명이 시작한 평양고무 공장 총파업에는 3분의 2가 여성 노동자였다. 파업은 실패로 끝났지만, 여성 노동자의 노동권 확보를 구체적으로 요구·주장했다. 당시 주로 미혼 여공이 많은 제사업과 기혼 여공이 많은 고무공업을 비롯하여, 각종 제조업에 종사하는 여성들의 조직적인 여성 노동운동은 계급운동의 성격과 함께 여성의 특수한 조건에 따른 투쟁 목표가 뚜렷했다. 여공들은 주로 연대투쟁을 벌이며, 투쟁 자금을 마련하는 등 치밀하고도 조직적인 운동의 양상을 보였다.

그 밖에도 간호부·기생·차장·종업원·인부 등 민중 여성들도 자신들의 열악한 노동조건에 대한 경제 투쟁을 전개했다. 여성 자신들의 생존권 수호를 위한 다양한 투쟁은 당시 일제의 여성 노동력 수탈은 물론, 성적 학대에 대한 저항과 반발에서 비롯한 것임은 말할 것도 없다.

(신영숙)

6) 일본의 여성 노동자와 노동쟁의

여성 노동자와 노동조합·노동쟁의

일본의 자본주의는 섬유 산업에서 일하는 여성들의 노동력에 기초하여 구축되었다. 그럼에도 불구하고 그녀들의 노동은 '가계 보조적 노동'으로 여겨져서, 임금을 비롯한 모든 면에서 열악한 노동조건하에 놓여있었다. 당시 노동조합에서는 여성의 조직화 정도도 낮고, 또한 '여공'만의 직장에서도 노동조합 간부 대부분은 남성으로, 여성 노동자 자신이 운동을 만들고 이끌어가기가 어려웠다. 노동운동이 가장 고양된 1928년 12월 현재 전 여성 노동자 총수 153만 3,000명 중, 조직화된 여성 노동자는, 겨우 1만 2,010명을 헤아릴 수 있을 뿐이어서 그 조직률은 0.8%에 지나지 않았다.

그러나 그러한 중에도 그녀들은 남성 간부에게 압력을 가하거나 주민과 연대하여 투쟁했다. 일본 최초의 동맹파업이 "고용주가 동맹 규약이라는 잔학한 규칙을 두고 우리들을 괴롭힌다면, 우리들도 동맹하지 않으면 불리하다"라며, 동맹파업(스트라이크)에 들어간 야마나시(山梨) 현 고후(甲府)의 아마미야(雨宮) 제사 공장의 여성 노동자 100여 명에 의해 막이 열린 것은 상징적이었다(1886). 노동조합으로 조직화되지 않았더라도, 여성 노동자는, 식사 개선, 기숙사 개선, 외출 자유 등, 자신들의 실생활에 기초한 요구를 제기하며 행동했다.

1912년에 스즈키 분지(鈴木文治)에 의해 결성된 교우회에서 여성 노동자들의 조직화를 꾀하고, 1916년, 일본 최초의 노동조합 부인회부로 일컬어지는 부인부가 창설되었다. 발족 당시에는 수양·친교의 색채가 강했으나, 1919년에 19세로 이사에 선출된 야마노우치 미나(山內みな)는 "우리들 여공은 이렇게 혹사당하고 학대받고 인권을 무시당해도 묵묵히 자본가

가 하라는 대로 어떠한 일이 있더라도 복종하지 않으면 안 되는 것인가"라고 기록하여 노동자로서의 권리 획득을 목표로 단결을 호소했다.

장기간에 걸쳐 격렬하게 싸웠던 동양모슬린 쟁의

동양모슬린 가메도 공장 쟁의

1929년 세계공황에 이른 일본의 만성적 불황기에 여성 노동자의 투쟁은 최고조에 달했다. 방적 자본가는 산업합리화라는 명목으로 임금 삭감, 노동 강화, 해고 공세를 하고 노동조합 운동의 와해와 탄압을 획책했다. 1930년대에는 방적 여성 노동자에 의한 쟁의가 격발했는데, 그 가운데 동양모슬린 가메도(龜戶) 공장 쟁의(양모스 쟁의)는 여성 노동자가 60여 일이라는 장기간에 걸쳐 투쟁하고 자본가와 관헌과 격렬하게 대립했던 점에서 역사적으로 각인되어 있다.

1930년 9월 동양모슬린 주식회사는 계속해서 합리화를 강행하고 약 5,000명에 이르는 대량 해고를 통고했다. 이것은 해고에 그치지 않고 노동조합원의 와해를 겨냥한 것이기도 했다. 여공들은 조합 간부를 압박해 동맹파업을 결행했다. 회사의 사주를 받은 폭력단의 공갈과 폭행에도 굴하지 않고 여공들은 이웃 주민의 호응을 얻어 폭력단을 몰아냈다. 2,000명에 이르는 여공들은 '화장품 병 속에 편지를 넣어 외부와 연락'하고, 시민과 다른 노동자들의 지원을 이끌어내며 시가전을 벌이기도 했다. 이를 기반으로 '지역 제네스트'도 구성되었으나 결국 조합 간부가 조기 수습에 타협함으로써 투쟁은 패배하고 말았다.

(기쿠치 나쓰노)

1. 교육의 확장과 여성 생활

1) 일본의 교육과 여성

일본 국민을 만드는 학교

학교교육은 근대국가가 '국민'을 만들어내기 위해 설치한 제도이다. 일본에서 학교라고 하는 장은 원칙적으로 계층에 관계없으며 여성에게도 열려있어 여성들이 '읽고 쓰는' 능력을 익힐 기회를 얻는다고 하는 의미가 컸다.

메이지 국가는 초등교육 이상의 단계에서는 남녀 분리교육을 실시했고 고등여학교령(1889)에서는 교육 내용을 남자 중학과 동등과정으로 만들었다. 그러나 여자에게 필수적인 고등보통교육으로서 중시했던 것은 수신·가사·봉재 등의 과목이었다. "여자의 본분은 결혼과 가정생활에 있고, 전문·직업 교육은 필요하지 않다", "여자는 선천적으로 허약해서 고도의 교육을 감당할 능력이 없다"라고 하여, 여성교육의 목적을 '양처현모'의 틀 안에 한정시키려 했던 것이다.

1873년 스위스를 방문한 이와쿠라(岩倉) 사절단은 창가(唱歌) 교육을 참관했다. 이것이 뜻을 모아 나라에 보답하고, 부인의 마음을 순종하게 만드는 데 효과가 있다며 감탄하였다. 그리고 '메이지 일본'에서 남성의 국민화/병사화를 지탱하는 여성을 만들어내기 위해서 창가교육이 활용되었다.

예를 들어 1911년 <심상소학창가(尋常小學唱歌)> 제1학년용에 실린 「국화」가 있다.

"아름답게 피어난 울 밑의 소국/ 한 송이 따고 싶은 노란 꽃을/ 병정놀이에 훈장으로" 2절에서는 마지막 소절이 "소꿉놀이에 맞난 음식으로"라고 되었다. 이렇게 우스꽝스러울 정도로 '성별 역할 분업'을 강화하는 노래가 천황의 치세를 기리는 노래와 함께 수신교육의 음악판으로 어린이들에게 각인되었다.

(미노우라 마사키)

여성의 '읽고 쓰는' 능력

문부성은 1874년에 여성을 위한 초등교육 이상의 교육기관으로서 교원 양성을 위한 여자사범학교를 설립했다. 1900년대에는 여성의 소학교 취학률이 90%에 가깝게 되었으나, '여자에게 학문은 필요하지 않다'는 사고방식이 일반에 뿌리 깊게 자리하고 있었으며, 특히 빈곤 계층의 딸들이 고등교육을 받는 일은 곤란한 것이 현실이었다.

여자영학숙을 세운 쓰다 우메코

한편 여성에게도 남성에게 뒤지지 않는 고등교육, 경제적 자립을 실현시킬 전문교육이 필요하다고 생각해서 스스로 여성을 위한 학교를 개설한 쓰다 우메코[津田梅子: 여자영학숙(女子英学塾), 현 쓰다쥬쿠대학(津田塾大學) 설립]나 요시오카 야요이(吉岡弥生: 도쿄여의학교, 현 도쿄여자의과대학 설립) 같은 여성들이 등장하게 된다. 근대 학교를 중심으로 한 교육 체제는 공립이든 사립이든 현재에 이르기까지 '국민'

을 만들어내기 위한 교육을 실시했다. 그러나 자신들이 획득한 읽고 쓰는 능력을 통해 국가권력에 도전한 세토샤(青鞜社)의 여성들이나, 이토 노에(伊藤野枝)와 같이 근대국가의 정치·경제 권력의 존재방식, 성차별 구조에 저항하고 반기를 든 여성들이 양성되기도 했다.

(이게다 미도리)

2) 조선의 학교교육과 학교 밖 교육

(1) 조선의 학교교육

교육에 대한 민족주의적·남녀평등적 관심의 증가

19세기 말 개화기 이래 많은 지식인들은 조선이 개화하려면 인구의 절반을 차지하고 있는 여성의 교육이 절실하다는 것을 깨닫고 있었다. 또한 찬양회와 같은 여성단체도 "이목구비와 사지오관에 차이가 없는" 여자가 남자로부터 차별받는 것은 교육이 없기 때문이라 하며 여자교육을 찬양하는 활동을 벌였다(1898). 따라서 개화기 이래 조선에서는 학교설립 운동이 활발하게 진행되었으며, 특히 서양 기독교 선교사들이 사립학교 설립에 크게 기여했다. 이화학당(1886), 배화학당(1898), 숭의여학교(1903) 등이 미국 선교사들의 지원으로 설립되었으며, 진명여학교(1906), 숙명여학교(1906), 동덕여학교(1908) 등이 한국인의 손으로 설립되었다.

일제의 교육제도 장악

1905년 을사조약을 통한 통감부 설치, 그리고 1910년 강점을 통한 조선총독부 설치 이래로 조선 내에서는 '교육을 통한 구국'이라는 이념이 더욱 강화되었다. 그 결과 사학(私學)의 발전이 가속화되었으며, 1910년에는 2,250개의 학교가 존재했다. 그러나 일제는 사학에서의 민족주의 교육을 우려한 나머지 1915년 사립학교를 규제하는 「사립학교 규칙」을 발표했으며, 그 후 사립학교의 수는 급감하여, 1925년에는 604개교로 줄어들었다. 일제는 사학에 대한 탄압과 동시에 교육을 국가 주도 체제 내로 통합시키고자 하여 공립학교의 증설정책을 추구했다. 1920년대에는 3개 면에 하나 꼴로 보통학교를 설립하는 '삼면일교제(三面一校制)' 정책을, 1930년대에는 '일면일교제(一面一校制)', '간이학교제(簡易學校制)' 등을 실시하면서 농촌 저변에까지 지배의 기초를 구축하고자 했다. 중등학교의 설립제한 속에서 진행된 초등교육의 확대정책은 식민지민의 체제내화는 물론, 지배를 위한 초보적인 지식과 노동기술을 가르치기 위한 것으로, 특히 1934년부터 시행한 '간이학교제'는 2년제의 더욱 간단한 형태로 산간벽지에 분교 형식으로 병설되었다.

   한편 취업하고자 할 때 학교의 졸업장이 필요하게 되는 등, 새로운 사회 변화 속에서 점차 조선인들의 취학률도 높아졌다. 여성들의 교육 참여율도 증가하여 1930년 현재 보통학교 여학생의 취학률은 5.7%로 나타났으며

1915년의 경성여자고등보통학교 졸업식 사진

(남학생 25.8%), 1940년에는 22.2%로 남학생의 1/3 수준으로 증가했다(남학생 60.8%). 그러나 여성의 교육 기회는 일본의 식민 통치 기간 내내 제한되었다. 여성 고등 교육 기관으로는 이화여자전문학교(1925)와 숙명여자전문학교(1939) 등 몇 곳 없었으며, 1924년에 설립된 경성제국대학에 여성은 입학할 수 없었다.

현모양처 교육 이념

일제의 관공립여학교의 교육방침은 식민 지배에 앞장설 현모양처 양성이라는 분명한 교육목적을 가지고 있었다. 이것은 교육과정에 잘 나타나는데, 당시 여학교의 교육과정을 보면 실기 위주로서 재봉과 수예를 강조했으며, 1910년대의 수업시수를 보면 주당 총수업시간의 약 절반을 이러한 실무 습득에 배당했다. 1938년 「3차 개정교육령」에서는 일본 문화 및 예절의 교육을 포함했는데, '고등여학교규정'에 의하면 여자교육의 목표는 "양처현모로서의 자질을 얻게 함으로써 충량지순한 황국 여성을 기르는" 것으로 되어있다. 그러나 당시 신문 지상에는 여학생들이 가장 흥미 없어하는 대표적인 과목이 '가사'라는 점을 우려하는 기사들이 다수 나타나서 현모양처 교육의 한계를 반증하고 있다.

학교교육의 이중적 의미

일제강점기 교육은 여학생들에게는 이중적 의미를 가진 것이었다. 그것은 한편으로는 동화주의와 현모양처 규범을 습득하는 것이었지만, 동시에 학교를 매개로 바깥세상에 참여할 수 있는 기회를 제공하고, 가족제도를 벗어난 개인으로서의 정체성을 경험하는 근대 체험의 한 경로였다. 서양

선교사가 세운 신식 학교를 매개로 교회에 다니면서 남학생과 공개적으로 만나는 기회를 얻기도 했고, 수학여행을 이유로 집 밖에서 숙식하는 새로운 경험을 하기도 했다. 혹은 사회주의 서적을 읽거나 민족주의 서클에 가입함으로써 민족의 일원으로서의 자각을 갖기도 했다. 특히 1920년대 초반은 신식 학교교육에 대한 사회적 관심이 폭발적으로 증대한 시기였으며, '여자교육회' 등 지식 여성들의 교육운동에 힘입어 전국 각지에서 여성들의 교육열이 불타올랐다. 당시 여성잡지에는 "이 시대에는 여자도 공부 없이는 죽은 것 한가지"라고 하면서 "계집아이가 웬 공부냐"라고 말하는 부모 몰래 집을 떠나가는 여자를 그린 만화가 등장하기도 했다.

(2) 조선의 학교 밖 교육

여자야학에 대한 호응

정규교육기관이 부족한 데다가, 여성운동과 민족운동의 일환으로 교육 참여가 주창되면서 야학이나, 강습소, 강연회 등 '학교 밖 교육'이 급증했다. 이러한 학교 밖 교육기관은 주로 지방유지 및 각 지방의 청년단체와 종교단체에 의해 설립되었는데, 대표적으로 조선여자교육회, 기독여자청년회, 천도교의 내수단 등의 부인조직들이 여성교육 운동의 하나로 야학이나 부인강습소를 설치했다. 당시 신문 기록에 의하면 "나에게 지식을 주시오", "나도 사람 노릇 하여 보았으면……" 하는 여성들의 절규가 야학에 대한 호응을 불러왔다고 한다. 이러한 여성 대중의 적극적인 반응은 1920년대 초반 '신'교육이 사회에서 차지하는 위치를 보여주며, 동시에 그것은 '구'지식과 '구'여성을 벗어나고자 하는 사회적인 욕망을 반증하는 것이었다.

여자야학과 주부 역할의 학습

그러나 이들 여자야학의 교육 내용은 여성의 가정 내 역할을 전수하는 시대적 한계를 뛰어넘지 못한 것이었다. 천도교의 부인조직인 내수단(內修團)[1]은 주로 가정부인을 대상으로 부인강습소를 개설하고 조선문·천도교리 등 민족교육과 종교교육을 수행하는 동시에 가정학, 재봉 등을 강습했다. 그러나 내수단의 민족적·종교적 의식에도 불구하고 대부분의 교육 내용은 위생과 의식주 개량교육 등 주부로서의 여성관을 크게 벗어나지 못한 것이었다. 그나마 이러한 여자야학도 일본어 보급 활동을 수행하는 극소수의 야학을 제외하고는 일제의 대대적인 탄압을 받으며 약화되어 갔다.

(김혜경)

2. 제국주의와 종교 · 교화 정책

1) 일본의 천황상의 변용과 천황제의 재편

천황상의 권위화: 어진영과 학교 의식

　근대 이전 대부분의 일본 민중에게 알려진 적이 없던 천황은 '순행(巡幸)'이나 다색판화[니시키에(錦畵)], 석판화 등을 통해서 시각화되었다. 특히 1880년대부터 학교에 교부되기 시작한 '어진영(御眞影: 천황의 사진을 특별히 이렇게 불렀다. 메이지 천황의 경우는 초상 사진)'은 신청접수에 의해 교부하는 제도를 취함으로써, 하사받게 된 학교는 이를 대단한 명예로 여겼다. 화재나 재해 등으로부터 천황·황후의 사진을 지키기 위해서 교장이나

---

1) 내수단은 천도교 부녀 조직의 1920년대 중반기의 보수적 성격을 잘 보여주고 있는 기구로서, 여성 신도의 역할을 가정 안에서 찾고자 하는 특징을 지녔다. 내수단이란 명칭의 의미는 동학(東學) 2대 교주 최시형이 1889년 부녀자를 위해 지은 내수도문(內修道文)에서 유래한 것으로, "안에서 수신하고 동지와 단결할 것"이라는 의미를 지녔다고 한다.

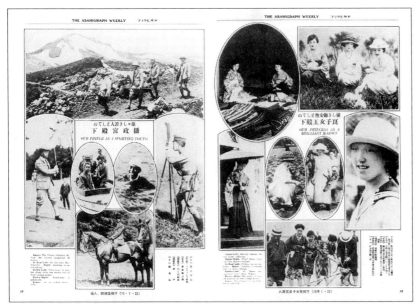

황태자 히로히토(당시 섭정, 후에 쇼와 천황)와 구니노미야 나가코(久邇宮良子)의 결혼 전에, 황실에 대한 국민의 관심을 높이기 위해 미디어는 두 사람의 모습을 대대적으로 보도했다(≪アサヒグラフ≫, 1924년 1월 23일).

교직원이 목숨을 버리는 일이 미담으로 전해지기도 했다. 천황제 국가의 사상적 지주가 된 교육칙어(敎育勅語)나 어진영을 주축으로 하는 학교 의식을 통해 천황제는 사람들 속으로 침투해 갔다.

천황상의 침투: 여성 황족과 가족 이미지의 이용

전쟁 전, 쇼와(昭和) 천황과 황후, 그 외 황족은 그 행동 영역을 성역할에 의해 명확히 구분하고 있었다. 여성 황족이나 가족 이미지에 부과된 역할을 벗어나서 전쟁 전의 천황상(天皇像)을 말할 수는 없다. 황후나 황태후는 '15년 전쟁기'에도 빈번히 미디어에 등장하고 있다. 그녀들은 천황을 따라가는 것이 아니라 단독으로 행동해, 야스쿠니 신사나 이세 신궁 참배, 병원으로 상이병사 위문, 군대의 격려 등 정력적으로 활동하는 모습이 큰 사진과 함께 보도되었다.

'어진영'이나 대원수(大元帥)로 상징되던 전쟁 전, 전쟁 중의 천황상은 전후에는 가족을 동반한 인간화된 이미지로 변화되었다. 그러나 '전쟁 전은 어진영·신격화, 전후는 가족상·인간화'라는 이미지의 대립은 현재까지 이어진 천황·황실상을 볼 경우 타당하지는 않다.

전쟁이 확대되는 1942년 신문 보도의 예를 들어보자. 1941년에 도조 히데키(東條英機) 내각은 언론·출판·집회·결사 등 임시단속법을 제출해, 연말에는 영국·미국과의 전쟁을 개시했다. 새해 첫날 ≪아사히(朝日) 신문≫은 제1면에 천황과 그 가족의 사진을 크게 게재하고 그들의 근황을 한 사람씩 소개하고 있다. 천황에 대해서는 전년도의 행차가 30회에 이르러 매우 바빴으며, 일상적인 운동 부족으로 건강 상태가 우려할 정도임에도 불구하고, '신의 가호'로 강건하다고 묘사하고 있다. 전쟁이 격화되자 추위와 배고픔으로 고통 받는 국민과 함께하고자 혹한을 견디며 한밤중까지 일하는 '인간적인' 천황의 모습이 호들갑스럽게 보도되었다.

전쟁 전 데모크라시기의 천황제 재편: '가정'의 실체화와 '모성'의 발견

이처럼 전쟁 전의 쇼와 천황은 때로는 가족상을 동반해 보도되었는데, 그 전기는 1920년대 초두에 있었다. 제1차세계대전으로 세계 왕가의 대부분이 몰락해 군주제는 세계적인 존망의 위기를 맞이했고, 일본 국내에서도 민주주의의 고양, 다이쇼(大正) 천황의 병, '궁중 모 중대 사건(宮中某重大事件)'[2])으로 천황제는 권위 실추의 위기에 몰려있었다. 지배층은 히로히토 황태자(후에 쇼와 천황)를 옹립해 섭정을 맡기고, 지방 시찰 등을 통해 황태자를 사람들의 눈에 보이는 존재로 만들었다. 그뿐 아니라 천황 가족을 등

---

2) 황태자 히로히토의 약혼을 둘러싸고 당시 정치권력자들 사이에 패권 다툼이 발생해 그 소문이 민간에도 퍼졌는데, 직접적인 표현을 피해서 세간에서는 이렇게 불렀다.

장시켜 가족 이미지를 연출함으로써 난국을 타개하고자 했다. 다이쇼 천황의 서거 무렵에는 황후, 황태자 등 천황가 사람들이 '인간미 넘치는 모습'으로 천황의 용태를 살피며 간병한 일이 크게 보도되었다. 그러한 가족 이미지는 마침 이 시기에 신중간층의 출현으로 실체화되고 있던 '가정'의 책임을 떠맡은 사람들의 시선을 모아, 관심을 불러일으키며 사람들 사이에 침투해 갔다.

이미 1880년대 후반부터 1890년대 전반에 걸쳐 성립되고 있던 '가정'은 러일전쟁을 거쳐 산업화가 진전되고, 도쿄·오사카 등 대도시로 인구집중이 시작되는 제1차세계대전 이후가 되어서야 실체화되었다. 이로 인해 전통적인 공동체로부터 공간적·정신적으로 분리된 신중간층의 '가정'(남편은 일, 아내는 가사·육아)은 국가의 기반으로서 규범화되지 않으면 안 되었다. 그렇기 때문에 이 시기에 가족을 이용한 천황상이 출현하고, 황후의 신체에 상징화된 '모성'이 발견될 필요성이 있었다. 이렇듯 모성찬가, 천황찬가는 상승효과를 거두며 전쟁으로 국민을 몰아붙였다.

(기타하라 메구미)

2) 국민교화 정책과 '국가신도'

국민교화 정책

메이지 정부의 종교 정책은 '제정일치, 신도(神道) 국교화 정책'이고, 종교를 국민통합의 정신적 유대로서 정치적으로 이용하고자 한 점이 특징이다. 정부는 1868년 포고로 진기칸(神祇官)[3]을 부활시키고, 전국의 신사와 신관을 서열화하여 간접적으로 지배하고자 했다. 막번 체제에서의 단가 제도(檀家制度)[4]를 대신해 전 국민을 신사의 자손(氏子)으로 등록해 국민의

---

3) '제정일치'를 선언한 메이지 정부가 전국의 신사를 장악하고, 이를 재편성하기 위해 1868년에 설치하고 1872년에 폐지했다.

출생·이전·사망 등을 관리하고자 했던 것이다.

그러나 이 정책은 불교 세력의 배척과 기독교 탄압을 수반하고 있었기 때문에 불교 측의 반발과 구미 국가들의 비판을 초래해 1872년 진기칸은 폐지되고, 메이지 초기의 신도 국교화 정책은 좌절되었다.

이어서 정부는 교부성(敎部省)을 설치하고, 국민교화를 담당할 교도직을 두어 불교 세력까지 끌어들여 종교 색을 어느 정도 약화시킨 데다가 경신애국(敬神愛國), 천리인도(天理人道), 조지준수(朝旨遵守)를 중핵으로 해, 삼조교칙(三條敎則, 1872)[5]을 국민에게 강요하는 '국민교화 정책'을 취하게 되었다. 그러나 황도주의[6]에 입각한 이러한 조처하에서도 기독교는 탄압되고, 국가에서 불교 세력의 위치도 낮았으며, 또한 계몽주의자의 '종교의 자유를 보장'하라는 비판도 있어서 이 정책 역시 좌절되었다.

이러한 정책의 좌절 과정에서 기독교에 대한 탄압이 풀려, 불교계 및 신도계 등 여타 종교들이 국가로부터의 독립을 요구하게 되었다. 이에 대해 정부는 신도를 제사로서 특별히 보호하고, 그 지위를 보장할 필요를 절감하게 되었다. 이로부터 신도를 여타 종교를 초월한 국민도덕으로 하는 '신사비종교론(神社非宗敎論)'이 등장했다. 정부는 내무성[7] 통지에 의해 1882년 신직(神職)을 교화 활동으로부터 분리해 종교 행위인 장의(葬儀)에 대한 관여를 금지시켰다. 여기에서 국가신도 체제가 시작된 것이다.

---

4) 기독교 금지정책을 취한 에도 막부는 영민(領民)·서민이 기독교 신도가 아니라는 것을 절·승려에게 증명하게 하는 '데라우케(寺請)' 제도를 설치했다. 단가 제도란 데라우케 제도하에서 영민으로 하여금 절에 소속하는 '단가'가 되도록 하는 것이었다.
5) "① 경신애국의 취지를 실현할 것, ② 천리인도를 밝힐 것, ③ 천황을 섬기고 조정의 뜻을 준수할 것"으로, 신도 포교의 근본 방침이다.
6) 천황을 중심으로 하는 '국체'를 최고로 하는 사상적 입장을 말한다.
7) 1873년에 설치되고 1947년에 폐지된 경찰, 지방행정, 선거 등의 내무 행정을 관할한 관청이다.

침략전쟁의 정신적 지주로서의 '국가신도'

국가신도(國家神道)의 가르침이란 간단히 말하자면 '일본의 중심은 신성한 신인 천황이다 → 일본이란 나라는 신의 나라이다 → 전쟁 등 신성한 국가가 일으키는 행위는 언제나 정당하다 → 정당한 행위의 희생자는 존엄하다'라는 것이다. 기기신화(記紀神話)[8]에 의거한 천황의 신성으로부터 국가의 신성성을 이끌어내고, 다시 거기에서 국가 행위의 정당성을 부여하여 희생자의 숭고성을 이끌어낸 것이다. 특히 이 후반부는 정국(靖國) 사상이라 불리는 것으로, 국가신도의 중핵을 이루고 있다. 정국 사상은 자국의 전쟁을 정당화해서, 전쟁 참가를 숭고한 의무라고 하는 '성전(聖戰) 사상', 천황을 위한 전쟁에 참가해 죽으면 위대한 영혼으로 특별히 칭송받는 '영령(英靈) 사상', "따라서 영령을 뒤따르라!"라고 하는 '현창(顯彰) 사상을 세 축으로 했다.

이러한 국가신도야말로 타 민족을 무시하고, 국민을 침략전쟁으로 동원한 정신적 지주이자, 일본군국주의의 종교적 측면을 구성한 것이었다. 이 종교의 제신, 즉 숭배되는 대상은 침략 동원이라는 목적에 따라 영령이나 공훈이 있는 군인, 정복에 적극적으로 나섰던 역대 천황, 그리고 한반도를 침략했던 도요토미 히데요시(豊臣秀吉)를 비롯한 역사상의 인물 등 다양하다.

또한 천황은 그 자신이 숭배의 대상이고, 새로운 전사자를 기리는 야스쿠니(靖國) 신사[9]의 예대제(例大祭) 등 국가신도에서 제사의 최고집행자이기도 했다. 이러한 제사장인 천황이 도덕의 근원임을 선언한 '교육칙어(敎育勅語)'(1890), 군대의 최고사령관임을 선언한 '군인칙유(軍人勅諭)'(1882), 그리고 정치의 최고권력자임을 선언한 대일본제국헌법(1889년 발포, 1890

---

8) 『고사기(古事記)』 및 『일본서기(日本書紀)』에 기록된 신화.

9) 구막부군과의 싸움에서 다수의 사망자를 낸 유신 정부는 1869년 천황을 위한 전쟁에 참가하여 '국가를 위해 순국한 이의 영혼을 기리기' 위해 도쿄쇼콘샤(東京招魂社)를 창건했는데, 1879년 야스쿠니 신사로 개칭했다.

야스쿠니(靖國) 신사에는 천황의 나라를 위해 전사한 남성 병사만이 아니라, 러일전쟁 이후 "여자이기 때문에 군인은 될 수 없지만, 군인과 똑같이 국가에 몸을 바치고 싶다"라고 하며 '종군간호부'가 되어 전장에서 쓰러져 간 여성들도 안치되어 있다. 그러나 신민의 정신적 통제를 목적으로 한 '야스쿠니 사상'이 제국의 신민으로서 여자가 수행할 역할로 높은 가치를 부여한 것은 병사의 어머니, 아내로서의 역할이었다.

신도(神道)가 종교가 아닌 국민도덕으로 자리매김된 제국 일본에서 '황국의 여성'들은 불교도든 기독교도든 상관없이 황군의 군인·병사가 될 남성을 낳아 기르는 아내·어머니로서 남편이나 아들을 기꺼이 전장으로 보내고 그들이 전사하면 야스쿠니 신사에 합사되는 것을 '명예'로 받아들이는 '군국의 어머니'가 될 것을 강요받았다. 아시아·태평양 전쟁 중 부인잡지 ≪주부지우(主婦之友)≫ 등에서는 '모성애'가 강조되어, '영령에 대한 정절을 지키는 아내', '영령이 된 아버지의 의지를 아들에게 전하는 어머니'의 모습이 묘사되고 칭송되었다. 1939년에는 아들이 '훌륭한 신사 (야스쿠니 신사)'에 '신으로 모셔져' 감격의 눈물을 흘리는 어머니를 노래한 「구단(九段)의 어머니」란 제목으로 레코드가 발매되어 히트했다.

(이게다 미도리)

년 시행)은 국가신도의 교리를 명확하게 한 이른바 '교전(教典)'이었다. 국가신도의 형성으로 수렴해 간 메이지 정부의 종교 정책은 이러한 '교전'이 발포되었던 1880년대에 대체로 완성을 보았다.

(고베 오사무)

3) 기독교와 일본 여성

'남녀평등' 사상

메이지 초기, 일본에 들어온 기독교 선교사 중에는 미국인 메리 키더

(Mary E. Kidder)와 같이 일본에서 여성교육의 필요성을 통감해 기독교 정신을 기초로 한 여학교 설립을 위해 애쓴 여성들이 있었다. 키더가 1870년 요코하마에 설립한 학교는 1899년 페리스(Ferris)화영(和英)여학교로서, 1950년에 페리스여학원이라 개칭해 오늘에 이르고 있다.

선교사 여성들이 가르치는 영어와 기독교를 '문명'을 대표하는 것, 문명개화에 어울리는 것으로 보고, 수용한 이들은 주로 옛 무사 계층이나 정부 고관 혹은 개항지의 부유한 상인의 딸들이었다. 그러나 그러한 한계는 있지만 선교사 여성들의 진지한 교육 태도, 가난한 이들이나 병으로 고통 받는 이들에 대한 봉사 활동에 감명을 받아 기독교를 받아들이고 세례를 받는 여성들도 있었다.

특히 성서를 기초로 설파되는 '신의 사랑', '인격존중', '자조자립', '인간으로서의 남녀평등'이라는 사상은 일본 사회의 격동기에 여성으로서의 새로운 생존방식을 골똘히 모색하던 여성들에게 큰 영향을 끼쳤다. 그러한 여성들 중에서 야지마 가지코(矢島楫子, 1833~1925) 등을 중심으로 금주·폐창·평화를 목적으로 하는 일본기독교부인교풍회가 조직되었다(1893). 교풍회 운동에 참가하거나 공조한 여성들은 남편이 처 이외의 '첩'을 두는 일, '처첩동거' 혹은 남성이 여성의 성을 사는 일이 공공연하게 발생하는 상황에 저항해, 여성에게만 강요되지 않고 남녀 모두에게 해당되는 '성의 순결'과 남녀평등을 '일부일처제' 결혼 형식으로 실현하고자 하였다.

'제국'과 여성 기독교도

기독교와 일본인 기독교 신자는 국가권력이나 체제파 지식인 혹은 신문 등 미디어, 그리고 일반 민중으로부터 공격을 받는 일이 적지 않았다. 특히 청일전쟁 이후 민족주의가 고양되어 가던 시기에 '유일신' 신앙, '신 앞에 인간의 평등'을 신앙의 핵으로 하는 기독교는 천황을 중심으로 하는 국가 체제에 반하는 위험한 사상으로 취급되었다.

기독교에 대한 이러한 시각은 당시 일본의 기독교 신자들 개인의 신앙 이해를 넘어, 기독교 사상이 천황을 중심으로 하는 국가 체제 및 질서에 대한 비판으로 향할 가능성을 포함한다고 생각했기 때문이다. 실제로 기독교도와 기독교계 학교에 대해서 탄압이 가해진 15년 전쟁기에, 천황을 신으로 볼 것을 거부한 학생도 있었다. 그러나 일본 기독교계를 주도한 남성 지도자들과 마찬가지로, 여성 기독교인의 대다수는 자신이 기독교도인 점과 천황의 충실한 신민인 점, 그리고 일본제국의 식민지 지배 사이에서 모순을 발견해 내지 못했다고 볼 수 있다.

(이게다 미도리)

4) 조선에서 기독교의 전파와 여성

전통 종교에 대한 총독부의 정책

　　일제는 정치와 종교의 분리를 표방했지만, 실제로는 신사(神社)를 설치하여 동화 정책의 전진기지로 삼고자 했다. 1917년에는 「신사규칙(神社規則)」을 발표하여 신사(神社)의 전국적인 확대를 도모했다. 이러한 과정에서 조선의 전통적인 민간신앙인 무속(巫俗)은 '미신(迷信)'으로 규정되었는데, '미신 타파'는 1930년대의 농촌진흥운동에서 생활개선을 위한 주요한 실천과제가 되었다. 특히 「무녀취체법규(巫女取締法規)」가 제정되면서 무속의 주체인 무녀들 또한 규제의 대상이 되었다. 한편 유교와 같은 전통적인 지배 이념(종교)에 대해서는 통치의 방편으로 포괄시키고자 노력했는데, 경학원(經學院)과 같은 유학자 기구를 설치하여 조선 풍속과 사상 교화의 중심이 되도록 했다. 또한 불교를 통치 방편으로 삼기 위해서 사찰의 주지를 임명하는 일에 총독의 인가를 받도록 했으며, 사찰령(1911)을 만들어 대웅전 불상 앞에 '천황폐하 성수(聖壽) 만세'라고 쓴 위패를 설치하도록 했다.

기독교의 빠른 확산과 수용

이러한 전통적인 종교들에 비해서 기독교는 선교사의 국외 추방이 시작된 1930년대 후반 이전까지는 상대적으로 활동상의 제약을 덜 받았다. 1885년 미국 선교사가 조선에 입국한 이래 기독교는 아시아권 어느 나라에서보다 빠른 속도로 확산되었다. 이들은 일차적으로 학교와 병원을 설립하면서 교육과 의료 사업을 기반으로 세력을 확대해 갔는데, 배재학당(1886)은 최초의 신식 학교였으며, 제중원(1895)은 최초의 근대식 병원이었다. 당시 식민지 조선에서 서양 기독교에 대한 태도는 상당히 긍정적인 것이었는데, 그 이유는 단지 신앙적인 것만이 아니라, 기독교가 신문명과 동일시되었으며, 특히 한일병합에 대한 정치적 불만으로 인해 배일친양(排日親洋)적인 태도가 형성되었기 때문이다.

이들의 의료사업 가운데서도, 특히 아동 건강을 담당하는 모자복지사업 기구는 조선 여성의 근대화 과정과 직접적으로 관련되어 있었다. 여선교사들은 유아사망률을 낮출 수 있는 위생법과 영양, 우량아 선발대회나 목욕법 강습을 위한 어머니 교실 등을 통해서 가정 안에 고립되어 있던 여성들을 가정 밖으로 불러냈다. 그 과정에서 전통적인 육아법이나 생활습관 등은 비위생, 미신 등으로 치부되기도 했다.

기독교가 당시 여성들에게 끼친 영향력은 엄청난 것이었는데, 특히 지식여성들 중 대부분이 적어도 한 번씩은 '교회 물을 마신' 사람들로 생각될 정도였다. 기독교는 여성운동에서도 중요한 역할을 담당했는데, 1923년에는 YWCA(조선여자기독교청년회연합회)가 결성되어 금주운동과 공창제도 폐지운동, 농촌야학사업 등을 활발히 전개했다.

(김혜경)

3. 자본주의의 발전과 여성의 노동

1) '부국강병'과 일본의 '여공'

'부국강병'과 여성 노동자의 증가

지조개정(地租改正, 1873)으로 일본에서는 전국적으로 통일된 조세제도가 성립하고, 근대적인 토지소유권이 확립되었다. 이는 정부의 재원을 안정시켰지만, 많은 농민을 고통스러운 상황으로 밀어 넣었다. 더욱이 이른바 마쓰카타(松方) 디플레이션 정책(1882~1886)은 물가, 특히 농산물 가격에 심각한 영향을 끼쳐 농촌에 큰 타격을 주었다. 수입 감소 부담을 떠안게 된 농촌에서는 농지를 남에게 넘기는 사람들이 속출하고, 소작지가 급증했다. 이러한 상황에서 몰락해 궁핍해진 농민들은 생계를 유지하기 위해 부업을 하거나 혹은 돈벌이로 공장 등에 자식을 내보내지 않으면 안 되었다.

마쓰카타 디플레이션이 일단락된 1890년대부터 1913년 사이에 일본 경제는 근대 산업의 발흥기를 맞이했다. 일본에서 산업혁명을 선도한 것은 면방적업과 제사업으로 이루어진 섬유산업이었다. 원료와 기계를 수입에 의존하고 있던 방적업은 급속히 발전해 국내시장을 되찾았을 뿐 아니라 수출산업으로까지 전환해 갔다. 또한 제사업이 획득한 외화는 면방적업에서의 산업혁명 진전과 군비 확장의 기반이 되었다. 섬유산업, 즉 수입 면화를 원재료로 하는 면방적업과 수출용 제사업은 일본제국의 국책으로서의 '부국강병' 정책에 적합한 것으로 이 정책을 지탱시켰다. 이 시기 섬유산업이 거대한 부를 낳은 것은 극히 낮은 임금으로 노동력을 얻을 수 있었기 때문이고, 그러한 저비용의 노동력으로서 고용된 사람은 여자 공장 노동자(여공)[10]였다.

쓰다 버리는 노동력으로 여겨진 '여공'

급속히 발전해 간 방적공업은 대량의 노동력을 필요로 했고, 빈곤해진 농촌으로부터 다수의 여성 노동자가 몰려들었다. 그녀들은 엄격한 감시 체제와 휴일이나 휴식시간도 보장되지 않는 가혹한 노동조건하에 경공업의 국제 경쟁력 향상에 공헌할 것을 강요받았다. 비위생적인 숙소, 장시간 노동, 수면도 식사도 만족스럽게 지급되지 않는 상황에서 나이 어린 '여공'들은 심각하게 건강을 해쳐, 전염성 만성 결막염[트라콤(Trachom)], 결핵 등 전염병에 감염되었다.

공장 경영자들은 '여공'을 쓰다 버리는 노동력으로 취급했기 때문에, 여

---

10) 근대 일본에서는 여성이 사회에 나와 노동을 하는 것에 대해 '가난하기 때문에 일한다'고 보았고, 더욱이 그것은 '부끄러워해야 할 일'로 취급되었다. 근대화 또는 도시화하는 과정에 탄생한 타이피스트나 사무원 또는 교원 등의 직업에 종사하며 '직업부인'이라 불렸던 여성들은 야유나 멸시의 대상이 되었다. 그중에서도 '여공'은 저임금과 열악한 대우로 인해 '하층의 일'로 취급되어 동정과 모멸의 시선을 받았다.

성 노동자에게는 숙련공이 되어 좀 더 높은 수입을 기대할 기회가 차단되어 있었다. 여공들은 저임금, 가혹한 노동조건과 열악한 기숙사 시설, 형편없는 식사 등에 더해 벌금제도, 강제저금도 감내해야 했다. 이러한 노예적 노동환경은 『여공애사(女工哀史)』[11]를 통해 알려져 있듯이 흡사 지옥과도 같았다.

여러 계층의 '여공'

여공의 대부분은 일본 국내의 가난한 농촌 출신자였지만 여공으로 일한 것은 일본 여성들만은 아니었다. 식민지화된 한반도는 일본제국에는 원료 공급지 내지 시장으로서만이 아닌 노동력 공급지로서의 의미도 가지고 있었다. 한반도에 진출한 일본 자본은 많은 젊은 여성을 여공으로 고용했다. 또한 1910년대 후반부터 주로 서일본 방적공업지대를 중심으로 조선인 여성 노동자의 이입이 기획되어, 1920년대에 그 흐름이 본격화되었다.

또한 메이지 유신 이후 일본으로 편입된 오키나와, 아마미(奄美) 제도에서도 다수의 여공이 모집되었다. 도일한 조선인 여공, 그리고 오키나와, 아마미 출신의 여공들은 방적 관계 여성 노동자 중에서도 가장 가혹한 부문에 배치되었고, 임금이나 대우에서 일본인 여공에 비해 차별당했다. 출신지에 따른 차별대우는 여성 노동자 사이에 차별의식을 낳았고, 종종 분열과 대립을 초래하기도 했다.

일본제국의 '부국강병' 정책, 근대 자본주의의 기초는 섬유산업에서 쓰다 버리는 노동력으로 취급된 젊은 '여공'들에 의해 구축되었다고 해도 과언이 아니다. 여공들은 열악한 대우의 개선을 요구하고, 폭력을 사용한 탄

---

11) 1925년에 출판된 호소이 와키조(細井和喜藏, 1897~1925)의 저서이다. 그와 그의 아내 호소이 도시오(細井とし을)가 방적공장에서 일했던 경험과 보고 들은 것을 정리·기록해 놓아, 20세기 초 방적공장에서 일한 여공들이 처한 노동, 생활환경을 알린 귀중한 기록이다.

압이 가해져도 노동자로서의 권리를 쟁취하기 위해 싸웠던 것이다.

(김우자)

2) 1920~1930년대 식민지 농업정책

일제의 농업정책

일제 말기까지도 식민지 조선 사회는 농림업이 70%를 넘는 구조를 가지고 있었으며 농업정책은 경제정책의 핵심 부분을 차지해 왔다. 농업경제정책의 전개과정을 시대적으로 보면, 1910년대의 토지조사사업을 기반으로, 1920년대에는 산미증산계획, 그리고 1930년대에는 농업진흥정책이 전개되었다.

먼저 1920년대 농업정책은 쌀·면화·누에고치, 이른바 '삼백(三白)'의 증산을 중심으로 한 것으로, 일본에서 필요로 하는 식량과 (직물)공업 원료를 확보하려는 데 초점이 맞추어져 있었다. 특히 쌀 생산은 일본의 쌀 부족이나 과잉 여부에 따라 그 정책 내용이 변화하는 등 일본의 쌀값 안정 목적에 의해 직접적으로 좌우되었다. 1930년대 이후 점차 미곡 단작 중심으로 농업이 변화하자 전통적으로 논농사보다는 밭농사를 지어온 여성들의 경제적 독립성은 하락했다. 더욱이 일제가 베틀을 파괴하는 등 면화의 원료 생산만을 강제하자 조선 시대까지 여성들이 직포 생산을 통해 확보할 수 있었던 경제력은 약화되었다. 물론 많은 여성들이 면화와 누에고치의 생산 노동에 참여했으나 일본 방직자본의 이해관계하에 있던 공판(共販) 제도로 인해서 가격과 소득을 보장받기 어려웠다.

농업진흥정책은 일본의 전 육군대신 우가키(宇垣一成) 총독이 재임한 이후인 1932년부터 시작되었다. 그는 농촌이 빈곤한 이유가 조선 농민의 게으름과 낭비 탓이라고 보고, 자력갱생 원리와 정신력 강화[心田開發]를 통해 춘궁기와 농가 부채를 퇴치하자고 했다. 그러나 진흥정책은 농촌 가가호호

쌀이 쌓여있는 군산항. 식민지 조선에서 생산된 쌀의 대부분은 일본으로 이출되었다.

의 행정관리와 황국신민화라는 정치적 목적을 내포한 것이었으며, 이후 국민정신총동원 정책을 수행할 사회적 정지작업의 효과가 있었다.

(김혜경)

3) 1920~1930년대 식민지 산업구조 변화와 여성 노동

식민지 공업화와 여성 노동

일제 식민지하 산업구조는 일본의 독점자본 진출이 확대되는 1930년대 이후로 급격한 공업화를 겪었다. 1929년 세계대공황의 발생으로 새로운 투자시장을 찾던 일본 자본은 중국·한국 등에서 출구를 찾기 시작했으며, 조선총독부는 이러한 진출 욕구를 반영하여 식민지 초과이윤을 보장하는 공업정책을 실시했다. 조선총독부는 저금리정책과 (강제)저축정책, 그리고 고이윤을 보장하는 판매가격 설정 등의 시장정책, 세제상의 혜택정책 등을

<표 3-1> 산업별 인구 구성(1917~1940)

연도＼산업	농림업	수산업	광공업	상업·교통업	공무·자유업	기타	유흥업	합계
1917	85.1	1.3	2.0	5.4	1.4	2.2	2.6	100.0
1925	83.0	1.4	2.1	6.0	2.3	3.0	2.2	100.0
1930	78.5	1.2	0.4/0.6	5.8/1.1	1.8	5.2		100.0
1940	72.7	1.5	1.9/5.4	6.5/1.6	2.6	7.8		100.0

주: 기타는 지게꾼이나 공사장 막일꾼, 식모 등 도시 잡업층으로 이농민이나 도시 빈민의 임시직.

자료: 1917, 1925년은 『호구조사』, 1930, 1940년은 『조선국세조사보고』; 김철, 「식민지 시기의 인구와 경제」, 『일제 말기 파시즘과 한국사회』(청아출판사, 1988), 135쪽.

통해 한국에 진출한 일본 기업을 지원했다.

　시기적으로 보면 1930년대의 식민지 공업화의 선두주자는 동양제사(東洋製絲), 종연방적(鐘淵紡績), 조선방적(朝鮮紡織) 등 섬유공업이었으며, 1937년 중일전쟁 이후로 조선이 대륙침략을 위한 병참기지가 되자 중화학공업을 중심으로 하는 군수공업이 식민지산업의 특징을 이루었다. 물론 이들 군수공업 중 토착자본(공칭 자본)의 비율은 전체의 6%에 불과했고 절대다수가 일본인 자본으로 되어있었다. 중화학공업화로 인해 1930년대 중반 이래 남성 노동자는 수적 증가를 보였으나, 여성들은 급격한 변화를 겪지는 않았다. 1910년대 이래 1940년까지 조선 여성 취업자는 90% 이상이 농수산업에 집중되어 있었다(1915: 92.4%, 1925: 91.9%, 1935: 90.9%, 1940: 90.5%).

　여성 취업자 중 공업노동자는 1% 정도에 불과했으나 직종 내에서 차지하는 비율은 적지 않아서, 공업 부문에서 여성 노동자는 1925년 25.2%로 나타났다. 당시 여성 노동자들이 몰려있던 업종은 주로 제사·직물업 등의 방직업, 정미업 등의 식료품업, 그리고 고무 등 화학공업이었다. 임금수준은 민족적·계급적·성적 차별이 중첩되어 작용해서 조선인 여성 노동자는

1930년대 고무신 공장에서 일하는 여성 노동자들

착취구조의 최말단에 존재했다. 1931 년 당시 성년공 일당 평균은, 일본 남성 1.87원, 일본 여성 85전, 조선인 남성 85전, 조선인 여성 46전의 계층 구조를 가지고 있었다. 특히 방직공업은 조선인 유년 여성 노동자가 집중해 있었는데, 이들은 일본인 성년 남성 노동자 임금의 1/7을 받고 감옥 같은 '기숙사' 체제하에서 가부장적 감시 아래 노동했다.

'새로운' 여성 직업들

한편 개항 이후 일본인이 증가하면서 인천·원산·서울 등 일본인 집주 지역을 중심으로 공창제도가 실시되었다.

1930년대에는 농촌의 피폐와 도시의 실업이 증가하면서 조선인 성매매 여성이 늘어나고 사창이 증가했다. 1931년 청진에서는 포주의 학대에 저항해 일부 창기들이 단식투쟁을 벌여 대표적 여성단체인 근우회의 지원을 받기도 했다.

그리고 적은 수이지만 교육받은 '신여성'들이 등장했으며, 이들 중 소수는 교사·기자·작가·의사 등의 전문직에 종사했다. 이 중에서도 다수를 차지하던 교사들은 주로 가사·음악과 같은 '여성적' 과목을 담당했다. 전체 여성 취업자 가운데 이들 전문직이 포함된 공무(公務) 자유업 종사자는 1940년까지도 0.8%에 불과한 적은 비중을 차지했으나, 이들이 사회적으로 끼치는 문화적 영향력은 적지 않았다. 특히 이들 '신여성' 중 일부가 보인 단발과 퍼머, 다리를 드러내는 서양식 스커트와 같은 외양은 서구적 근대에 대한 지향을 의미하는 동시에, 강한 자아 정체성과 자신에 대한 표현 욕구의 산물이었다. 그러나 이들의 외양은 성적 대상으로서만 인식되었으며, 조선의 전통을 무시하는 것으로 비판받았다. 이러한 비난과는 대조적으로 소위 '신남성'의 외양에 대해서는 그와 같은 격렬한 비난이 없었던 점은 여성에 대한 이중 잣대를 그대로 보여주는 것이었다.

(김혜경)

'몸은 개천에, 정신은 광명을 향하여'. 유곽에 갇힌 창기가 해방을 절규하는 모습을 풍자한 당시 삽화

4. 가족과 성별 역할

1) 일본의 근대국가와 '주부'

자본주의의 발전과 주부의 탄생

자본주의의 발전은 남편의 급여만으로 살아갈 수 있는 신중간층을 만들어냈다. 제1차세계대전(1914~1918) 후의 호황기에 산업화가 급속히 진전되는 가운데 기업이나 관공서의 관리 업무를 담당하고 지불받는 급여로 생계를 유지하는 '봉급생활자'가 급증했다. 그들의 배후에는 가정을 지탱시키는 여성들, 즉 '주부'가 있었다.

남성이 공적인 영역에서 생산노동에 종사함으로써 국가에 공헌하는 데 대해 여성은 장래의 '국민'인 아이를 낳아 기르고, 자녀나 남편 신변의 일상사를 돌봄으로써 간접적으로 국가에 공헌할 것을 요청받았다. 여성교육도 그러한 '현모양처'를 만들어내기 위해 이루어졌다.

여성에게 '어머니', '아내' 또는 '주부'라는 지위는 이렇게 국가에 의해 규정된 것만은 아니었다. '좋은 아내, 좋은 엄마'가 되는 것은 여성이 지식을 얻어, 가정의 책임자로서의 권한을 얻는 일이자, '이에(家)의 며느리'라는 예속적인 지위에서 해방되는 일로서 긍정적으로 받아들여졌다. 이 시기에 발행된 ≪주부지우(主婦之友)≫(1917년 창간) 등 중간층 주부용 잡지는 주부로서 갖추어야 할 모습을 다양하게 설명해 많은 독자를 얻었다.

(기쿠치 나쓰노)

2) 식민지 조선의 새로운 가족 개념과 성별 역할

일제시대에 조선에는 일제의 가족법이 도입(1912)되는 한편 서구의 핵가족적인 가족 규범이 소개되었으며, 동시에 그와 같은 새로운 가족 이념들이 부계 친족 중심의 전통 가족 개념과 충돌하는 양상도 나타났다.

(1) 일본식 가족법과 서양식 부부가족

일본식 이에 제도의 도입

식민지하에서 가족법은 1912년의 「민사령」 제정 이래 1939년까지 세 차례의 개정을 거쳤는데,[12] 그 결과 호주에게 강력한 가족지배권과 법적 대표권을 부여하는 비민주적인 호주제도가 도입되었다. 또한 남성 호주를 중심으로 한 호적제도는 결혼한 여성을 남편의 호적에 편제시키는 부가입적(夫家入籍)을 법제화했다. 이러한 일본식 가족법은 차남 이하의 가정도 분가하여 새로운 성씨를 만들고 일가를 창립할 수 있도록 하는 등, 동성(同姓) 집단적 성격이 강한 조선의 혈연공동체적 가족 개념[門中]의 전통과는

---

12) 이러한 개정 과정은 사실은 '관습'에 대한 왜곡된 정의(定意)에 기초한 것으로, 소위 '관제(官製)화된 관습(慣習)'이라고도 평가된다. 1912년 총독부는 「조선민사령(朝鮮民事令)」 11조를 통하여 친족과 상속의 사항에 대해서는 조선의 관습에 의한다고 규정했으나 관습의 법원(法源)은 매우 다양했다. 즉, 관습의 해석은 총독부의 사법부장이나 법무국장 등 고위 관료, 판례(判例)조사회, 구관습(舊慣習)제도조사위원회의 결정 등으로 구성되어 조선 관습에 대한 자의적인 해석의 여지가 적지 않았다.

1930년 일제는 민사령을 개정하여 일본식의 이성(異姓)양자제와 서(壻)양자제도를 수립하고자 했다. 이는 일본 남자가 한국 가정에 입양되도록 하는 것으로 이른바 내선혈 혼합을 시도한 것이었다. 1937년 황민화 정책의 일부로 한국인과 일본인 간의 통혼정책은 적극화되었으며, 그 결과 1936년 1,192쌍에 불과하던 조선인과 일본인 간의 결혼 수는 1944년 초 1만 700건으로 증가했다.

일본 '내지'의 '내선결혼'은 1939년 이후 강제 동원 시기에 급증했으며, 일본인 여성과 조선인 남성의 혼인이 많은 것이

'내선결혼'의 전조가 되었던 왕세자 이은과 이방자의 결혼(1920)

특징이다. 패전 뒤 식민지 지배의 책임을 방기한 일본 정부로 인해 일본인 아내들은 국책결혼의 피해자이면서 정부의 동화 정책에 가담한 가해자라는 이중성을 감내하며 살아가야 했다.

(김혜경·미야자키 레이코)

상당한 차이를 보였다. 이러한 괴리로 인해 1940년 2월에 시행된 '일본식 성명 강요[創氏改名]'와 같은 내선일체 사업은 조선인들의 강력한 저항에 부딪히게 되었다.

서양식 부부가족관의 영향

연애결혼과 부부 애정 등을 강조하는 서구적인 가족 개념은 이미 1910 년대 말부터 일본에 유학한 지식인 집단을 통해서 도입되기 시작했다. 정서적 가정생활에 대한 관심과 함께 부부 중심성을 보여주는 일본의 가정문화도 소개되었지만, 남편을 '나으리'로 호칭하면서 깍듯하게 시중드는 아내의 모습은 상하적 주종관계를 나타내고 있어 특별한 관심을 받지는 못했다. 민족주의적 남성 지식인들은 부부 단위의 '소가족' 제도가 전통적인 대가족제도의 가족문제, 특히 고부갈등을 해결할 수 있는 대안이라고 생각하

가정 상품의 상업화에 따른 부부관계를 보여
주는 아지노모도 광고

기도 했다. 이와 같은 가족에 대한 새로운 주장들은 전통
적인 부계 대가족제도에 대한 옹호론과 갈등하면서 절충
되어 가족에 대한 복합적인 가치관이 혼재하게 되었다.

(2) 새로운 여성 역할 규범의 등장: 모성과 주부

자녀교육과 모성

식민지하 가족과 관련한 중요한 변화 중 하나는 어린이
가 가족의 핵심적 성원으로 부상한 점이었다. 어린이는 민
족주의자들에게는 교육과 실력 양성을 통해 미래의 국권
회복을 담당할 새싹으로 기대되었으며, 높은 유아사망률
의 문제가 사회적인 관심을 받으면서 어린이의 육체적 건
강의 중요성도 주목되었다. 또한 서양식 유치원 제도의 도입과 함께 어린
이를 어른과는 다른 독특한 심성과 문화를 가진 보호 대상으로 보는 새로
운 아동관이 형성되는 등, 이른바 '아동기의 탄생'이라고 할 만한 사회현
상도 나타났다. 그리고 이러한 새로운 아동관과 핵가족적 가족관 속에서
여성 역할 규범도 새로운 전기를 맞게 되었다. 즉 자녀교육·양육자로서의
모성 역할이 부상한 점이다. 전통적인 대가족제도하에서 여성들은 자녀 양
육자이기보다는 시부모 수발자의 역할이 더 컸기 때문에, 이처럼 모성 역
할에 제한된 것이나마 여성이 가정의 중심에 선다는 것은 당시로선 매력적
인 새로운 성역할 규범으로 여겨졌다.

가사노동과 주부

식민지 조선에서는 1940년까지도 70%가 넘는 여성들이 전통적인 농업
에 종사하고 있었기 때문에 서구 가정의 근대화 과정에서 볼 수 있는 것처
럼 여성이 사회적 생산에서 분리되어 전업주부화하는 현상은 미약했다. 농

업노동은 성격상 가사노동과 사회적 노동 간의 명확한 분리가 없었으며, 도시의 가사노동도 엄청난 양의 수공업적인 노동이 필요한 것이어서 늘 핵가족 외의 가사 조력자가 필요한 상황이었다. 그러나 이러한 조선 가정의 현실과는 별도로 가정학 등 근대적인 지식 체계가 도입되면서 생산노동에서 분리되어 가사노동과 남편·자녀에 대한 관리만을 담당하는 '주부'라는 새로운 규범이 만들어지기 시작했다. 1920년대 중반 이래 일간지 등의 매체에서는 여학교의 가사 교사 등이 중심이 되어 가사노동의 효율화, 위생과 청결, 전업주부론 및 부엌 구조의 개선 등을 제안했다. 특히 주부가 직접 가사를 전담함으로써 "내 집의 단락"을 도모하는 것은 물론, '식모'에게 들어가는 비용을 절약하자는 전업주부론은 1930년대 말 전시 긴축경제하에서 사회적인 정당성을 확보했다.

(김혜경)

3) 가정생활과 성별 역할

지금까지 본 것처럼 가족에 대한 규범과 담론들은 매우 복합적인 성격을 띠었던 것에 비해, 현실의 가정생활은 농촌과 도시를 막론하고 경제적인 궁핍화 속에서 일상의 생존에 쫓기는 매우 단일한 것이었다. 대부분의 인구는 농촌에 거주했으며 상당수가 빈곤으로 인해 도시로 이농했다.

식민지 농촌의 가정생활

식민지적 자본주의화로 인해 토지의 상품화가 급속히 진전되면서 농촌에서는 소작농이 증가하여 전체 농가의 51%를 차지하게 되었다(1930). 이들은 생산물의 절반이 넘는 소작료를 부담해야 했기 때문에 일상적으로 빈곤에 시달렸다. 더욱이 남성들이 점차 일거리를 찾아서, 공부를 위해, 혹은 독립운동을 이유로 집을 떠나 도시로, 국외로 향하게 되면서, 아버지

식모와 하녀

    "집안 음식을 '무식'하고 '무책임'한 식모에게 맡긴다는 것은 가정을 무시하는 것!", "식모 때문에 쓰는 비용을 절약하여 '내 집의 단락'을 위해서 쓰자." 이러한 말들은 1930년대 후반 전문직 여성들이 가정잡지나 일간지 등에서 자주 주장하던 구호였다. 전통적으로 가정의 동거인으로서 가사노동의 실질적인 수행자였던 '식모'(혹은 '안짬이', '안짬자기')가 이처럼 '남의 식구'로 이해되기 시작한 변화의 저변에는 여러 가지 사회적 원인이 자리 잡고 있었다. 그중 하나는 전업주부를 축으로 하는 근대적 핵가족 관념이 부상한 문화적 배경을 들 수 있으며, 다른 하나는 1930년대 후반 전시 신체제를 위한 생활간소화 및 긴축정책의 요구라고 할 수 있다.

(김혜경)

조선 어멈에 관한 기사(《동아일보》, 1928년 3월 15일)

대신 어머니가 중심이 되어 꾸리는 '어머니 중심 가족'의 경우도 늘어나게 되었다. 이처럼 이농하는 남자들이 증가하면서 농가에는 일손이 부족해지고, 그 결과 여성의 노동력이 중요해졌다. 특히 1930년대의 '농촌진흥운동'은 각종 부인회나 공동 면작계(棉作契) 등을 통해 여성을 가정 밖의 노동에 동원하기 시작했다. 또한 일제는 양잠을 적극 장려했는데, 여성은 전체 농업 인구의 3%인 잠업자의 90% 이상을 차지했다.

    그러나 이와 같은 노동의 증가에도 불구하고 엄청난 양의 가사노동은 여전히 여성의 것이었다. 비누가 없어 옷은 잿물로 삶아서 빨아야 했으며, 주요 식량인 보리는 절구에 찧어서 밥을 지어야 했고, 물 긷는 일 또한 중노동이었다. 여기에다 여성들은 길쌈을 해서 옷감을 짜고 식구들 옷을 지어 입혔다. 생산노동과 가사노동, 가내 부업의 삼중고를 겪으며 살아가는 이들 농촌 여성들은 밭을 가는 소보다도 중요한 노동력으로 여겨지기도 했다. 더욱이 호된 시집살이와 같은 전통적·봉건적 관습은 농촌 여성의 삶을 더욱 어렵게 했다.

식민지 도시의 가정생활

일제시대의 도시화는 재조 일본인의 거주 지역을 중심으로 이루어진 것이었으며, 또한 산업화로 인한 흡인 요인보다는 농촌의 빈곤으로 인한 압출(壓出) 요인에 의해 진행된 것이었다. 1930년대 후반부터는 공업 도시를 중심으로 원거리 이동하는 인구가 증가했고, 대도시 변두리에는 빈곤 가구와 토막민이 속출했다. 빈곤 가정의 남편들은 대체로 실업이나 반실업의 상태에 놓여있기 쉬웠으며, 따라서 부인들도 가정 밖의 취업전선에 나설 수밖에 없었다.

또한 가정경제가 노동력의 상품화를 대가로 받은 임금과 그것으로 구입한 상품을 소비하여 유지되는 자본주의적 생활양식을 취하게 되면서 중류층의 가정생활도 쫓기기는 마찬가지였다. 당시 만화에는 이러한 봉급생활자들의 겉만 번지르르한 생활 모습이 자주 등장했는데, 전당포 이용이 빈번할뿐더러 월급날이 되어도 밀린 외상값을 갚지 못해 가게 주인을 피해 다니는 모습들이 희화되기도 했다. 한편 1930년대 초반부터는 불경기의 여파로, 그리고 1930년대 후반부터는 전시 동원경제로 인해 물자가 부족해지고 물가가 등귀하자 가정은 더욱 근검절약할 책임을 맡아야 했다. 일간지마다 '가계부 쓰기' 대회를 개최하여 절약의 미덕을 선전했다.

〔김혜경〕

5. 우생정책과 출산, 산아조절 운동

1) 근대 일본의 산아조절: 여성이 아이를 낳는다는 일

아이를 낳는 일과 이에 제도

메이지 민법(1898)에서 규정한 이에 제도에 의해서 여성은 '처'로 자리 매김되었으며, 이에(家)의 존속을 위해 아이를 낳을 것이 요구되었다. 여기서 출산하는 성(性)이라는 점이 강조되는 한편 처는 성에 대해서 무지한 것이 바람직하다고 여겨져, 부부의 성관계에서 주체적으로 되는 것이 허용되지 않았다. 처는 엄격한 '정조' 이데올로기하에서 '임신·출산' 등 자신의 신체에서 일어나는 변화를 수동적으로 받아들일 수밖에 없었다.

여러 가지 산아조절

자신의 신체임에도 불구하고 그 조절을 자신의 의지에 맡길 수 없는 사태를 타개할 목적으로 ≪세토≫에서는 '낙태논쟁'(1915~1917)이 전개되었다. 여기에서는, 피임과 낙태는 '개인의 일을 성취하기' 위해서 필요하다고 받아들여져, 임신과 출산이 여성의 의지로 조정 가능한 일로 이해되었다.

'산아조절'에 대한 사상과 운동은 미국 여성 마거릿 생어(Margaret Sanger)의 1922년 일본 방문을 기점으로 대대적으로 전개되었다. 일본에서 산아조절 운동 활동가로서는 사카이 도시히코(堺利彦), 야마카와 기쿠에(山川菊榮), 그리고 이시모토[石本: 가토(加藤)] 시즈에(靜枝), 시바하라 우라코(柴原浦子), 야마모토 센지(山本宣治) 등을 들 수 있다. 이들의 활동에 의해 피임법이나 성교육, 낙태 등 구체적인 산아조절 수단이 일본에 보급되어 갔다. 생어의 영향을 크게 받은 이시모토 시즈에는 산아조절을 피임의 의미로 받아들여 낙태에 대해서는 부정적인 입장을 취한 데 비해, 시바하라 우라코는 낙태죄 규정이 있었음에도 불구하고 피임과 낙태 양 측면에서 산아조

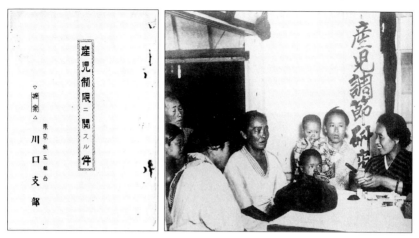

|왼쪽| 피임 지식을 보급하기 위한 팸플릿[도쿄철공조합 가와구치(川口) 지부 발행] |오른쪽| 산아조절연구소를 설립한 오쿠 무메오

절 운동을 벌였다.

이에 밖의 출산

산아조절은 '아내'만의 문제가 아니었다. 이에 제도의 틀 밖에 놓여있던 '첩'이나 '창부'가 아이를 낳음으로써 받는 중압은 심각했다. 첩, 창부는 남성들의 성적 하수구로 취급되었으며, 특히 창부는 아이를 낳아서는 안 되는 것으로 인식되었다. 그들의 아이들은 '사생아'로서 법률적·도덕적으로 차별받았다.

근대 여성에게 '산아조절'의 의미

산아조절 사상이 우생학이나 맬서스(Thomas Robert Malthus)주의의 영향을 받아 국가주의에 가담한 과오를 범하기도 했으나, 부국강병책의 일환으로서 낙태죄를 제정했던 국가의 체제에 이의를 제기한 점에서 중요한 의의를 갖는다. 무엇보다도, 낙태든 피임이든 여성이 자신의 생존을 위협할 '임신과 출산'을 회피하기 위한 직접적인 수단 획득을 갈망하고 있던 점에 주목했던 것은 매우 혁신적이었다고 말할 수 있다.

이렇게 '남성'에게 빼앗겼던 '여성'의 신체를 자신의 것으로 되찾으려 한 여성들의 투쟁은 중일전쟁이 개시될 즈음에는 일시적으로 쇠퇴했다. 전시 병력 강화를 노린 국가가 "출산하라, 인구를 늘리자"라며 국민의 생식에 이르기까지 간섭을 강화했기 때문이다. 그러나 전후, 전쟁 전의 산아조절 사상은 '낳든 낳지 않든 여성이 정한다', '재생산 건강권(reproductive health right)' 등의 개념으로 발전·계승되었다.

〈이시지마 아유미〉

2) 조선에서의 산아조절

출산의 문제에 대한 관심은 총독부만의 것은 아니었다. 이미 1890년대 ≪독립신문≫이 조혼 등의 결혼제도에 대한 비판을 시작한 이래, 1920년대에 이르면 서구적 개인주의와 자유연애 사상, 인구 통제를 주장하는 신맬서스주의, 그리고 유전학과 우생학에 관한 지식이 확산되면서 출산에 대한 계획과 이성적 통제의 필요성이 제기되었다. 이러한 흐름 속에서 "낳아만 놓으면 알아서 잘 자란다"라는 식의 전통적인 다산 관념이 도전받기 시작했다. 특히 신여성들은 여성이 '생식의 도구'로만 간주되는 것에 대해 비판하고 모성이라는 속박으로부터 벗어나 개성을 발휘하기 위해서는 산아조절이 필요하다며 출산에 대한 여성의 자율권을 주장했다. 1930년대 이후로는 의사 등 근대과학을 기반으로 한 전문가들의 목소리가 높아지면서 산아조절의 근거로서 우생학적 관심이 크게 부각되고, 전시 인구정책으로 인적 자원의 증강정책이 강조되었다. 이러한 속에서 출산 통제에 대한 여성들의 관심과 기대에도 불구하고 여성의 입장으로부터 출발한 산아조절 운동은 전개되지 못했다.

〈소현숙〉

3) 일본의 우생사상과 우생정책

우생사상의 대두

일본의 산아조절 운동은 1920년대에 고양되지만, 1931년 9월 류탸오후(柳條湖) 사건(9·18사변)[13]의 발발 후 탄압에 부딪혔다. '낙태죄'(1880년 제정)와 「유해피임기구 규제규칙」(1931년 1월 시행) 등으로 쇠퇴되어 가던 산아조절 운동을 대신해 급속히 대두된 것이 우생사상, 민족 위생 사상이었다.

1930년 11월 일본민족위생학회(후에 재단법인 일본민족위생협회가 된다)가 설립되고, 1933년 6월에는 우생 결혼 상담소를 설치해 우생학의 입장에선 '민족의 소질 향상'을 부르짖었다. 1935년에는 일본우생결혼보급회를 일본민족위생협회 부속기관으로 발족시켜 '조국 일본의 백년대계', '국가의 융성'에 기여하고자 했다.

한편 제국의회에서는 1934년부터 '민족우생보호법안'이 의원 발의로 매 회기마다 상정되었다. 속칭 '단종법'안으로도 불리는 이 법안은, '민족 혈통 정화'를 목적으로 '극도의 인격 장애자', '극도의 신체 기형자', '열등한 소질을 유전시킬 위험이 현저한 자' 등에 대해서 단종수술이 가능하다(1939년, 제74회 의회 제출 동 법안에 의함)고 하는 우생사상 그 자체였다.

국민우생법과 인구정책 확립 요강

이보다 앞서 1938년 1월 전시하의 후생·보건 정책을 추진하는 소관 관

---

13) 중국 랴오닝 성(遼寧省) 선양(瀋陽) 북쪽에 있는 류탸오후에서 일어난 철도 폭파 사건이다. 일본 관동군이 만주 전역을 점거하여 침략전쟁의 병참기지로 만들기 위해 류탸오후에서 스스로 만철(滿鐵) 선로를 폭파하고 이를 중국 측 소행이라고 트집 잡아 만철 연선(沿線)에서 북만주로 군사 행동을 개시하였다. 이후 중일전쟁으로 확대되는 계기가 되었다.

청으로 후생성이 발족하고, 체력국을 대표적인 국으로 정함으로써 후생성 설치의 목적이 단적으로 드러났다. 1940년 5월 후생성 제출에 의한 '국민 우생법'이 공포되어, 병력이나 노동력으로 적합하지 않다고 판단되는 사람에 대해서 강제로 임신 제한을 결정했다.

　다른 한편 1940년 11월에는 10인 이상의 '건강'한 아이를 낳아 기르는 가정에 대해 '우량다자 가정' 표창이 대대적으로 이루어지고, '출산보국(子宝報國)', '다산보국(多産報國)'이 소리 높여 주장되었다. 이어서 1941년 8월, 체력국이 인구국으로 개조되고 모자과가 설치되었다.

　1941년 1월 고노에(近衛) 내각은 군부의 강한 요구로 작성된 '인구정책 확립 요강'을 각의 결정해서 결혼 연령을 하향 조정하고, 부부 한 쌍당 평균 다섯 자녀 이상 출산, 독신세 도입 등을 골자로 하는 인구증가책을 책정했다.

(스즈키 유코)

4) 조선에서의 우생사상

　우량종의 보존과 열등종의 도태를 원리로 하는 우생주의는 '우승열패(優

소록도 갱생원

2003년 11월 한국 전라남도 남단의 섬 소록도 한센병 요양소 입소자 28명이 일본 한센병 보상법에 근거해 보상을 청구했다. 후생노동성은 이듬해 8월 이를 각하했고, 이 때문에 동일하게 일본 통치하에 있던 대만 낙생원(樂生院)의 환자들도 가세해 보상 청구 재판을 제기했다. 원고는 일본 식민지 통치하 한센병 강제 격리정책으로 피해를 입은 한센병 환자들이다.

1916년 조선총독부는 소록도에 '구호시설'로서 '자혜의원'을 설치하고(1934년 소록도 갱생원으로 개칭), 최대 6,000명을 수용하며 일본 패전에 이르기까지 존속했다. 같은 격리 시설이면서도 갱생원의 환자 관리는 일본 '내지'보다 엄격해서 '환자벌칙단속규정'을 설치해, 직원에게 반항적이라거나 도망을 기획했다는 등의 이유로 '감금실'에 가두고

1991년에 국립소록도병원 납골당 앞에 세운 '한록비(恨鹿碑)'

'단종수술(우생수술)'을 받게 하는 경우도 있었다. 또한 부부 환자의 동거 조건에는 '단종'의 의무가 따랐다. 식민지하의 한센병 환자는 한센병자로서 받는 차별과 함께 일본 통치자로부터 잔학하고 비인간적인 처우를 수없이 받아 치유되기 힘든 상처를 입었다. 앞서 언급한 소송은 그 피해자들이 인간의 존엄성 회복과 공적 사죄 등을 요구하며 제기했다.

(스즈키 유코)

勝劣敗)'라는 근대 진화론적 사고의 대표 논리로서 1920년대 중반 이후 유전학·우생학적 지식과 함께 조선 사회에 보급되기 시작했다. ≪조선일보≫에서는 건강한 남자와의 혼인만이 건실한 아이를 낳게 하며, 따라서 결혼 전에 혈통관계, 유전적 질병, 악성 질병의 유무 등을 검사해야 한다며 우생주의에 입각한 '생활개신(生活改新)' 운동을 주장했다. 또한 1933년에는 민족주의계 인사들과 의사들에 의해 우생운동을 표방하는 조선우생협

회가 발기되기도 했다. 이들은 과학을 믿고 잘 활용하는 것이 조선 민족을 근대로 나아가게 하는 지름길이라 믿었으며, 열등자에 대해 결혼과 출산을 금지시킴으로써 민족적 소질을 향상시킬 수 있다고 생각했다.

한편 전시 동원 체제하에서 인구증가는 '인구전(人口戰)'이라 할 만큼 중요한 문제로 인식되었다. 인구정책은 바로 여성의 출산 의무에 대한 강조로 연결되었는데, 당시 일간지들에서는 "많이 나라! 잘 기르자!"와 같은 노골적인 출산 장려 선전문을 게재했다. 인구증가와 더불어 인구의 '자질 증강'을 위한 방책들이 수립되었는데 국민체위향상시설의 설치, 결핵 및 성병 대책, 의료기관의 일원화 등이 제시되었다. 이와 함께 전쟁에 불필요한 열등한 인자들에 대한 단종법의 실시가 제창되었다. 비록 일본에서 제정된 '국민우생법'이 전황의 변화로 조선에 적용되지는 않았으나, 한센병 환자에 대한 단종은 이미 1930년대 중반부터 시행되었다.

〈소현숙〉

6. 재일 조선인, 재조 일본인

1) 재일 조선인 사회의 형성

조선인 집단 거주 지역의 형성

일제시대에 조선인의 일본 도항은 제1차세계대전으로 인한 호경기 속에서 일본 자본가들이 값싼 노동력으로서 조선인 고용을 확대하면서 현저히 증가해 갔다.[14] 이들은 주로 공장과 탄광이 집중해 있는 오사카, 도쿄, 규

---

14) 조선인의 일본 도항자 수는 1916년 5,624명으로 1911년보다 약 2.2배 증가했지만, 1917년에는 1만 4,502명으로 1년 사이에 3배 가까이 늘어났다(『재일조선인개황』, 1920).

슈, 홋카이도 등지에서, 일본의 주거 차별로 인해 조선인 집단 거주 지역을 형성하게 되었다. 이러한 집단 거주 지역은 '조센마치(朝鮮町)'라 불리며 일본 사회로부터 차별받고 소외되었다.

1920년대에 들어 이러한 조선인 집단 거주 지역이 오사카, 도쿄를 비롯한 대도시에 증가했다. 이들 재일 조선인(在日朝鮮人)들은 이미 산업화로 인해 이중 구조가 형성되기 시작한 일본에서 일본인이 기피하는 3D 업종에 종사하면서 가혹한 노동조건에 시달렸다. 식민 통치 후기로 가면서 탄광이나 댐 건설 등의 위험한 노동 현장에 수많은 조선인이 헐값의 노동력으로 유입되었으며, 전쟁 말기에는 「국민징용령」의 이름으로 자행된 '강제무상노동'15)을 위해 수많은 조선인이 강제연행되었다. 이렇게 하여 1945년 8월 해방 당시 재일 조선인의 수는 200만을 넘어섰다.

가나가와 현 가와사키 시의 조선인 집단 거주 지역

지금도 가나가와(神奈川) 현 가와사키(川崎) 시의 사쿠라모토(櫻本)는 커다란 조선인 집단 거주 지역을 이루고 있다. 1923년 9월 1일 일어난 간토 대지진 이후 게이힌(京浜) 공업지대 부흥사업과 이 지역의 철도공사 노동력으로 조선인 노동자들이 유입되어 온 것이 시초가 되었는데, 당시 이곳은 갈대 천지인 습지대였으며, 일본인들은 조선인이 사는 판자촌을 '오리 사육장'이라고 불렀다. 중국 침략 전쟁 이후에는 일본강관(日本鋼管)의 '강제무상노동'을 강요당한 조선인 노동자들이 현장 숙소에서 생활하면서 이 지역의 조선인 수는 증가했다. 전후 많은 조선인이 귀국했지만, 게이힌 공업지대의 일용 노동자와 주택 차별로 인해 거주할 곳을 잃은 사람들이 흘

---

15) 이제까지 '강제연행'이라 불려온 강제노동은 직접적 의미를 갖는 강제연행자만을 가리키는 표현인 듯한 인상을 주므로, 당시 노동 실태에 비추어 협의의 '연행'만으로 한정할 수 없는 노동의 강제성이 문제임을 명확히 한다는 의미에서 '강제무상노동'이라는 표현을 사용하는 연구자가 나오고 있다. 여기에서는 그 표현을 따랐다.

러들어서 이 집단 거주 지역은 더욱더 커져갔다.

조선 여성의 도일

　조선 여성의 도일은 단신으로 돈벌이를 왔던 남편이나 아버지의 초청으로 온 경우가 압도적으로 많았지만, 오사카의 기시와다(岸和田) 방적의 경우와 같이 본인이 돈벌이를 하기 위해 온 경우도 있었다. 봉제 공장 등의 여공 또는 해녀로 도일한 여성도 많았다. 이 밖에 가족을 따라 도일한 여성들도 가내수공업이나 소규모 상점을 경영하는 형태로 노동력화되었다. 조선 여성이 종사하던 직업 중에서는 '야키니쿠(燒肉: 불고기)'업이 대표적이다. 야키니쿠는 오늘날에 이르러 일본의 음식 문화로 정착한 한국 문화 중의 하나가 되었다.

(김영)

2) 재조 일본인

재조 일본인 사회의 특징

　19세기 말 조선에서 주도권을 확고히 장악하지 못한 일본은 조선으로 이민할 것을 장려했다. 그 결과 1876년에 54명에 불과했던 재조 일본인(在朝日本人)은 1910년이 되면 17만여 명에 이르게 되었다. 대다수는 상업에 종사했고, 주로 서울을 중심으로 한 경기도와 부산을 중심으로 한 경상남도에 집중적으로 거주했다. 이들은 거류지의 일반 공공사무를 집행하는 거류민단(居留民團)과 상업·무역 활동에 관한 사항을 처리하는 상업회의소(商業會議所)를 중심으로 활동하면서 일본 식민지화의 첨병 역할을 했다.
　식민지가 되면서 재조 일본인은 더욱 급속히 증가하여 1920년에는 34만여 명이었고, 가장 많았던 1942년에는 75만여 명에 이르렀다. 이들은 식민지 조선에서 조선 동화의 담당자, 조선 사회의 지배 집단·주도 집단으

<표 3-2> 재조선 일본 여성의 직업별 분포

연도＼산업	농림·수산업	광공업	상업·교통업	공무·자유업	기타 유흥업	합계
1915	19.9	4.7	38.9	17.2	19.3	100.0
1925	23.3	7.6	37.2	25.2	6.6	100.0
1935	20.2	4.5	47.2	22.7	5.4	100.0
1940	17.4	4.9	47.6	23.5	6.5	100.0

자료: 조선총독부, 『조선총독부 통계연보』를 근거로 작성. 김경일, 『여성의 근대, 근대의 여성』(푸른역사, 2004), 347쪽의 표에서 재인용.

로서 활동했다.

이들은 주요 도시를 중심으로 거주했는데, 자신들만의 생활권을 갖고 있었다. 즉 생활양식과 상품 구매력, 소비의 취향이 조선인과 달랐던 일본인은 다른 거주 구역과 상점가를 형성하고 있었고, 아이들이 다니는 학교도 달랐다. 따라서 대다수의 일본인, 특히 일본인 여성들은 조선인과의 접촉이 극히 제한적이었다. 이러한 '격리' 상태는 상호 문화적 교류가 거의 없었다는 것을 의미했다.

또한 단순 육체노동에 집중되어 있던 조선인들과 달리 재조 일본인들은 관공리, 교원, 사무직, 기타 전문직에 많이 종사하고 있었고, 같은 직업 내에서도 월등한 지위에 있었다.

재조 일본인 여성

조선에 거주하는 일본인 취업 인구 중 여성은 약 20% 정도를 차지했다. 이들은 주로 교원이나 간호인 등 소수의 전문직을 제외하면 대부분의 경우 상업에 종사하거나 미용사·여관 종업원·창기(娼妓) 등 일본인을 상대하는 서비스업 종사자였다. 이와 같은 직업상의 차이는 자신들과 조선인이 다르다는 차원을 넘어 자신들이 우위에 있다는 차별의식, 즉 '제국의식(帝國意識)'을 확고히 갖게 했다. 소수의 지식 여성들, 특히 여학교의 학감이나 교사 등 일부 지식 여성들은 황민화 정책의 적극적인 전달자 역할을 수행하기도 했다.

(김제정)

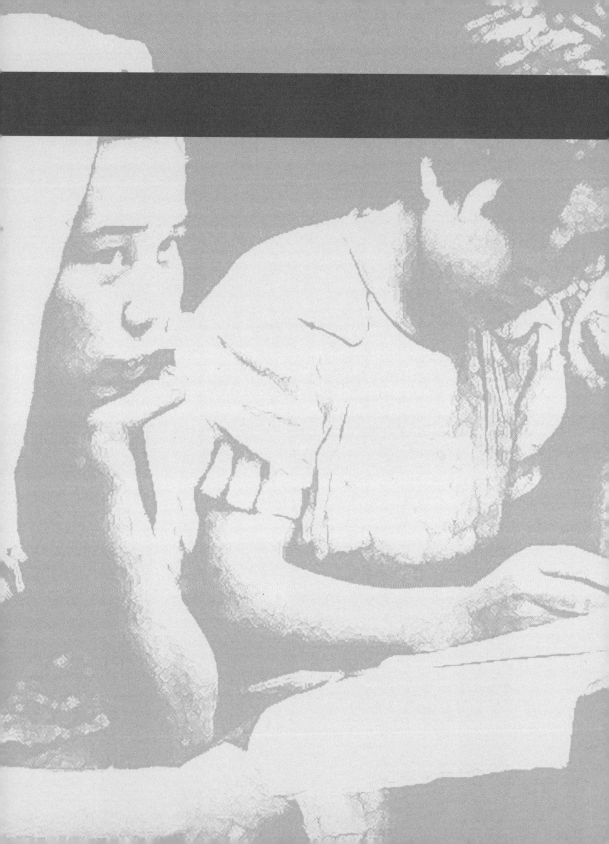

제4장

전시 동원과 일본군 '위안부'

1. 아시아·태평양 전쟁의 발발

1) 아시아·태평양 전쟁과 성역할의 재편

침략전쟁과 총동원 체제

1929년부터 불어 닥친 세계대공황의 파장 속에서 일본은 침략전쟁을 일으켜 자본주의 체제의 위기를 타개하고자 했다. 1931년 9월에는 만주사변을 일으켜 중국의 동북 지역을 점령했으며, 1937년 7월에는 중일전쟁을 도발하고 대륙침략을 본격화했다. 일본군은 동남아시아 일대까지 진출했으며, 1941년 12월에는 미국의 해군기지인 진주만을 기습적으로 공격했다. 이로써 전쟁은 태평양 일대까지 확대되었다.[1]

전쟁은 '경제전·외교전·사상전을 모두 합친 국가 총력전'으로 전개되었다. 모든 인적·물적 자원의 동원이 강제되고, 이를 위해 국가권력이 강화

---

1) 1931년 만주사변부터 1945년 8월 15일에 연합국에 항복하고 패전할 때까지 일본이 전쟁을 수행한 기간이 15년이 된다고 하여 '15년 전쟁'이라고도 한다.

되었다. 일본은 1937년 10월에 국민정신총동원 중앙연맹을 결성하여 총동원을 위한 전시체제를 구축했다. 이듬해인 1938년 7월에는 식민지민들까지 적극적으로 동원하기 위하여 국민정신총동원 조선연맹을 결성했다. 식민지민으로서 차별을 받아왔던 조선인들을 일본의 '국민'이라고 부름으로써 조선인들의 자발적인 협력을 끌어내려 한 것이다.[2] 이 조직은 1940년 10월에 국민총력조선연맹으로 바뀌었다. 일본의 신체제 운동에 호응하여 조선에서도 고도국방국가 체제를 확립하기 위한 것이었다. 이로써 대륙전진 병참기지로서의 조선의 역할도 한층 강화되었다.

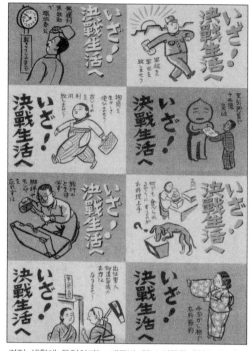

결전 생활에 돌입하자는 애국반 회보(민족문제연구소 제공)

'총후부인' 담론과 식민지 여성 동원

총동원 체제는 가정 → 이에(家) → 국가의 통합적 위계질서를 뿌리로 삼아 확립되었다. 천황을 정점으로 하는 가족국가 이데올로기가 선전되었으며, 가정은 외부의 적에 맞서 최후까지 지켜야 할 보루로서 구성되었다. '총후부인(銃後婦人)' 담론은 이처럼 가정이 정치적 단위로 설정된 가운데 남자와 여자에게 각기 다른 전쟁 협력의 역할이 부과되는 과정에서 등장한 것이었다.

'총후(銃後)'는 전방인 전쟁터를 지원하는 후방을 가리키는 말로서, 총력전 체제에서 후방 또한 전방 못지않게 그 역할이 중요함을 강조하는 가운

---

2) 국민정신총동원 조선연맹의 목적은 일본 국민정신총동원운동의 거국일치(擧國一致), 진충보국(盡忠報國), 견인지구(堅忍持久)라는 세 목적 외에 '내선일체(內鮮一體)'의 통치 방침을 철저히 하여 조선인의 황국신민화를 도모하는 데 있었다.

데 나온 말이었다. 그리고 일본은 가정부인을 '총후부인'이라고 부르면서 여성이 후방의 관리·교육·물자 동원 등의 역할을 담당하는 데 정치적 의미를 부여했다. 당시까지 법적인 무능력자에 속했던 여성들은 '총후부인'이 됨으로써 정치적 행위능력을 갖춘 인간이 되었다. 일본은 '총후부인' 담론을 통해 당대의 여성들이 총력전 체제에 봉사하는 것을 일종의 해방의 기획이나 권리 획득의 기회로 간주하게 만든 것이다.

'총후부인'이라는 이름의 여성 동원은 가정 안팎에서 진행되었다. 우선 일본은 여성의 공적 영역 진출을 장려하여 전장으로 떠난 남성의 빈자리를 메우게 했다. '남성은 바깥, 여성은 안'이라는 성별 역할 규범이 총동원 체제 속에서 '남성은 전방, 여성은 후방'으로 재구성된 셈이다. 그러나 '가정을 지키는 여성', '모성으로서의 여성'이라는 전통적인 여성 규범이 정치적 의미를 획득한 채 새롭게 강화되었다는 점을 생각할 때 젠더 구조가 재편되는 상황 속에서도 성역할의 분리는 여전히 강고하게 작동되고 있었다.

한편 총력전 체제 아래의 여성 동원은 민족에 따라 차이를 보였다. '총후부인' 담론이 일본 본국에서는 광범위한 여성을 대상으로 하여 실질적인 모성정책으로 전개된 데 비해, 식민지 조선에서는 담론으로 그쳤을 뿐이었다.[3] 조선에서의 여성정책은 노동력 동원과 성 동원을 중심으로 전개되었다. 특히 일본이 효율적인 전쟁 수행을 위해 실시했던 위안소 제도는 식민지 여성의 존재가 없었다면 제도의 기획과 운영 자체가 불가능했을 터였다. 또한 노동자나 '위안부'로 동원된 식민지 여성들은 함께 동원된 일본 여성에 비해 훨씬 열악한 환경에 놓였다. 그 결과 아시아·태평양 전쟁은 식민지 여성들에게 이중 삼중의 고통의 경험으로 각인되었다.

(박정애)

---

3) 조선에서 전시 모성정책의 대상자는 재조 일본인 여성과 몇몇 친일 여성이었다. 식민지 조선에서 '총후부인' 담론은 정치적 선동으로서의 의미가 더욱 강했다고 할 수 있다.

2) 난징 대학살

난징에서 어떤 일이 있었는가

1937년 중화민국 국민정부의 수도인 난징(南京)에 일본군이 침입했다. 일본군은 수도로 도망쳐 들어온 중국군의 탈주병을 잡는다는 구실 아래 30만 명[4]이라는 무고한 사람들을 학살했다. 군의 폭주 배경에는 당시 일본 정부의 중국 대륙 지배 야욕이 자리 잡고 있었다. 난징 대학살은 1월 현지에 있던 외국인 기자에 의해 세계적으로 보도되어 일대 뉴스가 되었지만 엄중한 보도규제로 인해 일본 국내에는 알려지지 않았다.

일본군 병사들은 많은 사람들을 학살했을 뿐만 아니라, 6세에서 60세에 이르는 여성들을 납치하고 강간했다. 당시 점령군 병사에게 적군 측의 여성이란 전리품이며 집단적 능욕의 대상으로 여겨도 된다는 여성경시관이 횡행하고 있었는데, 특히 일본군에게 이러한 경향이 짙었다. 육군 형법(1908)에 살인·약취·강간을 처벌하는 규정이 있기는 했지만, 강간만 발생했을 경우 일반 형법이 적용되어 친고죄로 다루었기 때문에 실질적으로 처벌되지 않아 전쟁 현장에서는 강간이 빈발하고 있었다.

난징으로부터의 증언

난징 대학살에 관해서는 존 라베(John Rabe, 독일), 마키 목사(Marki, 미국) 등 난징에 머물고 있던 외국인들이 남긴 증언이 있다. 진링(金陵)여학교 교사였던 미국 여성 미니 베트린(Minie Vautrin, 1886~1941)은 진링여학교 주변에 국제안전기구를 만들고 여성들을 위해 일했다. 그녀는 난징 침입 며칠 뒤인 1937년 12월 16일의 일기에 다음과 같이 쓰고 있다.

---

4) 학살된 사람 수에 대해서는 의견이 분분하다. 이른바 일본군의 가해행위를 부정하는 '남경대학살환상학파'의 주장은 논외로 하고, 심정적으로 그에 근접한 학자는 2,000명 정도라는 설을 주장한다. 한편 중국 학자들은 40만 명 설을 주장하고 있다.

하나님, 오늘 밤은 부디 난징에서 일본군의 야수 같은 잔학 행위를 제지해 주십시오. 오늘 아무런 죄도 없는 아들이 총살당해 슬픔에 빠져있는 어미와 아비의 마음을 달래주시옵고, 고통스럽고 기나긴 이 밤이 샐 때까지 젊은 여성들을 수호해 주소서. 더 이상 전쟁이 없는 날이 하루빨리 도래할 수 있도록 인도해 주소서.

베트린과 같이 일했던 중국인 여성 첸 콰이잉(陳桂英)은 "거의 매일같이 밤이 되면 일본 병사가 담을 넘어 안으로 들어와 젊은 여자들을 데려갔습니다. 울며 호소하는 사람도 있었지만 공포로 소리조차 낼 수 없는 사람이 대부분이었습니다. 우리 아가씨(베트린)가 소식을 듣고, 일본 병사에게 항의해 쫓아냈습니다. 이런 상황이 2월 무렵까지 계속되었습니다"라고, 증언하고 있다.

(오고시 아이코)

2. 일본의 군국주의 정책

1) 일제의 여성교화 정책

국가에 공헌하는 '어머니' 교육

1929년 7월에 문부성 안에 사회교육국이 설치되어 이듬해 12월에 '가정교육에 관한 문부대신 훈령과 통첩'이 발표되었다. 여성들을 국가에 이바지하고 전쟁에 협력하는 아이를 길러내는 '어머니'로 만들어낼 가정교육 정책이 실시된 것이다. 가정교육은 학교교육, 사회교육과 함께 국가의 운명을 좌우하는 것으로 자리매김되었다. 그리고 국가의 운명을 이끌어갈 사상을 선도해 내기 위해 가정교육을 진흥하고 가정생활을 개선시킬 필요성이 강조되었다.

여성의 자각을 일깨우기 위해 어머니회, 부인회, 주부회, 모자회, 동창회 등 지역과 학교 단위로 여성단체가 설치되었다. 이것을 토대로 가정 여성을 행정단위로 전국 방방곡곡 조직하여 대일본연합부인회가 만들어져서 1931년 3월 6일의 황후 생일에 발대식이 열렸다. 그 후 이날은 '어머니의 날'로 제정·기념되어 학교 등지에서 '어머니를 칭송하는 밤', '어머니의 노고를 치하하는 밤'과 같은 행사가 열리도록 권장되었다.

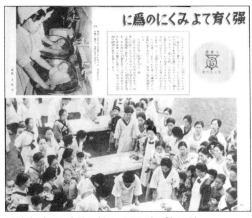

모성의 강조(≪寫眞週報≫, 1940년 7월 14일)

더욱이 문부성은 가정교육 지도자 강습회 '어머니 강좌'를 개설해서 국가를 지탱하는 '어머니'의 기초교육을 다졌다. 대일본연합부인회의 기관지인 ≪가정≫을 보면 '가정'과 '어머니'가 강조되어 있는데 사상 선도의 담당자로서의 가정, 특히 가정주부·어머니를 추구했던 내용이 잘 나타나 있다.

어머니의 전진훈

중일전쟁이 일어난 뒤 '성전완수'를 위해 일본은 가정교육을 적극적으로 동원했다. 교육심의회(1937년 12월 설치)는 1941년에 '사회교육에 관한 건' 안에서 '가정교육에 관한 요강'을 제시하여 고도국방국가 체제를 뒷받침하는 교학 체제의 일환으로 '가정교육'을 자리매김했다. 이와 동시에 '병사를 낳고 기르는 모성'에 대한 찬양이 학교교육에서 활발하게 이루어졌다.[5] 1942년 5월 문부성은 '전시가정교육지도요강'을 냈는데, 이것이

---

5) "어머니야말로 생명의 원천, 사랑하는 자녀를 가슴에 품고 ……중략…… 어머니야말로 우리나라의 힘, 자녀를 전장으로 보내놓고 마음 깊이 자랑스러워하는, 용감한 어머니의 모습"(국민학교 초등과 음악 3, 「어머니의 노래」)

이른바 '어머니의 전진훈(戰陣訓)'이라 불린 것이었다. 가정교육이라는 명목 아래 '이에(家)의 특질 천명'과 어머니의 사명을 자각시킬 것이 강요되었다. 이에는 사적인 것이 아니라 "이에 생활은 단순히 가내 생활로 그치지 않고 언제나 국가 활동"의 원천이자, "대동아전쟁의 목적을 완수"하기 위한 원천으로 제창된 것이다. '어머니의 전진훈'에 따라 문부성은 1943년부터 '어머니 학급'을 개설하고, 이를 통해 전의 고양과 전투력 증강을 위해 어머니에게 필요한 교육 훈련을 실시하고 가정생활 쇄신을 위한 실천력을 길러내도록 했다.

여성청년 조직화

여성청년에 대한 국가정책은 청년단의 조직화라는 방식으로 진행되었다. 1926년 11월에 여자청년단에 대한 내무·문부성 훈령(訓令)이 발표되었는데, 이것이 여성청년단에 대한 최초의 훈령이었다. 1927년 4월에 촌락의 여성청년 수련기관이었던 처녀회 등을 기초로 만든 처녀회중앙부(1918년 발족)가 해체되고 문부성 주도로 대일본연합여자청년단이 창립되었다. 이로써 정부는 여성청년층에 대한 장악을 시도했다. 공황기 노농운동이 격화되면서 일부 관제 여자청년단의 자주화 움직임도 나타나긴 했으나 여자청년단의 체질을 변화시키는 데까지는 미치지 못했다. 그 뒤 '대륙 신부'를 보내는 일에 적극적으로 관여하는 등 전시체제 조직에 흡수되어 1941년에 대일본청년단으로 통합되었다.

〈무라타 아키코〉

2) 경제통제

물가통제

1937년 7월 중일전쟁이 발발하자 일본은 물자를 군수공업으로 집중하는 한편 전비 조달을 위하여 조선은행권을 증발했다. 이 과정에서 1936년도 말 현재 2억 8,000만 원 정도에 머문 통화 발행액이 1944년 말에는 21억 5,000만 원으로 팽창했다. 통화량 팽창은 인플레이션을 유발하여 조선인들의 생활을 매우 어렵게 했다. 급격한 인플레이션으로 사회 혼란이 일어나는 것을 막기 위해 일본은 1937년 9월 '수출입품 등에 관한 임시조치 법률'을 조선에 적용하여 물가통제의 법적 근거를 마련했다.

그러나 이 같은 조치에도 불구하고 1938년 초부터 전쟁이 장기화될 조짐이 보이자 각종 물가가 급등하기 시작했다. 시중 물가의 앙등은 군수품의 가격상승을 불러올 수 있다는 점에서 일본으로서도 바람직하지 않은 것이었다. 따라서 일본은 1939년 10월 「가격 등 통제령」을 공포하여 대다수 상품의 가격을 동결하고, 곧이어 공정가격을 지정하는 조치를 취했다. 그러나 이는 오히려 암시장의 형성을 부추겼고 생활난은 더욱 극심해졌다. 이에 일본은 경제경찰 제도를 설립하여 물가단속에 나서는 한편 1940년경부터는 쌀을 시작으로 하여 각종 물품에 대한 강제 배급을 단행했다.

'가정생활의 합리화'라는 말

공정가격제, 경제경찰 등과 같은 일련의 물가대책은 통화량 증발이라는 근본적 원인을 은폐한 미봉책에 불과한 것이었다. 그러나 일본은 "전쟁은 국책이다"라는 명분 아래 통화량 증발은 국가시책을 위한 것이므로 정당하다고 주장했다. 당시 일본은 영미 자본주의가 '자유방임'을 표방하고 있다고 보고 이를 배척하는 한편 국가유기체설 및 이에 입각한 통제경제를 주창했다. 이는 국가정책의 이행을 위해서라면 개인의 희생도 감수해야 한다는 논리로 이어졌고, 결과적으로 경제난이 발생한 것은 국가시책에 조선인들이 협력하지 않고 물자를 마구 소비하기 때문이라고 강변했다. 특히 조선 여성들이 '허영심'을 버리지 못하고 물자를 절약하지 않은 것이 주된 원인이라고 선전하면서, 여성들이 먼저 이른바 '총후경제전(銃後經濟戰)'의 전사(戰士)'가 되어 절약정신을 함양할 것을 요구했다.

　일본은 이러한 논리에서 '가정생활의 합리화'를 표어로 내걸었다. '가정생활의 합리화'란 곧 국가시책을 위해서 가정의 일상적 수요를 스스로 절제하는 일체의 행위를 이르는 말이었다. 이러한 주장은 사실상 조선인에게는 공허한 것이었다. 대다수의 조선인은 인플레이션으로 인해 극도의 빈곤과 물자난을 겪었고, 절약은 생존 자체를 위한 필수불가결의 선택이었다. 일본은 '국책'이라는 허울 아래 한층 더 내핍을 요구하면서 조선인을 한계상황에 내몰았던 것이다.

(최병택)

3) 조선인의 만주 이민

친일 가요 「복지만리」

　「복지만리(福地萬里)」라는 노래가 있다. 1941년에 만들어진 이 노래에는 "저 언덕을 넘어서면 새 세상의 문이 있다. 황색 기층 대륙 길에 어서 가자. 방울 소리 울리며"라는 가사가 경쾌한 리듬에 실려있다. 가사만 언뜻 보면 당시 빈곤에 빠진 조선인들에게 희망을 약속하는 노래인 듯 보인다. 그러나 김영수가 노랫말을 쓰고 이재호가 곡을 붙인 이 노래는 일본의 만주 이민정책을 장려하는 국책영화 <복지만리>의 주제가로서, 현재 대표적인 친일 노래로 손꼽힌다. 가수 백년설이 노래를 불렀다.

　만주국이 수립된 뒤 사실상 조선인의 만주 이민은 일본인 이민의 숫자보다 훨씬 많았다. 1931년부터 해방까지 전체 만주 이민 숫자의 62%에 해당하는 83만여 명의 인구가 도시나 농촌을 묻지 않고 만주 구석구석으로 유출되었다. 일본인이 토지 대부분을 관할하고 그 밑에서 개간을 담당할 노동력으로서 조선인을 끌어들여 사회를 안정시키려 했다. 이 일을 중심적으로 수행한 기관이 1936년 9월 창립한 선만척식(鮮滿拓殖)과 그 자매회사인 만선척식(滿鮮拓殖)이다. 선만척식은 조선에서 정책이민의 파견을 맡았고, 만선척식은 만주에서 그 수용 업무를 맡았다.

조선인의 만주 이주

실제는 고통의 땅

일본인들이 대거 진출하여 지주가 됨에 따라 땅을 잃은 농민들은 '새 세상의 문'을 여는 심정으로 만주행 열차에 몸을 실었다. 일본은 기찻삯을 반으로 깎아주고 논과 밭을 빌려주겠다고 선전하면서 이민을 독려했다. 그러나 이들 앞에 놓인 것은 '신천지'가 아니라 농사 짓기에 곤란한 황무지였다. 간신히 개간해서 지주에게 소작료를 바치고 이민하느라 진 빚을 갚고 나면 다시 생계를 걱정해야 했다. '복지만리'라 선전된 곳은 이민자들에게 고통의 땅이었다.

한편 이 시기 만주의 도시 지역에 조선인의 이주가 늘어나자 만주에서 활로를 개척하려는 조선인의 투자도 생겨났다. 그러나 일본인의 거대 자본이 밀려오면서 조선인의 공장은 영업 부진에 빠지게 되었고, 그 일부는 여관·하숙·요리점·음식점 등으로 업종 전환을 해야 했다. 이 시기 만주에서 조선인의 숙박업과 유흥업이 번창하게 된 배경에는 이와 같은 일본 거대 자본의 진출이 있었다.

(박정애)

4) 일본의 만주 침략과 만주 이민

일본인 무장이민단

일본제국이 괴뢰국가 '만주국'을 세운 1932년 10월에 '농업개척이민'

의 이름으로 제1차 '무장이민단' 492명과 이듬해 7월에 제2차 무장이민단이 만주로 건너갔다. 제1차 이민단은 지린 성(吉林省)으로, 제2차 이민단은 산지앙 성(三江省)으로 들어가 각각 이야사카무라(弥榮村), 지후리무라(千振村)라는 이름으로 불리며 개척단의 모범으로 선전되었다.

농업개척이민은 어째서 총기와 기관포로 '무장'하고 있었던 것일까. 목적지까지 가는 과정에는 물론, 이주한 뒤에도 비적과 공비의 습격에 대비해 스스로 지켜내지 않으면 안 되었기 때문이다. 그러나 황국 국민으로서 국책을 수행해 간 일본인 이민, '무장이민'과 그 뒤의 다양한 개척이민, 그리고 미혼 성인 남성을 위해 모집된 '대륙 신부'들이 두려워했던 '공비', '비적'이라 불린 사람들의 대부분은 일본인 이민 때문에 오랫동안 그들이 소유하고 경작해 온 토지를 빼앗기고 가옥이 불탄 농민, 또는 독립을 위해 분투한 사람들이었다.

일본국이 버린 '만주몽고이민'

'만주몽고이민' 정책은 세계적인 불황과 냉해, 흉작 등의 영향으로 만성화되고 있던 일본 농촌의 불황과 피폐 속에서 농본주의 교육가인 가토 간지(加藤完治)와 만주국에서 지배 체제 확충을 도모하고 있던 관동군·길림군의 고문인 도구 가네오(東宮鐵男) 대위 등이 제기했으며 일본 정부의 중요한 국책으로 자리 잡았다. 여기에 당시 고취되고 있던 '동양평화', '오족협화(五族協和)',[6] '왕도낙토(王道樂土)' 등의 이상, 그리고 만주에 가면 "10정보 20정보의 토지를 가질 수 있다"라는 선전이 빈곤한 농촌 남성들을 매료시켰다. 그러나 '만주몽고이민'이라는 국책은 만주 이민을 실행한 일본인들에게 만주 침략의 첨병이라는 역할도 부여했다.

---

6) 만주국은 일본·조선·만주·몽골·중국, 다섯 민족이 평화롭게 사는 지상낙원이라는 일본의 선전.

1938년 만주이민협회가 대륙 신부 2,400명을 모집한 것을 비롯해, 이듬해에는 탁무·농림·문부성 등 각 부처가 협력해 신부 100만 명 계획을 세워 여자척식강습회를 실시하여 집단 맞선, 집단 결혼식을 거행하여 만주몽고개척단(滿蒙開拓團)에 많은 여성을 보냈다. 국내 불황의 타개책으로 개척단은 식량 증산, 자원 획득, 소련과 만주 국경 방위 등의 역할을 담당했고, 이를 뒷받침하기 위해 여성의 성이 국책으로 이용된 것이다. 개척이란 타국에 대한 침략과 다르지 않았을 뿐 아니라, 단원은 남녀 모두 가해자의 일원이 되는 동시에 대소련전에서 버려진 돌과 같은 피해자가 되기도 해서 이들은 나라로부터 버림받은 기민(棄民)이 되었다. 1945년 8월에 패전의 혼란 속에서 학살·병사·자결 등으로 많은 사람이 목숨을 잃었다. 지금도 대륙 신부는 잔류 고아, 잔류 여성에 이어 세 번째 기민을 체험하고 있다.

(미야자키 레이코)

중일전쟁이 격화되고 일본 전체가 전시체제화되는 상황에서 이민정책은 더욱 젊은 미성년 청소년을 대상으로 '만몽개척 청소년 의용군'을 보내는 방식으로 전개되었다. 또한 1942년 1월 일본 정부와 만주국 정부는 '만주 개척 제2기 5개년 계획'을 발표하고 동북 지방 중국인 농민들의 개간지를 강제로 매수했고, 이 토지를 농업 불황에 허덕이던 일본 농민들에게 나누어 준다고 대대적으로 선전했다. 이에 따라 극도의 빈곤과 차별로부터 탈출하고 싶었던 노인과 아이를 포함한 많은 가족들이 '같은 마을에서 분리되어 나와 하나의 마을을 만드는 분촌이민'을 단행하거나 또는 마을 단위로 이주해 갔다. 관동군은 그들을 대소련의 전략상 중요하게 여겨 국방의 방패와 같은 역할을 수행하도록 혹한지인 만주와 소련의 국경지대에 배치했다.

1945년까지도 만주 이민 송출은 계속되었다. 그러나 소련 침공 뒤 포츠담선언을 수락한 일본제국은 만주 이민을 실질적으로 유기해서 피난민이 사할린(樺太: 일본에서는 가라후토라고도 불림)은 아이누, 월타족 등 소수의 선주민이 사는 땅이었다. 1905년 러일전쟁 뒤 북부는 러시아가, 남부는 일본이 점유했다. 그 뒤 일본 지배하의 남부 사할린에서는 탄광 중심의 경제개발이 진행되면서 부족한 노동력을 보충할 목적으로 많은 조선인 노동자가 강제 동원되었다. 패전 뒤 사할린에 있던 4만 3,000여 명의 조선인 노동자는 해방의 기쁨과 기대에 휩싸였지만, 얼마 지나지 않아 1946년부터 일본인이 속속 귀국 길에 오르던 중에 방치되었다. 전시하에서 '내선일체'를 외치며 '제국신민'의 이름으로 동원하면서도 일본인과 견주어 차별하면서 방치한 채 '자국민'의 귀환에만 분주했던 일본 정부의 무책임과 무정책이 가장 큰 원인이었다. 1948년에 한반도가 남북으로 분단되고 냉전 체제가 고착되면서 이 문제의 해결은 한층 어려워졌다. 1970년대 이후 당사자 및 지원단체의 운동으로 조금씩이나마 귀환이 이루어지고는 있으나 지금까지도 전면적인 해결은 보지 못하고 있다.

(미야자키 레이코)

된 이들을 곤경에 빠뜨렸다.

(이게다 미도리)

3. 내선일체 이데올로기와 민족성 말살

내선일체 이데올로기

중일전쟁 발발 이후 당시 조선총독이었던 미나미(南次郎)는 조선 통치의 최고 목표로서 '내선일체(內鮮一體)'를 선언했다. 내선일체는 말 그대로 풀이하면 '일본과 조선은 하나'라는 뜻이지만, 그 본질은 '2,300만 반도 민중이 순일무잡(純一無雜)한 황국신민'이 되어야 한다는 것이었다. 곧 조선인이 민족의식을 없애고 '내지인'과 완전히 동일한 국가 관념을 가짐으로써 전쟁에 적극적으로 협력해야 한다는 것이다. 그리고 일본은 조선인에게서 민족성을 제거하고 '국체 관념'[7]을 주입하여 조선인을 '황국신민'으로 거듭나게 하기 위하여 여러 가지 정책을 펼쳤다.

신사참배

일본은 조선·대만·만주 등 일본이 점령한 지역에는 반드시 신사를 세워 식민지민들에게 일본의 '국교(國敎)' 역할을 했던 국가신도(國家神道)[8]를 강제로 받아들이게 했다. 신사정책은 중일전쟁 이후 더욱 강화되어 1면 1신사(一面一神社)라는 원칙 아래 산간벽지까지 신사를 지었고, 각 가정에 가미다나(神棚)라는 가정 신단(神壇)까지 만들어 아침마다 참배하게 했다.

1939년부터 건립이 착수된 부여 신궁(扶餘神宮)은 내선일체의 상징으로서 계획된 것이었다. 일본은 고대 일본과 밀접한 관련을 맺고 있던 백제의 수도 부여에 신도(神都)를 건설하려 했다. 부여 신궁은 이 계획의 핵심이었으며, 일본은 부여 신궁을 성역화하기 위해 1940년부터 봉사대라는 이름 아래 조선인들을 대거 동원하기도 했다.

강제 신사참배는 집단적으로 실시되었다. 일본은 국민정신총동원 조선연맹의 말단조직인 애국반을 동원하여 매월 1일마다 각 지역의 신사로 가서 신사참배, 국기게양, 근로봉사 등을 시행하게 했다. 그리고 이날을 '애국일'이라고 부르게 했다.

조선총독부는 신사참배를 거부하는 행위에 대해서는 강경하게 대응했다. 신사참배를 우상숭배 행위라 하여 거세게 저항했던 장로교는 교회 폐쇄와 교인 투옥을 각오해야 했다. 그 과정에서 장로교계인 평양의 숭의여

---

7) '국체 관념'이란 천황을 중심으로 한 황국을 인식함으로써 제국신민으로서의 역할을 다해야 한다는 것이다. 이는 일본 내셔널리즘의 중심 관념으로 전쟁기 일본인과 식민지민의 총동원을 이끌어내기 위한 담론 장치였다.
8) 제3장 2절의 2) 국민교화 정책과 '국가신도' 참고.

학교와 숭실중학교가 강제 폐교를 당하는 고난을 겪기도 했다.

'국어 상용', '국어'는 일본어

일제강점기 조선에서 '국어'라 함은 일본어를 말했다. 조선인들은 한글을 '조선어'라 하여 따로 배워야 했다. 하지만 조선인들이 늘 생각하고 말하는 일상의 언어는 '조선어'였다. '조선어'를 통해 조선식 사고와 표현이 심화되었다.

이러한 언어의 기능을 생각할 때, 전시체제기의 일본이 '국어', 곧 일본어의 보급을 내선일체의 '절대적 요건'으로까지 본 것은 어쩌면 당연한 일이었다. 일본은 일본어 보급을 내선일체를 위한 핵심적인 수단이자 내선일체의 척도로 인식했는데, "국어는 국민의 사상정신과 일체 떨어질 수 없는 것이요, 또 국어를 떠나서는 일본 문화가 있을 수 없는 것이니 반도 민중이 내선일체의 진의를 이해하여 견고한 황국신민으로서의 신념을 확립하고 일체의 생활에 국민의식을 뚜렷이 나타내려면 아무래도 조선 사람 전부가 국어를 해득하여 일상용어로 이것을 애용해야"9) 할 것이기 때문이라는 것이다.

일본어 보급 운동은 1943년부터 대대적으로 전개되었다. 도청의 전화는 '국어'로 하지 않으면 일절 받지 않고, 또 진정(陳情)은 '국어'로 하지 않으면 일절 접수하지 않을 정도였다. 학교에서는 일본어를 사용하지 않는 경우 벌금을 물도록 했다. 성적이 우수한 학생이 무의식중에 조선어를 입 밖에 내어 낙제를 당하기도 했으며, 일본어가 통하지 않는 학부형에게 조선어를 사용했던 조선인 교원은 좌천되기도 했다. 이 시기에 '국민학교'(오늘날의 초등학교)까지 배운 사람들 중에는 아직도 한글을 쓰지 못하는 이도 있다.

(박정애)

---

9) 重光兌鉉, 「國語普及運動の趣意」, ≪春秋≫(1942年 6月).

창씨개명

1939년 11월 일본은 「조선민사령」을 개정하여 이듬해 2월부터 조선인에게도 일본식 씨(氏)를 사용토록 허락한다는 내용의 이른바 '창씨개명(創氏改名)'을 단행했다. 조선인의 성이 주로 부계혈족을 나타내는 것이라면 씨는 "호주 및 그 가족으로 구성된 이에(家)"를 나타내는 표현이다. '창씨개명'은 조선인의 의식과 문화를 일본인과 같이 만들어 징병을 쉽게 해야 한다는 논리에서 시행된 전쟁동원책이었다.

'창씨개명'령의 발포와 함께 조선인들은 각자 자기의 이에를 나타내는 씨를 6개월 내에 신고·등록해야 했다. 그러나 신청자가 3개월 동안 겨우 7.6%에 불과했기 때문에 일본은 강압적으로 창씨를 독려하는 한편 '법정창씨'라는 형식으로 미신고자의 씨를 임의 등록하기도 했다. 대다수 조선인들은 종중 차원으로 대응하여 같은 본관일 경우 동일한 씨를 등록하는 것이 보통이었고, 그 결과 일본식 씨(氏) 제도는 정착하지 못했다. 일본식 이에와 씨 제도는 일본을 하나의 이에로 파악하는 논리를 통해 가부장의 권위를 국가적으로 확산시킨 천황제 이데올로기의 핵심 요소였다. 그렇기 때문에 이를 유포하려 한 시도는 일본이 식민 지배를 통해 결과적으로 가부장 중심의 사회체제를 강화하고 있었음을 의미하기도 한다.

(최병택)

조선의 특수사정

조선인을 황국신민화한다는 '내선일체'는 '국민'으로서의 의무를 강조하여 조선의 인적·물적 동원을 이끌어내기 위한 명분상의 지배 이데올로기였다. '내선일체' 속에서 조선인은 국가인 일본에 대한 의무는 있되 권리는 없는 '국민'이었다.

일본은 '내선인 간에 일체의 구별을 철폐'할 것을 외침으로써, 조선인의 전쟁 협력에 대한 보상이 있을 것임을 암시했다. 이러한 구호는 전쟁에 참여할 내면적 동기를 갖지 못한 조선인들에게서 자발적 협력을 끌어내기 위한 것이었다. 식민지민으로서 차별의 굴레에 갇혀있던 조선인 중에는 '내선일체' 정책을 비로소 일본인과 동등해질 수 있는 기회로서 받아들인 이도 있었다. 그러나 일본은 '내선 간' 제도상의 평등을 구하는 것은 비황국신민적 태도이며, 이것이 바로 조선인의 사상이 내선일체가 부족하다는 것을 증명하는 것이라 비판했다. 이것이 '조선의 특수사정'이며, 이 때문에 총독부 중심의 지도·육성이 더욱 필요하다는 것이었다.

(박정애)

4. 총동원 체제

1) 총력전 체제의 '총후'

중일전쟁은 루거우차오(盧溝橋) 사건(1937년 7월 7일)의 발발을 기점으로 전면화되었다. 전 국민에게 전쟁 협력이 강제되고 여성 동원도 강요되었다. 같은 해 국민정신총동원 중앙연맹이 결성되어 산하에 애국부인회, 대일본국방부인회, 대일본연합부인회, 대일본연합여자청년단이 조직되었다. 이듬해 2월에 가정보국 3강령, 실천 14항목이 발표되어 전선＝전쟁터의 뒤에서 '후방'을 지키는 것이 여성의 임무가 되었다. 여성에게는, ① 국민으로서, ② 어머니로서, ③ 주부로서, ④ 노동자로서의 네 가지 역할이 기대되었다.

'국민'으로서의 동원: 거국일치, 진충보국(盡忠報國), 견인지구(堅忍持久)
"국가 총동원이라는 것은 전시에 국방의 목적을 달성하기 위해 국가의 전력을 가장 유효하게 발휘할 수 있도록 인적 및 물적 지원을 통제·운용하

는 것을 말한다."(국가총동원법 제1조)

1938년 4월에 공포된 이 법에 의해 정신 총동원
도 강화되고(1939), 다이쇼 익찬회(大正翼贊會)도 발족
(1940)되었다. 이것이 바로 거국일치(擧國一致)의
협력 체제 구축이다. 여성의 활동은 부인회, 이웃
모임(隣組)에서의 군사 원조(위문대 발송, 병사 환송
및 환영, 유골 봉환식 참석, 방재 훈련 등)와 경제 협력
(폐품 회수, 금속 헌납, 애국 저금, 농번기 탁아, 공동 취
사 등)이 특히 강조되었다. 1942년에는 부인회 3개
를 통합하여 대일본부인회를 발족했고, 다이쇼 익
찬회를 개조하여 촌내회, 부락회, 이웃 모임을 강
화했다. 남성이 전쟁터로 떠난 자리를 여성 노동력
이 메울 것이 요구되어 여성의 집 밖 활동이 장려
되기도 했다. 전쟁은 이에 제도 아래에 가둬두었
던 여성을 '국민'으로서 사회로 끌어내는 역할도
했다.

국방부인회 기관지 《일본부인》(1940년 8월)에 실린
만화 '철벽총후전망'

어머니로서의 동원: 낳아라, 늘려라, 나라를 위해

우수한 병력 확보를 위해 조혼과 다산이 장려되고, 신생아 및 유아의
사망률 감소가 강조되었다. 이를 위해 일본 정부는 1937년에 모자보호법
과 보건소법을 공포하고, 1938년에는 후생성을 설치하고 국민건강보험법
을 공포했다. 1939년에는 후생성인구문제연구소를 설립했으며, 1940년에
는 국민체력법과 국민우생법을 공포하고 국립우생결혼상담소를 설치하는
한편 영·유아 전국 일제 검진을 실시하고 우량다산 가정을 표창했다. 1942
년에는 후생성이 임산부수첩 규정을 실시하기도 했다. 이 중 후생성과 우
생법 사상, 임산부수첩 등은 전후에도 계속 이어졌는데, 당초의 의도는 은

폐되고 복지정책의 일환으로만 선전되었다. 아이를 많이 낳은 어머니들은 우량다산 가정의 주인공으로 표창되는 영예를 얻어 '군국의 어머니'로 칭송받으면서 아들을 기꺼이 전쟁터로 내보내야만 했다.

주부로서의 동원: 탐내지 않습니다, 승리할 때까지는

1938년부터 물자 부족이 심각해져서 모든 면에서 경제통제가 실시되었다. 가솔린·석탄 등의 연료에서부터, 쌀·된장·성냥·설탕·유제품·달걀·간장·실 등의 생활필수품이 통장제, 할당제, 티켓 배급 등을 통해 공급되었다. 1939년에 여성의 평상복은 몸뻬(もんぺ)로 정해져서 파마머리나 긴소매의 일본 전통복, 금실·은실 등은 '사치는 적'으로 규정되어 부인회, 이웃 모임 여성들의 감시를 받았으며, '사치하는 사람'들은 '비국민'이라며 비난당했다. 술집이나 요정, 댄스홀의 등불은 꺼졌다.

노동력으로서의 동원: 멸사봉공

1939년 1월, 국가총동원법에 의해서 「국민직업능력신고령」[10]을 공포해서 간호사 등의 의료 관계자의 능력신고를 명령했다. 7월에는 「국민징용령」을 공포해서 '취직통지서'를 보내는 방식으로 여성 노무자도 동원하기 시작했다. 1941년에는 「국민근로보국협력령」을 공포해 남자 14~40세, 미혼 여자 14~25세 미만인 자에게 연간 30일의 근로봉사 의무를 부과했다. 이듬해 인구증식 정책과 관련해서 여자 연령을 20세 미만으로 하향 조정했지만, 1942년 이후 전시 상황이 악화됨에 따라 범위가 확대되어 1943년 9월에 여자근로정신대를 조직했다. 1944년에는 동원 도주 방지를 위해 제도를 더욱 강화했으며, 8월에 「학도동원령」과 「여자정신근로령」을

---

10) 조선에서도 1939년 6월 1일부터 시행되어 여자근로정신대를 동원하기 위한 기초로 삼았다.

공포했다. 남성 노동력을 대신하여 12~40세 미만의 여성을 싹쓸이 동원
했는데, 이는 패전까지 이어졌다.

(우에다 아케미)

2) 조선인에 대한 전시 강제 동원

전시 노무 동원

　　전쟁의 확대와 장기화에 대비하여 일본은 국가총동원체제를 정비하기
시작했다. 1938년 4월 1일, 국가총동원법을 제정·공포하고, 5월 5일부터

거국일치 체제에서 침략전쟁의 길로 질주하던 일본 정부는 1939년 영화법을 시행했다. 이는 영화가 가진 선정·선동의 힘을 중요하게 생각했던 정부가 영화의 검열 강화를 꾀하는 한편 문화영화(기록영화)의 강제 상영을 통해 국위선양과 사상통제를 실시하고자 했던 것이다.

익찬 체제 아래서 대일본영화협회(1943)로 통합된 영화인은 하나같이 국위선양을 위한 영화를 양산해 냈다. 1941년 뉴스 영화사들도 일본영화사로 통합되어 엄격한 검열하에 패전을 대승리로 위장하는 뉴스영화 제작을 계속했다. 이러한 가운데 육군보도부가 중국에서의 공략작전을 그린 기록영화의 범주 안에서 전쟁혐오사상을 담은 영화를 제작한 가메이 후미오(龜井文夫)라는 감독이 있다.

중국 중앙부 최대 거점인 우한(武漢)으로의 전략작전을 그린 <싸우는 군대>(가메이 후미오, 1939)는 자막상으로는 일본군의 공격작전을 칭송하고 있지만 집이 파괴된 중국 농민의 초췌한 표정과 피곤함에 찌든 일본군 병사의 표정을 몽타주함으로써 말을 하지 않고도 이 전쟁이 거짓임을 표현하는 데 성공했다. 그러나 이 영화는 육군성의 검열에 의해 공개 금지되었고 가메이는 치안유지법에 저촉된다는 이유로 체포당했다.

가메이의 전시하 저항은 유일하게 예외적인 경우로, 일본영화계는 극영화, 뉴스영화, 기록영화, 모두 한결같이 전의고양 국책영화에 매진했다. 이러한 영화인의 전쟁 책임을 묻는 가운데 전후 독립 프로덕션 운동과 다큐멘터리 영화 운동이 발흥되었다고 할 수 있다.

(사토 마코토)

는 식민지 조선에도 이 법을 실시했다. 그리고 이 법에 근거해 전쟁 수행을 위한 물자 및 인력 동원을 본격적으로 시작했다.

일본은 1939년 6월 1일부터 조선에서 「국민직업능력신고령」을 시행하여 각종 직업 능력 조사를 실시했다. 노동력의 양과 질, 소재에 관해 실태 파악을 하여 효율적으로 노동력 동원을 하기 위해서였다.

노동력 동원 형식은 모집(1939~1942), 관알선(1942~1944), 징용(1944~

1945)의 단계를 거치면서 강제성을 강화해갔다. 총력전 시기 노동력 동원은
법령에 의하지 않은 채 상당기간 시행되다가 이에 대한 법적 근거를 마련하는
형태가 대부분이었다. 강제동원된 조선인들은 1943년말까지 약 40만 명에 달
했으나, 전쟁이 막바지에 접어들면서 더 많은 노동력이 필요했다. 이에 조선
총독부는 1944년 9월부터 「국민징용령」에 의거하여 강제징용을 실시했다.

일본, 만주, 남양군도 등으로 끌려간 조선인은 군수산업에 고용되었는
데, 일본인에 비해 터무니없는 저임금을 받으면서 하루 11시간이 넘는 가
혹한 노동에 종사해야 했다. 조선인 노동자들은 일본의 수탈체제에 맞서
작업 거부, 도망을 하거나 적극적으로는 파업과 폭동을 일으키기도 했다.

한편 노동력 동원은 각종 보국대, 봉사대, 정신대 등의 이름으로 조선

|왼쪽| 조선 지원병을 보내는 모녀(민족문제연구소 제공) |오른쪽| 소년병을 보내는 노래 악보(일본). 일본에서도, 식민지 조선에서도 '소년병' 지원을 장려하는 선전이 이루어졌다.

내에서 이루어지기도 했다. 조선내 동원은 노동조건에 대한 계약이나 공식적인 절차가 없이 바로 노동현장에 투입되는 경우가 다수였기 때문에 노동자들은 노동대가를 거의 받지 못했다. 일본당국이 밝힌 조선인 노동력의 동원 숫자는 72만 명이다. 그러나 현지조사와 연구활동, 자료발굴 등을 통해 그 동원자 수는 국외동원 200만 명, 국내동원 550만 명으로 추산해볼 수 있다.

지원병제·징병제의 실시

한편 일본은 1938년 2월 지원병 제도를 실시하여 "소학교 출신자 및 이와 동급 이상의 학력을 소지한" 조선인을 대상으로 지원병을 모집했다. 일본은 식민지민들이 무기를 들고 반항하는 것을 염려해서 마지막까지 병력 동원을 미루다가 식민 체제에 가장 깊숙이 흡수되었다고 판단한 대학생들을 대상으로 학도병 모집을 처음으로 실시한 것이다. 처음 지원병을 모집할 당시에는 400여 명의 조선인을 모으는 데에 그쳤지만 곧 지역별 할당이라는 사실상 강제 동원의 형태를 취했다. 그리하여 1943년도에는 30만 3,000명이라는 다수의 조선인을 전장으로 내몰았다. 나아가 1942년 5월 "소화 19년(1944)부터 조선인에 대해 징병제를 시행할 것"이라는 내용의 담화를 발표하고 준비에 착수하여 1943년 10월 징병 적격자에 대한 조사를 실시했다. 결국 1944년 4월 1일부터는 20여 만 명에 이르는 조선인을 징병 대상자로 하여 징병검사를 단행했고, 그해 9월부터 입영이 시작되었다. 당시 일본은 10만 명 이상의 조선인을 징병하기로 계획했으나 1945년 8월 전쟁이 종결됨으로 말미암아 계획대로 이루어지지는 못했다. 그렇지만 이 다수의 조선인이 남태평양 등지의 오지에서 일본군의 '총알받이'가 되어 목숨을 잃는 비극을 겪었다.

(최병택)

3) 조선의 전시 여성 동원

전시 전체적인 동원 체제의 틀 속에서 여성에 대한 동원도 적극적으로 이루어졌다. 이는 모성 동원, 노무 동원, 성 동원의 형태로 이루어졌는데, 식민지 여성에게 좀 더 강조된 것은 노무 동원과 성 동원이었다.[11]

모성 동원: 군국의 어머니

"낳아라, 늘려라, 나라를 위해"라는 다산정책 슬로건은 식민지 조선에서도 제창되었다. 그러나 '군국의 어머니'라는 모성정책이 한국의 모든 여성들에게 해당되었던 것은 아니었다. 한국에서 살고 있는 일본인 여성들과 일본인으로 확실히 동화될 가능성이 있는 집단, 곧 친일 여성들에게 국한되었다. 이는 다산 선전이 주로 일본어로 시행되었다는 사실을 통해서도 알 수 있다. 다산 선전은 도시를 중심으로 일본어를 이해할 수 있는 소수의 교육받은 여성들을 겨냥했던 것이다.

더욱이 일본에서는 모성보호를 위한 구체적인 보건정책을 실시했던 데

---

11) 성 동원은 다음 절 일본군 '위안부' 제도에서 자세하게 다룰 것이다.

거짓된 희망의 노래: 친일 가요

전쟁 시기에 '음악'은 일본이 전시정책을 선전하고 조선인에게 일본 정서를 고취시키는 데 중요한 수단이었다. 일본은 황민화 정책을 시행함에 따라 조선의 소통구조를 일본음악 체계로 장악하여 '황음화(皇音化)'를 시도했다. 이에 따라 조선문예회, 경성음악협회, 경성후생실내악단 등의 친일 관제 단체가 연달아 결성되었다.

이러한 음악정책에 자발적으로 호응한 친일 가요가 다수 만들어졌다. 홍난파가 곡을 쓰고 이광수가 노랫말을 붙인 「희망의 아침」의 가사를 보면, "대륙 이만 리/ 대양 십만 리/ 대아세아 대공영권의/ 우리 일장기 날리는/ 곳이 자자손손/ 만대의 복 누릴 국토"라 하여, 일장기 날리는 하늘이 '희망의 아침'이라고 선전하고 있음을 알 수 있다. 이 밖에 「종군간호부의 노래」, 「후방의 기원」, 「아들의 혈서」, 「지원병의 어머니」와 같이 여성을 대상으로 한 친일 가요들도 만들어졌다.

(박정애)

반하여, 한국에서는 "의사 수가 부족하고 제반 의료 여건이 갖춰져 있지 않다"라는 이유로 보건정책을 실시하는 데 관심을 기울이지 않았다. 오로지 각 가정에서 임산부 건강에 신경 쓸 것을 촉구하고 여성에게 자신의 모체를 보호할 것을 강조하는 수준에 지나지 않았다. 물질적 혜택이나 복지시설의 마련보다는 '정신'의 중요함만을 내세웠던 것이다.

일본은 '군국의 어머니'를 강조하면서 한국 여성들이 징병 제도에 협조하기를 기대했다. 그뿐만 아니라 전쟁의 응원부대로 동원하여 위문대(慰問袋)[12]나 센닌바리(千人針)[13]를 만들게 하거나 출정 군인을 위로하는 행사

---

12) 전쟁터의 군인들을 위로하고 격려하기 위해 후방의 사람들이 보내는 것이다. 미국·에스파냐 전쟁 때 미국의 부인들이 만들어 보낸 데에서 시작되었다고 한다.
13) 센닌바리(千人針)는 전장에 나간 병사들이 살아 돌아오길 빌며 1,000명의 여자가 무명천에 붉은 실로 무운장구(武運長久)라는 글씨를 한 땀씩 놓아 만든 수(繡)를 일컫는다. 정성이 깃든 만큼 이것을 지니면 총알도 범접하지 못할 것이란 기도가

전시체제기 영화는 '전시하 국민 생활에 빠뜨릴 수 없는 오락인 동시에 국책 수행상의 유력한 무기'로 간주되었다. 일본은 1940년 1월에 「조선영화령」을 공포하여 영화의 제작 및 배급을 통제했다. 목적은 식민지 조선의 특수성을 반영해서 '내선일체'와 '황국신민화'를 선전하는 것이었다.

<국기 아래서 나는 죽으리>(1939), <지원병>(1940), <그대와 나>(1941), <망루의 결사대>(1943) 등 많은 친일 영화들이 만들어졌다. <그대와 나>에서는 일본인 여성과 '내선결혼(內鮮結婚)'을 하는 조선인 지원병이 나왔다. 조선과 만주의 국경을 함께 지키는 조선인과 일본인의 이야기인 <망루의 결사대>에서는 기모노를 입고 궁성요배를 하는 조선인 여성이 나온다. 특히 남편의 말에 절대 복종하는 일본인 아내의 모습이 나오기도 하는데, 이는 국가의 정책을 믿고 따르는 국민의 이미지를 선전한 것이다.

일본은 학생을 단체 관람시키거나 극장을 옮겨가며 상영하는 등 조선인을 전쟁에 동원하기 위해 영화를 적극적으로 활용했다. 일본어를 잘 모르는 조선인들을 위해 영화에 한해서는 '국어', 곧 일본어 상용이라는 방침을 유보할 정도였다.

(박정애)

에 참여하게 했다. 어머니의 역할을 모든 여성들에게 집단적으로 대행하게 한 것이다.

그러나 "지원병의 다수가 어머니나 아내, 할머니를 이해시키는 일에 매우 고심했다는 실상"[14]에서도 알 수 있듯이 징병에 대한 여성들의 저항은 거셌다. 추상적인 구호 속에서 일본의 선전을 제대로 체감할 수 없었던 여성들에게 전쟁은 명분이 없는 것이었다.

담겨있었다.
14) 조선총독부 육군병지원자훈련소, 「지원병을 훈련하며」, ≪조선≫(1940년 4월).

나고야(名古屋)의 조선여자근로정신대

노무 동원

　전쟁터로 떠난 남성들을 대신하여 일
할 노동력으로서 농촌과 공장으로 여성
노동력이 광범위하게 동원되었다. 일본
은 식량증산을 확보하고 공출 체제를
유지하기 위해 여성 농민을 조직적으로
동원했다. 1941년 4월에는 '농촌노동력
조정요강'을 정하고 "농번기 탁아소, 공
동취사 등 가사 공동시설을 확충할 것,
부인작업반을 편성하고 부인 공동 작포
를 확충할 것, 부인지도원의 활동을 촉진할 것"이라는 방책을 마련했다.
이에 따라 여성들은 부락연맹의 부인부 또는 애국반에 편입되어 집단 작업
에 참여하게 되었다.

　1940년에 한국의 여성 노동자 수는 7만 3,000여 명으로, 1930년에 2만
8,000여 명이었던 것에 비해 10년 사이 3배 가까이 증가했다. 일본이 근
로보국대,[15] 근로정신대 등의 제도를 만들어 정책적으로 여성 노동력을 증
가시켰던 것이다. 「여자정신대근로령」은 1944년에 공포되지만, 정신대라
는 이름의 여성 노무 동원은 그 이전부터 실시되고 있었다. 다른 노동력
동원의 경우에서와 마찬가지로 이 법령은 실제로 상당 기간 이루어져 왔던
동원 관행에 뒤늦게 법적 근거를 부여하는 방식으로 공포되었던 것이다.
이 법령에 따르면 여자정신근로대는 국민등록 신고자를 대상으로 하는데,

---

15) 1941년에 일본은 「국민근로보국령」을 공포하고 조선인을 근로보국대로 조직했다.
　　이들은 주로 도로나 철도, 비행장, 신사(神社) 등을 건설하는 데 동원되었으며 일본
　　의 군사시설에 파견되기도 했다. 계층별로 다양한 조직이 있었는데, 직장이나 국민
　　학교, 중등학교, 전문학교에 각각 보국대가 있었으며 형무소 재소자들도 보국대로
　　조직했다. 한편 징용에서 제외된 농민을 농민보국대로 동원했다.

조선에서는 그 대상이 되는 여성의 숫자가 극히 적었다. 여성으로 국민등록을 한 사람은 "12세 이상 40세 미만의 기능자"[16]만이었던 것이다. 따라서 「여자정신대근로령」이라는 법령은 사실상 조선에서 광범위하게 이루어졌던 여자근로정신대 동원의 정확한 시기와 대상을 의미하는 것은 아니었다.

미쓰비시(三菱) 광산의 여성노동자들

근로정신대의 동원은 모집, 관알선, 학교를 통한 동원, 강제 동원으로 나뉘어 있었으나, 이러한 것은 실질적으로 강제의 성격을 띠는 것이었다. 주로 조선이나 일본, 만주 등의 공장으로 동원되어 갔는데, 그중 일본의 군수공장으로 간 여성들이 많았다. 도야마(富山) 현 후지코시(不二越) 공장의 경우 1945년 5월 말 1,089명의 조선여자근로정신대원이 있었다고 하며 미쓰비시 나고야 항공기 제작소에도 전쟁이 끝났을 때 272명의 조선여자근로정신대원이 있었다. 하루 노동시간은 10시간에서 12시간이었고, 휴식시간을 갖기는 힘들었다. 출근율이 96~100%였다는 사실은 이들에 대한 통제가 얼마나 심했는지를 말해준다. 강도 높은 노동 때문에 부상과 사망도 적지 않았다. 그러나 이들에 대한 임금은 강제 저금 등의 명목으로 제대로 지불되지 않았다.[17]

한편 기존에 여성들을 배제했던 광업이나 부두 하역 등의 일에 여성 노

---

16) ≪매일신보≫, 1944년 8월 26일.

17) 공장노동 이외에 공장을 돌면서 춤이나 노래를 했다는 증언도 있고, 낮에는 노동하고 밤에는 군 '위안부' 일을 했다는 증언도 있다. 여자정신대로 갔다가 군 '위안부'가 되었다는 사례도 있어, 여성에 대한 노동력 동원에는 성 동원이 따르기도 했던 것으로 보인다.

동자를 투입하게 되었다. 그러나 일본은 여성 노동자 증가에 따른 노동보호 정책을 시행하는 데에는 관심이 없었다. 한국에서는 법령 시행 자체가 일본에 비해 많이 늦었고, 일본에서는 시행되었던 심야노동 금지, 출산휴가 등의 여성보호에 관한 부분이 없었다. 일본에서는 1943년 공장법 전시특례에 따라 그나마 적용되었던 규제가 완화되어 여성의 노동조건이 더욱 열악해졌다. 그러나 한국에서는 공장법과 그 외 여성보호에 관한 법령을 마지막까지 거의 시행하지 않았으므로, 처음부터 완화할 규제조차 없는 상태였다.

(박정애)

5. 일본군 '위안부' 제도

1) 일본군 '위안부' 정책의 수립과 전개

왜 '위안부' 제도를 만들었는가

1931년에 일본군은 중국 동북부(만주)의 류탸오후에서 철로를 폭파한 이래, 이듬해 상하이사변으로 침략전선을 확대해 나갔다. 일본 군인은 곳곳에서 여성들을 폭행·강간했다. 그중에서도 아주 잔악한 예가 난징(南京)에서 일어난 집단 강간과 학살(1937)이었다. 이 사실은 몰래 촬영된 사진 등에 의해 전 세계에 전해졌다. 국제사회에 악평이 퍼질 것을 두려워한 일본군 간부는 병사들의 성 상대를 할 '위안부'를 제공할 위안소 개설을 계획했다.

'위안부' 제도의 목적은 크게 세 가지였는데, ① 현지 여성에 대한 강간 방지, ② 매춘에 의한 성병 예방, ③ 병사를 성적으로 위로한다는 것이었다. 이보다 훨씬 전인 1932년에 상하이에 해군위안소 17개소가 문을 열었

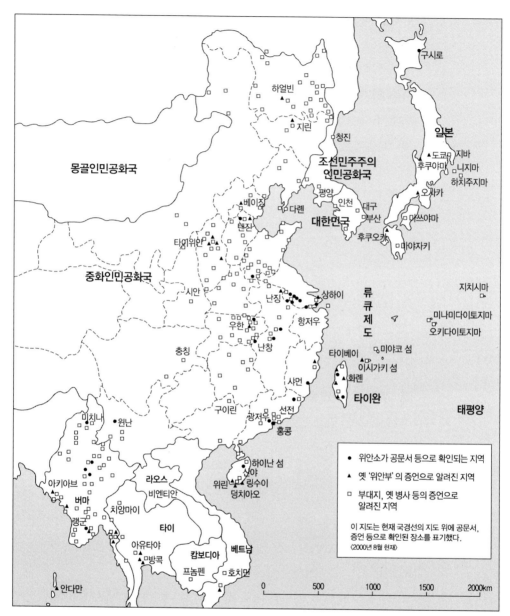

몽골인민공화국

중화인민공화국

조선민주주의
인민공화국

대한민국

일본

류
큐
제
도

타이완

하얼빈

지린

청진

평양

인천 대구
부산

도쿄 지바
후쿠야마 니지마
하치주지마
오사카
마쓰야마
미야자키

지바

후쿠오카

지치시마

미나미다이토지마
오키다이토지마

베이징
다롄
톈진
타이위안

시안

난징 상하이

우한 항저우

충칭 난창

샤먼

구이린

광저우 선전

홍콩

미야코 섬
이시가키 섬
화롄
타이베이

태평양

미치나
윈난

아키아브

버마

랭군

라오스

비엔티안

치앙마이

타이

아유타야
방콕

캄보디아

프놈펜

베트남

호치민

안다만

하이난 섬
상야
위린 링수이
덩치아오

● 위안소가 공문서 등으로 확인되는 지역

▲ 옛 '위안부'의 증언으로 알려진 지역

□ 부대지, 옛 병사 등의 증언으로
  알려진 지역

이 지도는 현재 국경선의 지도 위에 공문서,
증언 등으로 확인된 장소를 표기했다.
〈2000년 8월 현재〉

0   500   1000   1500   2000km

구시로

위안소가 설치되었던 지역[지도 작성: 박윤남, 보충: 이케다 에리코(池田惠理子). VAWW-NET Japan 編, 『'慰安婦'戰時
性暴力の實態 I』(綠風出版, 2000)을 기초로 재작성]

는데, 이것이 위안소 정책의 시작이었다. 이를 증명하는 것은 상하이 파견군 고급 참모 오카베 나오사부로(岡部直三郎)의 일기(1932년 3월 14일자)로, "이 무렵 병사가 여자를 찾아 이리저리 우왕좌왕한다는 풍기 문란한 이야기가 자주 들려왔다. 이는 병사가 평상심을 찾으면 피할 수 있는 일이므로 오히려 적극적으로 시설의 설치를 인정하고, 병사의 성 문제 해결에 관한 각종 배려의 실시에 착수한다"라고 쓰여있다.

어떻게 전개되었나

1937년에 중일전쟁이 전면적으로 시작되자 '위안부' 제도는 단번에 그 규모를 확대해, 1938년에는 상하이 육군위안소에 300명의 작부('위안부'를 말함)가 있었다는 기록이 있다. 1941년에 아시아·태평양 전쟁에 돌입하자 동남아시아·태평양 일대까지 일본군이 점령한 지역에는 위안소가 설치되었다. 1943년 필리핀의 마닐라에는 17개소의 위안소에 1,064명의 '위안부'가 있었고, 1942년 버마의 랭군(Rangoon) 항에는 한 번에 703명의 '위안부'가 보내졌다는 기록도 있다. 정확한 총계를 보여주는 자료는 없지만, 대개 8만에서 20만 명에 이른다는 데 학자들은 동의하고 있다. '위안부' 정책은 일본군 중앙에서는 육군성 병무국, 의무국 등이, 파견처에서는 참모부가 담당하고 있었다. 자유롭게 해외로 나갈 수 없었던 당시에는 '위안부'를 각국으로 송출하기 위해서 도항 목적을 기록한 신분증명서가 필요했지만, 일본군과 일본 정부(외무성, 내무성, 해외 주재 대사관 등의 재외공관, 조선·대만 총독부, 현지사, 경찰 등)는 서로 기밀문서를 주고받아 증명서를 교부하고, 다수의 여성을 이송해 갔다. 또한 위안소의 운영은 군직할로 행하거나, 민간 업자에게 위탁했다.

위안소에는 처음에는 일본의 유곽에서 일하고 있던 일본인 여성이 이송되어 왔으나, 곧 인원이 부족해져, 식민지하의 조선인(재일 조선인도 포함)이 다수 잡혀 이송되었고, 똑같이 일본의 식민지였던 대만인, 그리고 중국인 일본군 '위안부'는 정신대나 '종군위안부'라고 불리기도 한다. 정신대는 '자발적으로 몸을 바치는 부대'라는 뜻으로 일본이 무상으로 노동력을 동원하기 위해 만든 제도이다. 피해 여성 중 정신대로 동원되었다가 군 '위안부'로 보내진 사례가 있어 용어상에 혼란이 오게 되었다. 이러한 혼란은 일본군 '위안부'의 동원이 그만큼 은밀하게 수행되었다는 사실을 보여준다.

'종군위안부(從軍慰安婦)'의 '종군'이라는 말에는 '종군기자', '종군간호부'처럼 자발적으로 군을 따라다녔다는 의미가 들어있다. 강제로 일본군 '위안부'를 동원했던 일본의 역사적 책임을 은폐시킨다는 점에서 폐기되어야 할 용어이다.

피해 여성들이 군인들을 '위안'한다는 명분으로 성적 학대를 겪어야 했다고 호소한다는 점을 생각하면 '위안부'라는 말도 적절하지 않다. 이 때문에 더욱 역사적 성격을 분명하게 드러내는 성노예라는 말이 쓰이기도 한다. 국제적으로는 일본군 성노예로 통용되고 있으며, 이것이 점차 역사적인 용어로 정착되고 있는 추세이다. 다만 당시 일본군의 문서에 '위안부'라는 용어가 보인다는 점을 고려할 때, 일본군의 '위안부' 제도의 운영을 보여준다는 점에서 일본군 '위안부'라는 말이 유효하다. 이때 위안부라는 말에는 동의하지 않는다는 의미로 따옴표를 쳐서 사용한다.

(박정애)

으로 이루어진 젊고 건강한 여성들이 무작위로 이송되어 갔다. 헌병이나 경찰 조직이 인신매매업자나 대좌부(貸座敷)업자 등과 결탁하여 모집하고, 가족에게 선불금을 건네주고 연행하거나 간호 일이나 식당 일을 한다고 속여서 연행했으며, 유괴와 폭력으로 연행했다. 또한 아시아 각지의 일본군 점령지에서는 현지의 여성들도 잡혀갔으며, 성폭력을 당한 이후에 '위안부'를 강요당한 사람도 있다. 일본군의 점령지였던 곳의 피해자들은 전후에도 위안소였던 건물이나 강간된 장소 등, 피해 현장을 눈앞에 두고 사는 경우가 많았기 때문에 그 괴로움의 기억이 반복되는 경우가 많았다.

(모리카와 마치코)

2) 조선인 일본군 '위안부'

'위안부'로 동원된 식민지 여성들

1938년 1월에 상하이의 '육군오락소'에서 '위안부'의 성병을 검사한 군의관 아소 테쓰오(麻生徹男)는 이듬해에 다음과 같은 의견을 제출했다. 검사자 조선 여성 80명, 일본 여성 20명 가운데 조선인 여성은 성병이 의심가는 사람이 극히 소수이고 나이도 어린 초심자가 많다는 것이다.

이러한 기록은 일본이 일본군 '위안부' 정책을 기획하고 수행하는 데 식민지의 존재를 어떻게 활용했는지 보여준다. 전쟁의 확대와 함께 군인의 수 또한 점점 증가하는 상황에서 일본은 '위안부'를 안정적으로 공급할 필요가 있었고, 식민지 여성이 그 편리한 동원 대상이 되었다. 특히 대만인, 중국인에 비해 조선인이 더욱 많이 동원된 것은 전쟁 수행 과정에서 기밀 유출의 위험이 덜했기 때문이다.

이러한 성적 동원이 식민지 여성에게 집중되었다는 사실은 일본의 가부장제가 여성뿐만 아니라 식민지를 억압하는 기능까지 했음을 말해준다. 성에 대한 이중 윤리라는 가부장제의 잣대는 성차별뿐만 아니라 민족차별을 통해서도 발현되었던 것이다.

정신대와 '처녀공출'

지금 80세가 넘은 여성 가운데에는 처녀공출을 피하기 위해 결혼을 일찍 했다고 말하는 사람들이 꽤 있다. 일제시대를 경험한 사람들은 정신대나 처녀공출이라는 말로써 일본군 '위안부'를 설명한다. 일본이 여자근로정신대라는 명분으로, 또는 취업사기나 인신매매 등을 통해 '위안부'를 은밀하게 동원했던 데 반해, 사람들은 그것을 처녀공출로서 받아들이고 있었던 것이다. 일본의 동원 대상이 주로 미혼 여성이었으며, 당대 사람들은 그것이 성적 동원이었음을 예민하게 의식하고 있었다는 사실을 말해주는

|왼쪽| 상하이의 위안소 앞에서 줄지어 서있는 군인들 |오른쪽| 종전 뒤 버마의 포로수용소에 수용되어 있는 일본군 '위안부'의 모습

부분이다.

"부락의 여성들은 제일선으로 끌려나가 병대의 취사 및 간음에 바쳐진다"[18]라는 소문까지 돌았다. 일본은 이것을 유언비어라고 선전하며 소문 단속에 나섰지만 사람들은 '처녀공출' 끝에 조선 여성이 결국은 일본군의 '간음'의 대상이 될 것이라고 믿었다. 결혼은 '처녀공출'을 피할 수 있는 방법이라고 여겨졌으므로, 징병·징용으로 젊은 남성이 전쟁터로 떠나야 하는 상황과 맞물려 조혼이 성행하게 되었다. 신랑 집에서는 아들이 언제 죽을지 모르니 대라도 이어놓아야 한다는 심산으로 조혼을 시켰다. 일반인들은 결혼을 통해 전쟁 수행을 명목으로 젊은이들을 '공출'해 가던 시대에 대해 소극적으로나마 저항했던 것이다. 그러나 이 때문에 어린 신부들이 낯선 시집살이를 하고 이른 나이에 과부가 되는 고통을 겪어야 했다.

강제 동원

정신대 동원 외에 일본은 민간 업자를 선발하여 이들에게 일본군 '위안부'를 모집하고 통제하도록 했다. 업자들은 모집인을 이용하거나 자신들이

---

18) 『刑事補償事件報告綴』, 1944, p.20.

노무 '위안부'

일본의 군대뿐 아니라 기업도 생산성 향상이라는 논리로 '위안부'를 동원했다. 이 조선인 '위안부'의 존재가 공식적으로 보도된 곳은 일본의 ≪오타루(小樽)신문≫ 1939년 10월 13일자였다. "내지로 오는 반도 노동자에게, 동향(同鄕) 여성의 위로를 각지에, 조선 요릿집 신설"이라는 제목으로 "유바리(夕長)나 비바이(美唄) 등 18개 탄광에 조선 요릿집 26개 개점을 도청에 요청해 왔다"라는 기사가 실린 것이다.

노무위안소의 설치 시기는 조선인 노동자들을 본격적으로 동원한 시기와 맞물린다. 1939년 「국민징용령」 실시 이후 강제 동원된 노동자들은 과도한 노동에 시달린 나머지 도망치거나 태업으로 저항하는 경우가 많았다. 노동자들의 수가 부족해지면서 조선인 노동자를 안정화시키는 것이 기업과 정부의 과제가 되었다. 그리고 기존의 조선요리옥을 전용하거나 새로 요리옥을 설치하여 조선인 노동자들이 이용하도록 했다.

위안소의 설치는 일본 정부와 기업이 가장 적은 비용으로 노동자를 통제하는 방법이었던 것이다. 위안소는 탄광, 광산, 공장, 그리고 토목현장 등에도 만들어졌다. 그리고 조선인 '위안부'의 필요성이 늘어나면서 이들을 공급하기 위한 사기나 인신매매, 유괴·유인, 납치 등의 범죄도 증가했다.

(박정애)

직접 나서서 여성들에게 접근하여 취직을 시켜준다거나 좋은 돈벌이가 있다고 속여 여성들을 끌어 모았다. 군과 경찰이 나서서 폭력적으로 여성을 납치하기도 했다. 제대로 영문도 모르고 동원된 여성들은 현지에 가서야 '위안부'로 끌려왔음을 깨달아야 했다.

위안소 생활

'위안부'들은 군인이 직영하거나 민간 업자가 경영하는 위안소에서 생활했다. 민간 업자가 경영하는 경우라도 군이 위안소의 허가뿐만 아니라 위안소 경영을 통제했기 때문에 군의 관리 아래 있었다고 할 수 있다.

'위안부' 생활은 군에서 제정한 위안소 이용규칙에 따라 통제되었다. 규칙에는 군인을 상대하는 시간과 상대 수, 요금제도, 성병 검진, 위생 상태 따위에 대해 세세하게 규정하고 있었다. 그러나 '위안부'들은 선택의 여지 없이 군인이 '들어오는 대로' 받아야 했으며, '위안'을 거부하기라도 하면 매질을 당해야 했다. 규정상 군 '위안부'에 대한 구타는 금지되어 있었으나, 위안소 업주나 관리인, 또는 군인의 폭행은 공공연하게 일어났다.

(박정애)

6. 여성의 전쟁 협력

1) 친일 여성

전쟁에 협력한 식민지의 여성 지식인들

일본은 '친일 여성' 지식인들을 적극적으로 활용하여 전시정책을 선전하도록 했다. 각종의 시국강연, 내선일체 부인좌담회, 징병징용제의 취지를 알리는 부인궐기촉구대회, 결전부인대회 등이 끊임없이 개최되었고, 여기에 여성 지식인들은 주요 강사로 참여하면서 대중을 선동해 나갔다.

대표적인 친일 여성으로 꼽히는 김활란, 고황경 등은 일본이 실시한 징병제를 찬양하는 글을 《매일신보》에 싣기도 했나. 박인덕은 친일단체였던 녹기연맹(綠旗聯盟)[19]의 지원으로 덕화여숙을 설립했고 임전대책협의

---

19) 황민화 운동을 추진하는 핵심적인 민간단체로서 1930년대에는 조선총독부가 주관하는 국민정신작흥(國民精神作興)운동과 심전(心田)개발운동을 단체의 주요한 사업으로서 전개했고, 1940년대에는 국민정신총동원운동에 주력했다. 일제 말기에는 황민화 운동을 총력적으로 전개하기 위해 1942년 5월에 '결전하의 교화 체제를 확

친일 여성 단체인 애국부인회 경성부 분회의 회원들

회에 참여하여 연설을 하기도 했다. 시인 모윤숙과 노천명은 「부인근로대」, 「님의 부르심을 받고서」, 「어린 날개」 등의 친일 작품을 발표했으며, 소설가 최정희 또한 「군국의 어머니」 등 황국신민화 정책에 협조하는 작품을 발표했다.

전쟁 협력의 논리

이제야 기다리고 기다리던 징병제라는 커다란 감격이 왔다. ⋯⋯지금까지 우리는 나라를 위해 귀한 아들을 즐겁게 전장으로 보내는 내지의 어머니들을 물끄러미 바라만 보고 있었다. ⋯⋯이제 우리도 국민으로서의 최대 책임을 다할 기회가 왔고, 그 책임을 다함으로써 진정한 황국신민으로서의 영광을 누리게 된 것이다.

[김활란, 「징병제와 반도여성의 각오」, ≪신시대≫(1942년 12월)]

전쟁에 참여하여 의무를 다할 때 진정한 황국신민이 될 수 있다는 이야기는 일본이 식민지민을 동원하기 위한 논리였지만, 친일 지식인들은 이것을 비로소 '국민'으로 인정받을 수 있는 새로운 기회로 받아들였다. 내선일체를 통한 국민화가 일본인을 동화의 기준으로 설정함으로써, 이미 조선인에 대한 차별을 전제로 하고 있었다는 사실은 인식하지 못했다.

여성 지식인들은 전쟁에 협력하면 '식민지민'과 '여성'이라는 이중 차별에서 벗어날 수 있을 것이라고 생각했다. 일본은 여성의 전쟁 협력을 여성의 사회 진출을 통한 여성 지위의 향상이라고 선전했고 친일 여성들은 이러한 논리에 유혹당했다. 친일 여성들은 전쟁에 참여하는 것이 여성의 공적인 삶을 인정하지 않았던 기존의 가부장제로부터 탈출할 수 있는 기회라

립하기 위한' 기구를 재편성하기도 했다.

고 믿었다. 친일을 통해 '진정한 일본 여성'이 된다면 민족차별, 성적 차별을 극복할 수 있을 것이라고 생각했다.

그러나 전쟁 수행의 과정에서 획득된 공적 영역이라는 것이 오로지 전쟁이라는 목적만을 위해서 설정된 것이라는 점을 볼 때, 이들의 전쟁 협력은 그 목적을 이룰 수 없는 것이었다. 일본제국의 전쟁을 위한다는 명분은 식민지 기간 내내 낮은 교육률을 배경으로 국민으로서의 의식을 훈련받을 기회가 거의 없던 한국 여성들에게는 그리 매력적인 이야기가 아니었다. 공적 영역은 확대되었지만 그 성과물은 대부분 전쟁을 위해 바쳐야 하는 상황에서, 그리고 명분이 없는 전쟁에 남편이나 아들을 보내야 하는 상황에서 친일 여성들의 주장은 공허하게 다가왔을 것이다.

(박정애)

2) 일본인 여성의 전쟁 협력

전시하에서 활성화된 관제 여성단체

근대 일본의 해외 팽창 정책에 따라 군사 원조를 위한 최초의 여성국책단체, 이른바 관제여성단체 제1호는 1901년 내무성의 관할하에 설립된 애국부인회였다. 이들의 활동이 활발해진 것은 만주사변 이후이다. 이즈음 발족된 두 개의 여성단체, 대일본연합부인회와 대일본국방부인회는 회원 증가와 성과에서 서로 경쟁하고 있었다. 대일본연합부인회는 1931년 문부성의 주선으로 황후탄신일(이후 지구의 날)에 지역부인회와 어머니회, 주부회 등을 그 산하에 결성했다. 그 이듬해에는 대일본국방부인회가 군부의 세력을 배경으로 조직되어 재향군인회 등 지역에 기반을 둔 군 관계 조직을 이용해 마을 전체의 강제 가입이 이루어지는 등 세력을 한꺼번에 늘려나갔다. 단체들 모두 '부덕(婦德)'과 모성을 칭송하고 군사원호와 가정국방을 호소했다. 이러한 단체들에 실질적으로 맡겨진 '총후'는 병사들의 전의를 고양시키는 한편 가정 사회에서 전쟁에 대한 혐오의식, 반전의식이 드러나는 것을 억제하는 것이었다.

총동원 체제에서 대일본부인회로의 일원화

　1937년 중일전쟁 발발 이후 급속히 전시체제가 강화되어 그때까지 관제단체와 거리를 두고 있던 부선(婦選) 획득동맹도 다른 단체와의 연합조직인 일본부인단체 연맹에 가담하여 시국협력의 길로 접어들었다. 더욱이 정부의 국민정신총동원운동이라는 구호하에 국민정신총동원 중앙연맹이 결성되었고, 애국부인회, 대일본연합부인회, 대일본국방부인회, 대일본연합여자청년단과 함께 일본부인단체연맹 산하의 여성운동가들도 편입되어 여성 총동원의 역할을 담당했다. 1938년 국가총동원법이 공포되고 1940년 다이쇼 익찬회가 발족되는 가운데 대동단결을 대의명분으로 단체 간의 마찰 대립을 해소하기 위해서 여성단체의 일원화를 꾀하게 되었다. 또한 1942년에 대일본부인회로 통합이 완수되어 회원이 2,000만 명을 넘는 대조직이 되었다. 일부는 1945년 3월 국민의용대조직이 각의(閣議) 결정되어(45세 이하의 여성 대상), 6월 해산에 이르기까지 이어졌다.

여성 지도자들을 사로잡은 익찬 사상

히라쓰카 라이초(平塚らいてう, 1886~1971) 같은 여성해방의 선구자조차 천황 익찬(翼贊: 힘을 모아 천황을 보좌) 사상 및 행동에 경도되었다. 히라쓰카는 모성주의를 우생사상과 접목시켜 천황을 '살아있는 천조대신(天照大神)'으로 표현하는 등 천황제 환상을 부추겼다. 또한 중국에 대한 인식 역시 중국 민중의 항일운동은 '잘못된 항일의식'에서 비롯되었다고 보며, 일본제국의 침략행위에 대해서는 정확성을 잃은 입장을 취했다.

다카무레 이쓰에(高群逸枝, 1894~1964)도 1920~1930년대 초 아나키스트이자 여성해방론자로서 체제 비평의 논지를 펼쳤으나, 전쟁 중에는 천황제 이데올로기를 부추겨 대일본부인회의 기관지 ≪일본부인≫에 역사 수필을 연재하는 등 고도국방 체제하의 '황국전통의 부도(婦道)'와 '수신제가봉공'의 길을 설파했다.

여성운동가와 교육가의 익찬 이론: 참여는 해방인가

여성운동가나 지도자 다수는 여성에게 부여된 참여·참획(參劃)을 '해방'으로 착각해 '나라를 위해' 일하는 데에 삶의 가치를 두었다. 이치카와 후사에(市川房枝, 1894~1981)는 부선획득동맹의 견인자로서 오직 '여성의 선거 참여'를 위해 살아온 사람이었지만, 중일전쟁의 확대와 함께 '여성의 선거권 획득'으로부터 방향전환을 도모했다. 여권과 내셔널리즘을 결합하

여성 문학자의 전쟁 가담

15년 전쟁에서 전쟁에 가담하지 않은 완전무결한 문학자는 전무하리라. 시대적 상황이 그러했던 것이다. 그 선단에 선 것은 남녀평등주의자, 무계급적 인류연대주의자로 오피니언리더임을 자타가 공인하던 요사노 아키코(与謝野晶子)이다. 1932년부터 남녀 모두 힘 모아 '육탄 3용사'(전쟁 중 폭탄을 조작하러 간 3명의 병사가 폭염에 휩싸여 전사한 사건이 자기희생의 상징으로 미화됨)의 용기로 돌격하자고 외치며, 천황·황실 예찬을 계속하고 극동의 평화를 위해 천황의 은총을 입고 싸우는 일본 군대는 중국 병사와는 질적으로 다르다고 하는 노골적인 국체역사관에 서서 타국 멸시론을 『선두에 보낸다』(1934), 『승리자가 되어라』(1934)에 담아내 전쟁 협력자로서의 역할을 담당했다. "하늘을 우러러 한 점 부끄러움 없는 자여! 전장에 적의 무기가 있던들 무슨 상관이랴", "용맹스럽고 우수한 자식을 전장으로 보내는 일(日)의 근본인(일본의) 어머니" 등, 일련의 이야기가 그녀의 '진심 어린 마음'이었다.

하야시 후미코(林芙美子)나 요시야 노부코(吉屋信子)를 비롯한 전쟁 선동가는 헤아릴 수 없이 많다. 그중 전후 센슈(專修)대학·삿포로대학 교수, 황태자비의 음악 전문 지도 선생을 역임하고, 시주 포장(紫綬褒章)을 받은 고토 미요코(五島美代子)는 "지금은 소식 없는 먼 땅을 향해 가는 병사에게/ 험난한 전장의 신이 전령을 보내/ 누구도 손댈 수 없도록 해주리라", "천황 폐하를 우리가 방패가 되어 보호할 수 있는 건, 놀라울 정도로 훌륭한 일" 등을 노래했다. 일본예술원 회원, 궁중신년가회 참가 시인, 3등훈장서보장(勳三等瑞宝章)을 받은 사이토 후미(齊藤史)는 "대국의 길 우리의 꿈이 되리", "우리를 굽어 살피시는 천신의 용맹이 날개를 타고 와 그 무엇에도 지지 않으리"라고 하며 크게 활약했다.

남성에게도 해당되지만 전쟁 중에 대활약했던 사람들이 '영광'에 빛나는 지위, 특별대우를 받는 것은 불가사의하다. '역사의 심판'이 내려지지 않고 면책되어도 좋은 문제는 아니다. 이것은 문학 부재의 현대가 짊어지고 있는 중요 과제이기도 하다.

(와타나베 스미코)

여 시국, 전쟁 참가, 협력을 해방이라 파악해 국책협력의 길을 택했다. 신부인협회 설립 이래, 이치카와 후사에와 함께 활동하며 여성의 지위 향상, 권리 획득에 주력했던 야마타카[山高: 결혼 후 성은 가네코(金子)] 시게리(しげり, 1899~1977), 오쿠 무메오(奥むめお, 1895~1997)도 총동원 체제를 협동화로 파악해 '일군만민(一君萬民)'의 환상하에서 평등을 지향했으며, 결국 '산업보국', '국책협력' 체제에 빠져들어 갔다.

교육 분야에서는 '부인국책위원' 제1호였던 도쿄여자의전(현 도쿄여자의과대학) 교장 겸 의사인 요시오카 야요이(吉岡弥生, 1871~1959)를 비롯해, 오쓰마(大妻)학원 창립자로 '현모양처' 양성을 추진했던 오쓰마 고다카(大妻コタカ, 1884~1970) 등의 보수적 교육자뿐만 아니라, 진보적인 학풍으로 알려져 있던 자유학원의 하니 모토코(羽仁もと子, 1873~1957)나 하니 세쓰코(羽仁說子, 1903~1987), 일본여자대학 교수, 과학자, 생활합리화 운동 주창자로 패전 후 중일평화우호운동에 힘쓴 고라 도미(高良とみ, 1896~1993) 등 대부분의 여성 지도자가 총동원 체제에 협력했다.

(미야자키 레이코)

3) 폐창운동에서 순결보국 운동으로

공창제도의 존속

일본은 1921년 국제연맹총회에서 채택된 '부인 및 아동의 매춘폐지에 관한 국제조약'을 1925년에 비준했다. 이로써 곽청회와 일본기독교부인교 풍회가 협력해서 폐창운동을 적극적으로 전개해 갔다. 그러나 이들이 낸 공창제도 폐지 법안은 모두 부결되거나 또는 심의되지 못한 채 흐지부지되어 폐창은 실현되지 못했다. 이러한 배경에는 일본 정부가 공창제도를 외국에 대한 체면상의 문제로만 파악한 채 오히려 '풍속을 유지하기' 위해서는 공창제도의 존재가 필요하다고 보는 인식이 자리하고 있었다.

순결보국 운동의 전개

공창제도가 폐지될 실마리가 보이지 않는 상황에서 1935년에 곽청회와 교풍회는 이제까지의 '곽청회·교풍회 폐창연맹'을 '국민순결동맹'으로 개조했다. 그리하고 국가에 요구하여 법적 폐창 실현을 목적으로 했던 폐창운동을 화류병(성병) 예방과 이를 위한 '순결사상' 보급 등 국민의 성도덕을 고양시킬 것을 목적으로 한 순결운동, 순결보국 운동으로 전환시켜 나갔다. 폐창은 군대를 성병으로부터 보호할 목적으로 그 중요성이 강조되었다. 또한 순결사상의 계발은 '우생사상'과 결부되어 침략전쟁 수행을 위해 국력을 뒷받침하는 국민 건강의 기초로서 중시되었다. 1942년에는 순결보

1994년 오키나와에 주둔한 일본군은 주민에게 '군관민 공생공사의 일체화'라는 지도 방침을 발표했다. 여성들은 '총후 방비'를 맹세해, '류큐(琉球) 처분' 이래, 일본의 공무원으로부터 항상 '남국 여성'이 '정조 관념이 없다'고 지적되어 온 오명을 씻기 위해 노력했다.

이듬해 오키나와 주민은 미일 지상전에 휘말려 수만 명이 죽음을 당했다. 도망갈 장소를 잃고 정신적으로 세뇌된 여성들이 '야수 미국 병사'를 보았을 때 순간적으로 취한 행동이 '집단 자결'이었다. 적에게 잡히면 강간당한다는 증오와 공포심으로 자신의 아이를 먼저 죽이고 나서 스스로 목숨을 끊었다. 죽기 직전, '천왕 폐하 만세'를 외친 어머니들도 있었다. 근대 국민국가의 모습을 갖춘 이래, 황민화 교육을 매개로 일본 동화 정책의 세례를 받은 여성들에게 군사 체제하에서 '현모양처', 가부장제의 가르침이 '훌륭하게' 결실을 맺은 결과가 '집단 자결'로 나타난 것이다. '무학'의 노인 중 '자결자'는 없었다.

(미야기 하루미)

국 운동의 일환으로 '순결'한 일본 여성을 아시아에 진출시켜 '대동아공영권'의 '순결' 추진에 공헌할 것을 목적으로 한 '흥아(興亞)여자지도자강습회' 등도 실시했다. '폐창운동'에서 '순결운동'으로의 변화를 운동 주최 측은 운동의 발전으로 인식하고 있었다. 그러나 실제적으로는 폐창의 실현이라는 본래의 목적을 잃고 군사적 목적에 적극적으로 공헌함으로써 총동원 체제의 일익을 담당하고 있었다.

(다시로 미에코)

4) 종교의 전쟁 협력: 기독교의 전쟁 책임

일본의 교회

아시아 여러 나라에서 기독교는 대부분 농촌이나 소수민족 또는 남아시

일본기독교부인교풍회 조선 경성 지부의 모임(1930). 부인교풍회도
조선 통치에 적극적으로 협력했다.

아의 차별받는 카스트 등 각 나라의 소외층을 중심으로 퍼져나갔다. 또한 여성 신도가 많아 이름 없는 여성들이 선교의 선두에 서온 것이 사실이다.

반면 일본에서는 도시 인텔리층의 남성 중심 교회가 많이 세워졌다. 여성은 대부분 중산계층 출신으로 남편의 뜻에 따라 활동했고, 일부는 남성과 더불어 뛰어난 지도자가 되기도 했다. 1873년 「기독교 금지령」이 폐지된 이래 기독교는 새로운 천황제 가족주의 국가의 일원으로 인정받을 수 있도록 노력해 왔다. 교육이나 복지 관련 사업에서도 국가 발전에 공헌한다는 애국심을 대의명분으로 해왔는데, 아시아 각국을 침략했던 전쟁 때에 이와 같은 일본 기독교의 성격이 드러났다.

'국체'를 향한 주문과 속박

종교단체법(1939) 아래에서 기독교의 전파는 일본기독교단으로 통합되었다(1941). 그 뒤 교단은 국책에 전면 협력하여 조선과 대만, 중국, 그 밖의 동남아시아에도 목사를 보내 '거국일치'의 전쟁 협력에 대해 설명했다. 조선의 각 교회들도 일본기독교조선교단으로 통합을 강요받았으나, 일본 교회는 같은 기독교인으로서 조선교회의 고난에는 연대하지 않았다. 일본 기독교부인교풍회의 하야시 우타코(林歌子), 간토렛트 쓰네코(ガントレット恒子), 구부시로 오치미(久市白落實)와 일본 YMCA의 우에무라 다마키(植村環) 등으로 대표되는 저명한 여성 지도자들도 폐창이나 평화 운동을 하면서도 중일 전쟁 이후 일본군에 의한 강간이나 군 '위안부' 문제에 대해서 현지시찰에서는 물론, 국제회의 등에서도 무시로 일관했다.

국가나 사회의 감시도 있었지만 일본교회가 체질적으로 가지고 있는 천황제 국가주의에 대한 종속이 전쟁에 가담한 원인이라고 볼 수 있다. 물론 소수이기는 하나 전쟁 중에 국가에 저항하고 수난을 당한 교파나 개인 기독교도 존재했다. 패전 뒤인 1967년 일본기독교단은 전쟁 책임을 고백했다.

(야마시타 아키코)

5) 종교의 전쟁 협력: 전시하 일본의 불교 교단

불교 교단의 적극적인 협력

전시하 불교 교단의 동향은 한마디로 '적극적 전면 협력'이었다. 일본이 침략을 할 때 앞서나가는가 하면 교단의 방침으로 침략의 일익을 담당했다.

'교단 방침'을 보면 일본 최대의 불교 교단인 정토진종본원사파(淨土眞宗本願寺派: 西本願寺)의 최고권력자 호슈(法主, 현재는 門主)는 1945년 5월 21일자로 '황국보호유지의 소식'을 발표하고 전국의 사원과 신도를 향해 "지금이야말로 흔들리지 않는 신앙의 힘을 발휘해 소리 높여 염불을 외쳐 교만한 적을 격멸하는 일에 매진하라"라는 메시지를 보냈다. 진종대곡파(眞宗大谷派)도 마찬가지였다. 서본원사 교단과 마찬가지로 대교단인 진종대곡파(동본원사)에서는 교단의 요직자인 오타니 손유(大谷尊由)가 제1차 고노에 내각에서 식민지 경영의 최고책임자인 정무대신에 취임했다.

'전시교학'의 형성

불교 교단은 국가신도의 중요한 일익을 담당함으로써 전쟁에 전면적으로 협력했다. 원래 불교는 '불살생', 곧 생명을 빼앗는 것을 최대의 악으로 보아 반전의 입장에 서는데, 전시하 불교 교단들은 오히려 국가신도에 모순되지 않도록 각각의 가르침을 변질시켰다. 서본원사 교단은 이미 메이지 전쟁 15년 동안 그려진 막대한 전쟁화(戰爭畵)는 전후 일본 미술계의 금기사항이었다. 중일전쟁 발발 이후 군부가 육군미술협회, 해군미술협회 등과 결합하여 미술계를 재편성하고, 사상통제를 꾀하는 한편 고이소 료헤이(小磯良平)와 후지타 쓰구하루(藤田嗣治) 등의 화가들은 전장을 다니며 작전기념화를 그리며 군에 적극적으로 협력했다. 이들의 전쟁기록화 중 153점(작품 수에 관해서는 이견이 분분함)은 전후에 GHQ(연합군사령부)에 접수되었고, 1970년에 무기한 대여의 형태로 일본에 반환돼 도쿄국립근대미술관에 소장되었다. 이들 153점은 한 번도 일괄 공개된 적이 없으나 야스쿠니 신사 등에는 현재에도 다수의 전쟁화가 전시되어 전쟁을 정당화하고 있다.

전쟁화는 실제 전투 장면이나 전사의 출정, 총후의 생활, 적의 항복·회견 등에 대한 것만은 아니다. 요코야마 다이칸(橫山大觀) 등 일본화가에 의해 그려진 후지산 벚꽃 등 국가주의의 상징도 일본 정신의 발양과 전의 고양을 위해 도움이 되었다는 점, 천황의 모습을 포함하지 않는 '전쟁화'라는 개념 자체가 전쟁 책임을 면책해 왔다는 점을 간과해서는 안 된다.

(기타하라 메구미)

시대부터 천황제 국가권력에 영합하고 있었는데, 1944년 4월에 '전시교학 지도 본부'를 설치하고, 전쟁을 찬미하는 교학을 형성했다. '전시교학'의 내용은 아미타불을 믿는 것이 일본의 신들을 숭배하는 것과 같아서 아미타 불의 말은 천황의 말과 다름없고 정토진종의 가르침은 '교육칙어'로 귀착 된다는 것이다.

각 교단은 일본군의 점령지에 본산의 출장소인 별원과 포교소 등을 설 치하여 병사의 전의를 고무시키고 국내 반전운동과 공산주의 운동 탄압에 도 관여했다. 서본원사 교단의 경우, 특히 사상범 전향에 큰 역할을 하는 등 천황제 국가권력과 유착하여 침략행위를 보완했다.

(고베 오사무)

1. '대일본제국'의 붕괴와 여성

1) 패전과 여성: 여성들의 8·15

'대일본제국'의 붕괴

1945년 8월 15일 일본은 연합국에게 무조건 항복했다. 쇼와 천황은 라디오를 통해 「종전의 조칙(詔勅)」을 낭독하여 일본의 패전을 알렸다. 마침내 15년에 걸친 전쟁이 끝나고, 일본의 식민지였던 조선·대만의 민중은 '해방'에 환호했다. 일본군에게 군사 점령을 당했던 아시아 지역의 사람들도 환호하며 일본의 패전을 맞이했다.

근대 초기부터 해외 팽창과 침략을 '국시'로 하여, 제국주의·군국주의 노선으로 돌진을 계속해 온 '대일본제국'은 여기서 붕괴한 것이다.

여성들의 전쟁 인식

일반 시민이 받은 패전의 쇼크는 전쟁의 체험, 지역, 연령에 따라 각기다르다. 그런데 전쟁에 협력해 온 사회 지도층 여성들에게 패전은 어떻게 받아들여졌을까? 전시 군국주의 소녀들을 육성하는 데 가담했던 여성 교사의 대부분은 그것을 깊이 반성하고 핵 피폭국의 입장에서 전후 여성운동에 착수하여 모성운동을 조직하고 반전평화운동에 큰 역할을 했다. 그러나 일본 사회 전반의 가해 책임에 대한 깨달음은 너무 늦었다. 그것이 전후 아시아 여러 나라 여성들과 교류하는 데 방해가 되었다.

대부분의 일반 여성은 '전쟁은 지긋지긋하다. 이제는 싫다'라는 심정으로 반전평화를 지지했다. 그러나 전쟁을 혐오하는 입장에서, 일본과 미국의 지배층이 공동으로 만든 「인간선언」을 낭독한 쇼와 천황의 책임을 묻지도 않은 채, '원폭 피폭국민'으로서, 새롭게 만들어진 천황=평화주의자

일본의 패전을 알리는 ≪요미우리호치(讀賣報知)≫
(1945년 8월 16일)

라는 신화를 받아들여 전후의 평화운동을 전개한 것이다. 거기에는 천황의 이름 아래 아시아에서 일본군이 일으킨 침략전쟁에 자신들도 가담했다는 자각은 생겨나지 않았다.

일본의 가해 책임을 날카롭게 물은 구리하라 사다코(栗原貞子, 1913~2005)나, 조선에서 교사를 하다가 패전 뒤 귀국한 후 반생에 걸쳐 자신의 전쟁 협력 경험을 반성하고 국가에 저항하며 살아간 이케다 마사에(池田正枝, 1924~)는 일본 국내에서는 극히 소수파였다.

미 점령군이 천황의 전쟁 책임을 면책하고, 그 지위를 이용하여 행한 일본 점령정책의 빛과 그림자는 머지않아 미국의 군사적인 전략 의도를 드러내며, 전후 일본에 큰 영향을 미치게 되었다.

(시미즈 기요코)

2) 해방과 여성

1945년 8월 15일 해방이 되자 한국은 일제의 지배에서 벗어났다. 그러나 공업생산이 급격하게 위축되었고 물가의 상승과 실질임금의 저하, 극도의 식량난으로 인해 경제 사정이 매우 열악했다.

여성들의 사회·경제적 상태 역시 매우 열악했다. 교육받지 못한 여성들이 여전히 많았고,[1] 여성들을 옥죄는 전통적인 인습도 계속되었다. 전체 여성의 80% 정도를 차지하던 농촌 여성들은 빈곤 속에서 생계를 이끌어가기 위해 과중한 노동을 담당하며 체념과 복종 속에서 살아가고 있었다.

---

1) 1944년 여성의 95% 정도가 미취학자였으며, 해방 2년 후인 1947년에도 여성의 87%는 여전히 교육의 혜택을 받지 못했다.

　여성 노동자는 남성에 비해 실업의 위기에 노출되어 있었으며 주로 노동집약적인 부문에서 저임금으로 생활하고 있었다. 가장 비참한 상황에 놓여있던 여성들은 공사창(公私娼)이었다. 일제에 의해 만들어진 공창(公娼)[2)]제도

---

2) 공창제는 외부와 격리된 지역에 매춘업자를 집중시켜 그것을 유곽(遊廓)이라 하고,

1950년대에 식당에서 밥을 먹고 있는 방직공장 여성 노동자들

가 해방 후에도 지속되어 수많은 빈곤한 여성들이 성을 팔아 생계를 이어갔다.

(이혜숙)

2. 미국의 점령과 여성정책

1) 쇼와 천황의 면책

'국체호지'에 대한 집착

1945년 7월 26일에 포츠담선언이 발표되었으나, 일본은 천황제의 확실한 존속, 즉 '국체호지(國體護持)'를 내세우며 수락을 미뤘다. 그러나 일본은 8월 6일 히로시마 원폭 투하, 8일 소련의 대일 선전포고, 9일 나가사키 원폭 투하로 인해 마지못해 수락에 대한 협의를 시작했다. 14일 어전회의(御前會議)에서는 무조건 항복을 한다는 포츠담선언을 받아들였다. 그러나 이 사이에도 민간인에 대한 무차별 폭격이 가해져 많은 사람들이 죽었다. 일본군이 침략·점령해 있던 아시아 지역에서도 전투가 전개되어 현지 주민들이 많이 희생되었다. 쇼와 천황이나 측근들의 '국체호지'에 대한 집착은 일본 민중뿐 아니라, 광범한 아시아 민중에게도 막대한 희생을 강요했던 것이다.

천황의 종전·면책공작

1945년 8월 15일 일본 정부는 '패전'을 '종전'으로 바꾸어 말하면서 이것은 일본 '신민'에 대한 천황의 '배려'라고 대대적으로 선전했다. 또한

그 유곽 안에서만 성을 팔 수 있게 하는 제도이다. 한국에는 1890년대 말 일본인이 모여 사는 지역을 중심으로 도입되다가, 1916년 일제에 의해 전국적으로 설립되었다.

'종전의 성단신화(聖斷神話)'를 만들어내어 쇼와 천황의 전쟁 책임을 교묘하게 회피했다. 패전 직후, 첫 황족 수상에 취임한 히가시쿠니노미야 나루히코(東久邇宮稔彦)는 기자회견을 갖고 "전 국민이 모두 참회를 하는 것이 우리나라 재건의 첫 걸음"이라고 말하고 전쟁의 책임을 '국민' 전체로 전가했다.

쇼와 천황과 맥아더의 회견을 전하는 ≪아사히(朝日) 신문≫(1945년 9월 29일)

패전 이듬해인 1946년 1월 1일, 이른바 「천황의 인간선언」이 발표되었다. GHQ(General Head-quarters)[3]는 오스트레일리아, 중국 등에 의해 제기된 천황 처벌이라는 엄중한 국제 여론을 딴 데로 돌리기 위하여, 천황을 인간으로 선언하게 함으로써 천황·천황제의 '민주화'를 가장할 필요가 있었다.

GHQ는 냉전의 징조를 감지하고, 소련을 견제하고 미국의 일본 단독점령을 신속하게 행하기 위해 천황을 면책하여 이용하는 편이 유리하다고 판단하여, 도쿄 재판(1946년 4월 기소장 발표)에서도 불기소처분했다. 이렇게 미국은 동아시아에서 '반공'의 요새로 일본을 두고, '반공'의 상징으로서 천황제를 존속시킨 가운데, 일정 범위 안에서 '민주화' 정책을 전개했다.

(시미즈 사쓰키)

2) 일본국헌법, 전후 개혁과 여성

'민주화' 정책과 여성참정권

패전으로 일본은 많은 생명과 재산을 잃고 극도의 빈곤에 빠졌다. 인플

---

3) 1945년 9월 2일 미주리 함대에서 일본의 무조건 항복 조인이 이루어지고 난 뒤, 일본 도쿄(東京)에 세워진 연합군 총사령부. 그 실체는 미국 점령군이었다.

레이션이 몰아치고, 실업자가 넘쳐나며(1945년 가을 1,400만 명), '부랑자'와 전쟁고아가 헤매는 상황에, 전지(戰地)에서 760만 명이 넘는 병사가 돌아오고 해외 구식민지에서 150만 명이 귀환했다. 이러한 혼란과 빈곤 속에서 여성들은 살기 위해서 싸우기 시작했다.

패전일로부터 10일 후인 8월 25일에는 이치카와 후사에(市川房枝)가 중심이 되어 '전후대책 부인위원회'를 결성했다. 이 위원회에는 전시체제를 강력하게 추진했던 다이쇼 익찬회, 대일본부인회 등의 지도자도 가담하여, 대일본부인회(1945년 6월 해산, 국민의용대로 개조)의 재산을 이어받아 여성 참정권 획득 운동을 시작했다. 그러나 전쟁에 적극 참여한 경력 때문에 이 단체는 10월 11일 GHQ가 발표한 이른바 여성해방지령에 의해 분해되었다.

10월 11일 GHQ는 포츠담선언의 취지와 아시아 전략으로부터 일본의 비군사화를 철저히 하고, 일정한 범위 안에서의 '민주화'를 내용으로 하는 '5대개혁지령'(五大改革指令: 참정권 부여에 의한 여성해방, 노동조합의 육성과 촉진, 학교교육의 민주화, 비밀심문 사법제도의 철폐, 경제기구의 민주화)을 시데하라 기주로(幣原喜重郎) 내각에 지시했다. 12월에는 중의원의원(衆議院議員)선거법이 개정되어 이듬해인 1946년 4월에 시행된 전후 제1회 중의원 총선거에서 여성은 처음으로 참정권을 행사했다. 여성의 투표율은 67%였으며, 39명의 여성 의원이 탄생했다.

신헌법과 여성

1945년 10월 4일 GHQ는 시데하라 내각에 헌법 개정을 지시했다. 정부 차원에서는 국무상(國務相) 마쓰모토 조지(松本烝治)를 중심으로 개정 작업이 시작되었으며, 민간 측에서도 정당, 단체, 개인 안이 기초되었다. 그중에서도 다카노 이와사부로(高野岩三郎: 도쿄제국대학 교수 등을 역임)의 '일본공화국 헌법사안요강'은 철저한 민주주의와 공화제를 주장한 획기적인 것이었다.

1946년 2월 8일 마쓰모토 초안이 GHQ에 제출되었지만, 대일본제국헌법의 색채가 짙어 거부되었다. 13일에, 세습 천황을 인정하고, 전쟁 포기, 봉건제도의 폐지를 골자로 하는 헌법 초안이 GHQ 민생국에 의해 기안되었고, 3월 6일에 일본 정부의 헌법개정초안요강으로서 발표되었다. 이것은 반년 남짓의 짧은 국회 심의를 거쳐 11월 3일 공포되었고, 이듬해 5월 3일부터 시행되었다.

일본국헌법은 주권재민, 전쟁과 무력행사를 포기하는 영구평화주의, 기본적 인권존중을 세 개의 축으로 하여 개인의 존중, '법 앞에 평등', 남녀의 본질적 평등을 명기한 것이 특징이라고 할 수 있다. 하지만 이것은 한편으로는 상징천황제라는 이름으로 천황제를 존속시켰다. 미국은 천황의 전쟁 책임을 묻지 않고 패전 후에도 일본 '국민'에 대해 절대적인 권위를 유지하는 천황·천황제를 이용하여 동아시아 지배를 확고히 하고자 했다.

당초 GHQ 안에 있던 '외국인 역시 법 앞에 평등'하다는 항목을 일본 정부가 삭제하고, 대일본제국헌법 제18조를 답습하는 일본국헌법 제10조 "일본국민으로의 요건은 법률로 정한다"라고 하는 이른바 국적 조항을 교묘하게 삽입했는데, 이것은 식민지 지배 책임과 전후 배상 등을 회피하는 근거의 하나가 되었다.

〈오바야시 미키〉

교육기본법과 남녀공학

천황제하의 '민주화'라 하더라도 일본국헌법의 남녀평등 이념은 여성들에게 널리 환영받고 받아들여졌다. 기본법인 헌법의 개정을 이어받아, 두드러지게 남녀불평등과 부부불평등의 내용을 담고 있었던 민법과 형법의 일부도 개정되었다.

GHQ는 군국주의적 교육을 정지할 것을 명령하여 교과서에서 군국주의

적인 기술을 삭제하고 종래의 교과서를 사용한 수신(修身)·일본역사·지리
과의 수업을 정지시켰다.

1947년에는 전쟁 전과 전쟁 중의 교육칙어를 대신하는 교육기본법, 학
교교육법이 새롭게 제정되었다. 교육기본법은 교육의 기회균등, 9년간의
의무교육, 남녀평등, 행정으로부터의 독립을 강조했다.

중학교와 고등학교 모두 남녀공학이 되어 법적·제도적으로는 여성에게
도 남성과 동일 수준의 교육을 받을 기회균등이 보장되었다. 1949년에는
새로운 형태의 대학이 발족했고, 전 교육과정에서 남녀공학이 실현되었다.

그러나 불과 수년 후에 고등학교에서는 남녀를 따로 교육하는 지역이 출현했으며, 생활고와 가족의 생계를 지탱하기 위해 의무교육의 취학 기회조차 얻을 수 없는 여성들도 있었다.

노동조합 운동의 육성과 여성

GHQ는 '여성해방'과 함께 노동조합의 육성·조장책을 일본 '민주화'의 지침으로서 적극적으로 권장했다. 1945년 12월에는 노동조합법을 제정하여 노동자의 단결과 단체행동, 노동조합의 자유로운 결성과 자주운영, 쟁의행위의 형사·민사 소추로부터의 면책, 조합결성에 대한 사용자의 불이익 처분의 금지와 처벌, 노동협약의 준수 의무를 보장했다. 1946년 5월에는 제17회 메이데이가 11년 만에 부활되어, 많은 여성 노동자가 참가했다. 여성 노동조합원의 수는 1946년 8월 96만 3,849명, 1947년 6월 130만 9,516명, 1948년에는 330만 명을 돌파했으며, 조직률은 45.7%에 달했다.

노동조합법은 노동관계조정법, 노동기준법과 함께 노동삼법이라 불리며, 패전 후의 여성 노동운동을 급격하게 발전시키는 원인이 되었다. 일본교원노조 등 관공 노동조합의 노동조합부인부 활동이 활발히 전개되어 남녀

차별대우 철폐를 요구했다. 좌경화를 우려한 GHQ는 1948년, 정령 201호를 공포하여 공무원 노동자의 파업권을 박탈했다.

(나카자와 기미코)

3) 한국 내 미군정의 여성정책

해방 직후부터 1948년 8월 15일 한국 정부 수립까지 미국은 38선 이남을 군사점령하고 직접 통치했다. 한편 38선 이북에는 소련군이 점령했다.[4] 미군정이 존재했던 시기는 한국 사회구조가 재편되고 분단구조가 형성되던 시기였는데, 이러한 과정은 여성의 삶의 양식에도 깊은 영향을 미쳤다.

미군정의 여성정책은 남녀평등의 민주주의 질서 확립이라는 목표하에서 추진되었으나, 구체적인 준비나 대안이 없는 상태에서 전개됨으로써 많은 문제를 야기하기도 했다. 그뿐만 아니라 자본주의 사회로의 재편이라는 점령의 기본 목표를 관철시키는 과정에서 미군정 정책의 중심은 정부 수립과 관련된 정치적 문제의 해결과 이를 위한 정치·사회적 안정이었으며, 여성 문제는 정치·경제적 문제에 비해 부차적인 위치를 점하는 것이었다. 따라서 정치, 경제, 사회, 문화, 제반 분야에서 여성의 지위를 향상시키고 여성의 권익을 옹호한다는 미군정의 여성정책은 정치 분야의 정책 추진 과정에서 여성의 지지와 참여를 이끌어내려는 목적이 좀 더 강했다.

공창 폐지

해방된 지 1년 만에 미군정은 인신매매를 금지하는 법령 제70호 「부녀자의 매매 또는 그 매매계약의 금지」를 공포했다. 이 법령은 발표되자마자

---

4) 소련군과 함께 북한에 들어온 김일성은 신탁통치 문제를 계기로 신탁통치를 반대하는 조만식을 제거했으며, 1946년 2월 북조선임시인민위원회가 결성되자 그 위원회의 위원장이 되었다. 그리고 점차 국내 좌익세력을 누르고 주도권을 장악했다.

처음에는 공창제도의 즉각적인 폐지로 인식되어 환영받았다. 그러나 단지 부녀자들의 인신매매만 금지할 뿐 공창 자체를 폐지한 것이 아니었으며, 더구나 포주의 손아귀를 벗어난 '창기(娼妓)'들의 생계에 대해서는 아무런 대책을 세우지 않아서 혼란이 많았다.

1947년 8월에는 조선과도입법의원에서 공창폐지법을 통과시키는 즉시 군정장관의 인준을 요청했으나, '창기'들과 포주들의 반대 운동이 거세게 전개되었고 군정 당국도 이에 대한 구체적인 안을 갖고 있지 않은 상황에서 일이 지체되었다. 그러나 계속 전개된 공창제 폐지 요구로 마침내 1947년 11월 14일자로 「공창폐지령」이 공포되었고 1948년 2월 14일부터 효력이 발생되었다.

그러나 공창 폐지는 사창(私娼)의 급증이라는 새로운 문제점만 남기고 말았다. 공창 폐지에 대한 미군정의 정책은 근본적이고 실제적인 대책을 결여함으로써 현상을 개선하는 데 실질적인 기여를 하지 못했다.

부녀국의 설치

미군정은 역사상 처음으로 행정부서 내에 여성 관련 업무만을 전담하는 부서를 설치했다. 1946년 9월 14일 보건후생부 내에 부녀국이 설치된 것이다. 부녀국의 직능 및 임무는 정치, 경제, 사회, 문화 전반에 걸쳐있었으나 실제의 활동은 여성에 대한 계몽활동이 대부분이었다. 부녀국은 계몽활동을 통해 일반 여성에 대한 계몽과 함께 부녀활동의 지도적 인물을 양성하고자 했다. 또한 부녀국의 활동에 대한 홍보와 함께 여성의 적극적인 지지와 참여를 이끌어내려고 했다. 1946년 12월부터는 계몽을 목적으로 한 월간지 《새살림》을 발간하기도 했다.

미군정은 부녀국을 통해 여성운동 단체의 활동에도 적극적으로 개입했다. 부녀국은 여성 계몽활동을 다양화해 갔지만, 여성운동 단체들을 부녀국에 등록하도록 유도하여 우익 여성운동 단체에 대해서는 지원을, 좌익

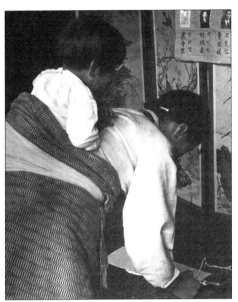
남한만의 단독 선거에서 처음으로 투표하는 여성(이경모 촬영, 김영혜 제공)

여성운동 단체에 대해서는 탄압의 매개고리 역할을 했다.

여성참정권의 실현

미 점령기 여성의 정치활동과 법적 지위에 나타난 가장 커다란 변화는 여성에게도 남성과 동등하게 선거권이 주어졌다는 것이다. 1948년 3월 17일에 공포된 법률 175호 국회의원선거법에 근거하여 여성들에게 참정권이 주어졌다. 따라서 1948년 5월 10일에 시행된 제헌의회 선거에서 여성은 남성과 동등하게 선거권과 피선거권을 행사했다.

미 점령기는 여성들이 정치활동 면에서 일정한 한계를 가지고 있었지만, 정치의 주체로서 독자적인 정치세력화를 꾀할 수 있는 조건이 마련되었다는 점에서는 의미가 있다. 남성과 동등하게 여성에게도 선거권과 피선거권이 주어졌고 여성 최초의 정당인 조선여자국민당5)이 조직되었다.

여성들의 참정권은 참정권 획득을 위한 투쟁과정에서 이루어진 것이 아니라 남한 단독선거를 준비하는 과정에서 '민주주의 질서 확립'을 내건 미군정에 의해 주어진 측면이 크다. 참정권 이외에 다른 부분에서의 여성들의 법적 지위는 일제시대와 다를 바 없었다.

(이혜숙)

---

5) 조선여자국민당은 임영신이 중심이 된 여성 정당으로 1945년 8월 18일 창립되었다. 지방조직을 착수하여 30만 명의 당원을 만들었으며, 이승만을 지지하며 반탁운동에 적극 참여했다.

3. 미 점령기 여성운동

1) '민주화' 정책에서 대중운동의 탄압·분열로

냉전·분단 체제의 진행

일본의 패전에 따라 아시아의 여러 나라는 일본의 식민지통치와 침략·점령으로부터 해방되었다. 연합국 역시 전승국이라고 하지만 아시아 국가와 민중에 대해 부당한 취급을 했다. 극동국제군사재판(도쿄 재판)에서 상징적으로 드러나듯이 식민지 부재, 여성 부재의 경향이 현저하게 드러났다. 아울러 원폭 투하 등 미군이 무차별적으로 민간인을 대량살상한 죄도 단죄되지 않았다.

전후의 미소냉전도 아시아 여러 민족·민중의 전후에 어두운 그림자를 던졌다. 한반도는 미·소가 북위 38도선을 경계로 하여 점령·통치함으로써 남북으로 분단되어, 남한에서는 미국의 군정 지배가 행해지고 북한은 소련 등의 지원을 받아 사회주의로의 첫발을 내딛었다. 1948년 각각 이승만을 대통령으로 하는 대한민국, 김일성을 주석으로 하는 조선민주주의인민공화국이 성립되어 분단이 고정화되었다. 중국에서는 국민당과 공산당의 내전이 재개되었다. 국민당은 미국의 커다란 원조에도 불구하고 패배하여 대만에 독재 정권을 구축했으며, 1949년에는 중화인민공화국이 성립하여 공산당 정권이 탄생했다.

중화인민공화국과 조선민주주의인민공화국의 성립은 미국의 동아시아 전략에 큰 영향을 주었다. 대일 점령정책은 전범의 처벌과 공직 추방, 경제의 비군사화, 민주주의 세력의 육성, 배상, 군국주의를 지탱해 온 재벌의 해체라고 하는 초기의 비군사화·민주화 방침으로부터 재군비·자본주의 경제 재건의 방침으로 크게 전환했다. 이렇게 미국의 주도로 동아시아에는 일본·한국·대만을 연결하는 반공 체제가 구축되었으며, 분단과

1949년 5월, 역풍의 가운데에서 개최된 제20회 메이데이(스즈키 유코 제공)

적대의 새로운 체제하에서 민중은 많은 고난과 군사적 긴장을 강요당했다.

여성 통일전선도 분단

미국의 점령정책이 보수화되어 가는 1948년경에는 여성운동의 분열도 표면화되었다. "세계의 평화는 마음의 평화로부터"를 기본 입장으로 하는 측과 "전쟁의 원인이 되는 구체적인 현실과 싸우는 것이야말로 참다운 평화운동"이라는 일본민주부인협의회(民婦協)계 사이에 장벽이 생겼다. 그렇지만 전선통일을 위한 노력이 이루어져, 1949년 4월에는 '부인의 날' 대회가 좌우파의 협력으로 실현되고, 5월에는 44개 조직의 부인단체협의회(婦団協)가 결성되었다.

그러나 냉전을 배경으로 GHQ와 일본 정부에 의한 민주적 대중운동에 대한 탄압이 심해져서 노조를 기반으로 하는 일본민주부인협의회는 큰 타격을 받았다. 같은 해 가을에는 「단체 등 규정령(團體等規正令)」에 입각하여 재일조선인연맹(朝連) 등이 강제로 해산되고, 민족학교에도 폐쇄 명령이 내려졌다. 해산을 모면한 조선여성동맹은 조선인 조직 재건의 중심이 되어 생활권과 민족교육을 지키기 위하여 투쟁했다. 조선여성동맹은 부인단체협의회에도 조선 민족에 대한 부당한 탄압 문제에 맞서 싸울 것을 제안했으나, 부인단체협의회는 보수 정당 부인부 등 우파가 동의하지 않아, 일치된 대응을 할 수 없었다.

1950년 3월의 국제 부인의 날 행사는 일본민주부인협의회가 주최하여 "전쟁반대·전면강화(講和)·군사기지화반대"라고 하는 슬로건을 내걸고 개최되었지만, 부인단체협의회는 우파의 반대로 참가하지 못했다. 부인단체협의회는 4월의 제2회 부인의 날 대회를 "세계평화는 부인의 단결로부터" 등의 슬로건을 내걸고 주도했지만 이후 내부의 대립이 표면화되었고, 같은 해 6월에 한국전쟁 발발 후 '전쟁을 반대한다'는 의사 표현만을 남기고 휴회를 선포했다.

(후지메 유키)

2) 한국의 미 점령기 여성운동

미 점령기는 다양한 정치·사회 단체의 조직과 활동이 급팽창한 시기로, 새로운 국가 수립이라는 과제를 놓고 사회의 제 세력이 첨예하게 대립했다. 여성운동도 전반적인 사회운동의 흐름과 마찬가지로 좌우익의 대립 속에 놓여있었다.

미 점령기 동안 한국 여성운동의 귀결은 좌익 여성운동의 패배와 우익 여성운동의 승리로 정리해 볼 수 있다. 이 당시 좌우익 여성운동 단체는

강령

1. 조선여성의 정치적 경제적 사회적 해방을 기함
2. 조선여성은 단결을 견고히 하여 완전한 독립국가 건설에 일익이 되기를 기함
3. 조선여성의 의식적 계몽과 질적 향상을 기함

행동강령

1. 남녀평등의 선거 및 피선거권을 주창한다
2. 언론, 출판, 집회, 결사의 자유를 찾자
3. 여성의 자주적 경제생활권을 확립하자
4. 남녀 임금차별을 철폐하자
5. 공사창제 및 인신매매를 철폐하자
6 임산부에 대한 사회적 보호시설을 실시하자
7. 여성 대중의 문맹과 미신을 타파하자
8. 우리는 창조적인 여성이 되자

[「여성단체소개: 건국부녀동맹」, ≪여성문화≫, 12(1945), 9쪽]

그 이념이나 구성원, 활동 방향, 특히 여성해방의 구체적 목표에 대해 커다란 차이를 보였다. 이렇게 대립하고 있는 여성단체들에 대해서 미군정은 우익 여성단체를 지원하고, 좌익 여성단체를 탄압했다.

건국부녀동맹

일제하에서부터 조직적 연계를 맺고 활동했던 여성운동가들은 1945년 8월 16일 건국부녀동맹결성준비위원회를 결성함으로써 여성운동의 막을 열었다. 건국부녀동맹은 17일에 총회를 열고 결성되었는데, 위원장에 유영

준, 부위원장에 박순천, 집행위원에 황신덕, 유각경 등 16명이 선출되었다.

그러나 건국부녀동맹은 결성된 지 한 달도 되지 못해 내부의 이데올로기적 차이를 극복하지 못하고 분열되었다. 좌우익 여성운동 진영의 대립은 식민지 시기 이래 존재해 왔던 여성운동 간의 대립이 해방이라는 구체적인 정세 변화 속에서 재현된 것으로, 양 진영은 각각 조직을 정비하면서 대립하게 되었다.

좌익 여성단체

건국부녀동맹은 1945년 12월 조선부녀총동맹으로 개편되었다. 조선부녀총동맹은 좌익 진영이 전개하는 각종 정치집회에 참여함과 동시에 선전·계몽 활동, 독자적인 대중집회, 공사창제 폐지운동, 원호활동 및 쌀 요구 투쟁 등 다양한 활동을 전개했다. 그러나 조선부녀총동맹은 신탁통치 지지와 조선공산당의 신전술[6] 전환 이후 미군정의 탄압으로 지지 기반을 잃게 되었다.

조선부녀총동맹은 1947년 2월 남조선민주여성동맹으로 개칭하고 단독정부 수립을 위한 5·10선거에 적극 반대했지만, 이미 이 시기는 조직적인 역량이 약화된 시기였으므로 그 활동은 미약한 것이었다. 그러나 단정 수립 후에도 지역에 따라 조직이 운영되었으며, 1951년 1월에는 북한의 북조선민주여성동맹과 통합하여 조선민주여성동맹으로 개편되었다.

---

6) 조선공산당이 1946년 7월 채택한 새로운 전술을 이르는 명칭이다. 해방 직후 조선공산당은 미국과 우호적인 관계를 유지하면서 합법적인 활동에 주력했다. 그러나 우익 세력이 미군정의 비호하에 세력을 확대하고 좌익세력에 대한 탄압을 강화하자 대중 투쟁을 통해 미군정의 정체를 좀 더 직접적으로 비판한다는 신전술로 노선을 바꾸었다.

우익 여성단체

건국부녀동맹에서 탈퇴하여 한국애국부인회와 독립촉성중앙부인단을 결성했던 우익 여성 인사들은 1946년 6월 독립촉성애국부인회를 결성했다. 이들은 우익 진영이 개최한 각종 집회에 여성 대표로 참여하며 여성의 자아향상, 계몽활동, 공사창제 폐지운동 등을 전개했다. 독립촉성애국부인회를 중심으로 한 우익 진영은 1946년 11월 전국여성단체총연맹을 결성함으로써 더욱 결집된 역량을 과시했다. 이들은 주로 이승만과 한민당[7]의 정치노선을 추종하며 그들이 주최하는 각종 집회에 여성들을 동원하는 일에 주력했다.

그러나 독립촉성애국부인회의 대중적 기반은 매우 취약한 것이었다. 이조직은 결성 자체가 여성문제를 해결하기 위해 만들어진 것이라기보다는 신탁통치 반대와 같은 정치문제를 계기로 여성을 동원하기 위해 만들어졌다는 점에서, 출발부터 여성 대중의 기반이 약했다. 또한 독립촉성애국부인회의는 대중성을 기반으로 문제를 해결하기보다는 여성 정치인을 통해 국가기구에 건의하는 방식을 주로 사용했다.

분단국가의 형성과 함께 좌익 여성단체는 약화되고 우익 여성단체는 미군정의 지원을 받으며 성장할 수 있었다. 여성단체와 국가기구의 이러한 관계는 이후 시기 여성운동 단체에 계승되어 여성단체가 친체제적·친정부적이라는 비판을 받게 되는 원인이 되었다. 여성 대중과 유리된 소수 여성 명사가 중심이 되는 조직 방식의 원형이 이 시기에 만들어진 것이다.

〈이혜숙〉

---

7) 1945년 9월에 창당된 송진우, 김성수 등을 중심으로 한 보수우익세력의 정당인 한국민주당의 약칭이다. 10월 16일 귀국한 이승만을 맞아 독립촉성중앙협의회의 중심세력이 되었고 반탁운동을 맹렬히 전개했다. 이승만과 함께 남한만의 단독정부 수립에 주도적 역할을 했다. 그러나 정부 수립 이후에는 이승만 세력을 견제하고 당의 이미지 쇄신을 위해 1949년 2월 민주국민당으로 발전적으로 해체되었다.

4. 한국전쟁과 여성

1) 남한 단독정부 수립과 여성

이승만 정부의 수립

　미국은 해방 직후 38선 이남을 군사점령하여 직접 통치했고, 자신의 이해를 관철시키기 위한 점령정책을 수행했다. 미국의 점령정책의 기본 입장은 장기적인 지배를 위한 정치·사회적 안정유지와 자본주의 체제의 확립에 있었다. 해방 직후 국내에는 다양한 정치세력이 존재했는데, 여운형을 중심으로 하는 세력, 박헌영을 중심으로 하는 재건파 공산주의 세력, 김성수·송진우를 중심으로 하는 세력, 김구를 중심으로 하는 대한민국임시정부 세력, 그 외 이승만 세력 등으로 나눌 수 있다. 이들은 해방 이전의 민족해방운동 경험이나 지지 기반의 계급적 성향, 미군정과의 관계에 따라 노선이나 행동 양식에서 차이를 보인다.

　1945년 12월 모스크바 삼상회의안[8]의 발표는 신탁통치논쟁으로 연결되어 좌우 대립은 심각해졌다. 국내의 정치세력은 찬탁과 반탁 세력으로 확연히 구분되고, 이와 함께 반탁운동은 반탁 자체보다 반공운동으로 변질되었다. 찬탁과 반탁의 대립은 김규식과 여운형이 중심이 된 좌우합작을 통해 타협의 기회를 갖지만 곧 실패하고 말았다.

　1947년 미국은 남한만의 단독정부 수립을 적극적으로 고려하게 되는데,

---

8) 모스크바 삼상회의는, 첫째, 한반도에 남북을 통일한 임시정부를 만들어 38도 선과 미소 양군의 분할 점령 상태를 해소하고, 둘째, 수립되는 남북통일 임시정부가 미·영·중·소 등 연합국의 감독과 원조 내지 후견을 받으면서 5년간 한반도 전체 지역을 통치하다가 총선거를 실시하여 국민의 지지를 가장 많이 받은 정치세력에 정권을 넘김으로써 한반도에 완전한 독립국가가 수립되게 한다는 것이었다. 그러나 이 소식은 통일된 임시정부 수립에 대한 내용보다는 5년간의 신탁통치만이 강조되어 국내 정치세력은 물론, 국민들의 거센 반발과 저항에 부닥쳤다.

  제주도에서는 남한만의 단독정부 수립에 반대하여 4·3항쟁이 일어났다. 미군정 초기부터 지속되어 온 인민위원회 및 대중과 경찰, 우익단체 간의 갈등이 폭발한 것이었다. 1947년 3월 1일을 기점으로 하여 1948년 4월 3일 발생한 소요 사태 및 1954년 9월 21일까지 제주도에서 발생한 무력 충돌인 4·3사건에서는 제주도 주민의 약 1/3인 3만여 명이 희생당했다. 4·3항쟁이 전개되는 동안 여성들은 남성들처럼 토벌대나 무장대의 살해 대상이었을 뿐만 아니라, 이들에 의해 다양한 형태의 성적 폭력을 겪었으며, 남자 형제나 집안을 위해 토벌대와 강제 결혼을 해야 했다. 토벌대의 초토화 작전으로 집과 마을이 불타버린 후 여성들은 남은 가족들을 이끌고 생계부양자로서의 역할을 담당했다.

(이혜숙)

이승만을 중심으로 하는 세력은 이미 그 전부터 단독정부 노선을 추구하고 있었다. 1947년 5월에 제2차 미소공동위원회9)가 결렬되자 미국은 한국 문제를 유엔(UN)에 이관하여 유엔 감시하의 남북한 총선거를 주장했다. 1946년 2월 김일성을 위원장으로 하는 북조선임시위원회의 성립, 그해 8월의 북조선노동당 결성, 1947년 북조선인민위원회 결성 등 나름대로 체제를 정비해 왔던 북한은 유엔 감시하의 남북한 총선거를 거부했고, 이승만과 한민당 세력은 남한만의 단독정부 수립안을 적극 지지했다. 이러한 과정에서 4·3항쟁 등 많은 반발이 일어났으며 이에 대한 탄압 또한 강하게 이루어졌다.

---

9) 모스크바 삼상회의의 결정에 따라 설치된 한반도 문제 해결을 위한 미소 양국의 대표 자회의이다. 1946년 1월 16일 덕수궁 석조전에서 예비회담을 가졌다. 그러나 양측의 의견 대립으로 제1차 미소공동위원회는 결렬되고 이듬해 5월 21일 제2차 미소공동위원회가 개최되었으나 역시 임시정부 참여세력 문제를 두고 의견 차가 좁혀지지 않았다. 이에 미국은 한국 문제를 유엔에 넘기게 되었다.

1948년 5·10선거는 좌익세력의 선거 방해와 김구·김규식을 중심으로 하는 남북협상파가 불참한 가운데 진행되었는데, 그 결과는 이승만 및 한민당을 중심으로 하는 우익세력의 승리였다. 1948년 8월 15일에는 남한만의 단독정부인 대한민국이 수립되었고, 9월 9일에는 북한에도 조선민주주의인민공화국이 들어섰다.

초등교육의 의무화와 여성교육

1948년 제정된 대한민국 헌법은 제16조에 의무교육을 기본 원칙으로 규정했으며, 헌법의 원칙에 따라 1949년 제정된 교육법은 제96조에 "모든 국민은 자녀를 만 6세부터 12세까지 취학시킬 의무가 있다"라고 규정했다. 그 결과 해방 당시 64%에 불과하던 취학률이 1959년에는 94%에 달할 정도로 높아졌는데, 취학률의 증가는 여성에게는 곧바로 교육기회의 양적인 확대를 의미했다.

그러나 이러한 양적 확대가 곧바로 남녀 간의 교육기회의 평등을 의미하는 것은 아니었다. 경제적 궁핍과 남성우위사상의 결과 가난한 집안의 딸들은 진학을 포기할 수밖에 없었다. 해방 이후 초등학교의 여학생 비율은 1952년에 36%, 1960년에 45%로 여성의 취학률이 남성의 취학률에 비하여 상대적으로 낮은 수준이었다. 이러한 남녀 간의 교육기회의 불평등은 중·고등학교와 대학교로 갈수록 더 심했다. 그러나 많은 여성들에게 최소한의 문자해독 능력을 부여한 의무교육 제도의 실시는 이후 여성의 의식 변화를 가져오는 계기가 되었다.

부녀국 직제의 변화

1948년 8월 한국 정부 수립을 계기로 미군정이 설치한 부녀국의 업무와 직제가 새롭게 재편되었다. 11월 4일에 부녀국 산하에 지도과와 보호과가 설치되었는데, 지도과는 '여성의 지도와 교양에 관한 사항'을, 보호과는 '부녀아동의 보육과 보호시설에 관한 사항'을 담당했다. 이후 부녀행정은 지도사업과 보호사업으로 나누어져 진행되어 왔다. 1949년에는 부녀국 산하에 생활개선과가 신설됨으로써[10] 3개 과로 확대되었지만, 이듬해 3월에 보호과와 지도과가 '부녀과'로 통폐합됨으로써 부녀국은 다시 2개 과로 축소되었다. 지도사업이 독서 권장, 주부교양 강연회, 지도자 양성 강연회 등을 개최하는 것이었다면, 생활개선사업은 좀 더 구체적으로 합리적인 생활방식을 권장하는 것이었다. 1955년 2월에는 보건부와 사회부가 보건사회부로 통합되었고, 부녀국은 생활개선과가 생활과로 개칭되었다.

그러나 부녀국의 정부 조직 내 위상은 불안정했고 1950년 발발한 한국전쟁은 부녀행정의 성격과 방향에 영향을 미쳤다. 전쟁으로 인해 부녀행정의 업무는 응급구호 및 원호사업에 집중되었다.

여성 의식의 변화와 여성단체의 조직

1950년대에는 여성의 법적 문제에 도움을 주려는 단체들이 조직되었는데, 1952년에 설립된 여성문제연구원이 대표적이다. 1956년에는 가정법률상담소가 창설되었다. 한편 대한어머니회, 대한여성복지회 등 여성의 지위 향상을 위한 문화단체와 함께 전문직 여성들의 친목단체인 여기자클럽, 여성항공협회 등이 나타났다. 1959년에는 이들을 총망라한 한국여성단체협의회가 발족되었다. 본격적인 여성운동으로 보기는 어렵지만 이는 여성들이 가정과 사회에서 여성의 지위에 눈뜨기 시작했음을 의미한다.

여성들은 정조 관념이 여성뿐만 아니라 남성들에게도 요구되는 규범이

---

10) 부녀국 주도의 생활개선 운동은 대한민국 정부 수립 후인 1949년 부녀국 내에 생활개선과가 신설되면서 본격화되었다. 부녀국이 주도한 주요한 생활개선 운동으로는 매년 2회에 걸친 국민생활 합리화 강조 주간을 통한 계몽활동, 국민생활합리화 3대목표 제정, '신생활특수모범부락'의 설치 및 운영, 의례규범의 제정, 한국잠정영양규정이 있었다.

최초의 간통쌍벌죄 고소 사건은 1954년 2월 27일 서울지방법원에서 개정된 이른바 '500만 환 위자료 청구소송 사건'인데, 이 사건의 재판 과정이 사회의 관심을 모은 이유는, 여성의 고소로 간통쌍벌죄가 적용된 최초의 형사 사건이었다는 점, 소송의 직접적 발단이 남편의 축첩행위에 있었던 만큼 재판부의 최종적인 판결은 사회에 만연되어 있었던 축첩행위에

축첩 반대 데모(한국가족법률상담소 제공)

대한 법률적 기준이 된다는 점, 500만 환이라는 거액의 위자료를 청구했다는 점, 그리고 여성들이 폭발적인 관심을 표명하며 법정을 가득 채우고 일찍이 볼 수 없었던 행동을 보인 점 등이었다. 그러나 이러한 관심에도 불구하고 재판부는 1954년 5월 15일 간통죄로 고소당한 한위동과 장인혜에 대해 공소기각을 선고하여 형사상 무죄로 처리하고 민사상의 책임만을 추궁함으로써 당시의 법조계와 사회가 남성의 축첩을 범죄시하는 데 소극적이었음을 분명하게 보여주었다.

[이임하, 『여성, 전쟁을 넘어 일어서다』(서해문집, 2004)]

라는 사실을 깨닫고 이를 요구하기 시작했다. 특히 축첩의 관행에 대해서 본격적인 관심을 드러냈다. 해방과 더불어 도입된 서구의 법이념에 따라 1953년 제정된 형법은 '간통쌍벌죄' 조항을 둠으로써 남성의 축첩을 비로소 범죄시하게 되었다.

1950년대의 한국 여성 사회는 여성들의 경제활동, 가정 내에서의 위치 변화, 근대적 제도의 도입, 교육기회의 확장을 통해 전근대적인 가부장제 사회를 변화시킬 수 있는 가능성과 함께, 조직화된 역량의 미흡이라는 한계가 공존하고 있었다.

(이혜숙)

한국전쟁 중에 피난하는 아이들(대구, 1950)

2) 한국전쟁과 여성의 삶

1950년 6월 25일 발발하여 3년간 지속된 한국전쟁은 한국 사회 전반에 커다란 영향을 미쳤다. 수백만의 사상자가 발생했으며, 전쟁고아·이산가족이 발생했다. 물질적인 피해 못지않게 동족 간의 원한과 불신 등 정신적인 피해도 심각했으며, 전쟁 후에는 반공 체제가 굳게 형성되었다. 남한과 북한은 서로 이질적인 사회로 나아갔고 분단은 더욱 고착화되었다. 여성의 삶 역시 한국전쟁과 밀접하게 연관되어 있다.

'전쟁미망인'과 이산가족

한국전쟁 기간 동안 여성들은 성폭행, 강요된 매춘 등, 성에 기초한 폭력에 노출되어 많은 고통을 겪었다. 여성들의 상당수는 남성 부재의 현실 속에서 스스로 생존해 가야 하는 현실에 부닥쳤다. 기혼 여성의 정규직 진출이 거의 막혀있던 당시 상황에서 배우자가 사망한 '전쟁미망인'[11]과 그 유족들의 삶은 매우 불안정했다. '전쟁미망인'은 어림잡아 50여 만 명에 달할 것으로 추정되는데, 대다수의 '전쟁미망인'은 살림 도구나 옷가지 등을 내다 팔며 생계를 유지했다.

한국전쟁을 겪으면서 많은 이산가족이 생겨났다. 이산가족으로 인한 배우자 없는 여성들은 명실상부한 가장이 되었으며, 그들의 삶도 '전쟁미망

---

11) '전쟁미망인'은 전사한 남편을 둔 여성을 가리키는 말이다. 죽지 못하고 살아남았다는 의미에서 부정적인 뜻을 가진 '미망인(未亡人)'이란 말은 당대 채택되었던 용어로, 가부장제에 바탕을 둔 개념이었다.

'자유부인'과 여성의 성

전후 사회에서 여성의 성은 논란거리
가운데 하나였다. 논란의 핵심은 잘못된
성의식과 행위로 인해 여성의 성이 왜곡된
형태로 폭발하여 사회악을 조장한다는

영화 <자유부인> 포스터

것이었다. 그 대표적 사례가 '자유부인'이다. 『자유부인』은 소설가 정비석이 1954년 1월 1일부터
8월 6일까지 ≪서울신문≫에 연재한 소설의 제목이다. 작품에서 묘사되는 성윤리와 작품의
상업성을 둘러싸고 작가와 교수, 그리고 문학평론가와 변호사까지 가세해 논쟁이 일어났고,
단행본으로 출판되어 14만 부 이상이 팔리는 등 문화적 충격을 일으켰다. 또한 1956년 영화로
제작되어 큰 성공을 거두었다. 그러나 논쟁의 결과는, 사회는 '자유부인'을 결코 허용해서는 안
된다는 것이며, '자유부인'의 여성 이미지는 '일탈된' 나쁜 여성을 판단하는 기준이 되었다. 나쁜
여성은 사치와 허영에 빠져 가정을 뛰쳐나온 '자유부인'으로 표상되었다.

[이임하, 『여성, 전쟁을 넘어 일어서다』(서해문집, 2004)]

인'의 삶과 별로 다르지 않았다. 특히 사회·경제적 배경이 불우한 월북 이
산가족들은 가정집 식모, 군부대 품팔이 노동을 하거나 행상, 자영업 등을
했다.

다수의 '전쟁미망인'들과 여성 이산가족들은 가족의 모든 것을 책임져
야만 했다. 가사노동, 자녀양육, 노부모 봉양과 같은 전통적 여성 역할은
물론이거니와 가족의 생계를 책임지는 기존의 남성 역할까지 모두가 이들
의 몫이었다. 여성들은 '자유부인'과 같은 성적 주체로서 눈을 떠가기도
했지만 가부장제를 지키는 역할을 마다하지 않았다. 그러나 이들이 한 가
정의 가장이 되어 자식들의 생계를 책임지고 교육을 담당하면서 사회생활
을 경험하기 시작했다는 것은 여성의 지위 향상을 위한 의미 있는 출발점
이라고 할 수 있다.

어머니날의 제정

　간헐적으로 몇몇 단체에 의해 개최되던 어머니날 행사가 국가적 행사로 승격된 것은 1955년 8월 30일 국무회의에서 5월 8일을 '어머니날'로 제정하면서부터다. 어머니날은 '모성애에 대한 은덕을 널리 찬양하는 기념일'이었다. 어머니날의 제정과 행사는 여성의 삶의 목표이자 지향점이 어머니이고, 끊임없는 희생과 인내가 어머니의 미덕임을 국가 차원에서 각인시키는 계기가 되었다. 모성애는 전후 사회의 모든 사회악의 구원자로 표상되었는데, 어머니날의 제정은 이러한 이데올로기를 제도화하고자 하는 시도였다.

[이임하, 『계집은 어떻게 여성이 되었나』(서해문집, 2004)]

여성의 경제활동

　전쟁으로 인해 남성이 대규모 동원된 1950년대 초반, 여성의 경제활동 참여율은 급격하게 높아졌다. 한국전쟁을 계기로 여성들은 비록 생계유지형일지라도 다양한 형태의 경제활동에 나섰다. 전체 직업종사자 가운데 여성의 비율은 전쟁 직전인 1949년에는 35.6%로 낮게 나타났으나, 1951년과 1952년에는 각각 47.6%와 44.6%의 높은 비율을 보였다. 농업 이외의 부분에서도 여성 인구의 비율이 증가하고 있으며, 특히 상업에 종사하는 여성이 급격히 증가했다.

　이 시기의 여성 노동은 안정적인 직업보다 유동적이고 불안정한 직업이 주를 이루고 있었다. 또 남녀차별에 따른 차별적인 임금구조는 제조업의 경우는 물론이고, 농업, 광업, 일용 노동 등 모든 노동시장에서 그대로 적용되었다. 그러나 여성들은 노동을 하면서 새로운 경험을 하기 시작했다. 전쟁의 피폐함은 여성들의 생활을 고단하고 힘겹게 했지만, 다양한 방식으로 행해진 경제활동 경험은 가정 내에서 경제권을 장악하거나 자녀교육을 책임지는 식으로 여성의 지위를 변화시켜 갔다.

전후 현모양처론

한국전쟁으로 인해 조성된 남성 부재의 현실이 '전쟁미망인'을 비롯한 많은 여성들로 하여금 어떤 형태로든 경제활동에 종사하도록 했고, 여성들은 사회와의 접촉을 통해 인식의 변화를 경험했다. 그러나 전쟁이 끝나고 남편들이 사회로 돌아오면서부터 여성들은 다시 가정이라는 울타리 안으로 복귀할 것을 요구받았다.

그런 상황에서 여성들에게 강제된 이데올로기는 현모양처론이었다. 사회는 전쟁 후에 나타난 가족해체의 원인을 여성에게서 찾았으며, 그 대안으로 만든 것이 가부장권의 재강화를 위한 새로운 현모양처론이었다. 혼란한 사회에서 유일한 안식처는 가정이며, 어머니·아내로서의 의무에 충실한 현모양처야말로 여성의 본분이라고 강조했다. 당시 문교부는 여성교육의 주안점을 현모양처에 두고서 각 여학교에 생활관을 설치하도록 하여 현모양처의 부덕을 닦도록 지시했다.

(이혜숙)

3) 한국전쟁과 일본

한국전쟁 가담과 '조선특수' 경기

1950년 6월 25일, 한국전쟁이 발발했다. 미군은 유엔군을 이끌고 대한민국을 지원하기 위해 전면적으로 개입했고, 소련·중국은 조선민주주의인민공화국을 지원함에 따라 전쟁은 내전에서 대규모의 국제전쟁으로 확대되었다. 1953년 7월의 정전협정 체결까지 한국은 격전 때문에 지형이 변할 정도로 황폐해졌다. 사망자는 수백 만 명을 넘었고, 남북으로 이산한 가족은 1,000만 명에 이르렀다.

한국전쟁이 시작되기 약 4개월 전, 요시다 시게루(吉田茂) 수상은 점령 하에서 군사기지를 승인하는 것은 일본의 의무라고 국회에서 답변하고, 전쟁 발발과 함께 미군의 전쟁 수행에 전면적으로 가담했다. 일본 국내에서는 재일조선인연맹의 비합법화, 일본공산당 중앙위원 전원의 공직 추방, 매스컴과 관공청으로부터의 공산주의자 추방 강행 등 반미·반전 세력을 탄압했다. GHQ의 최고사령관 맥아더가 한국 파견 유엔군의 최고사령관으로 부임함과 동시에 한국 파견 유엔군 사령부가 도쿄에 설치되었다. 일본의 재계는 전쟁의 발발을 '천우(天佑)'라고 부르며 이것을 환영했다.

경찰예비대(1950년 7월 창설, 후에 보안대, 자위대로 개조)가 신설되었고, 일본 재군비 작업은 첫발을 내딛었다. 일본의 한 미군기지는 한반도를 폭격하는 발진기지가 되었고, 소해정(掃海艇) 파견을 시작으로 하여 구일본군 관계자가 미군에 협력했고 일본적십자간호부도 전장으로 동원되었다.

일본 전 국토가 미군의 출격·병참보급의 기지가 되어 공장, 선박, 철도의 군수수송, 무기의 수리, 군수품 보급이 최대한 동원되었다. 이에 따라 이른바 '조선특수'라 불리는 호경기가 초래되어 독점자본은 단숨에 되살아났다. 이것은 이후 일본의 고도경제성장의 밑거름이 되었다.

한국전쟁하의 여성운동과 전면강화 운동

한국전쟁에 앞서, 1949년 일본사회당은 전면강화(全面講和), 비무장 중립, 군사기지 제공 반대의 평화 삼원칙을 내세웠다. 그러나 한국전쟁 발발 후인 1951년 1월의 대회에서는 사회당 우파가 유엔군 협력과 자위권 확립을 제안하고, 사회당 좌파는 이것에 반대하여 새롭게 재군비 반대를 결의하며 앞의 삼원칙에 더해 평화 사원칙을 정했다.

또 GHQ의 후원을 받아 결성된 일본노동조합총평의회(總評, 1950년 7월 결성)는 한국전쟁 초에 유엔군을 지지했지만, 다음 해인 1951년 3월의 제2회 대회에서는 평화 사원칙을 지지했다. 이후 좌파 사회당과 총평이 중심이 되어 전면강화·반전평화 운동이 대중적으로 확산되었고, 여기에 많은 여성들도 참가했다.

일교조 부인부의 남녀평등 투쟁

'메이지(明治)' 이래 오랫동안 차별을 강요당하며 예속적인 입장에 있던 여성 교원은 "일체의 남녀 차별대우의 철폐", "일하는 모성을 지켜라"라는 슬로건을 걸고 1947년 6월 일본교직원조합 (일교조)에 부인부를 결성했다. 그러나 남녀 동일임금의 획득 하나를 취하더라도 커다란 투쟁 없이는 실현할 수 없었다. 1948년 1월 도쿄 도 교조가 83시간에 걸친 철야교섭 끝에 일체의 차별 철폐에 성공했다. 처음으로 급여가 개정되면서, 22년 근속 여성 교사의 1,300엔이던 월급은 갑자기 5,200엔으로 뛰어올랐다고 한다. 이러한 교조 부인부를 시작으로 하는 노조 부인부의 투쟁에 대해, 같은 해 GHQ는 '이중 권력의 행사'라는 이유로 부인부 해체를 통고하여 대부분의 부인부가 해체되었다. 그러나 일교조에 결집하는 여성 조합원은 이에 굴하지 않고 부인부를 존속시켜 53년에 걸쳐 전국 42개 도도부현에서 남녀 동일임금을 쟁취했다.

(도미타 사치코)

원자병기 무조건 금지를 요구하는 스톡홀름 서명운동이 세계적으로 퍼져, 일본에서는 여성들이 서명운동에 집념을 보였다. 트루만 대통령은 한국전쟁에 개입하던 해에, "한국에서 원폭 사용을 생각하고 있다"라고 언명했지만, 원자병기를 반대하는 국제 여론이 고양되어 그것을 단념시켰다.

국제민주부인동맹(WIDF)은 1951년 5월에 동서 양 진영에 걸친 세계 18개국의 대표로 구성한 조사위원회를 한국 전장에 보내, 미군이 대량학살을 비롯한 전쟁범죄를 일으키고 있는 사실을 명백히 하고, 보고서(「피의 외침」)를 발행했다. 그러나 이 보고서는 「공산당의 비밀문서」로 적발되어 배포활동을 했던 일본민주부인협의회의 여성 활동가가 체포되었다.

(후지메 유키)

5. 해방 직후의 재일 한국인 여성

해방 후 재일 한국인 사회의 형성

1945년 8월 15일, 약 230만 명[12]의 재일 한국인[13]은 이날을 일본에서 맞이했다. 도시에서는 일부 유학생이나 상공인이 포함되어 있었지만, 그들의 대부분은 공업지구나 탄광지 등에서 일해온 하층 노동자와 그의 가족이었다. 1946년 11월까지 약 3분의 2가 한반도로 귀국했다. 그러나 그 뒤 본국의 정치적 혼란이나 전염병의 만연, GHQ의 귀국 시 반출금 제한 등으로 인해 귀국자는 감소해 갔다. 이리하여 일본에 남은 약 65만 명이 전후의 재일 한국인 사회를 형성해 갔다.

민족교육의 시작과 시련

1945년 8월 말 도쿄에서 처음으로 재일 한국인 자녀를 위한 '국어강습소'가 탄생했고, 그와 비슷한 민족교육의 장이 일본 전국에 잇달아 생겨났다. 재일 대중조직이었던 재일본조선인연맹(朝連, 1945년 10월 15일 결성)은 이러한 강습소를 토대로 1946년부터 체계적인 민족교육의 정비에 착수했다. 같은 해 10월까지 초등학교 525개교, 중학교 4개교를 설립했으며, 사회인을 대상으로 한 청년학원도 12개교를 만들었다. 이러한 조선인학교는 전후의 긴박한 상황에서도 재일 조선인이 먹을 것을 줄여 돈을 내놓거나 노동력을 제공하여 자력으로 건설한 것이었다.

일본 정부는 재일 한국인 스스로가 만든 민족학교에 대해 한국어에 의

---

12) 해방 당시의 재일 조선인 수를 일본 정부는 190만 명 정도라고 발표했지만, 실제는 230만 명 정도였다.

13) 재일 한국인은 남한계만을, 재일 조선인은 북한계만을 지칭하는 것으로 오해될 수 있으므로, 재일 한국·조선인의 개념을 사용하는 경향이 있다. 이 책에서는 남한계, 북한계를 총칭하는 용어로 '재일 한국인'을 사용하고 있다.

한 수업을 일체 인정하지 않고 일본의 교육법에 따라야만 한다며 강제 폐쇄로 몰아넣는 탄압을 가했다. 재일 한국인은 처절한 저항운동을 전개하여, 1948년 4월에는 16세 소년이 경찰이 발포한 유탄을 머리에 맞아 사망하는 희생까지 나오기에 이르렀다[4·24한신(阪神)교육투쟁].

이러한 운동에 재일 한국인 여성은 남성보다 적극적으로 참가했다. 조국 해방의 기쁨과 사회 참가의 의미를 보여준 여성들의 힘이 분출했던 것이다.

GHQ와 일본 정부의 재일 한국인 정책

GHQ는 당초 재일 조선인을 해방국민으로서 취급하려고 했지만 불과 1년 후 재일 한국인 정책을 변경하여, 한반도에 정식 정부가 수립될 때까지는 '일본 국적자'로 간주하기로 했다. 다른 한편 1945년 12월 재일 한국인은 그때까지 가지고 있던 일본 선거권을 잃었다. 이것으로 상징되는 것처럼 재일 한국인은 권리를 박탈당하고 단지 일본 법률에 따라야 하는 의무만이 부과되었다. 또한 GHQ는 사회주의 진영의 세력 확대를 경계하여, 일본에서도 압도적 영향력을 가지고 있던 재일 한국인 좌파 운동에 탄압을 가했다.

신헌법 시행 전날인 1947년 5월 2일, 구헌법 아래에서 최후의 천황칙령으로서 「외국인 등록령」이 공포되었다. 이것은 구식민지 출신자에 대해 외국인으로서의 권리를 보장하는 것이 아니었다. '일본 국적자'이면서 관리의 대상이 되는 외국인이라는 불평등한 지위를 부여한 것이었다. 1952년 4월 28일 샌프란시스코 강화조약 발효에 따라 완전한 독립국이 된 일본은 지문날인 등을 의무로 한 외국인등록법을 제정했다.[14]

---

14) 당초 3년에 한 번 갱신해야 하는 지문날인의 의무가 부과되었지만, 재일 한국인과 일본 시민의 운동에 의해서 1999년 지문날인제도는 폐지되었다. 그러나 현재에도 외국인 등록증의 항시 휴대·제시할 의무 등이 있으며, 이를 위반한 경우 '1년 이하의 징역 또는 금고 혹은 20만 엔 이하의 벌금'이라는 형사 죄가 부과된다.

재일 여성의 운동과 생활

민족학교 폐쇄를 강행하는 경찰에 반대하여 벽을 사이에 두고 배치하고 있는 재일 한국인 보호자들(고베)

1947년 10월 13일 총련계의 '재일본조선민주여성동맹'(여성동맹)이 결성되었다. 강령에서 여성의 해방을 명확하게 주장한 여성동맹은 총련과 공동투쟁을 추진하는 한편 동포 여성의 자립과 사회화를 위한 운동을 전개했다.

해방 전의 조선 여성, 특히 기혼 여성은 일본의 동화 정책에 더해, 조선의 봉건적 관습에 따라 'ㅇㅇ의 부인'이나 '△△의 어머니'라고밖에 불려지지 않아, 자신의 이름조차 잊어버리고 일본 이름밖에 말하지 못하는 여성이 적지 않았다. 여성동맹은 야학으로 '생활학교'를 열어, 동포 여성이 본명을 말하고, 한국어를 배우고, 사회나 정치에 관심을 가질 수 있도록 활동했다. 또 가정폭력 등 여성의 고민 상담에 응해 문제해결에 직접 관계되는 활동도 했다.

야학은 동포 여성의 대화의 장, 고민 상담의 장으로 추구되었지만, 야학에서의 배움도 쉽지만은 않았다. 당시 재일 한국인에 대한 취직차별 등에 의해 남성의 실업률이 일본인보다 높아서, 가정의 경제는 여성의 노동에 의해 지탱되는 경우가 많았다. 그래서 동포 여성은 가사와 육아는 물론, 가정경제까지도 담당하지 않으면 안 되었다.

여성동맹은 남한의 '조선부녀총동맹'(부총)의 영향을 받고 발족한 것이었다. 그러나 부총이 이승만 정권하에서 비합법화되고 1951년에는 '조선민주여성동맹'으로 통합되자 여성동맹도 이 해외산하단체로 되었다. 같은 해 6월 민단계[15] 여성단체인 '대한민국부인회'가 발족했지만, 이것은 현

---

15) 해방 후 일본에 살게 된 많은 한국인들은 일본인으로 귀화하지 않은 채 살고 있다. 이들은 조국 분단으로 남한계와 북한계로 분리되어, 각기 재일본대한민국거류민단(민단)과 재일본조선인총연합회(총련) 조직을 이루고 있다.

모양처를 지향하는 친목단체에 머물고 말았다.

재일 한국인에게 '전후'의 의미

1948년 한반도에는 남북에 분단국가가 성립했다. 그에 따라 재일 한국인 사회에도 남북 대립의 구도가 만들어져 갔다. 한국전쟁에 의해서 그 대립은 한층 더 깊어져서, 재일 한국인 운동은 분단과 대립, 시련의 시대를 맞았다.

또한, 해방 후에도 민족차별이 남아있던 일본 사회에서 재일 한국인의 생활은 다양한 법적 차별과 주거·취직·결혼 등의 차별로 인해 빈곤과 시련 속에 있었다. 더욱이 미국의 극동전략 후원자가 된 일본 정부는 북한계 재일 조선인에 대해 적대정책을 시행했기 때문에, 북한계 재일 조선인에게 있어서 '전후'는 해방이라는 기쁨과 희망이 하나하나 무너져 가는 시대이기도 했다.

(김영)

6. 미군과 기지촌 여성

1) 오키나와 미군기지와 성폭력

오키나와의 '환락가'

1945년 4월 오키나와에 상륙한 미군은 부상한 주민을 간호하기도 했으나, 여성을 납치하여 강간하기를 반복했다. 집이 불타 먹을 것을 찾아다니는 여성들, 중상을 입어 야전병원에 입원해 있는 여성 등에게도 무차별적으로 행해진 미군의 강간 사건은 그 비참함이 극에 달했다.

1950년에 한국전쟁이 발발한 이후로 여성을 둘러싼 환경은 더욱 악화되어 갔다. 오키나와는 한국으로 출격하는 기지가 되어, 거리에는 미국 병사와 미군 기지건설을 위해 일본 본토에서 온 토건업자가 넘쳐났다. 그에 따라 기지건설이 집중되었던 오키나와 섬 중부 일대에서는 강간이나 살인·강도 사건이 계속 발생했다. 이러한 상황에서 현지 경찰서장을 비롯하여, 촌장, 부인회 등이 중심이 되어 '환락가'를 설치했으며, 소위 '특수부인'이 일정한 지역에 모이게 되었다. '일반 여자'를 미국 병사에게서 지키기 위한 '방파제'가 구축되었던 것이다. 기지 주변에는 택시(삼륜차)가 모여있어, 일을 마친 미국 병사를 계속해서 '환락가'로 운송했다. 미국 병사들 사이에서 "오키나와는 천국, 한국은 지옥"이라는 말이 유행했다.

그러나 기지 주변에서는 점차 성병이 만연하게 되어, 병사의 전력 저하를 걱정한 미군은 병사의 성매매를 금지하고 여성들에게는 성병검사를 의무화했다. 그렇지만 극도로 궁핍한 생활이 계속됨에 따라 여성들은 양성반응이 나와도, 가족을 부양하기 위해서는 '성매매'를 그만둘 수 없었다. 해가 갈수록 여성 성병 환자 수는 증가해서 현지 남성의 수백 배가 되어, 당시 유행했던 결핵환자보다 훨씬 많았다. 성병의 심각함은 일반 가정이나 청소년에게까지 미치게 되었다.

미군 범죄

1955년 9월 당시 6살인 나가야마 유미코(永山由美子) 양이 미군에게 납치되어 강간당한 후 참혹하게 살해된 사건이 일어났다. 오키나와 전체를 떠들썩하게 한 '유미코 양 사건'이었다. 가해자인 미군에게는 일단 형사판결이 내려지기는 했지만, 그 후 45년의 중노동으로 감형되었고, 급기야 오키나와법이 미치지 않는 미국 본국으로 돌아감으로써 무죄가 되었다.

그로부터 일주일 후, 이번에는 9살짜리 소녀가 미국 병사에게 납치되어 강간당하는 사건이 일어났다. 심야에 미국 병사가 일반인의 집에 침입하여 "여자를 내놓아라"라고 위협하여 아버지는 부인과 장녀를 뒷문으로 도망

가게 하고 이웃에게 도움을 요청했다. 아무리 잔인한 미국 병사라도 설마 아이에게까지 손을 댈까 싶어 잠시 몇 분간 집을 비운 사이, 미국 병사는 자고 있던 소녀를 데리고 가버린 것이다. 소녀는 다음 날 피투성이로 발견되었다.

　미국 병사가 아이를 강간한 사건은 그 이전에도 많았다. 십대 소녀를 비롯하여 생후 9개월 된 유아까지 포함되었으며, 아버지의 눈앞에서 강간당한 소녀도 있었다. 주변에서 도우려고 해도 미국 병사가 총을 겨누면 손을 쓸 엄두도 내지 못했다고 한다. 오키나와 경찰과 재판소는 매우 무력했기 때문에 피해를 입은 여성들은 고발하는 것을 단념할 수밖에 없었다.

　미국 병사에 의한 강간 사건은 베트남전쟁이 시작되면서 한층 더 잔인해졌다. 전쟁터에서 귀환한 미국 병사는 살기가 넘쳤다. '환락가'의 여성들이 강간당하고 참살되는 사건이 잇따라 일어났다. 많은 여성들은 빌린 돈에 묶여있었기 때문에 신변의 위험을 느끼면서도 '환락가'를 떠나기가 쉽지 않았다.

(미야기 하루미)

2) 한국 사회와 기지촌 여성

한국에 기지촌이라는 특수한 촌락이 생기기 시작한 것은 해방 후 미군이 점령군으로 주둔하면서부터이다. 인천항의 외곽도시인 부평에 생겨난 최초의 기지촌에서는 미군들과 생계를 위해 모여든 한국 여성들의 매매춘이 이루어졌는데, 한국전쟁 전후 더욱 집단화되었다. 1953년 휴전 직후 전국 주요 도시에 주둔한 미군부대 주변으로 미군과 기지촌 여성, 그리고 그들을 고객으로 하는 서비스산업이 어우러져 상권이 형성되었다. 외국인 전용 술집, 미군부대에서 흘러나오는 물건을 거래하는 암시장, 포주, 미장원, 세탁소, 양복점, 양품점, 사진관, 기념품점, 초상화점, 당구장, 국제결혼 중개업 사무소, 번역소 등을 무대로 기지촌 문화가 정착했다.

전쟁으로 남편을 잃고 생계가 막막해진 여성들뿐 아니라 많은 피난민들이 미군부대 주변으로 모여들었으며 이들 중 많은 여성들은 살아남기 위해 성매매를 하게 되었다. 홀이나 클럽으로 불리는 술집이 생겨났고, 미군과 '위안부'를 고객으로 하는 각종 상점이 들어섰다. 이렇게 시작된 매춘은 1960년대에 절정을 이루었다. 1961년 정부에서는 윤락행위 등 방지법을 제정했고, 이에 따라 표면상 매춘이 금지되었으나, 1966년 무렵 이태원·의정부·송탄·평택·대구·군산·부산 등 전국 62개 기지촌 여성의 수는 3만 명이 넘는 것으로 추산되기도 했다.

정부는 성매매를 불법으로 규정하고 있으면서도 한편으로는 미군의 건강을 위해 기지촌 여성들을 관리·통제함으로써 성매매에 대한 이중 정책을 그대로 드러냈다. 분단 체제라는 한반도의 상황에서 미군의 주둔은 필요하며 젊은 미군 병사들을 위해 성적 쾌락을 제공하는 것은 불가피하다고 본 것이다. 미군 감축에 따라 1980년대 초 기지촌 여성의 수는 2만 명선으로 감소했으며, 기지촌은 1980년대 대학가를 중심으로 일기 시작한 반미(反美)운동 등으로 미군들이 부대 밖 외출을 꺼리게 되면서 약간 쇠퇴

기지촌 여성들의 욕망

1. 매춘이 아닌 다른 일로 전업하고 싶다

2. 전문기술을 배우고 싶다

3. 빚을 해결하고 싶다

4. 법적인 도움이 필요하다

5. 일하는 환경이 개선되었으면 한다

6. 병에 대한 치료를 받고 싶다

7. 아이들을 교육시킬 수 있는 경제적인 조건과 환경이 마련되기를 바란다

8. 매춘 여성들에 대한 사회의 편견이 사라지기를 바란다

9. 우리를 이해하는 사람들이나 비슷한 처지의 사람들이 모여 사는 공동체를 희망한다

10. 결혼을 하고 싶다

11. 노후대책을 마련하고 싶다

[새움터, 『기지촌, 기지촌여성, 혼혈아동 실태와 사례』(1997)]

했다. 1990년대 중반 이후 한국인 여성들의 숫자는 감소하고 있으나 필리핀이나 러시아 등지에서 온 외국인 여성들이 이곳으로 유입되고 있다.[16] 한국 기지촌 여성 운동은 기지촌 여성의 삶의 향상을 위해 여러 가지 활동을 하고 있다. 외국인 여성을 포함한 기지촌 여성들의 인권에 대한 관심이 매우 시급하다.[17]

(이혜숙)

---

16) 경기도 지역의 조사에 따르면 2001년 말 현재 성산업에 종사하고 있는 여성들의 분포는 러시아인이 512명, 필리핀인이 671명이다(새움터, 『경기도 지역 성매매 실태 조사 및 정책대안 연구』(2001), 77~78쪽.

17) 기지촌 외국인 여성의 비참한 상황이 알려지면서 필리핀, 러시아 등의 정부는 이 분야 여성들의 출국을 통제하고, 한국에 체류 중인 여성들에게도 귀국조치를 취했다.

7. 강화 후의 여성운동과 반기지투쟁

1) 샌프란시스코 강화조약과 일미안전보장조약

한국전쟁 중인 1951년 9월, 일본 정부는 전후 일본 국가의 진로를 규정한 두 개의 조약에 조인했다. 하나는 연합국 측의 48개국이 조인한 샌프란시스코 강화조약이고, 다른 하나는 강화 후에도 미군이 계속해서 일본에 주둔할 것을 인정하는 일미안전보장조약(안보조약)이다.

강화조약은 중국과 소련을 포함한 참전국 전체와의 전면 강화운동을 무시하고 강행되었다. 일본 정부는 아마미(奄美) 군도, 오가사와라(小笠原) 군도, 오키나와(沖繩) 군도 등을 미국의 시정권(施政權)하에 두는 것을 인정했으며, 지시마(千島) 열도에 대한 모든 권리·청구권을 포기했다. 일본 경제의 조기 부흥을 바라는 미국의 대일정책을 기반으로 하여, 연합국은 원칙적으로 배상청구를 포기하고, 개별적으로 희망하는 경우에 한해 일본이 배상하는 것으로 했다.

강화조약이 발효(1952년 4월)되어, 독립국으로서의 주권을 회복한 후에도 일본은 안전조약에 의거하여 미군에 기지를 제공하고 '주둔' 비용을 분담했다. 국회의 비준을 거치지 않고 정부 간의 조인만으로 발효한 안보조약에 근거를 둔 일미행정협정에 의해, 미군은 일본 국내에 자유롭게 기지를 설치할 수 있고, 일본은 이에 편의를 제공하고, 미군이 철도와 통신, 전력을 우선적으로 이용할 수 있도록 했으며, 군인과 그 가족의 치외법권 등의 특권을 주었다. 이에 따라 살인·강도·강간 등의 흉악범죄를 포함한 많은 미군 범죄에 대해 일본 측의 수사권이나 재판권은 제한되어, 무수한 범죄 피해자의 권리가 짓밟혔다. 점령통치가 해제되자, 보수정권은 이른바 '역코스'로 불리는 일련의 반동정세를 강화했다.

(후지메 유키)

2) 오키나와에서의 미군기지 반대 투쟁

첫 번째 조직적 저항

오키나와의 투쟁을 묘사한 그림(1950년대)

1952년 4월 28일에 대일강화조약, 일미안보조약을 발효했다. 오키나와는 일본으로부터 시정권(施政權: 사법·행정·입법의 삼권)을 분리하여, '일본의 독립'과 교환하여 미국에 무기한 넘겨졌다. 오키나와 주민이 그 후 '굴욕의 날'로서, 대규모의 '조국복귀운동'을 전개하게 되는 '4·28'이었다.

미군은 오키나와에서 강제로 토지를 몰수하여 주민 생활을 피폐시켜 갔다. 한국전쟁 발발 이래 미국은 아시아에서 공산주의의 공격을 막기 위해 오키나와를 '태평양의 요석(Keystone of the Pacific)'으로 규정짓고, 각지에서 대규모의 기지건설에 착수했다. 강화 발효에 따라 오키나와는 한층 더 '군사기지의 섬'으로 변모하게 된 것이다.

전쟁으로 모든 것이 파괴된 후 점차로 생활이 안정되어 가던 때였다. 오키나와 주민들은 미군이 제멋대로 토지를 접수하는 것을 잠자코 바라보고만 있을 수는 없었다. 나하(那覇) 근교의 오록 촌(小祿村) 구시(具志)에서는 1953년 말, 여성을 선두로 한 주민들이 총출동하여 불시에 찾아온 불도저를 가로막았다. 아기를 업은 여성들의 모습도 보였다. 오키나와 주민에 의한 첫 번째 조직적 저항이었다. 1955년 3월에 미군은 이에 섬(伊江島)에도 불도저를 밀고 들어가서 가옥이 모두 불탔다. 저항하는 남성들은 연이어 체포되었고, 여성들은 오키나와 정부로 몰려가서 남편 없이 생활할 수 없으니 아내와 자녀도 같이 체포하라고 울부짖었다.

전쟁 때보다도 심한 텐트 막사 생활을 강요당한 이에 섬 주민들은 오키나와 정부 앞에 농성장을 세우고 토지를 반환할 것을 요구하며 여성을 중심으로 농성을 시작했다. 한편 굴욕적인 이에 섬의 실정을 호소하기 위해

| 위| 오미(近江) 연사의 인권투쟁에서 "여공애사는 더 이상 싫다"라고 호소하는 포스터(스즈키 유코 제공) |아래| 반기지 투쟁의 상징이 된 스나가와(砂川) 투쟁(1955)

"걸식하는 것은 부끄러운 일이다. 그러나 걸식을 하게 하는 것도 부끄러운 일이다"라고 쓴 깃발을 선두로 미군의 횡포에 항의하며 섬 전체에서 가두시위를 벌였다.

'전 섬의 토지투쟁'으로

오키나와 섬 중부의 기노완 촌(宜野灣村) 이사하마(伊佐浜)에서는 여성들이 미군과 격렬하게 대립했다. 남성들이 토지를 비워주는 문제를 돈으로 타협해 버렸기 때문에, 여성들은 오키나와 섬 각지에서 모인 많은 지원자와 함께 농성을 시작했다. 그러나 미군은 무장병을 실은 트럭과 불도저를 어둠 속에 라이트도 켜지 않고 연이어 미즈타(水田) 지대에 투입했다. 밤새 13만 평의 미즈타가 모두 미군의 무장병에게 포위되었다.

민가까지 쳐들어온 미군은 총칼을 겨누어 주민을 추방했다. 여성들은 기둥에 매달려 필사적으로 저항했다. 이 투쟁에서 학생을 포함한 많은 사람들이 체포되었고, 토지를 빼앗긴 주민은 남미의 볼리비아로 이주해 갔다.

결과적으로 토지는 빼앗겼지만, 구시·이에 섬·이사하마 주민의 투쟁은 오키나와의 여론을 환기시켜 그 후 섬 전체에서 전개된 '전(全) 섬의 토지투쟁'의 기폭제가 되었다.

이 시기 오키나와뿐만 아니라 일본 본토에서도 여성들의 투쟁이 있었다. 1953년 6월 이시카와 현(石川縣) 우치나다(內灘)에서는 미군의 사격장 설치에 반대한 여성들이 농성을 개시했다. 또한 1955년 5월부터 시작된 도쿄 도 기타다마 군(北多摩郡) 스나가와(砂川)의 기지 확장 반대 투쟁에서는 "마음에는 말뚝을 박을 수 없다"라는 슬로건을 내걸

제1회 어머니 대회

일교조(日敎組), 부단련(婦団連), 아이를 지키는 모임, 부인민주클럽, 생활협동조합부인부 등 60여 단체가 참가하여 1955년 6월 도쿄 도시마 공회당에서 제1회 어머니 대회가 개최되었다.

자녀수호, 부인의 생활과 권리, 평화라는 세 가지 테마로 토의가 이뤄지고, 탄광 주부, 원폭 피해자, 기지 주변 어머니들의 보고로 회장은 열기에 싸였다. 대회는 사회보장비·교육예산의 증액 등 13가지의 결의를 모았다. 이후 어머니 대회를 계기로 삼아 여성운동은 평화를 목표로 각 직장 각 계층을 포함하는 광범위한 대중운동으로 발전했다.

그 후 스위스 로잔에서 개최된 세계 어머니 대회에서 그리스의 여류 시인 페리디스 부인의 시의 한 소절인 "생명을 탄생시킨 어머니는 생명을 키우고, 생명을 지킬 권리를 가지고 있습니다"가 이후 모성운동의 슬로건이 되었다. 일본에서는 전쟁 전 천황제 파시즘에 동원되었던 모성이 그 후에는 평화의 상징이 되어갔다.

(시미즈 기요코)

고 여성들이 피켓을 들고 스크럼을 짜고 선두에서 싸워, 반전평화 투쟁을 전국적으로 전개했다. 당시에는 오키나와 여성들과의 제휴가 도모되지 않았지만, 후에 오키나와 기지 문제에 연대하여 여성들의 네트워크를 구축하는 원동력이 되었다.

반기지투쟁이 고양되는 가운데 1955년 6월에는 제1회 어머니 대회가 개최되었다. 여기서는 아이 지키기, 여성의 권리, 평화를 둘러싸고 각계각층의 어머니들이 다양한 체험이나 괴로운 속마음을 호소해서, '눈물과 호소의 대회'라고 불렸다. '어머니'라고 하는 하나로 묶인 모성운동은 제2회 대회에서 "생명을 탄생시킨 어머니는 생명을 키우고, 생명을 지킬 권리를 가지고 있습니다"라는 슬로건을 탄생시켜 평화운동을 전개했지만, 자신이 전쟁을 일으킨 나라의 국민이라는 가해성을 마주 보는 인식은 희박했다.

(미야기 하루미)

오미 겐시 인권분쟁과 버스 차장의 신검투쟁

　오미 겐시(近江絹糸)의 '인권쟁의'는 1954년 6월 '비합법' 속에 결성된 오미 겐시 방적 노동조합(全纖同盟加盟)이 조합을 공인할 것, 불교를 강요하지 말 것, 결혼과 외출의 자유를 인정할 것, 편지 개봉과 소지품 검사를 중지할 것 등 22개 항목의 요구서를 제출함으로써 불씨를 지폈다.

　오미 겐시 방적은 1917년 창립되었는데, 나쓰카와(夏川)의 동족(同族) 경영과 노동자의 인권을 무시하는 독특한 노무관리로 유명했다. 오랜 기간 동안 억압되었던 여성 노동자들은 조합 결성에 고무되어 106일간의 장기 쟁의를 이루어내 여론의 압도적 지지를 얻고 승리했다.

　버스 차장에 대한 '신검(身檢)' 제도는 전쟁 전부터 행해졌다. 공영·사영을 불문하고 교통산업에서는 '공금(公金: 버스나 전차 요금)' 착복을 미연에 방지한다는 명목으로 차장이나 승무원의 복장· 소지품 검사 등을 정당화했고, 이것은 패전 후에도 계속되었다. 그러나 1950년대에 들어서면서, 신체제에서 교육받은 고교 졸업자가 버스 차장이 됨에 따라 '신검'은 부당하다는 의식이 생겨나기 시작했다. 고베 시(神戶市) 교통국에서는 버스 차장의 '신검'에 대한 끈질긴 저항이 계속되었다. 1963년 6월 차장인 와카바야시 에이코(若林榮子) 씨는 '공금'을 착복한 혐의로 오랫동안 조사를 받았다. 그날 밤 와카바야시 차장은 강한 굴욕감을 느껴 '신검'에 대한 항의로 자살했다. 고베 교통국에서는 여성·청년 조합원이 당국에 대한 항의활동을 재빠르게 시행했고 시민들에게도 호소했다. 와카바야시 사건으로부터 1년 남짓 지난 1964년 2월에 이르러 '신검' 제도가 철폐되었다.

(스즈키 유코)

야마시로 도모에와 농촌 여성의 생활기록 운동과 원수폭 금지 백만인 서명운동

　치안유지법 위반으로 전시기를 옥중에서 보냈던 야마시로 도모에(山代巴, 1912~2004)는 신헌법이 시행된 1947년경 일본을 '돌덩이로 만들어진 열도'라고 생각했다. 농촌에는 민주주의나 평화를 신장시키는 '인권'의 토양이 부족했기 때문이다. 그러나 정치적인 연설이나 설교로는 자발성이 생기지 않으며, 자발성이 아닌 의식 변혁은 무의미한 것이다. 그래서 야마시로는 예를 들어, 농촌의 젊은 여성을 억압하는 존재였던 시어머니의 행동과 시어머니도 젊었을 때는 며느리로서

고생한 것을 짧은 이야기처럼 그려냈다.

　거울에 비친 자신의 모습을 봄으로써 그녀들은 자신들의 삶이 '며느리→시어머니'라는 피해와 가해의 연속이라는 것을 깨달았다. 야마시로는 그 후 일상에서 생기는 다양한 일이나 고통을 '말'로 하는 것에서 자기와 주위를 객관적으로 인식하는 힘이 생긴다고 생각하고, 생활기록 운동에도 적극적으로 몰두했다. 자발적인 '깨달음'을 단서로 억압된 여성이 스스로 '첫걸음'을 내딛을 수 있게 하는 것이 '인권'을 명백히 한다고 야마시로 도모에는 믿고 있다.

　야마시로의 작품 「짐수레의 노래」(1956)는 야마시로가 태어난 히로시마 현(廣島縣)의 미요시(三次) 지방의 깊은 산 속을 무대로 농가의 주부 세키(セキ)의 생애를 그린 것이다. 이 이야기를 읽은 농촌 여성이라면 누구나 가슴이 저미는 것을 느낄 것이다. 후에 야마시로는 「짐수레의 노래」를 쓰게 한 배경이 1954년 원수폭 금지 백만인 서명운동이었다며, 다음과 같이 술회했다.

　"제1회 원수폭 금지 평화대회를 히로시마 땅에서 성공시키기 위해서는 이백만 현민의 반수의 평화서명을 받아 유엔에 호소하지 않으면 안 된다고 하자, 농촌의 부인들 사이에서 서명이 시작되었습니다. 이야기의 주인공 세키로 상징되는 사람들이 서로 도와서 손을 잡는 것이 민주주의다, 이것을 지키기 위해서 대량살상 무기를 금지시켜야 한다며, 40~50년 자신의 인생 여정을 증거 삼아 '이야기'를 무기로 일어선 것입니다."

　원수폭 금지 운동은 평화운동이며 동시에 각각의 '인생'을 다시 묻는 계기이기도 했다.

(마키하라 노리오)

제6장

민주화 투쟁과 여성

1. 동아시아의 냉전 체제와 여성

1) 일본의 아시아 경제침략과 성침략

경제침략

전후 냉전 체제 속에서 미국은 일본을 극동전략의 요충지로 삼아 일본의 경제부흥을 꾀하고 아시아 국가들의 일본에 대한 배상권을 포기시키려고 했다. 일본은 이러한 미국의 극동정책에 편승하여, 1950년대에는 아시아 여러 지역에서의 군사독재 정권을 지지·원조하여 민중에 대한 압박에 가담했다. 한편 일본은 아시아에 대해 수행할 배상을 차관 공여의 형태로 전환시켜 감으로써 일본 기업의 아시아 진출의 발판을 만들었다. 전후 아시아에 대한 일본 기업의 투자는 일본 자본주의가 비약적으로 발전하는 데 큰 역할을 했다. 일본과 아시아의 관계는 전전의 군사침략에서 전후에는 경제침략으로 바뀌었으나, 더욱 문제가 되는 것은 성침략이다.

성의 침략

악명 높은 '매춘(買春)관광'이라는 용어는 '매춘(賣春)'이라는 용어가 성을 파는[賣] 쪽 여성만을 문제시하는 것에 반발하여, 성을 사는[買] 남성의 문제를 부각시키기 위해 여성들 사이에서 사용되어 정착되었다.

일본 남성의 매춘관광은 1960년대에는 주로 한국·대만에 집중되었지만, 이후 동남아시아로 확대되었다. '일본인'의 매춘 방법은 개인이 아니라 집단적이라는 점, 미혼자가 아닌 기혼자가 많다는 점, 매춘에 기업과 같은 준(準)공적(公的)인 기관이 관여하고 있는 점이 특징이다. 이러한 기업 전사들의 성침략에 항의하여 1970년대에는 '아시아 여성들의 모임'을 비롯하여 여러 가지 운동이 생겨났다.

'아시아 여성들의 모임'은 3·1독립운동을 기념하고, 특히 유관순 정신을 기려 1977년 3월 1일에 발족했다. 이것은 군사정권을 지지하는 일본 정부에 책임을 느껴, 격렬한 민주화 투쟁을 계속하고 있는 한국 여성들과의 연대를 희망했기 때문이었다. 이 여성들은 아시아 여러 나라들에 대한 경제침략과 성침략의 측면을 인식하고 가해 책임의 관점을 견지하려고 노력했다.

(오고시 아이코)

2) 한국의 개발독재 체제와 여성 동원

박정희 정부의 개발독재

한국전쟁 이후 한국 사회에서 가장 영향력 있는 세력으로 성장한 군부는 1961년 5·16쿠데타로 정권을 장악하고 정치의 전면에 등장했다. 박정희 정부는 취약한 정치적 정당성을 확보하기 위해 '경제발전'과 '국가안보'를 강조하고, 이를 위해서는 독재가 불가피하다는 논리로서 정치적 민주화를 보류하는 '개발독재 체제'를 확립해 갔다. 냉전 체제를 이용한 수

5·16쿠데타로 정권을 장악한 박정희(왼쪽)(김천길 촬영, 김구철 제공)

출지향 산업화 전략을 채택한 박정희 정부의 발전 모델은 '발전주의'와 '군사주의'의 결합이 핵심이었다. 박정희 정부는 '조국의 근대화'라는 기치 하에 '성장제일주의'를 '민족주의', '가족주의'와 결합시킴으로써 국민들의 동원을 이끌어내서 불과 20~30년 만에 급속한 산업화를 이루었다. 1970년대 들어 민중희생적인 산업화에 저항하는 민중운동이 점차 성장해 가고 대외적으로는 닉슨독트린[1]이 발표되자, 박정희 정부는 1972년 '10월 유신'[2]을 선포하고 냉전·분단 체제를 정치적 독재의 수단으로 활용하는 유신 독재 체제로 나아갔다.

전통을 재구성한 이데올로기의 활용

박정희 정부는 독재정치를 정당화하기 위해 유교 전통을 충효사상과 가

---

1) 닉슨독트린은 베트남전쟁의 수렁에 빠져든 미국의 존슨 대통령의 뒤를 이은 닉슨 대통령이 1969년 7월 괌에서 밝힌 아시아에 대한 외교정책이다. 그 주된 내용은 '미국은 앞으로 베트남전쟁과 같은 군사적 개입을 피한다. 미국은 아시아 국가들과의 조약상 약속을 지키지만, 강대국의 핵에 의한 위협의 경우를 제외하고는 내란이나 침략에 대하여 아시아 각국이 스스로 협력하여 그에 대처해야 한다'라는 것이었다.
2) 박정희는 3공화국의 헌정 질서하에서는 더 이상 대통령을 할 수 없게 되자 10월 유신을 단행한다. 1972년 10월 17일에 비상계엄령과 함께 발표된 '특별선언문'은 북한의 침략 위협과 한반도를 둘러싼 국제 정세의 변화를 명분으로 하여 모든 정치권력을 대통령 1인에게 집중시키는 유신 체제의 출범을 선포했다. 이와 함께 국회가 해산되고 정당 및 정치활동이 정지되었으며, 각 대학에 휴교령이 내려지고, 신문 보도와 방송의 사전검열 조치가 취해졌다. 대통령은 유신헌법으로 만들어진 통일주체국민회의에서 간접 선거하는 것으로 되었고, 재임 제한이 없으며, 국회의원 1/3 임명권, 국회 해산권, 법률안거부권, 긴급조치권 등의 막강한 권한이 주어졌다.

족주의를 중심으로 하여 근대적으로 재구성한 후, 학교교육과 대중매체, 새마을운동 등을 통해 국민들에게 내면화시킴으로써 정치 이데올로기로 활용했다. 또한 유교적 가족주의와 가부장주의를 활용하여 산업화를 위한 국민 동원과 노동 통제를 효과적으로 이루어냈다. 유교적 가족주의에 기반을 둔 강한 가족윤리는 산업화 시기의 한국 노동자들이 저임금과 장시간 노동, 그리고 안전 부재의 작업장 조건을 감내하도록 만들었다. '부계제' 가족제도를 기반으로 한 유교적 가부장주의는 산업화 초기 가난한 농촌의 딸들을 노동집약적 산업으로 동원해 내고, 저임금 노동력으로서 공장 내 가부장제적인 위계구조에 복종하도록 하는 노동 통제 수단이었다. 또한 박정희 정부는 유교적 가족주의와 효 사상을 이데올로기적으로 활용해 복지와 관련한 국가 책임을 개별 가족에게 전가함으로써 자본축적에 집중할 수 있었다.

여성의 노동력과 성의 동원

한국의 개발독재 체제는 국가 주도로 구로·마산 등지에 수출공단을 설립하고 극한적인 저임금의 노동력으로서 여성 노동자를 착취하여 외화를 획득했다. 또한 기생관광에서의 성착취를 기반으로 하여 외화를 벌어들였고, 기지촌 정화운동이라는 미명하에 기지촌 여성들의 성을 체계적으로 관리함으로써 한미 간의 동맹관계를 유지하고 외화를 획득했다. 농촌에는 마을마다 '새마을 부녀회'를 조직하여 금주운동, 절미저축, 폐품수집, 공동구판장, 탁아소, 공동취사, 공동경작 등의 사업을 전개함으로써 농촌 여성들을 새마을운동에 동원했다. 이와 같이 여성들이 국가에 의해 다양한 방식으로 동원되면서 여성의 노동과 사회참여는 확대되었지만, 동시에 현모양처가 이상적인 여성상으로 강조되었기 때문에 가부장제 질서는 그대로 유지될 수 있었다.

(김수영)

기생관광(매춘관광)

박정희 정부는 외화 획득 전략으로서 관광산업에 주목하고, 1970년대 초부터 기생관광 정책을 본격화했다. 당시에는 윤락행위방지법이 있었지만, 특정 지역 내의 성매매와 특수 관광호텔에서의 외국인 상대 성매매 여성은 원칙적으로 해당되지 않았다. 국가가 주도하여 관광기생들에게 허가증을 주어 자유롭게 호텔을 출입할 수 있게 했고, 국가경제를 위해 중요한 역할을 수행하고 있다는 교양교육을 실시했다. 한일 양국의 여성들은 연대해서 기생관광 반대 운동을 전개했다. 한국에서는 한국교회여성연합회가 기생관광 문제를 제기하며 강력하게 비판했고, 대학생들도 반대시위를 했다. 일본에서도 22개 여성단체가 연합해서 공항에서 시위를 하는 등 일본인의 한국 매춘관광 반대 운동을 전개했다. 한국의 경제발전은 극한적인 저임금의 여성 노동력에 대한 착취뿐만 아니라 국가가 주도한 여성의 성에 대한 조직적인 착취와 인권유린의 대가로 가능했던 것이다.

(김수영)

3) 냉전 체제와 한일회담

한일회담의 배경

한일회담은 미국의 동아시아 지역통합 전략의 일환으로서 미국 주도하에 이루어졌다. 1949년 중국의 사회주의 혁명이 성공하여 동아시아에서 냉전이 격화되면서 미국의 동아시아 지배전략도 수정되었다. 미국은 일본을 재건하여 아시아의 자본주의 진영의 중심에 두고 한국·대만·필리핀을 연결하여 사회주의 포위망을 구축하는 전략을 추구했다. 이와 같은 지역통합 전략이 실현되기 위해서는 한일 '국교 정상화'가 필수조건이었으므로, 미국은 한일 양국에 한일회담을 권고하고 한일협정 전 과정에 깊숙이 개입했다.

한국과 일본은 1951년부터 국교 수립을 위한 회담을 시작했는데, 회담은 식민지 지배에 대해 반성하지 않는 일본 정부의 역사인식으로 인해 여러 차례 중단되었다. 일본 정부는 패전 후에도 '한일합방'이 조선의 경제·사회·문화적 향상에 공헌한 것이었으며, 당시의 국제법에 준하는 합법적인 것이었다는 인식을 가지고 있었다. 예비회담 개최 시 요시다 시게루(吉田茂) 내각의 재무상 이케다 하야토(池田勇人, 후에 수상이 됨)는 한국이 샌프란시스코 강화조약의 조인국이 아니므로 일본은 한국에 대한 배상 책임이 없고, 오히려 조선에 거주했던 일본인이 남긴 재산에 대하여 한국 정부와 논의해야 한다고 발언했다. 이것은 일본 정부가 한일회담에 임하는 자세를 여실히 보여주는 것으로서, 그 후 1차부터 7차에 이르는 회담에서도 일본 측 수석대표의 폭언과 망언이 계속되었다.

'경제협력'에서 일괄타결: 배상 책임의 회피

원래 일본 정부는 한일회담에 대해 소극적 자세를 보여왔다. 한국의 식민지 지배에 관한 책임 추궁과 배상 요구, 즉 '과거 청산'을 두려워하고 있었던 것이다. 회담은 일본 측 수석대표의 망언 문제 등을 둘러싸고 여러 차례 중단되었다. 이것이 새로운 국면에 접어든 것은 1961년 박정희 정부가 미국의 신임을 얻고 경제발전에 필요한 자금을 얻기 위해 한일회담을 적극적으로 추진한 시기이다.

민정이양 직전이던 1962년 11월 김종필 중앙정보부장과 오히라 마사요시(大平正芳) 외상은 대일청구권 문제에 대하여 한국 정부가 일본으로부터 무상으로 3억 달러, 정부차관 2억 달러(10년간), 민간차관 1억 달러(한일협정 체결 시에는 2억 달러 추가)를 받는 것으로 비밀 합의했다(김종필·오히라 메모). 오히라 외상은 '현 군사정권과 협상하는 것이 이득'이라는 기본 입장에서, '국교를 정상화한다면 어떠한 무역상의 이익이 있는가' 하는 점으로부터 '경제협력'까지 일괄타결 방식을 노렸다.

이승만 정부와 장면 정부 때의 한일회담에서는 38선 이남을 대상으로

한일회담 반대 성명을 발표하는 여대생

일본의 식민지 통치에 의해 입은 피해를 조사·작성했던 배상 요구 조사서가 대일 배상 요구의 기초가 되었지만, 박정희 정부는 이것을 무시하고 정치적 일괄타결 방식을 채택했다. 일본 측은 대일청구권 문제도 '식민지 지배에 대한 배상'으로가 아닌 '독립축하금, 경제협력기금'의 의미로 해석했다.

한국에서 한일회담 반대 운동의 고양

한일국교 정상화 문제는 한국의 미묘하고 복잡한 민족 감정으로 인해, 국민적 합의가 절실히 도입되지 않으면 안 되었다. 그러나 박정희 정부는 비밀리에 졸속 합의를 했다. 이러한 한일회담 배후의 진상이 서서히 민중에도 알려지면서 학생, 언론계, 지식인을 중심으로 강한 저항이 일어났다. 특히 한일회담이 본격적으로 추진된 1964년 봄부터 학생들을 중심으로 한일회담 반대 투쟁이 전개되었고, 6월 3일에는 수만 명의 학생과 시민들이 광화문에 집결하여 정권 퇴진을 요구했고, 이에 박정희 정부는 계엄령을 선포하고 군대를 동원하여 대대적으로 탄압했다(6·3사태). 1965년 2월부터 한일협정 추진 반대 투쟁은 범국민적으로 다시 한 번 전개되었지만, 6월 22일 한일협정이 체결되었고, 8월 14일 여당인 공화당 의원들만 출석한 국회에서 한일협정이 비준되었다. 그리고 8월 말에 위수령이 선포되어 대학은 휴교되고 군대가 출동함으로써 시위는 진압되었다.

한일 '국교 정상화'와 남겨진 과제

1965년 한일기본조약, 한일청구권협정이 체결됨으로써 마침내 한일 간에 '국교 정상화'가 이루어졌다. 한일협정을 계기로 한국 경제는 일본 경제에 구조적으로 종속되어 갔고, 한국의 여성 노동자들은 극도의 저임금으로 일본의 자본가들에게 고용되었다. 그리고 미국의 주도하에 한일 국교 정상화가 이루어짐으로써 동아시아에서 한·미·일 삼각동맹이 구축되었다. 한일협정 과정에서의 불철저한 과거 청산은 한일 관계의 지속적인 갈등의 원천이 되어왔다. 한일 관계의 정상화는 그 전제로서 과거 일제 강점의 부당성을 명확히 하고 일본의 반성 및 사과, 그리고 피해 보상 문제가 명확히 해결되었어야 함에도 불구하고, 회담과 조약·협정의 과정에서 일본의 공식적인 사죄와 보상은 전혀 이루어지지 않았다. 강제 동원 피해자 문제도 한일협정 과정에서 제대로 해결되지 않았기 때문에 이후 일부 피해자 및 피해자 단체들이 일본 정부나 기업을 상대로 배상 소송을 전개했다. 일본 정부는 한일협정으로 개인의 청구권이 소멸되었다고 주장하며 국가 책임을 회피해 왔다. 그러나 한일회담 당시 논의 과정에서 일본군 '위안부', 원폭 피해자, 징용 사할린 동포 문제 등은 거론되지도 않았다. 그리고 일본군 '위안부' 문제 등은 일본 정부와 군이 조직적으로 관여한 전쟁 범죄로서 국가 간의 청구권 협정으로 해결될 수 없는 개인의 인권 문제가 내재해 있다. 한편 현재 일본 정부에 맡겨져 있는 강제 동원 피해자들의 미불임금 반환, 사망자 유골 발굴 및 송환 문제 등도 시급히 해결되어야 할 문제이다.

〈스즈키 유코·김수영〉

2. 민주화 투쟁

1) 한국의 민주화 운동과 여성

군부독재와 반독재 민주화 투쟁

군부독재 정권 시대의 첫째 시기는 1961년 5·16쿠데타로부터 1972년

10월 유신 이전까지의 시기로서, 최소한의 절차적인 민주주의가 존재했던 시기이다. 둘째 시기는 1972년 10월 유신부터 1979년 10·26 박정희 대통령의 사망까지의 유신 시대로서, 산업화에 따라 경제적인 모순이 잠재화하고 군부 정권의 장기화에 따라 그에 대응하는 저항운동이 급속하게 고양되자 군부독재 정권이 극단적인 폭력적 강압 체제로 재편된 시기이다. 셋째 시기는 1980년 5·17쿠데타와 광주 학살을 통해 등장한 전두환 정권과 이후 노태우 정권까지의 시기로서 정권의 정당성이 대단히 취약한 상태에서 가혹한 폭압정치를 했지만, 저항운동이 대중적인 지지를 얻어 거대한 사회변혁 운동으로 성장해 간 시기이다.

군부독재 정권하의 가혹한 국가폭력에 맞서 반독재·민주화 투쟁을 한 세력에는 학생운동과 노동운동을 핵심으로 하여 종교계, 지식인, 야당 및 재야, 농민운동, 빈민운동 세력이 있었다.

민주화 투쟁 속의 여성

여성들은 사회운동에 적극적으로 참여하여 남성들과 함께 반독재 민주화 투쟁을 했으며, 특히 학생운동과 노동운동 등에서 두각을 나타냈다. 한편 이렇게 사회운동에 참여하면서 여성들은 남성 중심의 시각에 문제의식을 느끼고 여성 권익을 위한 모임을 싹틔웠다. 1970년대 초부터 크리스챤 아카데미를 중심으로 이루어진 소모임, 대학 내 여학생들에 의해 새롭게 형성된 모임들, 교회 여성들의 운동 등은 민주화 운동과 노동운동에 참여하면서 마련된 동력과 어우러져 1980년대부터는 본격적으로 여성운동 조직을 결성하기에 이르렀다.

민가협 어머니들의 투쟁

1974년 민청학련 사건[3]를 계기로 만들어진 '구속자가족협의회'를 모태로, 유신 독재 시절부터 정치적 박해를 받고 있던 가족들과 1980년대에 민주화를 요구하다 구속된 수많은 학생들의 가족들이 모여 1985년에 민주화실천가족운동협의회(민가협)를 창립했다. 주로 양심수[4]의 어머니들로 구성되어 있는 민가협 어머니들은 안기부 등의 수사기관과 교도소에서 밤을 새우며 인권침해에 항의하여 농성을 했고, 양심수 석방을 위해 철야 단식도 주저하지 않았다. 그들은 민주화를 위한 집회·농성·시위 현장의 맨 앞에서 투쟁하면서, 시위 도중 전투경찰에 끌려가는 학생들을 맨몸으로 구출하곤 했다. 또한 공정하지도 정의롭지도 못한 사법부를 향해 질타와 항의를 하다가 구속되기도 했고, 고문수사관을 현상수배하며 고문 추방 캠페인을 벌이고, 인권을 유린하는 악법 철폐 운동을 해왔다.

(김수영)

2) 일본 안보투쟁과 일본 학생운동

일본 안보투쟁의 의의

1960년의 일본안전보장조약 반대 투쟁에서는 '민주주의' 이념이 많은 시민들을 움직였고 반미를 외치는 데모가 거리에 넘쳐났다. 그것은 전후 일본의 '정치의 계절'을 상징하는 것이라고도 말할 수 있다.

대미종속을 결정지었던 샌프란시스코조약 10년 후인 안보조약 개정기에는, 이후 일본의 진로를 둘러싸고 '국민'적 규모의 논의가 일어났다. 미국에 일본의 방위의무를 다하고, 극동 안정을 위해서 기지를 계속 제공하며, 일본에도 재군비와 개헌의 방향을 제시하는 등 대미관계의 강화를 도모하는 일본 정부와 평화헌법의 정신을 살려 비무장중립을 목표로 하는 혁신세력 간에 의견이 크게 나뉘었다. 안보개정에 반대하는 정당, 노동조

---

3) 1974년 4월 유신 정권의 긴급조치에 의해 전국민주청년학생총연맹을 중심으로 180명이 구속·기소된 사건.

4) 정치·사상의 자유와 민주화를 요구하다 갇힌 수인(囚人).

|왼쪽| 1960년 5월, 안보투쟁에서 데모 행진을 하는 여성들 |오른쪽| 경찰의 진입에 항의한 도쿄대학에서는 9학부가 파업에 들어갔다(1968년 6월 20일).

합, 지식인, 일반 시민 등은 '안보개정 저지 국민회의'를 결성하고 대규모 반대 운동을 전개했다. 1959년의 제3차 통일운동에는 전국에서 10만 명이 참가했다. 그러나 당시의 기시 노부스케(岸信介) 수상은 이러한 반대 여론을 무시하고 1960년 5월 19일에 체결을 강행하여 국회가 대혼란에 빠졌다. 시민들 사이에서는 반기시·반미의식이 한층 높아졌고 연일 수만 명이 가두행진에 나섰다. 가두의 '시끄러운 농성'이 아닌, 자신을 지지하는 '조용한 소리'에 귀를 기울인다는 기시 수상의 거만한 발언에 반발하여 시민들은 '조용한 농성단'을 결성하고 저항의 의지를 나타내기도 했다.

전학련

안보개정기에 맞추어 '전일본학생자치회총연합(全學聯, 1948년 결성)' 주류파는 일본공산당하에 있던 반(反)주류파와 대립하고, 전투적인 가두 투쟁을 전개했다. 학생들은 정치적 타협을 배제한 직접 행동이라는 급진적 투쟁 방침을 제기하고 연일 국회 주변에서 격렬한 데모를 벌였다. 6월 15일에는 580만 명을 동원한 통일 행동이 각지에서 행해졌다. 그날 저녁 국회 구내로 들어가려고 한 전학련 주류파 학생들을 경관대가 습격하여 무차별적인 폭력을 가하여 다수의 부상자가 발생하는 가운데, 도쿄대 학생 간바 미치코[5]가 사망했다. 그녀의 죽음에 충격을 받은 전학련 주최의 위령제는 분노로 가득 찬 학생들의 항의의 장이 되었다. 이후 그녀는 '반전·평화의 상징'으로서 사람들에게 기억되고 있다.

사망자가 발생한 것에 위기감을 느낀 정부는 16일에 임시 내각을 열고, 예정되어 있던 아이젠하워 미국 대통령의 방일 계획을 중지할 것을 요청하기에 이르렀다. 그러나 19일에는 반대파 33만 명이 국회를 에워싼 가운데, 신안보조약이 승인되고 말았다. 반대 운동에 참가했던 지식인의 대다수는 무력감을 느꼈고, 이후 직접적인 운동 현장에서 물러나는 경향이 강해졌다. 한편 학생운동은 내부의 사상 차이로 무수한 파벌이 생겨나서, 상호 간에 대립하거나 내부 분열을 일으키는 등 이합집산을 반복했다.

전공투 운동

1970년의 신안보개정기를 앞두고 운동은 다시 고조되었다. 1969년에 일본 전국의 많은 대학에서 신좌파에 속하는 정치적 학생들은 기성세대의 지성과 문화의 존재방식에 의문을 품고 있던 일반 대학생들을 끌어들여 '전학공투회의(全共鬪)'를 결성하고, 대학 당국과 단체교섭을 하고, 그 관료주의와 격렬히 대결했다. '전공투' 운동은 세계적인 젊은이들의 반란과 연동하여, 체제내화한 '대학'의 지성의 존재방식에 엄중히 문제를 제기했다. 학생들은 대학을 폐쇄시키고 자주 관리의 장(場)인 해방구를 창조하려고 했다.

도쿄대학에서는 학생들이 권력의 상징이었던 야스다 강당을 바리케이드로 봉쇄하고 '자기부정', '대학해체'를 외치며 농성했다. 그러나 대학 당국이 경찰의 개입을 요청하여 좌절될 수밖에 없었다. 또한 지도권 싸움을 하는 학생운동 파벌 간의 폭력적인 습격 행위(살상을 포함)가 학원을 황폐화

---

5) 간바 미치코(樺美智子, 1937~1960)는 1957년 도쿄대학에 입학하여 역사학연구회에서 서클 활동을 하던 중 역사·정치에 관심을 가지게 되었으며, 도쿄대학 학우회 부위원장으로 안보투쟁에 몰두했다.

시키기에 이르렀다.

　대학 투쟁 이후 캠퍼스에는 정치에 대한 환멸과 침체 분위기가 만연했는데, 이것은 정치에 대한 학생들의 무관심으로 이어졌다. 그리고 대학의 관리 체제가 강화되는 과정에서 학생운동은 쇠퇴해 갔다.

(오고시 아이코)

운동 과정에서 드러난 성차별

　연합적군(連合赤軍)은 신좌파 중에서도 가장 과격하게 무장투쟁을 주장한 세력이었다. 이들은 관헌의 추적이 심해 1972년에는 산악 아지트에 숨어있었다. 그런데 거기에서 상호불신감이 싹터 동료를 '총괄'이라는 미명 하에 죽음에 이르게 한 사건이 생겨났다. 회원 중 일부는 아사마(淺間) 산장에 은신하며 총격전을 전개했는데, 이것이 소위 '연합적군' 사건이다.

　'총괄' 사건의 주모자로서 1983년 2월에 최고재판에서 사형판결을 받은 나가타 히로코(永田洋子, 1945~)는 저서 『16의 묘표(墓標)』에서 '책임을 지는 입장'에서 사건의 과정과 학생운동 중에 그녀를 포함한 여학생들이 어떤 문제에 직면했는지를 말하고 있다. '여성의 자립을 원해 좌익운동에 참가했다.' 그렇지만 폭력에 의한 '적의 섬멸'이라는 '주어진 노선'에 오로지 매진한 결과 동지까지도 죽음으로 몰아가 버렸다. 자기 자신이, 또한 다른 여성이 동지 남성에게 강간당한 것에 강한 저항감을 갖고 있었음에도 불구하고, 그것을 설명할 수 있는 언어를 갖지 못했다.

　과거의 기억을 되뇌면서 그녀가 발견한 것은 신좌익·전공투 등의 학생운동을 하는 남성들이 내면화하고, 여성들도 공유하고 있던 가부장제적 '성'의식의 문제이다. 운동 중의 성차별에 대한 여성들의 문제의식은 "나가타 히로코는 당신이다"라고 하는 다나카 미쓰(田中美津)[6]의 말에 나타

---

6) 다나카 미쓰(1943~)는 1971년 '동아리 투쟁하는 여자'를 조직하고 우생보호법 개정 저지를 시초로 '리브 신주쿠센타'를 본거지로 성차별을 격렬히 반대하는 독특한

난 것처럼 1970년대의 우먼·리브 운동으로 이어졌다.

(이게다 미도리)

3) 한국의 학생운동과 여성

한국 학생운동의 특징

군사독재 정권에 대해 가장 강력한 비판을 제기하고 정면으로 도전하며 헌신적으로 투쟁했던 세력은 대학생들이었다. 일제시대부터 한국의 학생 운동은 '도덕적 정의감'과 '역사적 사명감'에 따라 역사의 전면에 서서 어둠을 밝히는 역할을 해왔다. 군사독재 정권하에서 야당들이 독재 정권의 반대 세력으로서의 역할을 제대로 못했고, 노동자계급과 민중도 독자적인 정치세력으로 존재하지 않았기 때문에, 학생운동이 저항적 정치세력으로서 민주화 투쟁의 중심에 서게 된 것이다.

학생운동의 전개

1960년대의 학생운동은 이승만 정권을 붕괴시키는 데 결정적인 역할을 했던 1960년의 4·19혁명에서 출발했다. 군사독재 정권이 성립한 후에도 대학생들은 주요한 정치적 쟁점을 제기하면서 독재에 맞서 투쟁했다. 대학생들은 한일회담 반대 투쟁과 한일협정비준 반대 투쟁, 1967년 부정선거 규탄 시위와 1968년 3선 개헌 반대 투쟁 등을 벌이며 민주주의 질서의 회복을 위해 투쟁했다.

1970년대의 학생운동은 유신 독재 체제의 비민주성을 강력하게 비판하는 반독재 투쟁의 성격을 띠었다. 당시 학생운동의 대항 이데올로기는 기본적으로 자유민주주의였지만, 1970년 전태일의 분신자살 사건을 계기로

운동을 전개했다.

1987년 6월 민주항쟁 때 사망한 이한열의 시청 앞 노제(연세대학교 총학생회 제공)

박정희 정부의 민중희생적 산업화에 저항하는 '민중'에 주목하기 시작했다. 1975년에 긴급조치가 발동된 이후 학생운동에 대한 탄압이 격화되면서 학생운동은 비합법적 성격이 강화되어 운동권이 등장했고, 학생운동 세력의 재생산구조가 갖추어지고 사회운동과의 연결이 이루어지기 시작했다.

1980년의 광주민중항쟁을 계기로 1980년대의 학생운동은 한국 사회를 근본적으로 변혁시키고 새로운 사회를 건설하려는 이념적 목표를 세우고 조직적인 운동을 전개해 갔다. 많은 대학생들은 광주 학살을 통해 등장한 전두환 정부의 독재정치에 맞서 가장 선두에서 치열하게 민주화 투쟁을 했다. 또한 많은 수의 대학생들이 민중세력의 정치의식 고양과 정치세력화를 위해 대학을 그만두고 공장에 투신하여 노동운동에 헌신했다. 한국의 현대사 과정에서 노동자계급이 사회변혁 운동의 주체로서 충분히 성장하지 못한 현실을 자신들의 계급적 존재 전이를 통해 극복하고자 했던 것이다. 학생들의 헌신적인 투쟁은 1987년 6월 민주항쟁에서 최고조에 달하여 전두환 독재정권을 무너뜨리고 사회 전반에 민주화를 가져오는 데 결정적 역할을 했다. 이러한 학생운동의 경험은 사회에 진출한 이후에도 여러 영역에서 사회민주화를 위한 중요한 토대가 되어왔다.

학생운동 내 여성문제

많은 여학생들이 학생운동에 적극적으로 참여하여 남학생들과 함께 투쟁했다. 그러나 학생운동에 참여한 여학생들은 남학생과는 다른 또 하나의 성으로서 존중되었던 것이 아니라 남성 중심의 운동권 문화에 동화되어 남성처럼 행동하도록 암묵적으로 강요당했다. 당시 다른 사회운동과 마찬가지로 학생운동도 가부장주의에 기초를 두고 있었기 때문에, 성차별 문제는 민족문제와 계급문제에 비해 부차적인 것으로 취급되었고, 학생운동 내에서 여학생들은 남학생들을 보조하는 역할을 하는 것이 일반적이었다. 1980~1990년대를 통해 학생운동에서 여성의 역할이 크게 부상된 것은 사실이지만, 진보적 운동권 내의 성차별 관행은 1990년대 이후 여성운동이 고양되는 중에도 계속되었다.

(김수영)

4) 광주민중항쟁과 여성

민주화의 좌절

1979년 10·26사태[7]로 유신 체제가 갑자기 무너지면서 1970년대에 꾸준히 성장해 온 민중운동 세력 및 야당의 자유주의자들과 유신 체제를 재편·유지시키려는 신군부를 정점으로 한 세력이 대치하는 권력 공백 상태가 형성되었다. 많은 국민들은 유신헌법을 개정하여 민주화로 나아가길 원했지만, 전두환을 중심으로 한 신군부는 12·12쿠데타[8]을 일으켜서 군부 안의 온건파를 제거한 후 정치에 개입하기 시작했다. 한국의 정치적 상황이 빨리 안정되기를 바랐던 미국 정부는 신군부의 등장을 암묵적으로 승인했다. 1980년 봄, 노동자들은 생존권 투쟁과 노조민주화 투쟁으로 나아갔고, 학생들은 사회·정치의 민주화를 요구했다. 그러나 신군부는 5월 17일 전국에 계엄령을 선포하여 주요 대학에 병력을 주둔시키고, 학생 지도부와 김대중을 비롯한 재야와 야당의 주요 인사를 체포·구속했다.

---

7) 1979년 10월 26일, 궁정동 중앙정보부 안가에서 박정희(朴正熙) 대통령이 중앙정보부장인 김재규(金載圭)에 의해 살해당한 사건.
8) 1979년 12월 12일 전두환·노태우 등이 이끌던 군부 내 사조직인 '하나회'가 중심이 된 신군부 세력이 일으킨 군사반란 사건.

광주민중항쟁

광주민중항쟁 당시 광주 시민 민주 수호 궐기대회[(재)5.18기념재단 제공]

5월 18일, 광주에서 계엄령에 반대하는 학생들의 시위가 일어나자, 신군부는 공수부대에 작전명령 '화려한 휴가'를 내려 탄압하기 시작했다. 시민들, 특히 여성들에 대한 잔인한 진압이 알려지면서 광주 시민들 사이에는 저항의 연대감이 확산되었다. 중·고등학생, 대학생, 모든 계층의 시민들이 거리로 나와 목숨을 걸고 격렬한 시위를 거듭하면서 시위는 점차 민중항쟁으로 발전해 갔다. 5월 21일 금남로의 대규모 집회에 공수부대가 조직적으로 발포함으로써 광주에서의 무장투쟁이 시작되었다. 22일부터 26일까지 광주는 신군부에 의해 완전히 고립되고 물자공급도 모두 끊긴 상태였지만, 물건을 매점매석하는 일도, 도난 사건도 한 건 없이 공동체를 형성하여 저항했다. 이 항쟁으로 인해 수많은 희생자와 부상자가 생겼다.

여성들의 투쟁

광주민중항쟁 과정에서 형성되었던 공동체의 중심에 '여성'이 있었다. 여성들은 대자보를 작성하고, '투사회보'를 제작하고 배포하는 일을 담당했다. 어떤 여성들은 소총을 운반했으며, 화염병을 만드는 병과 신나를 모으는 일을 맡은 여성도 있었다. 광주민중항쟁 기간 동안 여성들의 활동을 결집시키고 조직화했던 주도세력은 민주화 운동 그룹인 송백회(松柏會)[9]

---

9) 송백회는 교사, 간호사, 가정주부, 민청학련 구속자 부인, 여성 노동자, 학생운동 출신 등 지식인 엘리트 여성들이 모여 1978년에 창립한 여성 민주화 그룹이다. 이들은 민주화 운동 관련 구속자들의 옥바라지를 하면서 소모임 학습을 통해 한국근현대사, 환

여성들과 여성 노동자들이었다.

항쟁의 초기 국면인 5월 18일부터 여성들의 참여는 두드러졌다. 5월 18일에는 여성 노동자들과 여대생들이 시위에 참여했고, 5월 19일부터는 여중생, 여고생, 송백회원들이 각각 참여했다. 5월 20일이 되어서는 할머니, 가정주부에 이르기까지 수만 명의 여성들이 가두시위에 가담하여 대열 후위에서 시위 전위부대와 민중을 연결시켜 주는 역할을 했다. 각 시장의 노점상 아주머니들과 각 동별 주부들은 음식물을 손수 만들어 시위대에 전달하는 지원활동을 했다. 특히 전춘심 같은 여성들은 가두 선두방송을 통해 시위대를 진두지휘했고, 이것은 민중의 시위 참여를 촉발시키는 데 큰 기여를 했다. 광주항쟁에 대한 논의와 보도가 철저히 통제되는 상황에서, 항쟁에서 중요한 역할을 한 유인물, 가두방송, 궐기대회로 대별되는 선전활동은 대부분 자발적으로 참여한 여성들에 의해 이루어졌다. 또한 무기 접수를 위해 광주 외곽 지역을 다녀온 시위 차량에 여성들이 동승했고, 일신방직 여성 노동자들은 해남·강진 등의 차량 원정 시위에 참여하는 등 항쟁의 초기에는 여성들도 무장투쟁에 활발하게 동참했다.

그러나 시민군이 도청을 장악한 5월 22일부터는 여성들의 조직적인 역량은 선전활동과 물적 제공에 집중되었다. 부상자와 사망자가 발생하기 시작하면서 여성들은 헌혈활동에 앞장섰고, 검은 리본을 만들기도 했다. 그리고 도청에서는 여성들이 대민 업무, 시체 처리, 취사활동 등을 담당했다. 특히 악취 속에서 염을 하고 입관하는 시체 처리 작업은 성매매 여성 2명이 헌신적으로 수행했다. 항쟁의 초기부터 마지막까지 여성들은 적극적으로 참여하여 활동하면서 주체적으로 저항했다. 이들의 활동은 자발적으로 분출된 것으로서 항쟁에서 핵심적 역할을 했다.

경공해 문제, 기생관광 문제 등 한국의 사회 현실에 대한 인식을 공유했고, 광주항쟁에서는 시민들의 항쟁을 결집시키는 데 결정적인 역할을 했다.

역사적 의의

광주민중항쟁 기간에 드러난 전두환 군부 정권의 폭력성은 1980년대에 학생운동을 선두로 한 반독재 투쟁의 성장을 야기했다. 또한 광주민중항쟁 기간에 철저한 고립 속에서도 기층 민중이 보여준 헌신적인 투쟁과 공동체의 형성은 민중을 변혁의 주체로 인식하는 계기가 되었다. 그리고 광주민중항쟁 기간에 미국이 신군부를 지지한 것이 알려지면서 민주화 세력의 미국에 대한 인식도 변화하기 시작했다. 그리하여 1970년대에 반독재 투쟁에 머물러있던 한국의 민주화 운동이 광주민중항쟁의 경험을 계기로 1980년대에는 외세와 민중까지 고려하는 전반적인 민주변혁을 위한 민족·민주 운동으로 발전해 갈 수 있었다. 한편 한국 현대 여성사에서 광주항쟁은 1980년대 사회변혁적 여성운동의 시발점으로 자리매김된다.

(김수영)

5) 반미군투쟁

주한미군의 범죄

한국전쟁 이후 한국에 계속 주둔해 온 주한미군의 범죄율은 매우 높다. 그러나 불평등한 한미주둔군지위협정(SOFA) 때문에 범죄를 일으킨 미군을 한국 내에서 제대로 처벌할 수 없었다. 이로 인해 주한미군의 범죄와 한국인의 희생은 끊임없이 계속되어 왔고, 이것은 한국에서 반미군투쟁이 성장해 온 중요한 배경이 되었다. 가장 잘 알려진 미군 범죄로서 주한미군의 윤금이 씨 살인 사건과 미군 장갑차 여중생 살인 사건이 있다.

미군의 윤금이 씨 살해 사건

미군의 주둔 이후 수많은 기지촌 여성들이 미군에 의해 살해되었지만, 이러한 사건들은 기지촌 여성에 대한 사회적 낙인으로 인해 사회적 관심을 받지 못했다. 1992년 동두천에서 미군이 윤금이 씨를 잔인하게 살해한 사건은 참혹한 주검과 한국 경찰의 타협적 태도로 인해 한국민들의 분노를 불러일으켜 항의시위가 잇따랐다. 이 사건은 한국의 사회운동 세력이 최초로 미군 범죄를 정치문제화한 사건이었지만, 반미운동으로서의 민족 담론이 전면에 부각되면서 기지촌 여성문제, 성매매 여성 문제는 가려지는 결과를 낳았다는 점에서 한국 사회운동 내부의 가부장제를 잘 보여준 사건이기도 했다.

여중생 압살 사건에 대해서 항의·추도 및 소파(SOFA) 개정을 촉구하는 촛불시위(오마이뉴스 제공)

미군 장갑차 여중생 살인 사건

2002년 6월 경기도 효촌리 한 지방도로에서 미군 장갑차가 갓길을 걷고 있던 여중생 신효순·심미선 양을 깔고 지나가 그 자리에서 숨지게 하는 사고가 발생했다. 그러나 불평등한 한미주둔군지위협정에 의해 이 사건은 진상조차 정확히 밝혀지지 않은 가운데, 사고를 일으킨 미군들은 동두천 캠프 케이지 내 미 군사법정에서 무죄평결을 받고 한국을 떠나갔다. 이것은 주한미군에 대한 한국 시민사회의 깊은 분노를 불러일으켰고, 곧 수많은 한국민들의 저항이 시작되었다. 두 여중생을 추모하고 한미주둔군지위협정(SOFA)의 개정을 촉구하는 대규모 촛불시위가 전국적으로 매 주말마다 계속되었다. 이 촛불시위에는 수많은 시민단체가 참가했고, 중고생들도 많이 참여했으며, 어린 자녀를 동반한 참가자들도 많았다.

(김수영)

6) 반기지투쟁·반미군투쟁

'오키나와 반환'과 반기지투쟁

1972년 오키나와의 일본 반환은 기대했던 것처럼 핵도 기지도 없는 평화를 실현시킨 것은 아니었다. 1980년대는 '한 평 반전 지주 운동(一坪反戰地主運動)'[10]의 전개와 1987년 '일장기 소각 사건', 가데나(嘉手納) 기지를 둘러싼 인간 사슬 등 기지 철거를 추구한 투쟁이 지속되는 한편 보수적인 현(縣) 정부가 주도한 공공투자와 본토의 거대 자본에 의해 토지개발·자연파괴가 진행되었다.

1990년대에 상황은 일변했다. 1995년 9월 미군 병사에 의한 성폭력을 고발한 피해자의 목소리는 오랫동안 네트워크를 구축해 온 오키나와 여성들의 운동의 기반 위에서 광범위한 사람들의 분노로 결집했다. 8만 5,000명이 집결한 현민총궐기대회(1995년 10월 21일)는 '지위협정의 재인식과 기지의 정리·축소'를 결의했고, 이듬해 9월의 현민 투표에서는 과반수의 유권자가 이것에 찬성했다. 오키나와 전후 사상(戰後史上) 셋째로 꼽히는 이 투쟁은 '후텐마(普天間) 기지의 이전과 나고(名護)에 헬리포트를 건설하는 문제'[11]로서 현재까지 계속되고 있다. 가장 중요한 것은 구조적인 오키나와 차별로서의 일미안보 체제에 대한 결별의 의지가 한 피해자의 성폭력에 대한 투쟁과 연결되었다는 점이다.

이러한 투쟁에도 불구하고 오키나와의 전체 경제가 미군기지에 의존하

---

10) '한 평 반전 지주 운동'은 미군으로부터 피해를 받아온 '반전 지주'를 지원하기 위해 1982년에 시작되었다. 개인 단위로 만 엔씩을 내어 미계약의 군용기지를 매입하자고 하는 새로운 반전·반기지 운동이다.

11) 오키나와 사람들의 격렬한 '기지 반환' 요구에 대하여 미군은 후텐마 기지 전면 반환과 상환에 주력부대인 헬리콥터의 대체지를 요구하여, 나고의 듀공(포유동물의 일종)이 서식하는 아름다운 바다에 헬리포트를 건설하려 했던 데 대해 현민들은 격렬한 저항을 계속하고 있다.

1969년 4월, 한국의 박정희 대통령은 미국에 "한국의 작은 섬(제주도)을 오키나와 미군기지의 대체기지로서 제공한다"라는 긴급한 의사를 전했다. 오키나와가 일본에 반환되어 미군기지가 축소되면 북한의 위협이 높아질까 두려워했던 것이다. 알려지지 않은 이 사실은 미국의 세계 전략 아래 오키나와와 한국이 얼마나 밀접한 관계를 맺고 있는가를 생각하게 한다. 현재에도 한국에서 남쪽으로 6,600해리, 중국에서 동쪽으로 500해리, 대만에서 북동쪽으로 400해리에 위치하는 오키나와의 전략적인 위치는 미국의 지역방위전략계획에 불가결한 '태평양의 요석(要石)'이다. 일본에서 미군시설의 75%가 오키나와에 집중되어 있다.

최근 일미 동맹관계에 의해 피해를 입은 오키나와의 여성이나 기지 주변 주민은 '한국과 일본 시민의 노력'을 통해서 한국과 또 하나의 새로운 협력관계를 만들려고 하고 있다. 특히 오키나와의 '기지군대를 반대하는 여성의 모임'은 일제시대의 일본군 성노예 문제는 물론, 미군기지 주변의 살인·강간·성매매 문제까지 군대의 여성에 대한 구조적인 폭력으로 인식해서 해결에 몰두하고 있다.

여성들의 바람은 과거의 제국 일본과 식민지 조선의 역사적인 상처를 인식하면서 서로 인간답게 사는 것, 곧 '인간을 위한 안전보장을 만드는 것'이다.

(홍윤신)

는 비중이 더욱 커져 상황은 크게 호전되지 않고 있다. 더욱이 일본 본토와의 동화도 진전되어 오키나와의 투쟁은 전반적으로 악화되고 있다. 이러한 가운데 한국을 비롯한 아시아 여러 나라들의 평화운동, 여성운동과의 네트워크가 발전하면서 오키나와의 투쟁은 실제적인 면보다는 아시아 평화운동의 상징으로서 자리매김되는 경향이 커지고 있다.

(기쿠치 나쓰노)

3. 노동운동 · 시민운동과 여성

1) 한국의 노동운동과 여성

한국 여성 노동자 운동의 출현

1979년 8월 12일 새벽, 신민당에서 농성 중이
던 YH무역 여성 노동자들이 경찰에 연행되는
모습. 이 사건은 유신 체제 몰락의 도화선이 되
었다(조선일보사 제공).

한국의 노동운동은 1960년대부터 국가가 주도한 수출
지향적 산업화가 본격적으로 추진되고 1970년 11월 전
태일이 노동자들의 기아임금과 열악한 근로조건에 항의
하며 분신투쟁하면서 새롭게 시작되었다. 1970년대 한국
의 노동운동은 섬유·의류·전자 산업에서 절대 다수를 차
지했던 여성 노동자들의 주도로 전개되었다. 당시 여성
노동자들은 긴 노동시간에도 불구하고 최저생계비에 미
치지 못하며, 남성 노동자의 절반도 안 되는 저임금을 받
으면서 기계처럼 일하도록 강요당했다.

이러한 상황에서 진보적 신학에 영향을 받은 교회단체
들이 여성 노동자들에게 노동자야학과 소모임 등 서로 만나서 이야기할
수 있는 공간을 제공하면서 최초의 현장 노조활동가들이 탄생했다. 이들이
중심이 되어 노조가 설립되고 많은 여성 노동자들이 노조활동에 참여하게
되면서 한국의 여성 노동자 운동이 시작되었다. 청계피복노조, 동일방직노
조, 원풍모방노조, 반도상사노조, 콘트롤데이타노조, 삼성제약노조, YH무
역노조는 여성 노동자들을 중심으로 구성된 노조들로 1970년대의 민주노
조운동을 이끌었다. 자매애를 기반으로 한 노조를 중심으로 여성 노동자들
은 노동조건 개선과 임금인상 및 남녀차별을 시정해 갔다. 여성 노동 지도
자들은 노조를 운영할 때 모든 것을 조합원들과 함께 의논하고 함께 결정
하는 민주적인 운영방식을 견지하여 조합원들의 지도부에 대한 신뢰와 지
지를 이끌어냈다.

동일방직노조 투쟁

동일방직노조 투쟁은 1970년대 어용노조 민주화 투쟁의 대표적인 사례로서 자매애를 기반으로 하여 강력한 투쟁을 벌였던 한국 여성 노동자 운동의 상징이다. 동일방직은 1972년에 한국 최초로 여성 노조지부장이 선출되면서 민주노조가 성립되었다. 이후 회사와 어용 상급 노조, 정부의 합작에 의한 민주노조 파괴 작업이 수년에 걸쳐 계속되어 여성 노조원들에게 똥물을 퍼붓는 만행까지 자행되었다. 그러나 여성 노조원들은 이에 굴하지 않고 자신들의 정당성과 민주노조의 수호를 위해 노동절 행사장 시위 투쟁, 단식 농성 투쟁, 복직 투쟁, 블랙리스트 철폐 투쟁 등을 벌이며 불굴의 투쟁 의지를 보여주었다.

전태일과 이소선

1970년 11월 13일 서울의 평화시장 앞길에서 22살의 평화시장 노동자 전태일이 "근로기준법을 준수하라!", "우리는 기계가 아니다!"라고 외치면서 분신자살했다. 전태일의 분신자살은 한국의 산업화가 초래한 노동자들의 열악한 삶에 지식인들이 관심을 갖는 결정적인 계기가 되었다. 대학생들은 이 사건을 계기로 노동문제의 심각성을 인식하고 정치적 차원의 민주화 요구에서 한발 더 나아가 민중의 삶을 개선하기 위한 투쟁을 하기 시작했다. 전태일이 동료들에게 남겼던 "내 죽음을 헛되이 하지 말라!"라는 유언은 노동자들의 각성을 불러일으켜 1970년대에 한국 노동운동의 새로운 시작을 알리는 민주노조운동을 낳았다.

노동운동가 이소선(전태일 기념사업회 제공)

전태일의 어머니 이소선은, 자신이 못다 이룬 일을 어머니가 꼭 이루어 달라는 전태일의 유언에 따라 노동자들의 투쟁에 항상 적극적으로 동참하여 투쟁함으로써 '한국 노동자계급의 어머니'로 불리었다.

(김수영)

민주노조의 파괴와 학생들의 노동 현장 투신

여성 노동자들이 주도한 민주노조의 성장에 위협을 느낀 기업주와 산별노조, 그리고 정부 당국은 1978년 동일방직노조를 시작으로, 민주노조들을 탄압하기 시작했다. 정부는 언론을 통한 흑색선전으로 여성 노동자들의 노동운동을 불순세력 및 공산주의자의 활동으로 매도했다. 노조 파괴 및 이데올로기적 공세는 전두환 정부에서 더욱 극심해졌다. 많은 노동운동가들이 삼청교육대[12]로 끌려가 순화교육이라는 미명하에 무자비한 국가폭력을 당해야 했으며 적극적인 조합원들은 해고당했다. 이렇게 하여 민주노조가 파괴되고 노동관계법이 개악되면서 노동운동은 침체기에 들어갔다. 그러나 1980년대 초부터 수천 명의 대학생들이 노조의 조직화를 돕기 위해 학교를 떠나 노동 현장에 들어감으로써 노동운동이 활성화되고 노동쟁의가 급속히 정치화했다.

노동운동의 가부장주의와 여성 독립 노조의 등장

1987년 6월 민주항쟁 이후 전국적으로 일어났던 7, 8월 노동자 대투쟁에 대기업 중공업노동자들이 대대적으로 참여한 것을 계기로 하여, 이들이 한국 노동운동의 전면에 등장하면서 노동운동의 주도권은 여성 노동자에

---

12) 1980년 5·17쿠데타를 일으킨 신군부는 비상계엄 직후 국가보위비상대책위원회를 통해 사회악 일소를 위한 특별조치 및 계엄포고령을 발표했다. 이후 6만 명이 넘는 시민을 검거하여 A, B, C, D 등급으로 구분한 후 그중에서 B, C 급 4만여 명에게 '순화교육'이라는 미명하에 25개 군부대에서 가혹한 훈련과 구타 및 고문 등 극악한 인권유린을 자행했다. 이들 중에는 억울하게 끌려간 시민들도 많았고, 노동운동가를 비롯하여 신군부에 비판적인 사람들도 상당수 포함되어 있었다. 국방부의 공식적인 발표에 의하면, 당시 삼청교육대 내에서의 사망자가 52명, 후유증에 의한 사망자가 397명, 정신질환 등 각종 질환자가 2,768명에 이른다. 2003년 말에 「삼청교육 명예회복 및 보상에 관한 법률」이 제정되었지만, 삼청교육대의 자세한 진실은 아직도 밝혀지지 않은 상황이다.

게서 남성 노동자에게로 이동했다. 이후 노동운동은 가부장주의가 강화되면서 여성 노동자들의 이해를 무시하거나 그들의 기여를 간과하는 경향이 나타났다. 특히 1990년대 이후 경제의 글로벌화가 전개되면서 노동시장의 유연화가 진행되었고, 이는 여성 노동자들의 고용을 더욱 불안정하게 해왔다. 더욱이 1997년 경제위기의 극복 과정에서 노동조합 운동은 여성 노동자의 해고를 우선시하는 것에 동의하면서 남성 생계부양자라는 남성적 특권을 보호하는 운동으로 자리 잡아 갔다. 이와 같이 노동조합이 여성들의 이해를 외면하고 여성 노동자들을 희생시키는 정책을 통해 남성 노동자들만의 연대의 장이 되어가면서 서울여성노동조합, 전국여성노동조합 등의 독자적인 여성 노조가 등장하게 되었다.

(김수영)

2) 일본의 시민운동과 여성

고도경제성장과 여성 노동

고도경제성장에 의해 여성 노동자 수는 1950년대에 총고용자 수의 25.1%에서 1960년대에 30.6%, 1970년대에 33.2%의 비율로 늘어났다. 그러나 고용에서 여성 노동자의 위치는 젊은 여성들을 대상으로 한 단기 보조노동이었고, 여성들은 조기퇴직을 강요당했다. 고용과 승진의 기회는 불평등했고, 남녀별 임금격차는 현저했다. 이러한 상황에 저항한 여성 노동자들의 차별 철폐 투쟁은 노동조합 운동으로 수렴되었다. 예를 들면, 1972년의 춘투(춘계 투쟁)에서는, "① 남녀 임금·노동조건의 차별금지를 명확히 한다(결혼퇴직제·조기퇴직제 등), ② 노동시간 규제에 대응하는 특별 규제를 한층 강화한다, ③ 산전·산후 휴가를 늘리고 입덧 휴가를 신설한다, ④ 생리휴가 청구요건을 없애는 동시에 생휴·산휴·육아시간의 유급제를 명기한다"라는 4항목이 제기되었다.

여성들은 이러한 요구들을 실현하기 위해 재판에 소송하여 승리를 쟁취하는 것으로 여성 노동을 둘러싼 편견의 해소와 '노동권' 확립을 꾀했다.

새로운 사회운동

전후 스스로를 '시민' 혹은 '생활인'이라고 칭했던 시민들의 운동의 맹아는, 1960년대 후반부터 1970년대에 걸친 '새로운 사회운동'의 흐름에서 볼 수 있다. 고도경제성장기에는 '생활인'이라는 말과 함께 '소비자'로서 대중을 파악하는 소비사회론이 활발히 전개되었다. '소비자' 개념에는 사생활에 충실할 것을 지향하는 사회상(社會像)이 포함되어 있었다. 이것은 동시에 사적 영역에 관련된 권리와 그것을 침해하는 권력에 대한 저항까지 만들어냈다.[13]

일상생활에 뿌리내린 주민운동으로는 공해 고발 운동이 있다. 구마모토현(熊本縣) 미나마타 만(水俣灣) 연안을 중심으로 일어난 '미나마타병'은 환경오염에 의한 유기수은중독으로, 모태에도 영향을 끼쳐 '태아성수은병'을 일으켜서 지역 주민을 비참한 상황에 빠뜨렸다. 이시무레 미치코(石牟礼道子)는 『고해정토(苦海淨土)』(1969)를 시작으로 피해자의 고통을 언론을 통해 고발했고, 공해 기업과 정부에 대한 책임 추궁 운동을 벌임으로써 '공해'문제의 심각성을 세상에 알렸다.

개인에 뿌리내린 운동 방식

1970년대의 '공해' 고발 운동은 1980년대에 반(反)원자력발전소 운동과 자연환경 보호 운동 등으로 발전했다. 이 사이에 기업 논리에 포위되어 있던 노동운동의 주류는 오히려 뒤처져 있었다. 수많은 주민운동, 반공해·

---

13) 소비자의 입장을 자각했던 주부층이 소비자 운동, 생협 운동에 적극적으로 참가하여, 그것을 통하여 여러 지역의 문제에 관련하는 등, 당시의 '활동전업주부'라 불렸던 스타일을 만들었다.

1971년 3월 6일 서울대학교 유학생 서승의 체포를 계기로 40여 명의 재일 한국인이 정치범으로서 한국 정부에 체포되었다. 일본에서는 "서승이 동생 서준식과 함께 '북괴의 간첩'으로, 동생을 비롯한 20명과 함께 각 대학의 연합전선을 조직하여 박 대통령 3선 저지운동을 추진했다"라고 보도되었다. 한국에서는 1971년 4월 20일 김재규 육군보안사령관이 이들을 '학원 침투 간첩'으로 발표했고, 재판 결과 서승은 사형 판결, 서준식은 징역 7년의 판결을 받았다. 서씨 형제는 진정한 민족해방을 희구하여, 민족통일을 그 목표의 하나로서 들었던 것이지만, 그 후 박 정권하에서 제정된 사회안전법에 의해 서승뿐 아니라 서준식마저도 1990년대 초까지 감옥 생활을 강요당했다. 그들의 구원활동을 했던 사람들은 군사독재 정권에 대항했으며, 이에 가담한 일본 정부에도 분노와 불신감을 느꼈다.

(김성일)

원자력발전소 운동, 마이너리티 운동, 페미니즘 운동 등은 지배적 문화와 그에 입각한 라이프스타일 자체를 묻는 것에 공통점이 있었고, 베평련(베트남에 평화를! 시민연합)은 그 결절점이었다고 말할 수 있다.

자신의 생활 현장에서 나오는 발언을 존중하고 개인의 자발성과 책임에 입각하면서 다른 이들의 수난에 귀를 기울이는 운동 방식은 1980년대에 광범해진 국제협력기구 NGO(Non-Governmental Organization: 비정부민간조직), 국내 생활협동조합, 수많은 NPO(Non-Profit Organization: 민간비영리조직) 등을 통한 여성들의 자주적인 활동에서 발현되었다.

NPO

1995년의 한신(阪神) 대지진을 계기로 자원봉사 활동이 주목을 받자 1998년에 정부가 특정비영리활동법인촉진법(NPO법)을 제정하면서 NPO는 법인격으로 인정받게 되었다. 그러나 NPO의 담당자는 자원자=무상노동이라는 이미지가 퍼져, 성별 역할 분업의 보강이라는 비판도 제기되었다. 즉, 무상노동으로 이루어진 자원봉사자의 활동은 자본주의 체제와 사회구조에 적합하게 되어있기 때문에 개인의 자발성과 책임은 체제 유지에 이용될 위험이 있다. '여성'이 2급 시민으로서 취급되는 현재의 상황과 연결되는 논의라고 말할 수 있다. 이에 대해 NGO와 NPO 활동의 정책 제안과 주민 참가의 측면을 강조하면서, 국가나 행정에서 의식하지 못하는 영역을 내파해 가는 잠재적 힘을 적극적으로 평가해야만 한다는 긍정적인 시각도 있다.

  NPO나 NGO의 명칭이 가지는 '비(Non)'라는 소극적인 이미지를 지양하고, 시민이 적극적으로 담당한다는 측면을 강조하면서 CSO(Civil Society Organization: 시민사회조직)라는 명칭을 사용하는 경향도 증가하고 있다. 개인의 자발성과 책임이 항상 국가와의 관계 속에서 설정되었던 시대와 달리, 자율성을 가진 시민이 육성되고 있다는 긍정적인 현상으로 볼 수 있다.

(다카하라 사치코)

4. 베트남전쟁

1) 한국군의 베트남 참전

베트남전쟁

베트남 북부의 폭격을 알리는 기사(≪아사히 신문≫, 1965년 2월 8일)

　베트남은 제2차세계대전 이후 호치민 중심의 베트남민주공화국의 독립을 선포했지만, 식민 종주국이었던 프랑스가 1946년 12월에 재침략하면서 베트남·프랑스 간의 전쟁이 시작되었다. 1954년에 프랑스의 패배로 전쟁이 끝났지만 1955년 베트남 남부에 미국이 지원하는 베트남공화국이 출범하면서 베트남은 분단되었고, 1960년 남베트남민족해방전선과 1961년 남베트남인민해방군이 발족하면서 내전이 본격화되었다. 그 이후 미국이 1964년 통킹 만 사건을 조작하고, 이를 빌미로 북부 베트남을 폭격하며 대규모의 지상군을 파견하여 직접적인 군사 개입을 하면서 본격적인 베트남·미국 간의 전쟁이 시작되었다. 베트남전쟁에는 그 후 10년 동안 첨단의 전쟁 테크놀로지와 무기를 갖춘 350만 명의 미군이 참전했다. 그러나 베트남 민중의 완강한 저항으로 결국 미군이 패배하여 철수하고, 1975년 남베트남의 몰락으로 베트남의 통일이 이루어지면서 끝났다.

한국군의 베트남 파병 배경

　미국이 베트남전쟁에 본격적으로 개입하면서 미군의 무차별 폭격[14]과 고엽제 살포[15]에 대한 국제적 비난이 확산되었고, 명분 없는 전쟁에 대한

---

14) 미군은 제2차세계대전에서 연합군이 전체적으로 사용한 폭탄량의 1.5배 이상을 베트남전쟁에서 융단폭격으로 투하했다.

15) 미군은 남베트남 지역의 500만 에이커, 전체 토지의 1/3에 해당하는 토지와 숲에

한국군의 베트남 파병 사열(평화박물관 건립추진위원회 제공)

미국 내 반전운동이 고조되었다. 미국 정부는 국제사회의 지지를 받는 전쟁이라는 명분을 세우기 위해 25개국에 참전을 요청하여 7개국이 파병을 했는데, 한국만이 대규모의 전투병력을 파병했다. 당시 박정희의 파병 논리는, 한국전쟁 당시 한국을 도와준 자유 우방의 은혜에 보답해야 한다는 보은론, 남베트남이 공산화되면 인접 국가들도 차례로 공산화될 것이라는 제2전선론, 미국의 한국군 파병 요청을 거부할 경우 주한미군이 베트남으로 갈 것이므로 북한의 침략 위협이 높아질 것이라는 미군철수론16)이었다. 그리하여 10년 동안 국가의 명령에 따라 한국군 32만 명이 베트남전쟁에 파병되어 5,000명이 전사했고 1만 명이 부상했으며 8만여 명은 고엽제 후유증을 앓고 있다.

진상규명 운동과 가해자로서의 반성

한국군은 인명 손실의 가능성이 크고 민간인 학살 위험성이 높았던 토벌작전에 주로 투입되면서, 일부 한국 군인들에 의해서 민간인 학살과 강간 등이 자행되었다.17) 1999년 한국의 시사주간지 《한겨레 21》이 베트

1961년부터 1971년까지 1,900~2,200만 갤런의 고엽제를 살포한 것으로 알려져 있다. 베트남 정부에 따르면, 베트남전 당시 500만 명 이상이 고엽제에 노출되었고, 300만 명 이상이 고엽제 후유증을 앓고 있으며, 100만 명 이상이 심각한 신체장애를 겪고 있다. 베트남 적십자사의 자료에 의하면 15만 명 이상의 어린이들이 고엽제 후유증으로 고통 받고 있으며, 다이옥신의 유전 독성으로 인해 5만 명 이상의 기형아가 태어났다.

16) 그러나 베트남전쟁에 대규모의 한국군이 참전했음에도 불구하고 1969년의 닉슨독트린이 실제로 한국에도 적용되면서 1971년까지 한국에서 2만 명의 주한미군이 철수했다.

남 참전 한국군에 의한 민간인 학살 의혹을 최초로 보도하면서 한국에서 '가해자'로서의 반성이 시작되었다. 2000년 가을에 '베트남전 진실위원회'가 결성되어 베트남전쟁 당시 한국군에 의해 희생된 베트남 현지 피해 진상규명운동 및 범국민적 사죄운동이 전개되었다.[18] 시민단체 '나와 우리'는 한·베 청년평화캠프와 베트남평화답사 등을 통해 가해국 국민으로서 한국인들이 베트남전 당시 피해자들과 만나 사죄하고 그들의 고통을 함께 기억하며 진정한 화해와 연대를 형성해 내기 위한 다양한 활동을 해왔다. 또한 베트남평화의료연대는 한국군에 의한 민간인 피해가 많은 지역에서 2000년 이래 진료사업을 계속해 왔다. 그리고 일본군 성노예로 끌려갔던 고(故) 문명금·김옥주, 두 분 할머니가 다시는 자신들과 같은 전쟁의 피해자가 나와서는 안 된다고 하며 생전에 정부의 생활보조금과 민간단체에서 모아 드린 돈 7,000만 원을 모두 베트남전 진실위원회에 남기고 돌아가신 것을 계기로 하여 평화박물관을 건립하는 작업이 전개되고 있다.

(김수영)

---

17) 베트남 문화통신부는 한국군에 의한 민간인 학살 의혹 피해자를 5,000명으로 추정하고 있다.

18) 「미안해요 베트남」(박치남·이영남 노래/ 박치남 작사·작곡)
아름답게 만날 수도 있었을 텐데/ 당신과 마주 선 곳은 서글픈 아시아의 전쟁터/ 우리는 가해자로 당신은 피해자로/ 역사의 그늘에 내일의 꿈을 던지고.
어떤 변명도 어떤 위로의 말로도/ 당신의 아픈 상처를 씻을 수 없다는 것을 알아요/ 그러나 두 손 모아 진정 바라는 것은/ 상처의 깊은 골 따라 평화의 강물 흐르길.
전쟁 없는 세상에서 살고 싶어요/ 친구와 마주 손잡고 평화를 노래하고 싶어요/ 서로를 이해하며 서로를 도와주면서/ 눈부신 태양 아래 내일의 꿈을 펼쳐요.
미안해요 베트남/ 미안해요 베트남/ 어둠 속에서 당신이 흘린 눈물자욱마다/ 어둠 속에서 우리가 남긴 부끄러운 흔적마다/ 미안해요 베트남/ 미안해요 베트남.

2) 베트남 반전운동

베평련

미국이 1965년 북베트남에 폭격을 개시한 데 대하여, 대규모 항의운동이 세계 각지에서 전개되었지만, 당초 일본 국내에서의 반응은 미약했고, 노조나 정당, 평화단체 등 그때까지 평화운동을 담당해 온 대조직들의 대응은 모두 늦어지고 있었다. 그러던 중 1965년 4월 25일에 '베트남에 평화를! 시민·문화단체연합'(1966년에 '베트남에 평화를! 시민연합'으로 개칭)이 쓰루미 슌스케(鶴見俊輔), 다카바타케 미치토시(高畠通敏) 등의 호소에 의해 오다 마코토(小田實)를 대표로 결성되었다.

베평련(ベ平連) 운동은 조직을 형성하지 않고, 개인이 자청하면 누구라도 베평련에 참여할 수 있다는, 개인의 자주성을 원칙으로 하고 있었다. 이에 따라 전국 각 지방에 300개 이상의 베평련이 결성되어 독자적 활동을 했다. 베평련의 활동은 시위가 중심이었고 개인이 쉽게 항의의 의사를 표명할 수 있도록 여러 가지 고안을 궁리했다. 생활자의 입장에서 반전을 표명하는 여성들과 특정 집단에 속하지 않는 젊은이들이 힘을 발휘했다.

평화관의 전환

베평련 운동이 끼친 영향은 '전쟁에 휩싸이고 싶지 않다'라는 소박한 감정에 기초하고 있던 지금까지의 평화관을 전환시킨 것이었다. 즉, 이 전쟁에서 일본인은 베트남인을 '죽이는 측'에 서있다는, 스스로의 가해성을 자각하는 것으로의 변화였다. 이 가해성의 인식이라는 것은 훗날 입관(入管)투쟁19)과 전후보상 운동에도 큰 영향을 주었다.

---

19) 일본 체류 외국인이나 재일 한국인이 일본에 출입국할 때 불이익을 받는 것에 대해 반대하는 것을 말한다.

또한 당시의 학생운동이 과격화해 가는 중에, 베평련은 비폭력이라는 시민적 불복종 이념에 기초한 행동을 근거로 하고 있었다. 이것은 흑인해방운동에서 큰 영향을 받아 탈주병 지원의 형태를 취했다. "죽이지 마"라는 표어 아래 전시 미국에서 병역 거부를 호소하고 그것을 지원한다는, 좀 더 보편적인 기준에서 국가에 대해 저항하는 불복종 운동을 만들어갔다. 베트남전쟁 중 전 기간에 걸쳐 징병 거부·기피자는 57만 명에 다다랐다.

탈주병 원조운동

베평련의 미군 탈주병 원조운동은 크게 두 기간으로 나누어 구별할 수 있다. 전기는 탈주병을 소련을 경유하여 스웨덴으로 도피시키는 운동이었는데, 스파이에 의하여 이 루트가 단절되기까지 약 1년간 행해졌다. 후기에는 스파이에 의해 발견된 루트를 피해서 많은 사람들의 집이나 별장 등을 이용하여 탈주병을 숨겨주는 운동이었다. 이 운동에 참여한 사람들은 누구에게도 파악되지 않을 만큼, 광범위한 틀을 만들고 있었다. 일상을 지탱하는 활동으로 가정이나 여성에 의한 지원은 필수 불가결했다.

한국군의 탈주병에 관해서 널리 알려진 사건으로는 김동희가 탈주하여 일본에 밀입국한 사건이 있었다. 그는 망명을 희망했지만 일본 정부는 그것을 인정하지 않고 오무라(大村) 수용소에 수감했다. 그 후 사회당의 중개에 의해 조선민주주의인민공화국으로 출국했지만, 그 후의 소식은 불분명하다. 이 사건에 대한 반성으로, 베평련은 오무라 수용소와 입관(入管) 문제에 몰두하게 되었다.

이 운동은 탈주병 지원에 그치지 않고, 베트남전쟁 반대로부터 모든 전쟁에 대한 반대로 전개되어 갔다.[20] 베평련은 1973년에 파리평화협정이

---

20) 베트남전쟁의 격화와 함께, 오키나와 기지에서의 군사 연습은 강화되고, 사람들은 연일 소름끼치는 폭음에 시달렸다. 기지 주변의 성산업 시설도 확대되어, 살기를 띤 미군 병사에 의한 폭력 사건이 자주 일어났다. 오키나와 주민들은 베트남 인민과

체결된 것을 계기로 1974년에 해산했다. 그러나 베평련 운동의 정신은 수많은 풀뿌리 시민운동과 세계적 반전운동으로 계승되어 현재까지 살아 숨쉬고 있다.

(이시카와 마사야)

5. 일본의 우먼·리브

1) 우먼·리브란 무엇인가

일본의 우먼·리브는 1970년 10월 21일 국제반전일에 일어난 시위로 시작하여 1975년경까지 계속된 페미니즘 운동을 말한다.

패전 직후 점령군 주도하에서 행해진 민주주의적 제도개혁은 여성에게 참정권을 부여했던 것 이외에 교육이나 가족관계에 관한 남녀의 권리 평등을 보장하는 등 전쟁 전과 전쟁 중의 성차별적 제도를 법적인 차원에서 크게 개선했다. 그러나 이러한 법제도의 개혁은 실질적인 성차별의 많은 부분을 해소하는 데에는 이르지 못했다.

더욱이 전후의 경제부흥과 고도경제성장 중에 널리 퍼졌던 마이홈[21]의 이상은 가정에서 '주부·아내·어머니'로서의 성역할을 여성들이 적극적으로 수용하게 했다. 결국, 전후 자본주의의 전개는 "남녀는 서로 사랑하는 대등한 존재이지만, 상이한 본질과 역할을 가진다"라고 하는 민주주의적인 모양을 한 가부장제를 정착시켰다고 말할 수 있다.

─────────

연대하여 격렬한 기지 반대 전쟁을 전개했다.

21) 1960년대의 고도경제성장 시대에 연애결혼 환상이 널리 퍼졌고, 핵가족화가 진행되었다. 부부 둘만의 마이홈에 살며 전업주부가 되는 것이 이상적인 행복이라고 하는 성별 분업화된 라이프스타일이 미디어를 통해서 여성들에게 선전되었다.

고도경제성장기의 한복판에 있던 1960년대에는 공해 반대 운동, 베트남 반전운동, 대학 분쟁 등 자본주의 사회의 모순에 대한 다양한 이의제기가 이루어졌다. 리브에서는 이러한 운동의 저류에 있던 평화주의 사상과 근대문명·자본주의에 대한 비판을 계승했지만, 다른 한편으로는 여성에게 취사를 맡기거나 여성을 오로지 성적 대상으로 생각하는 신좌익운동의 가부장적인 성격에 반대했다. 바로 이러한 점이 여성들을 리브로 향하게 한 커다란 계기가 되었다.

'당연히 여성에서 여성으로'. 제1회 리브 대회(1972)

(미즈타마리 마유미)

2) 가부장제에 대한 반역과 자매애

우먼·리브가 말하는 것

일본의 우먼·리브는 전후 일본 사회에서 재조직된 가부장제에 대해 정면 도전했다. 그러나 리브의 비판은 공적 영역에서의 성차별보다는 사적 영역에서 자명한 것으로 받아들여져 온 성규범에 좀 더 집중되었다. 이러한 규범에는 '아내'와 '어머니'로서의 역할의식, '창부'에 대한 차별의식, '여성스리움' 이데올로기 등이 포함된다. 또한 사회와 남성에 대하여 의식 변혁을 요구한 데 더해, 이러한 규범을 종종 적극적으로 수용해 온 여성 자신의 의식을 변혁하는 것에 역점을 둔 것이 리브의 커다란 특징이다.

자매애

리브는 가부장제[22]가 여성들을 분단시키고 서로 반목시켜 왔다는 인식

국제연맹 여성 10년 중간년에 일본대회에서의 데모(1980년 11월). 앞줄 오른쪽에서 넷째가 이치카와(市川房枝)

을 공유하고, 여성끼리의 연대관계(자매애)를 구축하려 했다. 일본 리브의 대표적인 논객이었던 다나카 미쓰(田中美律)도 『생명과도 같은 여성들에게 — 흩어지는 우먼·리브론』(1972)에서 지금까지 여성들이 가부장제하에서 '주부'와 '창부'로 분열되어 온 것을 지적하고, 여성끼리의 '만남'의 의의를 강조했다. 이러한 자매애 사상은 여성끼리 마음을 나누면서 의식개혁23)을 도모해 가는 다양한 실천의 결실이었으며, '리브 합숙'과 리브 신주쿠센타에서 있었던 공동생활의 시도에서 전형적으로 나타났다. 더 나아가 국가의 틀을 뛰어넘는 연대의 시도도 소수이지만 존재했다. 1972년 말부터 1973년에 걸쳐 한국에서 기생관광 반대 운동이 일어났을 때, 리브 운동가들도 이 운동에 적극적으로 관여했다.

리브의 운동 스타일

리브에는 지도자, 또는 운동의 중추적인 역할을 하는 기관이나 계층화된 조직은 존재하지 않고, 일반 여성들이 각지에서 소그룹을 자발적으로 형성하여, 상호 횡단적인 관계를 맺으면서 운동을 전개했다. 이러한 운동 스타일은 종래의 가부장제적인 사회 속에서 자명한 것으로 여겨져 온 인간관계

---

22) 가부장제는 남성에 의한 여성 지배의 형태로 거의 모든 시대·지역에 존재해 왔다. 전쟁 전의 일본 사회에는 천황제와 호주 중심의 이에 제도 등 독특한 지배구조가 존재했다.
23) 의식각성 운동(Consciousness Rising), CR 운동이라고도 불린다. 스스로의 체험을 타인과 공유하는 것으로, 개별적인 체험에 관통하고 있는 정치적인 것에 눈을 떠 의식의 변혁을 통하여 새로운 자기를 창조해 가는 것이다.

와 조직의 존재방식에 대한 비판으로 간주할 수 있다. 리브 운동가들은 상하관계를 폐지한 자유스러운 분위기 속에서 팸플릿이나 뉴스레터를 발행하고, 다양한 이벤트를 개최하거나, 공동생활을 실천하는 등 창의와 활기 넘치는 운동을 전개했다. 그러나 리브 운동은 호기심 어린 시선들에 노출되어, 매스컴으로부터 악의 넘치는 조소와 야유를 받아야만 했다. 1970년대 후반 이후의 운동에서는 세분화가 진행되어 가부장제적인 사회를 전면적으로 변혁시키려는 지향성이 약해지는 한편 여성해방의 주장이 풀뿌리 수준의 여성들의 손을 떠나 행정과 아카데미즘 등의 제도 내부에서만 추구되기에 이르렀다.

(미즈타마리 마유미)

3) 성과 생식의 자기결정권

우생보호법 개악에 저항하여

일본의 우먼·리브는 여성이 자기 자신의 신체에 대하여 충분한 지식을 가지고, 성과 생식에 관해 능동적으로 관계하는 것을 긍정했다. 미니커미 ≪여성·에로스≫[24]지에서는 형해화된 결혼제도에 에로스가 봉합되어 있는 상황의 억압성이 지적되었다. 1972년과 1973년에는 소자화(少子化)[25]를 배경으로 임신중절을 엄하게 제한하는 우생보호법[26]의 개악 법안이 국

---

24) ≪여성·에로스≫는 우먼·리브의 고양과 함께 창간되었다. 여성에 의한, 여성을 위한 대표적인 미니커미지이다. 성과 신체를 둘러싼 여러 가지 문제를 채택하고 있으며, 이와 관련하여 영향력을 미치고 있다. 미니커미란 팸플릿이나 뉴스레터 등의 자유로운 출판물을 일컫는다.
25) 소자화는 출생률의 저하로 자녀 수가 감소해 가는 것을 말한다.
26) 1948년에 공포된 우생보호법에 중절을 인정하는 조건으로 '경제적 이유'가 추가되었기 때문에 전후 일본에서는 사실상 중절이 합법화되었다. 그것이 젊은 세대의 성 체험과 중절을 촉진하고 있다고 해서 보수층 공격의 표적이 되었다.

세계여성회의

  1975년에 제1회 세계여성회의가 멕시코에서 열렸다. 1980년에는 코펜하겐, 1985년에는 나이로비에서 열렸다. 1995년 제4회 베이징 회의에서는 '여성 인권'이 주요 논제가 되었다. 거기서 채택된 '북경선언 및 행동강령' 실현에 대한 평가가 2000년 회의에서 이루어졌는데, '동성애'까지 포함한 성에 관한 권리와 중절의 권리 등 여성의 자기결정권을 둘러싸고 대립이 있어서 회의는 난항을 거듭했다.

(나카가와 시호코)

회에 상정되었는데, 리브의 운동가들은 여성의 성과 신체의 이러한 국가 관리의 움직임에 격렬히 반발하여, 법안을 폐기로 몰아갔다.

리브가 직면한 것

  리브 운동에 관련된 여성들이 여성 자신의 생식과 성에 대하여 모두 동일한 의견을 가진 것은 아니었다. 피임약 사용의 옳고 그름에 관해서는 피임약 도입에 적극적인 자세를 보인 중피련(中ピ連)[27]과 기타 그룹 사이에서 의견의 대립이 생겼다. 중절에 관해서도 태아라는 생명의 존중과 우생학적인 발상의 공범관계가 장애자 단체로부터 추궁되었다. 리브가 단순히 '프로·초이스'[28]를 지지하기에는 문제가 너무나 복잡하게 뒤얽혀 있었던 것이다.

(미즈타마리 마유미)

---

27) 중피련(中ピ連)의 정식 명칭은 '중절금지법에 반대한 피임약 해금을 요구하는 여성 해방 연합'이다.
28) 미국의 중절논쟁에서 중절의 권리를 지지하는 사람들은 '선택을 옹호하는 자'라는 의미에서 프로·초이스라 하고, 반대파는 '생명을 옹호하는 자'로서 프로·라이프라고 지칭하고 있다.

6. 가족생활의 변화

1) 일본의 민법 개정 운동과 삶의 다양화

가부장제의 재편성

우먼·리브 운동은 전후 민주주의의 성과인 핵가족이 성별 역할 분업을 고착화시키고 여성을 사적 영역에 머물게 하는 방향으로 가부장제를 재편성한다는 점을 지적하고, 그 억압적 성격에 주목했다. '가족'의 바람직한 존재방식을 다시 묻는 여성들의 운동은 다양한 영역에서 전개되었지만, 그중에서도 주목되었던 것은 '가족'의 틀을 규정해 온 민법의 개정이다.

민법 개정 운동

1947년의 민법 개정에서 '이에' 제도는 폐지되었지만 '필두자'[29]의 존재, 부부동성의 잔재 등 문제가 적지 않았다. 혼인계를 제출하지 않는 사실혼과 혼외자에 대한 차별 등 여전히 여러 가지 불이익이 있었다. 1980년에 비준되었던 「여성 차별 철폐 조약」 10조에는 아내와 남편의 동일한 개인적 권리는 '성(姓) 및 직업을 선택하는 권리'를 포함한다고 명기되어 있다. 여성 차별 철폐를 요구하는 국제적인 조류에 힘을 얻어, 1980년대 이후 여성들은 민법 개정을 요구하는 운동을 강력히 전개하고 있다.

민법 개정의 동향

이러한 요구에 응하여 1996년에 법제심의회는 「민법의 일부를 개정하는 법률」 요강을 공표하고, 불평등한 현행 가족법의 개정안을 제시했다. 그중 주요한 안으로, ① 결혼 적령을 18세 남녀로 동일 연령화, ② 여성의

---

29) 필두자(筆頭者)는 이름을 나열할 때 맨 앞에 오는 사람을 말한다.

　　1980년 코펜하겐에서 열린 세계여성회의에서의 서명식 후, 1985년 국회에서 비준된 「여성 차별 철폐 조약」은 고정적인 성별 역할 분업을 차별로 단정하고, 고용에서 여성 차별을 금지했다. 그것에 대응하기 위해서 일본 정부는 남녀고용기회균등법을 1985년에 공포했지만, 다음과 같은 몇 가지 문제를 안고 있었다. ① 모집·채용·배치·승진에서 균등한 대우에 관한 사업주의 노력 의무에 그쳤다. ② 코스별 채용을 용인하는 등 불충분한 법률이었다. 1997년의 균등법 개정(실행은 1999년)은 일반여성보호규정을 부분적으로 폐지하는 노동기준법 개정과 함께 실시되었고, 모집·채용 등의 차별 금지 규정과 사업주의 성희롱 방지 배려 의무를 정하는 등 일보 전진했다. 1999년에는 남녀공동참획사회기본법이 공포되었다.

(오고시 아이코)

재혼 금지 기간을 100일간으로 단축, ③ 협의이혼의 경우 아이의 이익을 최우선으로 할 것, ④ 부부재산제(현재의 별산제의 검토), ⑤ 재판상의 이혼 원인에 별거 5년을 추가할 것(이혼은 결혼의 실태에 맞추는 파정주의[30]를 채용) 등이 있다.

　　부부의 성(姓)에 대해서는 1994년의 요강 시안에서 선택적 부부별성의 가능성이 열렸다.

　　A안: 부부동성이 원칙이지만 별성도 인정한다.
　　B안: 부부별성을 원칙으로 하지만 동성도 인정한다.
　　C안: 부부동성이 원칙이지만 혼인 시의 신고에 의해, 혼인 전의 성을 사용하는 것이 법적으로 인정된다.

---

30) 원래 상태로 되돌릴 가능성이 없는 부부라면, 설사 한쪽이 이혼을 원하지 않아도 재판에서 이혼을 명령할 수 있다고 하는 사고방식. '유책주의(有責主義)'를 취하지 않는다.

그러나 개정 법안의 제출은 진전되고 있지 않다. 동씨동일호적(同氏同一戶籍)은 부부·가족의 일체감에 불가결하며, 통칭 사용으로 충분한다는 등의 가족주의를 고집하는 저항세력의 반대는 뿌리 깊다. 현행법은 사실혼의 선택과 싱글화[31]에서 보이는 삶[生]과 성(性)의 다양화 현상에 부응할 수 없는 대로, 사람들의 삶의 방식을 계속해서 구속하고 있다.

(오고시 아이코)

2) 한국의 호주제도와 가족법 개정 운동

가족계획사업과 호주제도

박정희 정부의 근대화 전략은 서구적 핵가족과 같은 가족 형태를 띠면서도 가족관계의 원리는 유교적 가족규범 및 가족제도를 기반으로 한 가부장적 가족을 추구했다. 그리하여 한편으로는 국가 주도로 출산 억제 정책인 가족계획사업이 실시되었고, 다른 한편으로는 가족법에 호주제도가 유지되었다. 부계혈통을 강조하는 여성 배제적이고 여성 차별적인 호주제도와 호적제도는 사회구조의 가장 심층에서 한국 사회의 강력한 성별 위계구조와 가부장제 문화를 재생산해 왔다.

가족법 개정 운동

최초의 여성 변호사 이태영의 한국가정법률상담소를 중심으로 시작된 가족법 개정 투쟁은 1973년 '범여성가족법개정촉진회'가 결성되면서 여성운동의 핵심 투쟁이 되었다. 여성운동은 결혼과 가족, 친족관계에서의 여성 차별을 제거하기 위해 가족법 개정을 적극적으로 촉구해 왔지만, 유림을 비롯한 보수 세력들은 미풍양속과 전통을 내세우며 가족법 개정에 반대

---

31) 결혼환상에 집착하지 않고 혼자서 자립한 생활을 즐기는 라이프스타일. 그렇다고는 하지만 부모 슬하에서 의존하는 파라사이트 싱글 등 실태는 다양하다.

했다. 1980년대에는 민주화 운동의 분위기에서 탄생한 '한국여성단체연합'이 합세하면서 가족법 개정 운동이 큰 힘을 얻어 1989년의 대폭적인 개정을 이끌어냈다. 가족법이 대폭 개정되면서 호주권은 거의 유명무실해졌지만 남성 중심적인 호주 승계 순위와 호적편제, 부가입적혼(婦家入籍婚) 등은 여전히 남아있었다. 1990년대 이후 가족법 개정 투쟁이 범시민적 차원으로 확장되면서 '호주제 폐지를 위한 시민연대'가 결성되어 다양한 활동을 해나갔다. 여성계와 학계에서도 이론적·역사적 연구를 통해 호주제 지지론자들의 논리를 치밀하게 반박하면서 호주제 폐지의 당위성을 국민들에게 설득해 나갔다. 이러한 노력들은 전 국민적 지지를 이끌어내기에 이르러, 드디어 2005년 3월 2일에 민법 개정안이 국회를 통과하여 2년의 유예기간을 거쳐 2007년 2월부터 호주제도는 폐지될 예정이다.

(김수영)

7. 재일 한국인 여성운동과 이주노동자 문제

1) 재일 한국인 여성운동

귀국운동과 한일회담

재일 한국인[32]에 대한 일본인의 차별의식은 해방으로부터 사반세기가 지난 1970년대에 들어서도 아무런 변화가 없었다. 재일 한국인의 대다수는 빈곤으로 인한 생활고를 겪었으며, 외국인등록법, 입관법 등에 의해 치안 관리의 대상이 되었다. 국민연금과 아동수당 등의 기본적 사회보장조차 1981년의 이민조약 가입 시까지 시행되지 않았다.

---

32) 재일 한국인은 한국 국적과 조선 국적을 가진 재일동포 전체를 지칭한다.

1959년부터 시작된 '조선민주주의인민공화국'으로의 귀환사업[33]이 1984년까지 계속되었다. 그동안 약 10만 명이 귀국했는데, 1961~1962년의 2년간 7만 2,000명으로 그 절정을 맞았다. 당시 전후 부흥에 대비하여 남자는 공학부에 진학하는 경향이 있었는데, 일본에서는 전공을 살릴 방법이 없어 생활고에서 벗어나기 위해 조국 건설에 희망을 걸었다. 일본적십자사는 귀국사업 추진을 위해 작성한 자료 '재일 한국인의 생활 실태' 중에서, 재일 한국인의 44%가 서비스업에 종사하고, 완전실업자가 일본인의 8배에 이른다고 지적하고, 밀주·마약 등 반사회적 직업 종사자를 문제시했다.

니가타 항에서 출발하는 제1차 귀환자들

1965년 한일조약에서 '한국' 국적으로 바꿔 '협정영주'를 부여하는 것이 결정되었기 때문에 많은 재일 한국인이 그때까지의 조선 국적을 한국 국적으로 바꾸어, 재일 한국인의 국적은 이분화되었다. 또한 조문에 한국을 한반도에서 '유일 합법 정부'라고 명시함으로써 남북 분단을 부추겼고, '역사 청산' 문제와 재일 한국인의 대우 문제는 뒷전으로 밀려났다. 재일 동포들은 한일회담에서 재일 한국인의 법적 지위 요구를 내걸고 전국적인 투쟁을 전개했지만, 그 요구는 받아들여지지 않았고, 1969년에는 '출입국 관리법안'을 둘러싸고 더욱 커다란 투쟁으로 발전했다. 연일 항의 행동과 단식투쟁에는 부인회 회원들도 함께 참가했다. 이때 민단 내 친일파와의 대립이 표면화되었고, 후에는 민단 민주화 운동으로 발전해 갔다.

---

33) 1959년 일본적십자사와 조선적십자사 간에 '재일 조선인 귀국협정'이 체결되고, 그 해 12월에 제1차 귀국선이 니가타(新潟) 항을 떠났다.

가족사 속에서 보는 재일 여성

빈곤과 차별 속에서 현실로부터 눈을 돌려 술과 폭력을 통해서밖에 자기표현을 할 수 없었던 재일 1세 남성들의 한편에서, 자녀를 떠맡아 씩씩하게 살아온 여성들의 존재 없이 재일 한국인의 역사를 말할 수 없다.

남북의 분단은 재일 한국인 사회에 깊은 그림자를 드리웠지만, 일본 사회의 차별 속에서 스스로의 생활을 지키기 위해서는 동포의 결속이 불가피했다. 민족의 문화와 전통은 그러한 결속의 역할을 다하는 한편 정체성 확립을 위해 중요한 요소이기도 했다. 그러나 그것들은 대체로 여성의 역할로 되었다. 특히 제사의례에서 여성들은 커다란 부담을 떠맡았다.

재일 한국인 여성운동

현모양처, 민족적 교양·문화를 몸에 익히는 것을 목표로 한 재일본대한민국부인회(민단부인회)는 1969년에 그 목표를, ① 조직 강화, ② 영주권 촉진운동, ③ 승공정신 재무장에 두고 본국의 반공 군사독재 정치에 부응했다. 당시 한국 국내에서는 반군사독재 투쟁과 여성노동자의 생존권을 요구하는 치열한 투쟁이 전개되고 있었지만, 이러한 운동에 연대하기는커녕 오히려 일본 내의 연대 세력을 공격하는 등, 상층부 결정의 하수인 역할을 하고 있었다. 1982년에는 지문날인 철폐 운동[34]을 정력적으로 추진했지만, 그 후는 친목·복지사업을 중심으로 하며 오늘날에 이르고 있다.

1970년대 한국의 군사독재 정권에 반대하고 민단의 민주화를 요구하는 운동이 민단 내부에서 일어나자 이것에 일부 부인회 회원이 가담하여, 후에 '재일한국민주여성회'(1986년 11월 결성)에 합류해 갔다.

한편 재일본조선민주여성동맹(여성동맹)은 민족교육과 문화운동에 힘을

---

34) 외국인등록법에 의해 의무적으로 지문날인을 해야 했던 재일 한국인들은 1980년대부터 이것을 인권침해로 거부하는 운동을 시작했다. 지문날인제도는 재판 투쟁과 한일 관계의 변화를 통해서 2000년에 전면 폐지되었다.

쏟으며, 자주적 평화통일을 요구하는 운동(1975), 한반도에서의 핵전쟁 반대, 미군 철수, 조국의 자주적 평화통일을 구하는 운동 등 정치적인 과제에 몰두해 왔다. 결성 시의 남녀평등, 여성해방은 민족적 과제 앞에 점차 사라지고 조직 내에서의 여성 역할, 하부 역할을 담당했다.

1990년대에 들어서 일본군 '위안부' 문제 해결을 위한 움직임이 한국 여성들로부터 일어나 운동이 확산되었다. 그 과정에서 '재일한국민주여성회'와 '재일대한기독교전국교회여성연합회' 등 재일동포 여성단체가 이 운동에 몰두했다. 또한 도쿄에서는 '우리 여성 네트워크', 오사카에서는 '조선인 종군위안부 문제를 생각하는 모임'이 발족하여, 일본군 '위안부' 문제 해결에 힘을 쏟는 것과 함께, 가족과 국가에 얽매이지 않고 기성의 민족조직들로부터도 거리를 두며 재일 조선인 여성으로서의 해방을 요구했다. 동시에 이 문제를 통해서 일본인 페미니스트들의 민족차별에 대한 무관심을 엄하게 물었다.

새로운 시대의 변화와 재일 한국인 여성

전후 60주년을 맞은 오늘날도 일본 사회는 일본군 '위안부' 문제를 비롯한 과거의 전쟁범죄를 직면해서 해결하려 하지 않고, 재일 한국인에 대한 '과거의 청산'도 이루어지고 있지 않다. 참정권을 비롯하여 고용과 교육에서의 갖가지 차별은 지금도 계속되고 있다. 2005년 1월, 10년 남짓 걸쳐온 재판 투쟁을 계속해 온 정향균 씨의 도쿄 도 관리직 임용차별을 둘러싼 재판이 최고 재판에서 역전패소하여, 외국인 배제는 '당연한 법리'로 되었던 것은 상징적인 일이라 할 수 있다.

한편 2005년 3월, 한국에서는 민법 개정에 따라 '호주제도' 폐지가 결정되었다. 이것은 재일 한국인 여성들에게도 기쁜 소식이었다. 이로써 '가부장' 개념이 없어지고, 여성의 권리가 확대되기를 기대한다. 또한 '호적'이 '개인적[個籍]'으로 되어 개개인의 삶이 존중되는 것에서 재일 한국인 사회의 개방으로 연결될 것이다.

(방청자)

2) 이주노동자 문제

한국의 이주노동자

　한국에서 1980년대 중반 이후 3D[35) 직종에서의 노동력 부족 현상이 대두되어 아시아 국가들로부터 이주노동자가 유입되기 시작했다. 2005년 3월 현재 한국에는 42만 1,000여 명의 이주노동자가 살고 있으며, 전체 이주노동자 중 여성의 비율은 35~37%이다. 한국의 이주 여성 노동자들은 대체로 동남아 출신이 생산직에, 러시아나 필리핀 출신이 성산업에, 중국 조선족 출신이 식당·여관·다방 등의 종업원 혹은 가정부·파출부·노인 봉양자 등의 서비스업에 종사하고 있다.

　전체 이주노동자의 2/3가 불법체류자의 신분인데, 이들에 대한 장시간 노동, 저임금, 폭행, 임금체불, 인종차별, 폭언, 산업재해 등의 인권침해 문제가 심각하며, 이주 여성 노동자들은 부가적으로 성희롱, 성폭력 등의 고통을 겪고 있다. 특히 인신매매 조직을 통해 예술흥행비자를 받고 입국하는 이주 여성 중에는 가수나 댄서로서만 일하는 것으로 알고 입국하지만 실제로는 원치 않는 성산업으로 유입되어 성매매를 강요당하는 사례가 많아 심각한 인권 문제가 되고 있다.

　또한 최근에는 '매매형 국제결혼'이 증가하면서 이를 둘러싼 인권 문제들이 대두되고 있다. 현재 이주여성인권연대, 이주여성인권센터, 두레방, 새움터 등이 이주 여성 노동자들에 대한 지원활동을 하고 있다.[36) 이주노

---

35) 이른바 힘들고(difficult), 더럽고(dirty), 위험스러운(dangerous) 직업을 말한다.
36) 현재 외국인노동자대책협의회, 이주노동자인권연대, 성남 외국인노동자의 집, 부천 외국인노동자의 집, 안산 외국인노동자센터, 마석 샬롬의 집, 한국이주노동자 인권

동자 문제는 21세기 한국의 민주주의가 반드시 해결해야 할 중요한 과제 중의 하나이다.

일본의 '외국인 노동자' 문제

일본 국내에서의 노동력 부족과 국제화로 1980년대 이후 새로 입국한 외국인 노동자가 계속 증가하고 있다. 그 배경에는 일본과 그 외 아시아 국가의 경제적 격차가 원인으로 놓여있는데, 아시아 지역에서 자국의 취직난을 피해 고임금의 일본으로 유입되는 것이다. 특히 최근 수년간 정착이 늘고 있는 여성들은 필리핀과 태국 출신이 많다.

필리핀은 흥행비자에 의해서 합법적으로 입국하지만, 태국에는 관광비자밖에 없어 때때로 체류 자격을 묻는 경우가 많다. 그런데 이들의 공통점은 대부분이 스낵바의 호스티스, 또는 레스토랑이나 공장에서 일하는 것으로 알고 입국하지만, 실제는 수백만 엔의 빚을 지고 성매매를 강요당한다.37) 근래에는 콜롬비아 등의 남미로부터 또는 러시아·동구로부터 입국하는 여성도 늘고 있다.

또한 1990년대 이후는 일본인 남성과 결혼하여 정착하는 경향이 생겼다. 그래서 외국인 멸시와 문화적 마찰이 생겨나 가정폭력이 새로운 사회 문제로 대두되고 있다.

(다카하라 사치코)

센터 등이 이주노동자들에 대한 지원 및 연대 활동을 계속하고 있다. 그리고 2005년 4월 이주노동자의 독자적인 노조로서 '서울 경기 인천 이주노동자 노동조합'이 창립되었다.

37) 인신매매, 관리매춘의 피해자가 된 외국인 여성의 보호와 귀국 원조 기관으로 '여성의 집 HELP'(부인교풍회), '미즈라', '사라'가 개설되어 상설대피소의 운영과 상담 활동을 하고 있다.

8. 일본의 청년문화와 마이너리티 운동

1) 일본 젊은이들의 문화의 다양한 위상

문화는 정치와 깊게 연관되어 있다. 특히 시대의 첨단을 달리는 젊은이들의 문화는 당시의 정치 상황이나 가치관의 변모와 깊게 연관되어 있다.

1960~1970년대의 록·재즈, 그리고 '자작자연'이라는 방법

"1960년대에 비틀즈를 선택하는 것은 1970년대에 펑크, 1980년대에 헤비메탈을 선택하는 것보다 훨씬 불쾌한 경험을 하지 않으면 안 되었다"라는 말처럼, 그것은 곧 소수파가 되는 것이었다. 그러나 비틀즈가 보여준 '자작자연(自作自演)'이라는 방법은 기성 음악산업이 공급하는 악보가 불만스러운 새로운 세대를 확실히 사로잡았다. 1970년은 음악사의 전환점이었다.

1970년 전후에는 각지에 록, 포크는 물론, 재즈와 블루스 등의 다양한 장르가 나타났다. 학원 투쟁, 반전운동의 영향도 있어 반체제적인 자세를 가사와 행동에 담은 예술가들, 또한 신좌익파들의 항쟁을 본뜬 것같이 록파와 포크파, 일본어파와 영어파 간에 격렬한 대립과 논쟁도 일어났다.

1972~1973년경 사람들의 관심이 사회에서 개인으로 이동하는 것과 동시에 표현의 탈정치화와 음악산업에 의한 혼잡이 가속된다. 그러나 '자작자연'이라는 스타일 자체는 되돌릴 수 없는 전환점으로서 음악사에 깊이 새겨지게 되었다.

(미노우라 마사키)

1980년대 애니메이션과 포스트모던[38]

일본에서 포스트모던이라는 말이 유행하기 시작한 것은 1980년대 전반이다. 이 시기 일본은 냉전을 배경으로 한 '고도경제성장'의 정점에 있었고, 엔고·해외자산의 팽창·주가상승이라는 '거품경제'에 자기만족하고 있었다. 여기에 1960~1970년대 '정치의 계절'이 끝났다는 반동이 겹친다.

'정치와 역사'에는 냉소적인 거리를 두고, 소비에 의한 자기실현과 내셔널리즘의 환상에 빠진 '일본의 포스트모던'에서 사상과 지식도 하나의 유행으로서 소비되었다. 그러나 1990년대 이후 '정치의 계절의 종언'은 끝났다. 현실적인 정치와 역사를 망각하고, '자기 발견'에 자폐하는 애니메이션 <에반게리온>[39]의 주인공은 '일본 포스트모던'의 '유산'이라 할 수 있다.

(홋타 요시타로)

2) 일본의 마이너리티 운동

장애인 해방 운동

1970년대에 대두된 장애인 해방 운동은 장애를 부정적으로 취급하고 시설에 격리·수용하는 것으로 문제를 해결하고자 하는 복지의 존재방식에 이의를 제기했다. 그중에서도 '푸른 잔디회'는 '잠재된 우생사상'을 다시 묻는 근본적인 문제제기로서 다섯 가지 '행동강령'을 세웠다.

1. 우리들은 뇌성마비 장애인인 것을 자각한다.
1. 우리들은 강렬한 자기주장을 행한다.
1. 우리들은 사랑과 정의를 부정한다.
1. 우리들은 문제해결의 길을 선택하지 않는다.
1. 우리들은 비장애인 문명을 부정한다.

---

38) 근대 이후라는 의미지만 반드시 시간축적의 의미만은 아니다. 근대적 가치관과 여러 전제를 근본부터 다시 묻는 태도 혹은 문화운동을 나타내고 있다.

39) 1990년대 후반을 석권한 인기 애니메이션. 자기 발견을 테마로 하고 있다.

이 엄한 질문은 '상식'하에서 가혹한 생활을 강요당해 온 장애인들에게 큰 영향을 주었다. 그들은 '비장애인 환상'에 사로잡힌 자기 자신의 변혁과 장애인인 자신에 대한 긍정을 통해서 그 존엄의 회복을 사회에 제시했다.

'푸른 잔디회' 운동에 가담하고 후에 조직의 분열과 동시에 운동에서 멀어진 재일 한국인 여성 김만리는 1981년 교토에서 개최된 이벤트 '국제장애인의 해(年)를 힘껏 날리자! 81'을 계기로 하여, 극단 '태변'을 결성했다. 거기에서 그녀는 장애인 신체에 의한 새로운 형태의 표현 활동에 몰두하고 있다.

〈오고시 아이코〉

9. 한국의 대중문화와 반체제문화

1) 젊은이와 반체제문화

군부독재 정권하에서 국가권력의 철저한 억압과 개입에 의해 규정되었던 한국의 대중문화는 향락주의와 엄숙주의를 특징으로 했다. 이러한 획일화된 대중문화에 염증을 느끼던 젊은이들은 대안적 문화를 요구했다. 이것은 한편으로 구미 청년문화의 스타일을 모방한 청년문화로, 다른 한편으로 민중문화를 지향하는 문화운동으로 나타났다. 1970년대 초 장발, 통기타, 청바지, 미니스커트, 생맥주, 포크음악으로 상징되던 한국의 청년문화는 젊은 세대가 나름대로 기성세대와 구별되는 정체성을 추구하는 방식이었다.

민중문화를 지향하는 문화운동은 좀 더 체계적인 논리와 현실의식을 기반으로 하여 저항문화의 형식을 창조했다. 대학생들은 탈춤이 가진 신명성과 공동체성에 주목하여 전통 탈춤의 틀에 현대적인 문제의식을 담기 시작했고, 이는 연극적 형식과 결합해 마당극이라는 새로운 표현 공간을 만들어냈다. 유신 체제가 강화되어 가던 1970년대 중반 이후 대학가에서부터

민족·민주·민중의 염원을 담은 영혼의 울림, 민중가요

암흑 같던 군사독재 시대에 새벽을 열기 위해 투쟁했던 시위 현장에는 항상 민중가요가 함께하면서 투쟁의 힘을 더해주었다. 민중가요는 외세에 의한 종속과 군사독재에 의해 짓밟힌 자유, 이로 인한 민중의 비참한 현실과 고통 받는 민중에 대한 뜨거운 애정, 그리고 반민족적· 반민중적인 국가와 자본에 대한 강건한 투쟁 의지를 아름다운 선율에 담아 노래했다. 1970년대에 김민기의 「친구」, 「아침이슬」이 있었다면, 1980년대에는 노래를 찾는 사람들, 꽃다지, 안치환 등의 「광야에서」, 「이 산하에」, 「그날이 오면」, 「솔아 솔아 푸르른 솔아」, 「사계」 등 수백 편의 주옥같은 민중가요가 있었다. 당시 민중가요는 잔인한 국가폭력 속에서도 공포를 딛고 투쟁을 계속할 수 있게 한 힘의 원동력으로서, 다양한 계층과 부문 간에 단결과 연대를 형성하고 유지할 수 있게 해주었다.[40]

(김수영)

'운동권문화'라고 불리는 저항적 반체제문화가 성립되어 지배문화와 저항문화의 대립이 첨예하게 나타나기 시작했다. 1970년대 후반부터 1980년대의 운동권문화는 민중가요와 마당극 등을 중심으로 매스미디어와 구별되는 독자적인 문화 공간을 형성했다. 이들의 문화운동은 민중 이데올로기와 접합되면서 반체제문화로서의 성격이 강화되었고, 민주화와 사회정의를 위한 투쟁에서 빠질 수 없는 저항적인 문화 형식으로 자리 잡았다.

(김수영)

---

40) 「그날이 오면」이라는 노래에는 당시 전두환의 폭압정치에 맞서 치열하게 투쟁하면서 민족의 자존심과 인간적인 사회를 열정적으로 꿈꾸었던 1980년대 민주화 세력의 소망과 의지가 담겨있다. 노랫말은 다음과 같다. "한밤의 꿈은 아니리, 오랜 고통 다한 후에/ 내 형제 빛나는 두 눈에 뜨거운 눈물들/ 한줄기 강물로 흘러 고된 땀방울 함께 흘러/ 드넓은 평화의 바다에 정의의 물결 넘치는 꿈/ 그날이 오면 그날이 오면/ 내 형제 그리운 얼굴들 그 아픈 추억도/ 아, 짧았던 내 젊음도 헛된 꿈이 아니었으리/ 그날이 오면 그날이 오면/ 내 형제 그리운 얼굴들 그 아픈 추억도/ 아, 피맺힌 그 기다림도 헛된 꿈이 아니었으리/ 그날이 오면 그날이 오면"

2) 영화와 드라마 속의 여성

1960년대~1980년대

1960년대와 1970년대 초에 이르기까지의 영화와 TV는 가족 멜로 드라마가 주류를 이루었다. 당시 TV 인기드라마 <아씨>, <여로>, <새엄마>는 여성을 중심에 설정하고 가족 내에서 여성들이 겪는 고난을 그리고 있는데, 결론은 여성들의 희생과 노력으로 가족의 통합이 이루어지는 것이다. 이러한 경향은 박정희 정부의 근대화 전략이 철저히 가족의존적인 성격을 띠고 있었으며, 당시에 요구되었던 여성상이 현모양처였음을 반영한다. 유신체제하에서 영화법이 개정되면서 검열이 강화되어 영화에서 사회 문제를 현실적으로 재현하는 것이 금지되자 '반공', '새마을'을 주제로 한 국책영화들과 함께 '호스티스 멜로영화'가 쏟아져 나왔다.

그러한 가운데서도 <영자의 전성시대>는 '영자'를 통해 당시 가족을 가난에서 벗어나게 하기 위해 농촌에서 서울로 이주하여 식모, 여공, 버스 차장, 성매매 여성 등 다양한 노동 경험을 해야 했던 하층 계급 여성의 모습을 사실적으로 표현했다. 이 시대의 영화와 드라마들에서 '가족'은 어떤 어려움에도 불구하고 반드시 수호되어야 하는 것이었으며, 다양한 차원에서 여성의 '희생'이 적극적으로 요구되었다.

1980년대에는 전두환 정부가 국민의 우민화를 위해 3S 정책[41]을 취했기 때문에 성애의 묘사에 대한 규제가 상당히 완화되었다. 그 결과 1980년대 초부터 <애마부인> 시리즈와 같은 성애물이 범람했다.

1990년대 이후

1980년대 후반에 정치적 민주화의 결과 영화법이 개정되어 영화와 드

---

41) 3S란 스크린(screen), 스포츠(sport), 섹스(sex)에 의한 우민(愚民) 정책을 말한다.

라마에 대한 지금까지의 검열과 금지가 대부분 사라지면서 진정한 의미의 창작과 발전이 비로소 가능하게 된다. 또한 군부독재 시대를 견뎌내며 민주화를 쟁취해 내는 동안 치열해진 사회의식과 풍부해진 감성은 1990년대 이후 한국 영화와 드라마의 새로운 도약을 가져왔다. 그동안 금지되어 온 한국 현대사의 상처를 소재로 한 영화들이 등장하면서 현대사 속의 여성의 삶이 다루어지기도 했지만, 여성의 기억과 경험이 무시되거나 남성의 시선으로 왜곡된 경우가 많았다.

제7회 서울여성영화제(2005, 이명옥 제공)

페미니즘 지향의 영화도 등장하면서 다양한 수준에서 여성문제를 다루기 시작했다. 특히 1990년 중반부터 여성 감독들에 의해 여성의 시선으로 여성의 기억과 경험을 재현한 본격적인 페미니즘 영화가 다양하게 제작되고 있다. 2000년대에 들어 TV에서도 <대장금>과 같은 우수한 페미니즘 드라마가 등장하여 한국뿐만 아니라 아시아 지역에서 큰 인기를 끌고 있다. 이는 여성 감독과 여성 작가들의 성숙한 역량을 보여주는 것으로서, 그녀들이야말로 현재 아시아를 중심으로 하여 세계로 확산되고 있는 '한류(韓流)'의 힘의 원천이 되고 있다. 다른 한편 극단적으로 반여성주의적인 영화를 통해 여성을 노골적으로 모욕하고 궁극적으로는 여성에 대한 폭력을 미화하는 영화도 등장하고 있어 심각한 문제가 되고 있다.

(김수영)

제7장

여성운동의 성장과 여성국제전범법정

1. 여성운동의 발전

1) 한국의 민주화 운동과 여성운동

한국에서 여성운동은 근대 초기 태동 단계에서부터 민족해방이라는 과제를 함께 담당해야 했다. 해방 뒤에도 분단 체제와 장기간의 권위주의 체제하에서 전체 사회의 변혁운동인 민주화 운동에서 분리되기 어려웠다. 그러나 여성들은 여러 사회 변혁운동에 참가하면서도, 전체 사회운동으로서는 해결할 수 없는 여성 차별의 문제를 각성하여, 한말 일제시대부터 교육운동과 신여성 운동을 비롯하여 다각적인 움직임을 만들었으며, 1970~1980년대 격렬한 민주화 투쟁 속에서도 직장 내 차별, 성폭력 문제 등을 해결하기 위한 싸움을 부단히 전개해 나갔다. 이러한 여성운동의 싹들은 1980년대 말 민주화의 성취와 더불어 새롭게 꽃을 피우게 되었다.

1970년대의 민주화 운동과 여성운동

1970년대의 여성운동으로는 제조업 노동자들의 투쟁과 교회 여성 운동 및 대학생 등 지식인 여성운동이 특기할 만하다. 이들 여성 집단은 계층 차이를 극복하고 상호 연대했다. 1967년에 창립된 '한국교회여성연합회'는 대학 내에 싹트던 여대생 모임과 함께 '매춘관광반대 운동'을 전개했고, 구속자가족협의회를 통해 민주화 운동에 참여했으며, 동일방직·방림방직·남영나일론 등에서 일하는 여성 노동자들을 돕는 등 여성 노동운동을

5·18 광주항쟁 때 노상에서 시위대에게 제공할 밥을 짓는 여성들[(재)5·18기념재단 제공]

지원했다. 이 밖에 농민들의 생존권 투쟁, 학생과 지식인들의 민주화 운동 투쟁 등에도 여성들이 참여했다. 특히 크리스챤아카데미의 중간 집단 교육을 받은 집단은 여성 독자성에 기초하여 기층 여성과 지식인 여성들을 묶는 여성운동의 발전을 위해 고민했다.

1980년대의 여성운동

1970년대에 형성된 한국 여성운동의 잠재력은 1980년 5·18 광주항쟁을 거치며 더욱 성장하여, 1980년대 초반부터 새로운 진보적 여성단체들이 결성되기 시작했다. 1980년 여신학자협의회, 1983년 여성평우회, 여성의 진화, 1986년 기독여민회 등 지식인 중심의 여성단체들은, 전반적 사회 운동 속에서 여성운동의 독자성에 대해 많은 논쟁을 하면서, 생존권 투쟁, 성고문 대책 운동, KBS 시청료 거부 운동, 결혼각서 포기 반대 등을 전개했다. 이 단체들은 여성조직 창립 초기 단계인 만큼 여성문제를 명확히 부각시켜 여성단체로서 인정받고 대중의 신뢰를 얻고자 했다. 가정폭력 문제의 제기와 25세 여성 조기 정년제 철폐 운동은 그 대표적 성과의 예다.

진보적 여성단체들은 1986년 발생한 부천
경찰서 성추행 사건[1]을 계기로 상설적인 공동
투쟁 조직인 '성고문대책위원회'를 통해 연대
하면서 체계적인 여성운동의 구심체가 절실히
필요하다고 느꼈다. 이에 따라 1987년 2월
18일 마침내 21개 여성단체들이 모여 여성
운동 연합조직인 '한국여성단체연합'(여연)을
결성했다.

한국여성단체연합 창립대회(여연 제공)

'여연'의 발족은 해방 후 단절되었던 변혁
지향적 여성운동이 부활하고 전통적 성역할의 틀 안에서 정부 정책에 동원되는 역할을 해왔던
보수적 여성단체의 대안세력으로서 여성해방 이념을 갖춘 여성운동이 등장했다는 점에서 역사적
의미를 갖는다.

(안진)

여성주의 대안문화의 등장

1980년대에 들어서서 다른 한쪽에서는 일상생활 속에서 페미니즘에 토
대를 둔 대안문화를 만들고자 하는 여성운동이 움트기 시작했다. 1984년
동인들의 모임으로 시작된 '또 하나의 문화'는 일상적이고 개인적인 수준
에서 가부장적인 문화에 저항하는 대안문화의 형성을 강조하고 동인지

---

1) '부천경찰서 성추행 사건'이란 1986년 부천경찰서의 문귀동 경장이 노동자로 취업한
여대생 권인숙 씨를 수사하는 과정에서 범했던 성추행 사건을 말한다. 이 사건은 수
감 중인 피해자 권 씨의 결단과 폭로로 세상에 알려지기 시작했는데, 검찰의 가해자
에 대한 기소유예 조치에 반발하여 사법사상 최대 규모인 166명의 변호인단이 재정
신청에 가세할 만큼 사회적으로 큰 파장을 일으켰다.

≪또 하나의 문화≫의 출판을 통해 성(性), 결혼, 사랑 등 사적 영역의 주제에서부터 여성의 일, 통일, 교육 등 공적 주제에 이르기까지 가부장제 문화 비판을 공론화시켰다.

(안진·정진성)

2) 한국여성학의 발전

1970년대 들어 고등교육을 받은 여성들은 현저히 증가했으나 취업의 기회는 제한되어 있었고 이들은 여전히 보수적인 사회구조 속에서 의존적이고 수동적인 구성원으로 남아있었다. 이러한 상황 속에서 1970년대 민주화 운동에 참여한 인텔리 여성들이 1975년 'UN 세계 여성의 해'를 계기로 더욱 활발해진 서구 여성운동과 이론을 접하게 되었다. 종교·사회운동 분야에서는 크리스찬아카데미가 '젊은 여성교육'(1974)과 '젊은 주부교육'(1975) 등을 통해 여성운동의 인력을 배출하기 시작했다.

여성학 연구기관의 증가와 한국여성학의 급성장

1974년에 한국기독교장로회선교교육원 대학원 과정에 여성분과가 만들어졌고, 한국 최초로 여성학 강의가 이효재 교수에 의해 실시되었다. 1977년에는 이화여자대학교에 여성학 강좌가 개설되었다. 이것은 이효재 교수와 이화여대 여성연구소의 기획과 노력의 산물이었다. 1982년에는 이화여대에 여성학 대학원 과정이 개설되었고, 1983년에는 국가연구기관인 한국여성개발원이, 1984년에는 한국여성학회가 창립되었다. 1980년대 후반부터 전국적으로 많은 대학에서 여성학 강좌 개설이 급증하며 최근에는 여성학 강좌가 개설되지 않는 대학이 거의 없을 정도로 전국의 모든 대학에 여성학 강좌가 개설되어 고등교육 분야의 교양필수 교과목이 되었다.

1990년대 후반에 이르면 교양 수준에서의 여성학 지식의 보급을 넘어

서서 전문적인 연구자들을 배출할 수 있는 대학원 과정이 계명대학교, 한양대학교, 신라대학교를 비롯한 여러 대학에 활발하게 개설되었으며, 1998년에는 국립대학인 서울대학교에도 여성학 프로그램이 대학원 과정에 설립되었다. 전문적인 연구 저널도 여성학회와 여성개발원에서 출판되었으며, 그 외에 각 대학 여성연구소에서 간행된 여성학 학술지들이 급속도로 늘어났다. 최근에는 한국의 많은 여성학자들이 서구의 여성학이나 페미니즘 이론에서 아시아나 아프리카 대륙 여성들의 경험이나 현실이 간과되어 왔다는 점을 지적하고, 서구의 이론을 한국이라는 사회·문화적 맥락에서 토착화하고 한국여성학, 나아가 아시아 페미니즘을 정립해야 한다는 문제 의식을 제기했다.

(안진)

3) 새로운 학문: 일본의 여성학 과정

여성학이라는 새로운 학문

1960년대 후반부터 1970년대 전반에 걸쳐 미국을 중심으로 고조된 여성운동을 배경으로 여성학(Women's Studies)이 등장했다. 역사적으로 차별받고 배제당해 온 여성이 지금까지의 남성 중심의 학문 체계를 해체하고 여성해방을 목적으로 하는 새로운 학문을 만들어내는 것이 목표였다.

일본에서는 저널리스트인 마쓰이 야요리(松井やより)가 미국 등의 움직임을 재빨리 소개하여 1970년 전반부터 여성학이라 이름 붙인 강좌나 연구회가 각지에서 만들어졌다. 일본의 여성학 창시자의 한 사람인 이노우에 데루코(井上輝子)는 여성학을 "여성의, 여성에 의한, 여성을 위한 학문"이라고 주장했는데, 이것은 여성학이란 여성의 관점과 경험을 중시해서 여성을 주체로 하여 여성해방을 지향하는 학문 실천이라는 것을 나타내고 있다.

1974년 와코(和光)대학에서 일본 최초로 여성학 강좌가 개설됨으로써 고등교육기관에서 여성학의 연구와 교육이 본격적으로 이루어지게 되었다. 1975에는 도쿄여자대학 여성연구센터(Women's Study Center)와 오차노미즈(茶の水)여자대학의 여성문화자료관이 개설되어 일본에서는 최초로 여성학 연구기관이 되었다. 또한 1979년에는 오차노미즈여자대학에 국립대학 최초로 여성학 강좌가 개설되었다. 그 뒤 여성학 관련 강좌는 계속 증가하여 2004년에는 340여 개의 대학과 단기대에 1,446개의 관련 강좌가 개설되었다. 또한 사회인 강좌의 일환으로서 대학 외에서도 관련 강좌가 다수 개최되고 있다.

1970년대 후반이 되면 국제여성학회(1977), 일본여성학회(1978), 일본여성학연구회(1977), 여성학연구회(1978) 등 여성학이라는 이름을 붙인 학회가 등장하여 일본 사회에서 여성학이 뿌리내리기 시작했다. 1996년 최초로 일본의 대학원에서 여성학 전공이 조사이(城西)국제대학에 설치되었다. 그러나 여성학 교육은 아직도 교양 수준 정도여서 여성학으로 학위를 받을 수 있는 곳은 현재 오차노미즈대학과 조사이국제대학뿐이다.

〔오하시 미노루〕

4) 한국 여성운동의 발전과 여성운동의 다양화

1990년대 한국 여성운동은 1980년대에 등장한 여성운동 조직을 기반으로 하여 비약적으로 성장했다. 이 시기에 한국에서는 법과 제도의 개혁과 여성의 정치세력화를 상당한 수준으로 성취했으며, 문화운동, 마이너리티 운동 등 다양한 여성운동이 발전했다. 1990년대 한국 여성운동의 이러한 비약적인 발전을 가능하게 했던 것은, 우선 1987년 한국 사회 전반을 휩쓸었던 6월 민주화 항쟁을 통해 운동의 역량이 한층 높아진 것과 1993년 문민정부의 수립과 의회민주주의의 상대적 확산, 노동운동의 성장, 냉전적 세계질서의 변화, 지방자치제의 실시와 같은 사회적 변화였다. 성차별이라는 특수한 과제에 좀 더 집중할 수 있는 사회적 환경이 조성되면서 한국 여성운동은 운동 조직도 다원화하고 운동 방식도 여러 계층의 요구를 포괄할 수 있도록 다양화되었다.

여성운동의 다양화

기층 여성의 권리실현에 치중해 온 기존의 여성운동 조직들은 1990년대에 들어 운동방식을 다양화했다. 한국여성민우회는 고졸 단순 사무직 여성 노동자의 급증, 기혼 여성 노동자의 증가라는 1990년대의 변화된 상황에서 사무직 여성 노동자들과 전업주부들을 조직화할 수 있도록 생활협동조합 활동을 주요 활동 방향으로 설정했다. 한국여성노동자회협의회도 영세사업체에 비정규직으로 취업한 기혼 여성 노동자들 문제에 관심을 기울이면서 탁아소 운영, 직업 훈련, 취업 알선, 상담 등의 활동에 관심을 집중했다. 여성 노동운동은 1997년 말 IMF 경제위기 이후 여성 해고가 대량으로 발생하게 되자 1999년 비정규직 여성 노동자들의 독자적인 노조조직인 '전국여성노동조합'을 결성하여, 이를 계기로 비정규직 여성 노동자의 문제[2]를 사회적으로 공론화하기 시작했다.

---

2) 한국 여성의 경제활동 참여율은 산업화가 시작된 1960년 26.8%, 1970년 39.3%, 1980년 42.8%, 1999년 47.4%로 지속적으로 증가하여 노동력의 여성화(feminization of labor force) 현상을 보이고 있다. 이는 서구 선진국의 60%에 비해 여전히 낮은 수준이지만 증가 속도의 면에서는 놀라운 것이다. 1980년대 이후부터는 기혼 여성의 경제활동 참여가 크게 증가하고 있지만 아동 양육 기간 동안 단절되는 경향을 보인다. 모성보호와 양육에 대한 공적인 지원이 없는 상태에서 증가하고 있는 기혼 여성의 노동 참여는 여성들의 출산율 저하(2002년 세계 최저 수준인 1.17명)로 이어져 한국 사회의 심각한 사회문제가 되었다. 여성들의 고용 형태는 1990년대에 들어서면 상용 근로보다 비정규직이 급격히 늘어나 2002년 현재 여성 노동자 중 비정규직 노동자가 차지하는 비율이 70% 정도에 이르렀다. 노동력의 여성화에도 불구하고 한국 사회에서 진행되고 있는 여성 노동력의 비정규직화는 여성의 삶의 질을 저하시

　또한 1990년대에 들어 여성교육, 평화, 성매매 문제, 종교 내 여성 인권
문제 등 다양한 부문의 이슈가 운동 과제로 등장함에 따라 '여성사회교육
원', '평화를 만드는 여성회', '새움터', '새세상을 여는 천주교여성공동체'
등과 같이 전문적인 과제를 다루는 여성단체들이 우후죽순으로 생겨났는
데, 북한 여성들과의 교류를 통해 전개한 통일운동, 평화운동은 특기할 만
하다. 여성운동이 지역의 교육·환경·탁아 등의 생활 과제에 주목하게 되면
서 지역 여성운동 단체들도 대대적으로 조직되었다.

여성주의 문화운동의 성장

　여성운동 조직의 다원화는 여성주의 문화운동의 측면에서도 확장되었
다. 여성문화예술기획(1992), 급진적 영 페미니스트 저널을 표방하는 ≪이
프≫(1997) 등은 여성의 관점에 기반을 둔 문화, 대중 여성과 함께 호흡하
는 페미니즘을 표방하고 제도개혁뿐 아니라 생활문화의 변화를 추구하고
있는 대표적인 여성운동 단체들이다.

키는 주요한 요인으로 작용하고 있다.

여성주의 문화운동(1999년 10월 연세대학교
여성제 포스터)

여성 마이너리티 운동의 등장

1990년대는 여성 마이너리티 운동이 등장한 시기이기
도 하다. 대표적인 마이너리티라고 할 수 있는 장애 여성
들은 1990년대 초반 장애인단체들이 통폐합되는 과정에
서 장애인 조직 내부의 남성 중심성과 통폐합의 불합리성
에 맞서 장애 여성 운동을 시작했다. 이들은 1994년 장애
여성 운동 단체임을 표방하는 '빗장을 여는 사람들'을 결
성했으며, 1995년에는 베이징 여성대회에 참가하여 장애
여성 문제를 가시화시켰다. 이후에도 국제적인 연대 속에
서 장애 여성의 문제를 사회적 쟁점으로 제기하는 데 노
력해 왔으며, 성폭력특별법과 가정폭력특별법의 제정 및
개정 운동과도 결합하여 장애 여성 문제의 법제화를 위해
활동해 왔다.

여성 관련 법과 제도의 개혁

1990년대에 들어서서 여성운동 단체들은 여성 대중의 생활상의 문제들
을 중심으로 다양하게 조직되어 법과 제도의 개혁을 위해 함께 싸웠다. 성
폭력특별법 제정에서는 한국여성단체연합, 한국여성단체협의회 등 보수
진영과 진보 진영 모두를 아우르는 74개 여성단체와 사회단체가 광범위하
게 연대했고, 가정폭력방지법 제정 운동에서도 22개 여성·시민 단체가 '가
정폭력방지법 제정 추진 범국민운동본부'를 결성하여 연대했다.

여성 관련 법과 제도의 개혁은 남녀평등을 실현하기 위한 국가의 의무
를 규정한 여성발전기본법(1995)을 비롯하여, 대중 여성들의 삶 속에서 가
장 절실히 요구되는 과제라고 할 수 있는 영유아보육법 제정(1991), 성폭력
특별법 제정(1993), 남녀고용평등법 개정(1995), 가정폭력방지법 제정(1997)을
중심으로 전개되었는데, 이는 전 세계적으로 유례없을 정도로 빠른 기간

내에 이루어진 것이었다. 또, 1990년대에는 여성정책 전담기구가 크게 강화되어 1998년에는 대통령 직속으로 여성특별위원회가 설치되었고, 법무부·교육부·노동부·행정자치부·보건복지부·농림부 등 6개 부처에 여성정책 담당관실이 설치되었으며, 2001년에는 마침내 여성부가 독립된 정부 부서로 신설되었다. 여성부는 2005년 6월에 여성가족부로 확대·재편되었다.

여성의 정치세력화 운동

1990년대에 시작된 여성의 정치세력화 운동은 1991년 30년 만에 부활한 지방자치제도 실시를 기반으로 하여 주로 지방의회 여성 참여 확대와 여성 공천, 비례 할당과 같은 정치제도 개혁운동을 중심으로 전개되었다. 1995년 한국여성단체연합, 한국여성단체협의회, 한국여성유권자연맹 등 34개 단체는 '할당제 도입을 위한 여성연대'를 구성하여 활동했고, 그 결과 1995년 지방의회 선거에서부터 광역의회 비례대표제의 도입이 실현되기에 이르렀다. 또, 이 운동은 여성단체가 지역 생활정치의 중요성에 주목하고 여성운동의 대중화와 지역화 운동을 본격적으로 전개하는 계기가 되었다. 지역 생활정치의 과제인 쓰레기, 수돗물, 탁아, 환자 돌보기, 노인부양, 자녀교육 등은 주부들이 지방자치에 대한 참여를 통해 해결해야 한다는 여성운동 내의 논의는 여성운동이 환경운동, 생협 운동, 교육운동 등의 신사회운동을 흡수하는 데 기여했다.

여성의 정치세력화 운동은 지방자치를 통해 여성들이 생활정치에 개입하게 했을 뿐만 아니라 중앙정치에서도 획기적인 변화를 가져왔다. 역대 국회의원 중 여성이 차지하는 비율은 1998년 3.6%(11명), 2001년 5.5%(15명), 2002년 5.9%(16명) 등 한 자릿수에 불과했으나, 2004년 17대 국회의원 선거인 4·15총선에서는 자민련을 제외한 각 정당이 비례대표 후보의 50%를 여성에게 할당한 덕택으로 여성 국회의원의 비율이 13%(전체 국회의원 299명 중 39명, 이 중 지역구의원으로 당선된 여성 의원은 10명)를 차지하여 세계 여성 의원 평균비율인 14.3%에 접근하게 되었다.

(안진)

5) 일본의 반성폭력 운동

일상의 성폭력

일찍이 여성은 '직장의 꽃'이라 불리며 남성 직원의 보조적 역할을 강요받았다. 여성들은 이러한 상황이 뭔가 이상하다고 생각하면서도 그것을 정확하게 설명할 수 있는 말을 찾지 못했다. 1980년대 말에 '성희롱'이라는 말이 미국에서 상륙하자, 여성들은 드디어 자신의 경험을 표현한 말을 찾고 남성 중심적인 조직문화에 반발하기 시작했다.

후쿠오카 성희롱 재판의 승리

1989년에 스캔들에 휩싸여 강제 퇴직당한 출판사의 여직원이 가해자와 회사에 책임을 물으면서 후쿠오카(福岡) 지방재판소에 일본 최초로 '성희롱' 재판을 제소했다. 재판은 1992년 여성의 승소로 끝났는데, 이 과정에는 오랜 기간 여성문제에 맞서 싸워온 변호사와 함께 전국의 여성들의 지원이 있었다. 그 뒤 1994년에는 이시카와 현(石川縣)에서 가정부가 제기한 성희롱 재판에서 원고 승소 제1심 판결이 나왔다. 1995년에는 오사카(大阪)와 나라(奈良), 1996년에는 삿포로(札幌)에서 성희롱 피해자가 승소판결을 받았다. 1999년 12월에는 전 오사카부지사 요코야마 노크(橫山ノック)가 선거운동 중 여성 운동원에게 성희롱을 가하여 사회에 커다란 충격을 주었다. 이러한 성희롱 재판에는 각지에서 성폭력 피해자 지원 그룹이 적극적으로 지원했다.

교육의 장에서 행해진 성폭력

성희롱은 교육의 장에서도 일어났다. 그 대표적인 것이 교토대학의 야노(矢野) 전 교수 사건이다. 재판은 전직 교수가 명예훼손으로 피해자를 제소하면서 시작되어 1997년에 교수의 패소로 종결되었다. 같은 해 캠퍼스 성희롱 전국 네트가 설립되어 대학들이 연대하는 피해자 지원 네트워크가 발족했다.

그러나 캠퍼스의 성희롱 사건은 그치지 않았다. 1998년 나루토(鳴門)교육대학의 성희롱 재판, 아키타(秋田)현립농업단기대학의 성희롱 재판은 항소심에서 피해자의 원고 승소 판결이 언도되어 대학의 성희롱이 세상에 연달아 드러났다. 고등학교 이하 교육기관에서도 성희롱이 일어나고 있었다. 1999년의 학원 성희롱 사건, 나라(奈良)현립고등학교에서의 성희롱 사건이 원고 승소 판결을 받았다. 같은 해 학교 성희롱 방지 전국 네트워크가 생겨나 피해 상담이나 재판 지원활동을 개시했다. 2002년에는 졸업 약 10년 후에 제소된 이시카와 고등학교 성희롱 사건이 원고 승소 판결로 마감되었다.

'강간신화'의 타파

가장 큰 성폭력은 강간이다. 강간은 오래전부터 일어난 사건이지만, 피해자 대부분은 자신의 '잘못'이나 '수치'라고 생각하여 괴로워하며 지냈다. 강간 피해를 입은 여성은 목숨 걸고 저항해도 여성이 빌미를 주었기 때문에 강간을 당했을 것이라는 '강간신화'를 오랫동안 남성은 물론이고 여성도 믿어왔기 때문이다. 1983년 도쿄강간구원센터가 발족하여 "강간은 여성에 대한 지배·정복이 성행위라는 형태를 취한 폭력", "강간은 여성이 바라지 않는 모든 성행위"라고 명확하게 정의하고 성폭력 피해자들에 대한 지원활동을 벌였다.

(야나기모토 유카코)

6) 한국의 반성폭력 운동

1990년대 한국 여성운동의 괄목할 만한 성과 가운데 빠뜨릴 수 없는 것은 반성폭력 운동이다. 가정폭력, 성희롱 등 사적 영역에서 발생하는 '여성에 대한 폭력'이 사회문제로 공론화됨으로써 성폭력을 막고 피해 여성들을 지원하기 위한 법제도가 마련되었던 것이다. 또, 한국 여성운동의 성장에 힘입어 일본 패전 후 한국과 일본에서 압도적인 가부장제 분위기 속에서 묻혀버렸던 일본군 '위안부' 문제가 한일 양국에서뿐 아니라 세계적으로 사회적인 쟁점이 되었다.

1987년 2월에 결성된 '한국여성단체연합'은 진보적 여성운동의 전국적인 연대기구로서 1990년대에 성폭력 법제화를 위한 입법 운동의 구심점 역할을 했다. 또한 일찍이 1980년대에 뿌리를 내린 '여성의 전화'(1983)와 1991년 4월에 문을 연 '한국성폭력상담소'가 위기센터, 핫라인, 피난처, 자조 모임 등의 구체적인 활동을 통해 반성폭력 운동을 이끌어왔다. 피해자 상담과 운동을 동시에 지향하는 이 여성단체들은 '성폭력'의 개념을 전면에 내걸고 연대기구인 '여연'과 함께 1990년대 여성단체들의 반성폭력 입법 운동에서 주역으로 활동했다.

성폭력특별법, 가정폭력방지법의 제정

성폭력 범죄에 대한 매스미디어의 보도[3]가 늘어가는 가운데 1992년 3월 한국여성단체연합은 산하에 성폭력특별위원회를 구성하여 성폭력에 반

---

3) 1991년 발생한 김부남 사건은 '한국판 테스'로 불리는 사건으로 9살 때 이웃집 아저씨에게 성폭행을 당한 후 외상 후 스트레스 증상을 겪고 있던 한 여성이 21년 후에 그 남자를 찾아가 살해한 사건이다. 김영오 사건은 1992에 일어난 강간 사건으로서 21세의 여대생 김보은이 남자 친구인 김진관과 공모하여 9세 때부터 12년간 자신을 성적으로 학대해 온 의붓아버지 김영오를 죽인 사건을 말한다.

사회 전반의 반성폭력 운동의 고양과 함께 대학 내에서도 교수와 남학생에 의한 성희롱, 성폭력 사건이 문제되기 시작했다. 성희롱을 법제화하는 데 촉발 요인이 되었던 것은 성폭력특별법의 제정이 마무리 단계로 접어드는 1993년에 서울대에서 발생한 신 교수 사건이었다. 이 사건은 1993년 8월에 조교에서 해임당한 우 모 씨가 신 교수의 성희롱과 해임의 부당성을 호소하는 대자보를 교내에 게시하면서 알려지기 시작했다. 신 교수가 먼저 피해자를 명예훼손과 협박죄로 고소했고 피해자 또한 민사상 손해배상 소송을 제기함에 따라 한국 최초의 성희롱 법정 소송사건이 되었다. 이 소송은 1심 승소(1994. 4.), 2심 패소(1995. 7.), 마침내 대법원에서의 승소 판결(1998. 2.)로 마무리되었는데, 법원 판결이 반전을 거듭하는 동안 다양한 반응을 불러일으키면서 "과연 어디까지가 성희롱이냐" 하는 문제제기 등 많은 사회적 논란을 불러일으켰다. 또한 이 사건은 그동안 우리 사회의 일상생활에서 만연되어 있음에도 불구하고 무시되거나 은폐되어 왔던 성희롱 문제를 한국 사회에서 처음으로 여론화시켰다.

(안진)

대하는 여론 형성을 주도해 나갔고, 1993년 5월 21일에 열린 공동 기자회견에서는 정치적인 입장이 다른 한국여성단체협의회와 같은 여성단체들뿐만 아니라 노동운동, 시민운동 단체 등 74개 단체를 반성폭력 입법 운동에 광범위하게 결집시켰다. 성폭력 범죄가 여성의 정조의 문제가 아니라 여성 자신의 성적 자기결정권을 침해하는 폭력이라는 여성운동 단체들의 주장이 법안에 제대로 반영되지는 못했시만, 1993년 12월에 드디어 「성폭력 범죄의 처벌 및 피해자 보호 등에 관한 법률」이 국회를 통과했다.

1995년 10월경부터 '한국여성의 전화연합'이 시작한 가정폭력방지법 제정 운동은 1996년 여연 산하에 '가정폭력방지법 제정추진 특별위원회' (이하 가정폭력특위)가 구성된 이후 전국적으로 전개되었다. 여성단체들은 연대하여 1996년 10월 30일에 약 8만 5,000명의 서명과 함께 가정폭력방지법(안)을 국회에 청원했고 가정폭력에 관한 입법 운동은 1997년 11월의 제15대 정기국회에서 각각 「가정폭력범죄의 처벌 등에 관한 특례법」과 「가정폭력 방지 및 피해자 보호 등에 관한 법률」로 법제화되었다.

성희롱 규제의 법제화

1990년대 말에는 성폭력특별법과 가정폭력방지법 외에도 단체생활에서 흔히 일어나기 쉬운 '성희롱'을 규제할 수 있는 법이 만들어졌다. 성희롱은 1999년의 남녀고용평등법의 3차 개정 시에 '직장 내 성희롱' 조항이 포함되고, 같은 해에 공공기관 내에서의 성희롱을 금지하는 「남녀차별금지 및 구제에 관한 법률」(이하 '남녀차별금지법'이라 약함)이 제정됨으로써 법적으로 제재할 수 있게 되었다.

(안진)

2. 일본군 성노예 문제 해결을 위한 운동

1) 한국의 일본군 성노예 문제 해결을 위한 운동

반세기 이상 침묵 속에 묻혀있던 일본군 '위안부' 문제를 1980년대 후반에 크게 성장한 한국의 여성운동이 사회적 이슈로 끌어냈다. 군 '위안부' 문제를 위한 운동은 세 개의 다소 다른 갈래의 접점에서 탄생했다. 1980년대 말에 지속적으로 이 문제를 위해 자료를 모으고 있던 윤정옥과 1970년대 이후 '매춘관광 문제'를 위해 활동하던 교회여성연합회의 만남에서 이 운동이 시작되었다. 1990년 7월에 정신대연구회가 조직되었고 같은 해 11월에 여성단체연합, 교회여성연합회 등을 비롯한 37개 여성단체가 참가하여 한국정신대문제대책협의회(이하 '정대협'으로 약함)를 결성했다.

윤정옥 교수는 1925년생으로 33년간 이화여대 영어영문학과 교수로 봉직했다. 일본군 성노예로 끌려간 조선의 여성들과 동시대인으로서 일본군 성노예 제도에 대한 문제의식을 젊었을 때부터 지니고 살았다. 1980년 11월 오키나와에서 '위안부'였던 배봉기 할머니를 만나고 나서부터 10여 년에 걸쳐 일본, 태국, 파푸아뉴기니, 중국 등지를 답사하여 조사했다. 1988년 2월 한국교회여성연합회의 김혜원, 김신실과 같이 10일

간 오키나와에서 홋카이도까지 여행하며 일본군

폭격에 떨며 하루 1백명까지 상대

이화여대 윤정옥 교수 '정신대' 원혼 서린 발자취 취재기

한국 사회에 충격을 준 윤정옥 교수의 '정신대 취재기' (《한겨레신문》, 1990년 1월). 사진 중앙은 배봉기 할머니

성노예 제도와 관련된 곳곳을 답사했다. 1988년 4월 한국교회여성연합회 주최의 '여성과 관광문화' 제주 국제 심포지엄에서 '정신대의 발자취를 따라서'라는 제목으로 강연한 것이 일본군 성노예 문제를 한국 사회에서 공식적으로 제기한 최초의 자리가 되었다. 윤정옥 교수는 1990년 7월 '정신대연구회'를 창립했고, 1990년 11월에 발족한 '한국정신대문제대책협의회'의 초대 공동대표를 10년간 역임했다. 1991년 이화여대에서 은퇴한 뒤에도 쉬지 않고 일본군 성노예 문제의 해결을 위하여 헌신해 왔으며, 2000년 12월 도쿄에서 개최된 일본군 성노예 전범 여성국제법정의 공동의장을 맡기도 했다.

(신혜수)

일본군 성노예 문제 해결운동

일본군 성노예를 해결하려는 움직임은 정대협을 중심으로 이루어졌다. 정대협은 피해자 신고를 받기 시작하여 이를 통해 최초의 신고자인 김학순 할머니가 세상에 공개되었다. 김학순 할머니의 증언은 이 운동을 한국과 일본에서 비약적으로 활성화시킨 계기가 되었다. 1991년 일본과 미국에서

1992년 1월 8일 수요일 정오, 미야자와(宮澤) 일본 수상의 방한을 계기로 일본 대사관 앞에서 벌인 시위는 이후 매주 수요일 같은 시간에 열리는 수요시위로 정착되었다. 이 시위는 1995년 1월 고베 대지진 때의 단 1회를 제외하고 한 번도 쉬지 않고 지속되어, 2004년 3월 17일에 600회를 기록한 후 현재까지 이어지고 있다. 이 시위는 정대협 소속 단체들이 순번으로 조직을 맡으면서 그 시기의 중요한 논쟁거리를 제기하고 있다.

수요시위의 옛 '위안부' 여성들(정대협 제공)

많은 시민들과 피해자 할머니도 참여하고 있으며, 삼일절, 광복절, 또는 500차, 600차 시위 등 특별한 시점에서는 더욱 큰 규모의 시위와 이벤트를 벌인다.

(안진)

관련 군문서가 발굴된 것도 이에 불을 붙였다. 정대협은 피해자들을 위해 모금운동을 벌이는 한편 정신대연구소와 함께 자료를 모으고 피해자들의 증언을 기록하는 작업을 지속적으로 수행하고 있다. 피해자 할머니들이 함께 거주하는 '나눔의 집'을 불교인권위원회가 건립했으며, 그 안에 군 '위안부' 문제에 관한 여러 자료를 보관한 기념관도 건축되었다. 한국의 여러 시민단체와 병원, 개인들이 연구 및 피해자 지원에 힘쓰고 있다.

한국 정부도 1993년에 특별법을 제정하여 피해자를 돕고 있다. 일본 정부에 대해 사죄와 배상, 책임자 처벌과 올바른 역사교육을 요구하는 것이 이 운동의 또 다른 줄기를 이루는데, 국내에서는 매주 수요일마다 일본 대사관 앞에서 시위를 하는 것으로 정착되었다. 이 수요시위는 2004년 봄 600회를 넘겼으며 일본과 미국을 비롯한 국외에서 동시에 수요시위를 열기도 했다.

일본군 성노예 문제 해결을 위한 국제연대

국제연대는 이 운동의 가장 중요한 특징 중의 하나이다. 한국의 여성단
체들은 운동의 초기부터 일본 여성단체와 연대했으며, 이후 일본의 여러
시민단체, 아시아 피해국의 시민단체들과 협력했다. 이 여러 단체들은
1992년 서울에서 제1회 아시아 연대회의를 개최하여 현재까지 계속하고
있다. 1992년부터는 유엔 인권위원회와 인권소위원회에 이 문제를 제기하
여, 이 문제가 심각한 인권 침해이며 일본 정부가 피해자에 대하여 적절한
보상을 하고 책임자를 처벌해야 한다는 점을 확인받았다. 1995년부터는
국제노동기구(ILO)에 이 문제를 상정하여 이것이 강제노동조약 위반이라
는 판단을 얻어냈다. 이러한 국제기구들의 판단과 권고에도 불구하고 일본
정부가 아무런 조치도 취하지 않는 상황에서, 한국과 일본, 아시아의 단체
들은 '2000년 일본군 성노예 전범 국제법정'을 2000년 12월 도쿄에서 개
최했다.

한국의 정대협은 국제 연대를 지속하면서 이 문제의 해결에 계속 노력
을 기울이는 한편 생존자 복지활동과 박물관 건립을 위해 힘쓰고 있다. 한
편 학자와 언론인 및 활동가들이 지속적으로 은폐된 진상을 규명하기 위해
일본과 미국을 비롯한 해외의 자료를 발굴하고 있으며, 새로운 역사서를
기록하는 노력도 하고 있다.

(정진성)

2) 일본에서의 '위안부' 문제 해결을 위한 운동

일본군 '위안부' 문제 행동 네트워크의 결성

일본에서 '위안부' 문제에 대응하기 시작한 것은 1990년 12월 1일 '매

'종군위안부 문제 행동 네트워크'가 주최한 제1회 아시아 연대회의
보고집회(도쿄, 1992년 9월 16일, 스즈키 유코 제공)

매춘 문제 대책 위원회'의 주최로 한국에서 윤정옥 교수를 초대하여 강연회를 개최했던 것을 계기로 시작되었다. 이날 참가한 많은 여성과 시민들이 강연에 충격과 감명을 받아 '위안부' 문제에 관심을 가져야 할 필요성을 인식했다. 한국에서 정대협이 발족되면서 일본 여성·시민 그룹도 정대협과 연대하여 활발하게 활동했다.

1992년 1월 미야자와 수상의 방한을 계기로 일본군 '위안부' 문제 행동 네트워크가 만들어졌으며, 1993년 10월에는 이 네트워크가 중심이 되어 제2회 일본군 '위안부' 문제 아시아 연대회의가 일본에서 개최되었다. 일본 정부는 사죄나 배상 등의 공적 책임을 인정하지 않고 이른바 '보상으로 대신하는 조치'를 분명히 내세우며 '금전' 문제로 살짝 바꾸려고 했다. 제2차 연대회의에서는 '보상으로 대신하는 조치'에 반대했고, 새롭게 정대협에서 '책임자 처벌'이 제안되었다. 여기에는 '위안부' 문제가 '돈' 문제로 왜곡되는 것을 걱정함과 동시에 '위안부' 범죄의 책임자가 처벌당하지 않음으로써 피해자의 인권이 회복되지 않았다는 인식이 깔려있었다. 이 제안은 제2회 연대회의에서 만장일치로 채택되어 결의문에 포함되었다.

'책임자 처벌'을 요구하는 고소·고발장 제출과 연대활동

1993년 12월부터 이듬해 초에 걸쳐 정대협 대표가 일본의 단체·시민에 대해 '책임자 처벌'에 대한 구체적인 문제제기를 했다. 정대협의 '책임자 처벌'에 관한 자세는 명확했다. "이제 와서 책임자에 대한 보복"을 하기 위해서가 아니라 '위안부' 제도는 전쟁범죄이고, 비슷한 범죄가 반복되지 않도록 "올바른 역사의 교훈을 얻자"라는 것이었다.

그러나 일본에서 의견이 일치하지 않고 있는 상황에서 1994년 2월에 강덕경 등의 '위안부' 여성 6명과 정대협 대표가 일본 도쿄지방검찰청에 '책임자 처벌'을 요구하는 고소·고발장을 제출했다. 그러나 도쿄지검은 접수를 거부했고, 그날 밤 '책임자 처벌'의 취지에 찬성하는 일본의 개인·그룹들은 옛 '위안부' 여성들을 맞아 와세다(早稲田)에서 전 일본군 '위안부'에 의한 전쟁 책임 고소·고발 긴급보고집회를 개최하여 연대 의사를 나타냈다.

'국제 중재재판을 성공시켜 개인배상을 실현시키는 연락회'의 결성

1994년 7월 책임을 회피해 오던 일본 정부에 대해 정대협과 피해자는 국제적인 장에서의 해결을 도모하며 네덜란드 헤이그에 있는 상설중재재판소(The Permanent Court of Arbitration: PCA)에 제소를 단행했다. 청구취지는, ① 진상규명, ② 법적 책임의 승인, ③ 사죄, ④ 배상, ⑤ 명예회복을 위한 추모비 건설, ⑥ 역사교육, ⑦ 가해 범죄행위에 관한 책임자의 처벌이었다.

PCA의 심리에서는 쌍방(한국 피해자 측과 일본 정부)이 '중재합의서'를 체결할 필요가 있었다. 이를 위해 일본에서는 '국제중재재판을 성공시켜 개인배상을 실현시키는 연락회'(PCA 연락회)를 발족시키고, 일본 정부가 중재를 받아들이도록 호소했다. 그러나 일본 정부는 1995년 1월 중재합의서 체결을 거부하고 국제법정에서의 재판을 기피했다. 일본의 지원 그룹은 이 PCA 운동을 통해 책임자 처벌에 관한 논의를 심화시켜 갔다.

〈스즈키 유코〉

3) 국제연대: UN, ILO 상정

UN에서의 활동

정대협은 일본 정부가 일본군 성노예 문제의 진상규명, 법적 배상 등 정대협의 요구 사항을 받아들이지 않자 1992년 초에 일본군 성노예 문제를 UN에 제기하기로 결정했다. 정대협은 1992년 8월 유엔 인권소위원회에서의 첫 공식 발언을 통해 일본군 '위안부' 문제의 실상에 대해 고발하고, 유엔에서 조사해 줄 것을 요청했다. 당시 세계는 보스니아 내전 때 벌어진 여성에 대한 집단 강간과 강제 임신으로 경악을 금치 못하던 상황이었다. 그러던 차에 보스니아 지역에서의 강간보다 한층 더 심각한, 일본 군대에 의한 조직적 성노예 제도가 피해자 황금주 할머니의 증언을 통해 직접 공개되자 여론의 주목과 관심을 받았다.

이후 정대협은 일본군 성노예 문제를 국제사회에 계속하여 제기하고 그 실상을 알리는 데 주력했다. 1993년 2월에는 유엔 인권위원회에 참석하고, 5월에는 인권소위원회 산하기구인 현대형 노예제 실무회의에서 한국의 강덕경 할머니, 북한의 정성명 할머니가 피해자로 증언했다. 실무회의는 유엔의 개입을 요망하는 결의안을 채택하여 인권소위원회로 올렸다. 인권소위원회는 정대협의 활동으로 1993년 8월 '전시 조직적 강간, 성노예 및 유사 노예제 문제 특별보고관'을 임명했다. 또한 1994년에는 인권위원회의 여성 폭력 문제 특별보고관에게 일본군 성노예 문제를 조사해 줄 것을 요청하여 쿠마라스와미(Coomaraswamy) 특별보고관의 수락을 받아냈다. 이러한 활동의 결과로 1995년 5월에는 인권소위의 특별보고관이, 7월에는 인권위원회 특별보고관이 한국 등을 방문하여 조사했다.

또한 정대협은 UN이 주최한 세계회의에 참가하여 일본군 성노예 제도의 문제를 제기했다. 1993년 6월의 비엔나 세계인권회의에는 이효재 공동대표를 비롯한 4명과 김복동 할머니가 참석하여 '여성국제법정'에서 증언함으로써 그 실상을 공개했다. 1995년 9월의 베이징 세계여성대회에는 정서운 할머니가 참석했다. 또한 일본군 성노예 문제를 해결하기 위해서는 일찍부터 남과 북 사이에 연대가 이루어져, 제네바, 도쿄, 베이징 등에서 포럼 개최 시 북의 피해자와 지원단체가 참여했다.

ILO에서의 일본군 성노예 문제의 제기

　　ILO에 처음 일본군 성노예 문제가 제기된 것은 1995년이었다. 오사카에서 영어교사로 있던 캐나다 사람이 오사카 영어교사노조를 통해 ILO의 기준적용위원회 전문가위원회에 일본을 ILO 협약 29호 강제노동협약 위반으로 제소한 것이다. 같은 해 한국노동조합총연맹은 ILO 이사회에 일본군 성노예를 강제노동협약 위반으로 문제제기했고, 이후 1996년에 민주노총이 가세하여 2005년까지 매년 기준적용위원회 전문가위원회에 한국의

양대 노총이 일본의 강제노동협약 위반에 대한 자료를 제출해 왔다. 기준
적용위원회 전문가위원회는 전 세계에서 제출된 각국의 ILO 협약의 위반
에 대해 총 200여 건에 달하는 사례를 보고서에 수록하고, 각 사례에 대한
전문가위원회의 의견을 제시한다.

매년 ILO 총회 시 기준적용위원회는 200여 건의 협약위반 사례 중
20~30개 사례를 택해 노동자 그룹, 사용자 그룹, 정부의 3자 회의에서
심의한다. 일본의 협약 29호 위반에 대한 사항은 그동안 전문가위원회의
보고서에 여러 번 지적되었다. 특히 2003년 제91차 ILO 총회에 발간된
전문가위원회의 보고서는 일본군 성노예 문제와 강제 노동 문제를 15쪽에
걸쳐 자세히 수록한 후, 일본의 강제노동협약 29호 위반을 노사정 3자 회
의에서 심의하도록 권고했다. 그러나 이 문제는 노동자 그룹의 전폭적인
지지에도 불구하고 사용자 그룹과 일본 정부의 반대로 기준적용위원회에
서 심의사례로 채택되지 못했다. 2004년의 전문가위원회 보고서는 2003
년의 상세한 보고와는 상이하게 반 쪽 분량으로 대폭 축소되어 수록되었
다. ILO에 대한 일본 정부의 영향력이 막강한 현실에서, 노조들의 단결만
으로 이 벽을 넘기에는 미흡한 상황이다.

〈신혜수〉

4) '여성을 위한 아시아 평화 국민기금' 반대 운동

'위로금' 구상의 부상과 '국민기금'의 발족

1995년 6월에 '여성을 위한 아시아 평화 국민기금'(약칭 '국민기금')이 발
족되었다. 이는 1994년 8월의 '무라야마(村山) 담화'에 기초하여 '민간 기
금을 토대로 전 '위안부'에 일시금으로 '위로금'을 보내는 것을 축으로 하는
정부의 민간 기금 구상'을 구체화한 것이다. '민간 기금'='국민기금'은 일
본군 성노예 제도에 대한 일본 국가의 범죄성과 책임을 은폐하기 위해 그

국제중재재판을 성공시키는 모임(도쿄, 1994년 9월 15일). 민간기금이 주는 '위로금'을 거절할 것을 강하게 호소하고 있다(스즈키 유코 제공).

책임을 '민간'='일본 국민' 일반에게 전가하려는 의도를 가지고 있다.

이 민간 기금 구상이 부상하자 피해자와 지원단체들의 대부분이 반대를 표명했다. 1995년 2월 서울에서 열린 제3회 일본군 '위안부' 문제 아시아 연대회의에 참가한 한국·필리핀의 피해자들은 '위로금 분쇄', '국민기금 NO'를 주장하며, 일본 정부에 새롭게 공식사죄, 법적 배상을 강하게 요청했다. 그러나 일본 정부는 이러한 요구를 거부하고 '국민기금'을 일방적으로 발족시켰다.

'국민기금' 반대 운동

'국민기금'이 발족된 1995년 12월에 와세다대학에서 '여성을 위한 아시아 평화 국민기금' 반대 국제회의가 이틀간 열려 국내외로부터 피해자와 활동가, 지원자들이 참가하여 '국민기금'에 대한 반대 의사를 분명하게 내세웠다.

1996년 5월 이후 '국민기금'은 군 '위안부' 피해자들이 '보상금'('위로금'에서 '보상금'으로 명칭 변경)을 받도록 하기 위해 활동을 가속화시켰다. PCA 연락회를 모체로 한 '부수자! 국민기금 실행위원회'의 회원은 '국민기금'의 회합이 개최될 때마다 모임 장소로 달려가 항의와 반대 활동을 계속했다. '국민기금'과 일본 정부는 피해 각국에서 피해자들 사이에, 피해자와 지원단체 사이에 오해와 갈등, 불신, 분열을 일으켰다. 같은 해 7월 도쿄학사회관에서 개최된 '또 다른 능욕을 용서하지 마라! 용서하지 마라! 국민기금 긴급국제집회'에 참가한 김윤옥 정대협 공동대표와 하벽진 타이페이 시 부녀구원사회복리사업기금회(부원회) 집행장 등이 '국민기금'이 일으킨 분열, 분단적 행위를 있는 그대로 보고하여 '국민기금' 반대 운동에 연대해 나갈 것을 확인했다.

(스즈키 유코)

5) 입법 해결 운동

입법 해결의 움직임

일본 정부는 오랫동안 '위안부' 피해자들에 대한 법적 책임의 이행을 무시해 왔다. 피해자 개인에 대한 사죄나 국가배상은 샌프란시스코 평화조약이나 2개국 간 조약으로 해결이 완료되었다는 것이다. '피해자'에 대한 신속한 사죄, 배상의 이행에는 입법 해결이 필요하다는 인식이 1996년 '국민기금' 정책이 실시됨에 따라 관계 단체에도 침투해 왔다.

1999년 4월, '위안부' 문제의 입법 해결을 요구하는 회(1996년 결성)와 전후처리 입법을 요구하는 법률가·유식자의 회(1997년 결성)가 공동으로 '전시 성적 강제 피해자에 대한 국가배상법 요강(소안)'을 발표하여 각 정당과 국회의원에게 검토를 요청했다. 같은 해 9월에 당시 관방장관이 "새로운 입법 조치를 취하는 것이 헌법상 문제를 생기게 하는 것은 아니다"라고 답변하여, 법안 제출의 기운이 단숨에 고조되었다.

법률안의 상정

2001년 3월에 민주당, 공산당, 사민당 3당의 합의 아래 '전시 성적 강제 피해자 문제 해결 촉진에 관한 법률안'이 참의원에 제출되었다. 한편 사법

의 장에서도 '관부(關釜)재판'[야마구치(山口)
지방재판 시모노세키(下關) 지부]에서의 '입법
부작위(不作爲)' 판결(1998)이나 '중국 산시
성(山西省) 일본군 성폭력 재판'(도쿄지방재판,
2003)의 판결 등 일부이지만 "행정·입법에
의한 미래형의 해결이 바람직하다"라고 하는
판결이 내려져 입법 해결의 필요성을 후원하
고 있다.

입법 해결 등을 요구해서 개최된 제6회 아시아연대회의[서울,
2003, 구노 아야코(久野綾子) 제공]

법안은 '구육해군 관여하에 행해진 조직
적·계속적인 성적 행위의 강제'에 관하여, ①
국가가 사죄 의사를 표할 것, ② 존엄과 명예를 훼손당한 여성의 명예 회
복에 도움이 되는 조치를 국가가 책임을 강구하는 데에 필요한 기본사항을
정할 것 등은 중요한 내용이다. 2002년에는 참의원 내각위원회에 위탁하
여, 취지 설명과 심의, 참고인 조사가 이루어졌다. 법안에 대하여 한국, 대
만, 필리핀 국회에서는 제정 촉진을 결의했다.

(다카기 다카)

6) 교과서 문제

이에나가 교과서 재판

패전 후 일본의 교과서 제도는 천황 중심의 군국주의 교육을 담았던 국
정 교과서에서 새로운 헌법·교육기본법에 기초한 검정(檢定) 교과서로 크
게 변했다. 그러나 1955년 일본민주당(같은 해 일본자유당과 합당하여 자유민
주당 결성)에 의해서 교과서 '편향'의 대캠페인이 일어나, 검정은 교육에 대
한 국가통제의 방향으로 강화되어 갔다.

1965년에 검정에서 불합격된 고교용 일본사 교과서의 집필자였던 이에

나가 사부로(家永三郞, 당시 도쿄교육대 교수)는 이것에 항의하여 국가를 제소하는 이른바 '교과서 재판'을 일으켰다. 이에나가를 중심으로 하는 이 투쟁은 "제자를 다시 전쟁터에 보내지 말라"라는 슬로건을 중심으로 모인 교사들이나 시민에 의해 유지되어 3차, 32년간에 걸쳐 계속되었다.

1982년의 교과서 문제에서 '근린제국 조항'

1982년 일본 문부성의 교과서 검정에 의해 일본의 '침략'이라는 표현이 '진출'로 바뀌어 왜곡된 실태가 해외로 전해지면서 한국이나 중국 등에서 비판과 반발의 소리가 높아졌다. 그 결과 교과서 검정 기준 속에 "근린 아시아 국가들의 근현대 역사적 사상(事象)을 취급할 때 국제 이해와 국제 협조의 견지에서 필요한 배려를 한다"라는 '근린제국(近隣諸國) 조항'이 만들어졌다. 또한 1980년대 이후 일본 침략이나 식민지 지배에 의한 피해자의 고발이 이어지는 가운데 일본의 침략이나 식민지 지배의 역사를 확인하고 역사를 기술하자는 움직임이 일어나 1990년대 중반에 마침내 '위안부' 문제가 역사 교과서에 실리게 되었다.

'새로운 역사 교과서를 만드는 모임' 교과서 검정 합격

이러한 흐름에 위기의식을 느낀 보수우익 세력은 이러한 역사 기술을 '자학사관'으로 규정하고 대규모의 '위안부' 반대 캠페인을 벌였으며, 1996년 12월에는 '새로운 역사 교과서를 만드는 모임'을 결성했다. 2001년 4월 이 모임은 중학교용 사회과 역사·공민 교과서 검정을 문부과학성에 신청했고, 문부성은 이것을 합격·통과시켰다.

한국과 북한, 중국 정부로부터 곧바로 수정 요구가 제기되었지만 문부과학성은 한국 정부의 수정 요구에 대하여 두 항목의 수정만을 지시하는 데 그쳤다. 이러한 교과서를 검정하여 합격시킨 것 자체가 사실상 1982년의 '근린제국 조항'을 위배하는 것이었다.

'새로운 역사 교과서를 만드는 모임'의 역사·공민 교과서의 내용

이 모임이 만든 역사 교과서는 일본의 '국민'의식을 고양시켜 자국의 역사에 대한 자긍심, 일본인으로서의 애국심을 학생들에게 심어주기 위해, 특히 천황제의 역사적 전통을 강조하고 있다.

무엇보다 이 교과서는 아시아·태평양 전쟁을 "자존자위와 아시아를 서구의 지배로부터 해방"하기 위한 것이었다고 침략전쟁을 긍정

한일 여성이 공동 역사 교재를 편찬하기 위해 개최한 제3회 심포지엄(서울, 2002년 11월 1일). 인사하는 윤정옥 전 정대협 대표

하고 미화하여 식민지 지배를 정당화했다. 그리고 '위안부' 문제는 중학생에게 가르치기 적절하지 않은 주제라고 여겨 학습 내용에서 모두 삭제해버렸다. 이 교과서에는 여성 경시와 여성 멸시, 이에(家) 제도를 옹호하는 기술도 눈에 띈다.

공민 교과서에서는 기본적으로 개인의 인권보다 집단의 가치를 강조하면서 인권의 의미를 부정하고 있다. 일하는 여성에 대한 서술은 아예 없고 가정 안에서의 여성 역할만이 강조되고 있다. 여성의 가사노동이 무상인 것을 찬미하고 가사노동에 대한 문제제기를 도덕의 후퇴로 비난하며 남성의 가정 책임은 전혀 언급하고 있지 않다. 성별 역할 분업을 강요하고 개인의 주체성이나 부부별성(夫婦別姓)에 대한 주장은 가족의 일체화를 파괴하는 것으로 부정하는 등 전쟁 전의 여성 억압적인 이에 제도의 부활을 시도하고 있다.

'새로운 역사 교과서를 만드는 모임' 교과서의 영향과 공동 교재 발간의 새로운 움직임

2002년도 교과서에서 '새로운 역사 교과서를 만드는 모임' 교과서의 채

2002년 4월 1일 전국의 소·중학교에 일본 정부가 아이들에 대한 '마음의 선물'이라고 칭하고 7억 엔 이상을 들여 만든 '마음의 노트'가 배포되었다. 이 책자는 "일상생활이나 교육활동을 통한 도덕교육에 충실을 기하기 위해 사용되는 교재"로서 학교나 가정에서 "유효하고 적절한 활용이 이루어지도록" 지도하고 있다.

은은한 중간 톤 컬러인쇄에 아름다운 문구로 '사랑'이라는 말을 남발하지만, 여기에 설명된 '도덕'은 전쟁 전의 국정 수신 교과서의 덕목과 유사하다. '마음의 노트'는 아이들이 사회를 비판적으로 보지 않고 '애국심'을 가질 수 있도록 유도하기 위해 제작된 것이다.

(도미타 사치코)

택률은 0.039%에 지나지 않았지만, 보수우익의 캠페인에 의해 중학교 역사 교과서를 제작하는 8개사 중 5개사가 교과서에서 '위안부'에 관한 기술을 지웠고, 나머지 교과서에서도 내용이 대폭 축소되었다. '새로운 역사 교과서를 만드는 모임'으로부터 '자학', '편향'이라는 공격을 집중적으로 받은 교과서는 채택 점유율이 크게 후퇴했다.

한국의 민간단체들은 이러한 일본 우익의 시도를 역사왜곡이라고 주장하며 집회와 서명운동, 일본 상품 불매운동과 네티즌의 사이버 시위 등을 하며 저항했다. 이러한 교과서 문제에 대해 국경을 초월하여 한일, 또는 한·중·일 민간단체와 시민들이 협력하여 공동 역사 교재를 제작하려는 움직임 또한 활발하다.

또한 2005년 4월 문부성을 통과한 검정 교과서부터는 일본군 '위안부'라는 말이 8개 출판사의 역사 교과서에서 모두 사라졌고, 가해 역사를 기술하는 것도 후퇴했다.

(도미타 사치코·안연선)

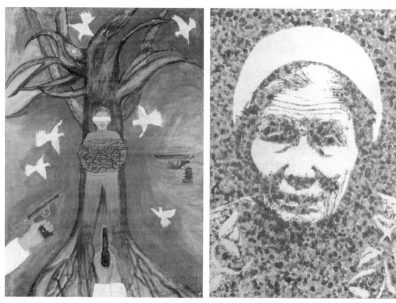

|왼쪽| 옛 '위안부'였던 강덕경이 그린 그림 <책임자를 처벌하라> |오른쪽| 손도장으로 그린 강덕경

3. 2000년 일본군 성노예 전범 여성국제법정

1) 일본군 성노예 전범 여성국제법정과 여성운동

강덕경 할머니와 '여성국제법정'

'전쟁과 여성에 대한 폭력' 일본 네트워크(VAWW-NET JAPAN)의 대표였던 마쓰이 야요리(1934~2002)가 '여성국제법정'을 생각해 낸 것은 1997년에 세상을 떠난 한국의 '위안부' 피해자인 강덕경 할머니가 그린 한 장의 그림 때문이었다. <책임자를 처벌하라>라는 제목의 이 그림은 일본군의 최고 책임자로 여겨지는 군인의 '처형'을 연상시키는 그림이었지만, 거기에는 평화의 상징인 비둘기와 미래를 의미하는 알이 그려져 있었다. 피해를 극복하고 새로운 미래로 발을 내딛기 위해서는 '위안부' 제도의 책임자가 처벌받지 않으면 안 된다고 하는, 강 할머니[4]가 여생을 걸고 호소한

1997년 도쿄에서 개최된 '전쟁과 여성에 대한 폭력' 국제회의를 계기로 바우 네트워크[VAWW (Violence Against Women in War) Network]가 생겨나 여성들의 국경을 넘는 연대활동이 시작되었다. 바우넷 재팬은 이 국제회의의 '도쿄 선언'을 활동의 목적으로 하여 1997년에 조직되었다. 2000년 12월에 주재 단체의 하나로서 여성국제전범법정을 도쿄에서 개최하고 2001년 '헤이그 판결'의 길을 열었다.

바우넷 재팬은 일본군 성노예제 피해자의 명예와 젠더 정의의 회복을 목표로 하고 있으며, 동시에 무력갈등 아래에서의 여성에 대한 폭력 방지를 위한 비전(非戰)·평화·인권을 위한 활동을 하고 있다.

(나카하라 미치코)

혼신의 메시지였다.

전시 성폭력 책임자에 대한 처벌

책임자 처벌에 관해서는 일찍이 1994년에 한국의 피해 여성들이 도쿄지검에 고소했지만 고소장이 접수조차 되지 않아 피해자들은 크게 분노하고 낙담했다. 그러나 3년 후인 1997년에 운동의 계기가 다시 마련되었다. 세계 20여 개국 40여 명의 여성들이 도쿄에 모여 어떻게 하면 전시 성폭력을 근절할 수 있을까 하는 '전쟁과 여성에 대한 폭력' 국제회의가 열렸던 것이다. 회의에서는 전쟁과 무력분쟁 아래에서 여성에 대한 폭력이 반복되고 있는 것은 이러한 성폭력이 전쟁범죄로서 인정되지 못하고 가해자들이 처벌받지 않기 때문이라는 점이 논의되었다. 이것이 폭력 재발의 원

---

4) 강덕경 할머니(1929~1997)는 나눔의 집에서 그림을 배워 일본의 전쟁 책임을 고발하는 많은 그림을 그렸다.

인이며 피해를 치유하지 못하게 하는 원인이라는 것이다. 이때의 회의는 일본 여성들에게 '책임자 처벌'의 중요성을 다시 한 번 각인시켰다.

전시 성폭력은 국가에 의한 여성 폭력이다

전시 성폭력이 처벌받지 않는 관행을 근절시키는 것의 중요성은 1993년 빈 세계인권회의와 1995년 베이징 여성대회, 유엔 인권소위원회의 맥두걸(McDougall) 보고에서도 지적되었다. 이와 같이 1990년대에 '여성 인권'이 세계적으로 주목되어 가는 가운데 전시 성폭력이 국가가 여성에게 가한 성폭력이라는 인식이 형성된 것은 '여성국제법정'을 실현시키는 커다란 힘이 되었다.

피해 여성들의 '법정'

'여성국제법정'은 국제법에 기초한 재판을 국가가 하지 않으면 민중이 실현시켜야 한다는 생각에서 만들어진 민중법정이었다. 일본과 아시아 피해 6개국, 그 밖의 세계의 법률전문가 여성들로 구성된 국제실행위원회는

2년 뒤 개최를 목표로 '법정'을 어떻게 개최할 것인지에 대해 논의를 계속했다. 첫 번째로 공유된 것은 철저하게 피해 여성들의 입장에 서야 한다는 점이었다.

젠더 정의를 추구한 '법정'

'위안부' 피해자들은 정조 이데올로기에 지배되어 '수치심'을 느끼고 반세기 동안이나 침묵해야 했다. 도쿄 재판에서 제소되지 못한 것도, 샌프란시스코 평화조약 체결 시 쟁점으로 대두되지 못한 것도 거기에 젠더 편향이 있었기 때문이었다.

'여성국제법정'은 젠더 관점과 도쿄 재판에서 소외되었던 식민지 지배의 관점에 서서 일본 사회 최대의 금기사항인 천황의 전쟁 책임을 정면으로 문제시했다. 법정에서 '위안부' 제도가 일본 국가가 저지른 범죄였다는 사실을 법적으로 입증하는 것으로 피해자를 소외시켜 온 젠더의 부정의를 바로잡고 피해자의 정의실현을 목표로 했다. 가해국인 일본에 사는 여성들이 주체적으로 자국의 국가범죄를 재판하는 법정을 연 것은 세계 여성들에게 커다란 용기를 주었고 투쟁하는 페미니즘의 역사에 새로운 발자국을 남겼다.

(니시노 루미코)

2) 일본군 성노예 전범 여성국제법정

일본군 성노예 전범 여성국제법정

일본군 성노예 전범 여성국제법정은 2000년 12월 도쿄에서 판결과 사실인정을 한 데 이어 2001년 12월 네덜란드 헤이그에서 최종판결을 내렸다. 일왕 히로히토를 위시한 피고 9명은 유죄판결을 받았고, 일본 정부는 일본군의 행위에 대해 책임이 있다는 것을 판결했다.

|왼쪽| 여성국제전범법정(도쿄, 2001년 12월 8일, VAWW-NET Japan 제공) |오른쪽| '천황 유죄' 판결에 기뻐하고 있는 피해
여성들(여성신문사 제공)

　여성국제법정 헌장은 국제실행위원단과 원고국의 검사단이 함께 초안을
작성하고 판사단이 승인한 것이다. 기소장은 각 원고국의 검사단이 작성했
다. 수석판사 가브리엘 커크 맥도널드(Gabrielle Kirk McDonald)와 판사 3
명이 피해자의 증언, 일본 정부의 증거문서, 법률가·역사가·그 외 전문가
와 전쟁 중 범죄행위에 가담했던 전 일본군 병사 2명의 증언을 들었다.
여성국제법정 측은 일본 정부에 법정 개최를 알리며 초대했으나 일본 정부
측에서는 참석하지 않았다. 그러나 일본인 변호사가 법정 조언자로 참가하
여 일본 정부의 입장을 대변했다.

　원고로는 네덜란드·동티모르·대만·말레이시아·북조선·일본·중국·필리핀·
한국의 일본군 성노예제 피해자 64명이 참석했다. 이들은 아시아·태평양
전쟁 중에 강간과 성노예제로 인해 인권을 침해당했으므로 일본 정부는
사죄와 배상을 해야 한다고 목소리를 높였다. 이는 이들의 명예와 존엄성
을 회복시키고자 하는 것이었다. 제2차세계대전 뒤 연합국은 성노예제에
관한 증거를 가지고 있으면서도 일본을 기소하지 않았다. 여성국제법정의
개최는 이러한 불처벌의 선례를 씻으려는 노력의 일환이기도 했다.

　여성국제법정은 법적 구속력이 없는 재판이었으나 세계인의 양심과 도
덕의 힘으로 일본의 전범과 정부를 심판한 세계시민법정이었다. 일본이 저

지른 인도에 반한 죄를 심판함으로써 사회정의를 세우고 불의를 당한 자의 인권을 회복하고 다시는 전쟁이 없는 평화를 지구촌에 구축하기 위한 심판이었다. 법정은 판결을 통해, ① 일본 정부의 사실인정, ② 사죄, ③ 보상 외에 9개 항목에 이르는 권고를 공포했다.

(윤정옥)

3) 천황을 '유죄'로 판결하는 것은 무엇을 의미하는가?

천황이라도 "형사책임은 면제되지 않는다"

제국 일본과 군대에 의한 '전쟁범죄'를 재판하기 위해 설치된 도쿄 재판에서 아시아·태평양 전쟁 시에 천황이었던 히로히토는 '전쟁 책임'을 질 가능성이 있었다. 그럼에도 불구하고 연합국 최고사령관 맥아더의 정치적 판단에 의해 천황은 소추를 면했다. 그뿐만 아니라 일본 사회는 그 후에도 '천황을 국민통합의 상징'으로 하는 헌법 아래 아시아인들과 국가들에 대해 일본의 식민지 지배와 전쟁에 관한 천황의 책임을 묻는 것을 계속해서 피해왔다.

그러나 젠더 정의, 계급·인종 차별로부터의 해방을 추구하기 위해 설치된 여성국제법정에서 천황은 전쟁 책임을 추궁받게 되었다. '헤이그 판결'은 다음과 같다. "일본군 성노예제와 필리핀의 마파니케에서의 '집단 강간'은 '인도에 반한 죄'로 보지 않으면 안 된다. 그 '유례없는 심각성' 때문에 '천황'일지라도 당시 국제법에 따라 '형사책임은 면제될 수 없고 처벌도 경감될 수 없다.'" 법정에 제출된 증거는 천황이 전쟁 중 '명목상의 원수에 불과'한 것이 아니라 법률상의 국가원수 및 군 최고사령관이어서 실질적인 권력을 가지고 있었다는 것을 확증하고 있다. 따라서 다른 피고들과 마찬가지로 천황에 대해서도 '개인'으로서, 또한 '상관'으로서의 책임을 묻는 것이 가능하다.

바우넷 재팬(VAWW-NET Japan, 전쟁과 여성에 대한 폭력 일본 네트워크)은 2001년 7월, 그해 1월 30일에 여성국제법정을 다큐멘터리로 다룬 NHK를 고소했다. 방송 내용이 NHK와 NEP(NHK 엔터프라이즈) 및 DJ(다큐멘터리 재팬)에서 내보냈던 예고편과 너무나 달랐기 때문이다.

예고는 법정에서 일어난 일들을 다큐멘터리로서 시청자에게 잘 전하는 것이었다. 그러나 실제로 방영된 것은 '법정'의 취지뿐만 아니라 법정의 전체상조차도 모르는 것이었다. 법정에서 원고는 9개국 여성들이었음에도 불구하고 방송에서는 2개국 여성들의 아주 짧은 증언만이 방영되었다. 기소장도 언급되지 않았고 중요한 증언인 전 일본인 병사의 말도 방송되지 않았다. 피고 측(일본 측) 변호사로 진출한 아미카즈 규리에(변호사를 대신한 사람)도 나오지 않았으며 가장 중요한 '판결'조차도 보도되지 않았다. 더욱이 전 '위안부'의 존재를 부정하는 발언을 반복하여 원고 측 여성들에게 이중의 고통을 안겨주었다.

한편 NHK의 왜곡보도에는 정치개입이 있었다는 사실도 내부고발에 의해 밝혀졌다. 장기간에 걸친 여당과의 유착이 NHK를 시민에게 사실을 알리는 역할로부터 정부를 광고하는 기관으로 변질시켜서 내부규제를 해왔던 것이다. 이번에는 정치적 압력을 받아 전체 4분의 3을 개찬(글자를 고치는 것)해야 했다고 한다. NHK 재판은 시민의 알 권리를 확보한다는 의미를 가진 중요한 재판이었다.

(쇼지 루쓰코)

국가를 넘어서 시민이 법을 만드는 미래로

'법정'은 '인도에 반한 죄'의 경우 국가 간 거래나 조약에 의해 개인이 입은 피해에 대한 청구권을 소멸시킬 수 없다는 입장을 취했다. 이로부터 천황은 일본군 '성노예제'에 관해서는 '개인' 또는 '상관'으로서 유죄이고, 마파니케의 집단 강간에 관해서는 '상관'으로서 유죄라는 판결을 받았다.

이 판결은 통상의 국내법과 같은 강제력을 갖지는 않는다. 그렇지만

'NHK 재판' 등의 사례는 이 재판에서 천황에게 유죄를 내린 판결이 제국 일본의 아시아 식민지 지배, 침략전쟁에 관해 역사적 책임을 부인하는 경향을 강화하고 있는 일본의 현 정부, 그러한 경향을 지지하고 강화하려는 '일본인'에게 무시할 수 없는 영향을 끼쳤다는 것을 보여준다.

이 법정은 그 권위가 시민사회로부터 나온다고 하는 한 나라의 법에 근거한 재판이나, 스스로 나온 '판결'을 절대화하지 않는다. "늘 미완성으로 보류 상태에 있는 역사적 기록의 일부"이며, 국가를 넘어서 공유된 가치, 시민이 법을 창출한다는 미래로 열려있다.

(이게다 미도리)

4) 헤이그 판결의 의미

국제법에 대한 도전

2001년 12월에 네덜란드 헤이그에서 재개된 '여성국제전범법정'에서 최종판결이 내려졌다. 이 '판결'은 기존의 국제법에 대한 페미니즘 관점의 새로운 전망을 열어 보이는 도전이었다. 첫째로, '법정'은 국가라고 하는 국경을 넘은 여성들에 의해 조직된 민중법정이었다. 베트남 전쟁의 미국 책임을 재판한 러셀 민중법정[5]도 페미니즘 시점은 결여되어 있었다. 당시 국제적인 기대를 모아 준비되었던 국제형사재판소 규정에 젠더 관점의 도입을 주장했던 세계 여성단체들의 모임인 '젠더 정의를 추구하는 여성 코카스'가 법정을 지지하고 원조한 것도 커다란 의의가 있었다.

---

[5] 러셀 법정은 베트남전쟁 때 미국이 저지른 전쟁범죄를 재판하기 위해 열렸던 민중법정이었다. 버틀런드 러셀이 제창했고 장 폴 사르트르가 회장을 맡았다. 법정은 1967년 5월에 스톡홀름과 같은 해 11~12월에 코펜하겐 교외의 로스킬레에서 열렸다.

법은 시민사회의 도구다

헤이그 판결은 확실히 "법은 시민사회의 도구다"라는 신념에 기초하고 있다. 따라서 "국가가 정의를 보장하는 의무를 수행하지 않을 경우 시민사회는 개입할 수 있고 또 개입해야만 한다"(65항)라고 선언했다. 결국 '법' 은 사람을 위해서 존재해야 하고 성·민족·계급·소수자 차별로부터 자유로워야 한다고 선언한 것이다.

젠더 정의의 주장

둘째로, 법정은 일본의 전쟁범죄를 재판한 극동국제군사재판이 무시했던 일본군 성노예제와 같은 젠더 관련 범죄를 단죄했다. 법정은 판결을 통해 피해자의 고통을 치유하기 위해서는 일본 정부가 사실을 승인하고 개인에 대해 공식적으로 사죄·보상해야 하며, 책임자를 처벌하고 미래에 있을지도 모를 유사 범죄의 재발을 방지하기 위해 교육을 해야 한다는 사실을 명기했다. 법정은 일본군 성노예제가 여성에 대한 유례없는 잔인한 폭력이었다는 사실을 인정하고, 국가는 "타인의 정당한 이익에 손해를 끼칠지도 모를 불법행위에 대해서 국제적으로 책임을 져야 한다"(899항)라고 판결했다.

육해군의 '대원수 폐하'였던 쇼와 천황

천황 히로히토를 재판하다

셋째로, 법정은 극동국제군사법정에서 정치적인 이유로 재판받지 않았던 천황 히로히토를 재판했다. 이것은 1945년 이후 처음으로 공개적 장소에서 천황의 전쟁 책임을 논한 것이다. 법정은 판결에서 천황 히로히토에게 '일본군 성노예제' 피해에 대한 책임이 있다고 인정해 유죄를 선고했다. 2000년의 '여성국제전범법정'이 쟁취한 '판결'은 국민국가의 틀을 넘어서는 것을 목표로 한 국제적인 페미니즘 운동의 성과라고 할 수 있다. 이 '판결'은 21세기 아시아에서 젠더 정의의 실현을 위해 불가결한 제일보이며, 국제형사재판소 등 미래 국제 사법에 대해 여성들이 보내는 명확한 메시지가 되었다.

(나카하라 미치코)

4. 헤이그 판결 이후: 앞으로의 운동방향

생존자의 복지증진과 진상규명 작업의 계속

　고령인 일본군 성노예 피해자는 매년 사망하고 있다. 현재 생존해 있는 피해자들이 경제적·신체적·심리적으로 최대한 안정된 삶을 누릴 수 있도록 계속 돌보는 일이 필요하다. 할머니들을 위한 정기적인 방문과 보살핌, 성노예 후유증에 대한 연구, 미술·음악 치료 등 다양한 치료 방법이 개발되어야 한다.

　또한 생존 피해자에 대한 구술 수집, 증언집 발간 등 진상규명을 위한 작업을 계속해야 한다. 중국 등지에 아직 생존해 있는 여러 피해자들을 찾아내는 일도 과제이다. 일본과 미국 등에 묻혀있는 자료를 더 발굴하고 조사하는 일도 필요하다.

일본군 성노예 역사관 건립과 역사교육

　독일 나치 치하에서 벌어졌던 참혹한 범죄와 인종차별을 기억하고 이를 되풀이하지 않기 위해 홀로코스트 박물관을 세우고 이를 교육하고 있는 것처럼, 일본군 성노예 범죄에 대한 역사관·박물관·사료관을 건립하여 다음 세대에 이를 철저하게 교육하는 일이 필요하다. 일본군 '위안부' 피해자가 있던 나라와 지역마다 역사관, 박물관이 건립되어야 한다. 그래서 어린이에서부터 노인까지, 가해국과 피해국의 모든 시민이 일본군 성노예 범죄를 기억하고, 이를 인권유린의 역사이며 다시는 되풀이되지 말아야 할 범죄행위로 기억할 수 있도록 역사교육을 철저하게 해야 한다.

일본의 유엔 안전보장이사회 상임이사국 진출 반대 운동

　독일은 나치가 저지른 전쟁범죄 행위에 대해 사죄와 범죄자 처벌, 피해자에 대한 법적 배상을 지금까지 하고 있다. 그러나 일본은 전쟁범죄에 대

전시 성폭력 피해와 가해 사실을 기억하고 보존하며 공개하는 자료관의 구상은 '여성국제 전범법정'의 준비 단계부터 시작하여 판결권고에도 명기되었다. 법정을 제안하고 추진했던 마쓰이 야요리(1934~2002)가 2002년에 자료관 설립을 위해 유산을 남긴 것을 계기로 구체적인 설립운동이 시작되었다. 이듬해에 건설위원회가 발족했다. 그 모체인 '여성들의 전쟁과 평화 인권기금'이 비영리법인으로서 활동을 시작했다. 그 뒤 자료 수집과 정리, 보존법의 검토, 각지의 박물관 시찰, 학습회나 모금활동 등을 해왔다. 미국의 이라크 침략에 가담하는 등 일본을 전쟁을 재발시킬 수 있는 국가로 만들려고 하는 위기적인 정치 상황 속에서 반전평화운동과 국제연대를 고조시키면서 설립운동을 계속하고 있다. 또한 같은 목적으로 한국·대만에서도 자료관 설립계획이 진행되고 있다.

(이케다 에리코)

해 전혀 사죄와 배상, 그리고 가해자 처벌을 하지 않고 있다. 일본은 유엔 안보리 상임이사국과 같은 국제적 정치지도국이 될 자격이 없는 나라이다. 일본이 유엔 안보리 상임이사국이 되려는 시도에 대해 국제적 연대활동을 통해 이를 저지하고 전쟁범죄에 대한 일본의 국가 책임을 물어야 한다.

일본군 성노예 문제에서 전시 여성 폭력의 문제로

정대협은 1998년부터 유엔 인권위원회에서 일본군 성노예 문제에만 집중해서 포럼을 개최하기보다 전쟁 중 발생하는 여성에 대한 폭력 문제로 더욱 일반화하여 패널 토의를 개최해 왔으며, 일본군 성노예 문제를 다른 지역에서 일어난 여성 폭력 문제와 함께 다루어왔다. 오랜 스리랑카 내전에서의 여성 폭력, 버마 군인이 저지른 소수민족 여성에 대한 강간, 인도네시아 아체·아프리카 사하라사막 남쪽 지역 등에서 자행되는 여성 폭력, 국제형사재판소 설립 과정에 여성 인권확보 주장 등 일본군 성노예 문제를 전쟁과 무력갈등하의 여성에 대한 폭력 문제로 확장시켜 운동해 왔다. 이는 궁극적으로 반전평화운동을 지향하는 행보이다.

2001년 3월 이후 일본의 야당 3당이 '전시 성적 강제 피해자 문제의 해결 촉진에 관한 법률'을 참의원에 제안하여 모든 피해국 관계자들로부터 환영을 받고 있다. 이러한 일본 내의 입법운동을 지지하는 국제적 운동을 강화할 필요가 있다.

상기 입법운동 이외에도 정치·경제·사회·문화 등의 모든 분야에서 입법 결정 과정에 여성의 평등한 참가를 보장해야 한다. 2004년 유엔 인권위원회가 유엔 인권교육의 10년 갱신을 제안했다.

유엔 인권 NGO 활동의 실천을 대학교육에 도입하는 시험, 전시 성노예 문제 등에 관한 교육과정·자위대의 훈련·재판관 이외의 법 집행관에 대한 연수, 학교교육에서의 성폭력에 대응하는 교육, 성과 성의 자기결정권에 대해서 조기 성교육 등을 추진할 필요가 있다.

(신혜수)

5. 2000년대 한국 여성운동의 전망

호주제의 폐지

한국 여성운동은 1990년대의 법·제도 개혁 운동을 통해 서구의 여성운동이 1세기 이상 걸려 성취한 것을 단기간에 이루었다. 1974년 가족법 개정 운동이 시작된 이래 두 번에 걸친 가족법 대개혁(1977, 1990)에도 불구하고 끈질기게 유지되어 온 호주제도는 2005년 초반 17대 국회에서 마침내 폐지되었다. 한국 사회에서 가부장제를 유지해 온 핵심기제로서 남성과 남성 가족에 대한 여성의 종속을 당연시하고 가족 안에서 불평등한 남녀관계를 재생산해 온 호주제가 폐지되면 법제적인 측면에서 종적인 가족관계가 청산되고 양성평등의 실현을 앞당길 수 있을 것이다.

성매매방지법의 시행

2000년대 한국 여성운동의 성과 중 빠뜨릴 수 없는 것은 2004년 봄에 제정된 성매매방지법이 같은 해 9월 23일부터 실행에 들어갔다는 점이다. 그동안 이중적인 성윤리 속에서 실제적으로 성매매 여성만을 처벌해 온 '윤락행위 등 방지법'이 폐지되고 새로 제정된 성매매방지법(성매매 알선 처벌법과 성매매 피해자 보호법)은 성 매수자들인 남성들에 대해서뿐만 아니라 성매매의 중간착취자들인 업주들에 대한 처벌을 강화하고 탈성매매를 원하는 성매매 여성들에 대한 국가의 보호와 지원을 강화했다. 성매매방지법의 시행은 앞으로 한국 사회에서 성매매의 정도와 형태에 상당한 변화를 가져올 것으로 예견되며 성매매 여성의 인권보호와 탈성매매에 기여할 수 있을 것으로 전망된다.

이 밖에도 결혼·취업 등을 통해 이주 여성들이 증가하고 있는 상황에서 2000년대에 들어서 이주 여성들을 위한 인권운동도 성장하고 있다. 2001년에 창립된 이주여성인권센터, 이주여성인권연대 등은 이주 여성들의 인권보호를 위해 활동하고 있다.

제도개혁을 따라잡아야 할 의식의 변화

그러나 1990년대의 눈부신 성과와 2000년 이후에 획득한 몇 가지 여성운동의 결실에도 불구하고, 신자유주의적 세계화로 인한 여성 노동자의 해고 및 비정규직화, 빈곤의 여성화 등 실제 여성들의 삶의 질에서의 변화는 미미한 것이 2000년대에 한국 여성들이 처해있는 상황이다. 또, 한국 사회에서는 1990년대의 반성폭력 운동에서 볼 수 있듯이 제도적인 개혁만큼 여성주의 의식이 성장했다고 보기는 힘들며 '의식과 제도의 괴리' 현상이 심각하다. 여성정책의 측면에서는 2001년 여성계의 요구에 힘입어 여성부가 독립된 부서로 신설되었지만 그것이 여성 관련 정책들을 총괄하고 감독하는 기구로 자리하기까지는 많은 난제가 쌓여있다.

지금까지 엄청난 성과를 거둔 법·제도의 개선운동은 한국 여성운동을 제도적인 개혁에 안주하게 하고 양성이 평등한 대안적인 사회를 이루려는 노력을 약화시킬 가능성이 없지 않다. 일상생활 속에 깊숙이 배어있는 가부장적 의식의 변화는 제도 개선이나 중앙 차원의 캠페인만으로는 이루어질 수 없으며 일상생활의 변화를 통해 가능하기 때문이다. 2000년대의 한국 여성운동은 가족·지역·일터 등 일상생활 세계에서 대안적인 정치와 여성주의적 대안 문화가 형성될 수 있도록 생활 속에서 양성 평등한 문화를 창출하기 위한 운동을 전개해야 할 과제를 안고 있다.

여성 노동력의 비정규직화, 빈곤의 여성화

또한 앞으로의 여성운동은 1990년대 한국의 여성운동이 독자성을 성취하는 과정에서 상대적으로 약화된 여성 노동자·농민 등 기층 여성을 위한 운동과 통일·평화 운동 등 전체 사회의 변혁운동에 대한 개입을 진지하게 고려해야 할 것이다. 2000년대 한국 여성운동의 중요한 이슈 가운데 하나는 여성의 비정규직화 방지 및 비정규직 여성 노동자 보호 운동일 것이다. 또 비정규직 여성뿐만 아니라 빈곤 여성 노인, 여성 장애인, 미혼모, 여성한 부모 등 취약 계층 여성에게 고용기회와 복지 서비스 제공을 통해 빈곤의 여성화에 대처해야 한다.

보수적 남성들의 저항

2000년대 여성운동이 대면해야 하는 중요한 난제 중의 하나는 여성정책의 제도화에 반발하는 보수적인 남성들의 저항이다. 1999년 헌법재판소의 군가산점제 헌법 불합치 결정에 대한 남성들의 반대행동의 경우처럼 여성운동이 이기적인 이익추구집단으로 매도되지 않으려면 여성운동은 성평등 이념에 입각하여 합리적인 논쟁을 공론화할 수 있는 역량을 길러야 한다. 이는 '의식과 제도의 괴리'를 메우기 위해서도 중요하다. 앞으로 여성운동은 제도개혁에만 몰두할 것이 아니라, 제도개혁 과정에서 공론 영역에서의 합리적 토론을 통해 가부장적 의식의 변화, 일상생활의 변화를 이끌어내야만 보수적 남성들의 저항을 해소할 수 있을 것이다.

여성들 내부의 차이

모든 사회운동이 그렇듯이 여성운동이 발전함으로써 여성들 내부의 차이가 드러나고 운동의 분화가 나타났다. 앞으로의 여성운동은 여성들 내부의 차이를 인정하면서도 연대할 수 있는 방법을 더 적극적으로 모색해야 할 것이다. 이를 위해서는 다양한 차이 속에서도 억압받는 집단으로서 여성이 겪는 특수한 경험을 공유할 수 있도록 워크숍, 문화행사 등을 통해 여성운동 집단들 사이에 의사소통이 활발하게 이루어져야 한다.

(안진)

참고문헌

제1장

한국

강선미. 2002. 『조선파견 여선교사와 (기독)여성의 여성주의 의식형성』. 이화여자대학
　　　교 여성학과 박사학위논문.

박용옥. 2001. 『한국 여성 근대화의 역사적 맥락』. 지식산업사.

이미영. 1988. 『미션계 여학교의 한국여성교육에 관한 연구: 1886~1945년』. 성균관대
　　　학교교육대학원 역사교육전공 석사학위논문.

이배용. 1994. 「한국 근대 여성의식 변화의 흐름: 개화기에서 일제시기까지」. ≪한국사
　　　시민강좌≫, 제15집.

＿＿＿. 1995. 「開化期 明成皇后 閔妃의 政治的 役割」. ≪國史館論叢≫, 第66輯.
　　　국사편찬위원회.

이윤희. 1995. 『韓國民族主義와 女性運動』. 新書苑.

이태진. 2000. 『고종시대의 재조명』. 태학사.

이효재. 1996. 『한국의 여성운동: 어제와 오늘』. 正宇社.

정경숙. 1986. 「대한제국 말기 여성운동의 성격연구」. 이화여자대학교 사학과 박사학위
　　　논문.

한국여성연구회 여성사분과 엮음. 1992. 『한국여성사: 근대편』. 풀빛.

일본

井桁碧 編著. 2000. 『‘日本’國家と女』. 青弓社.

絲屋壽雄. 1970. 『大逆事件』. 三一書房.

＿＿＿. 1970. 『管野スガ』. 岩波新書.

石井智惠美. 1992. 「淵澤能惠と內鮮融和」. ≪基督教論集≫, 35.

石鳥谷町花の會 編·刊. 2002. 『淵澤能惠─韓國女子敎育の礎を築いた人』.

'朝鮮統治と日本の女たち'·もろさわようこ 編·解說. 1978. 『ドキュメント 女の百年5
　　　女と權力』. 平凡社.

『岩波講座 近代日本と植民地1』. 岩波書店. 1992.

『岩波講座 天皇と王權を考える』(全10卷). 岩波書店. 2002.

大木基子. 2003. 『自由民權運動と女性』. ドメス出版.

大谷渡. 1989. 『管野スガと』. 東方出版.

小野賢一郎. 1934. 『奧村五百子』. 改訂版. 愛國婦人會.

政直. 1983. 『戰前·'家'の思想』. 創文社.

神谷丹路. 2001. 『增補版 韓國近い昔の旅 植民地時代をたどる』. 凱風社.

_____. 2003. 『韓國歷史散步』. 明石書店.

川島武宣. 1983. 『イデオロギーとしての'家族制度'』. 岩波書店.

海保洋子. 1992. 『近代北方史』. 三一書房.

木村健二. 1989. 『在朝日本人の社會史』. 未來社.

黃昭堂. 1970. 『台湾民主國の研究』. 東京大學出版會.

幸德秋水全集編集委員會 編. 1992. 『幸德秋水全集』. 明治文獻資料刊行會.

小山靜子. 1991. 『良妻賢母という規範』. 勁草書房.

淸水卯之助 編. 1984. 『管野須賀子全集』(全3卷). 弘隆社.

淸水洋·平川均. 1998. 『からゆきさんと經濟進出─世界經濟のなかのシンガポー
　　　ル─日本關係史』. コモンズ.

自由民權百年全國集會實行委員會 編. 1985. 『自由民權運動と現代』. 三省堂.

鈴木正幸 編. 1993. 『近代の天皇』. 吉川弘文館.

鈴木裕子. 1993. 『'從軍慰安婦'問題と性暴力』. 未來社.

_____. 1994. 『フェミニズムと朝鮮』. 明石書店.

_____. 1997. 『日本女性運動資料集成第8卷 人權·廢娼 I』. 不二出版.

鈴木裕子 編. 1985. 『岸田俊子評論集』. 不二出版.

_____. 1986. 『資料 平民社の女たち』. 不二出版.

鈴木裕子 編·解說. 1997. 『日本女性運動資料集成』(第3卷). 不二出版.

_____. 1996. 『日本婦人問題資料集成第1巻 思想·政治Ⅰ』. 不二出版.

光廣. 1976. 『植木枝盛と女たち』. ドメス出版.

孫禎睦. 1982. 『韓國開港期都市社會經濟史研究』. ソウル: 一志社.

「朝鮮からゆきさん―日本人賣春業者の朝鮮上陸過程」. 女性史總合研究會. ≪女性史學≫, 第4号. 1994.

宋連玉. 1994. 「日本の植民地支配と國家管理賣春―朝鮮の公娼を中心にして」. 『朝鮮史研究會論文集』. 第32集. 綠陰書房.

高崎宗司. 2002. 『植民地朝鮮の日本人』. 岩波新書.

陽一. 1979. 『近代日本婦人教育史』. ドメス出版.

早川紀代. 1998. 『近代天皇制國家とジェンダー』. 青木書店.

『日本帝國主義の朝鮮支配 上』. 青木書店. 1973.

藤目ゆき. 1999. 『性の歴史學』. 不二出版.

藤野豊. 2001. 『性の國家管理 買賣春の近現代史』. 不二出版.

深谷昌志. 1966. 『良妻賢母主義の教育』. 黎明書房.

『婦女新聞』. 復刻版. 不二出版.

星 玲子. 1991. 「北海道における娼妓解放令」. ≪歴史評論≫, 第491号.

_____. 1996. 「北海道における娼妓自由廢業」 ≪歴史評論≫, 第553号.

英正. 1971. 『人身賣買』. 岩波書店.

宮城晴美. 1997. 「'同化政策'この結末」. 奥田曉子 編. 『マイノリティとしての女性史』. 三一書房.

村田靜子·大木基子 編. 1998. 『福田英子集』. 不二出版.

森崎和江. 1976. 『からゆきさん』. 朝日新聞社.

森 克己. 1959. 『人身賣買―海外出稼ぎ女』. 至文堂.

山下英愛. 1997. 「植民地支配と公娼制度の展開」. 韓國社會史學會. ≪社會と歴史≫, 第51号. 文學と知性社(韓國語).

_____. 「朝鮮における公娼制度の實施―植民地統治下の性支配」.

山室信一. 1994. 「明治國家の制度と理念」. 『岩波講座日本通史』(第17巻). 岩波書店.

尹貞玉 他. 1992. 『朝鮮人女性がみた '慰安婦問題'』. 三一書房.

吉見周子. 1992. 『增補改訂 賣娼の社會史』. 雄山閣出版.

渡邊洋子. 1997. 『近代日本女子社會教育成立史』. 明石書店.

제2장

한국

고준석. 1987. 『아리랑고개의 여인』. 도서출판 한울.

김경일. 2004. 『여성의 근대. 근대의 여성』. 푸른역사.

김승일 엮음. 1998. 『여성독립유공자』. 고구려.

김정명·이반송 편저. 1986. 『식민지시대의 사회운동』. 한대희 편역. 한울림.

박선미. 1999. 「朝鮮社會の近代的變容と女子日本留學」. ≪史林≫, 第82卷. 京都
　　　大出版部.

박용옥 엮음. 2001. 『여성: 역사와 현재』. 국학자료원.

_____. 1984. 『한국근대여성운동사연구』. 한국정신문화연구원.

_____. 1996. 『한국여성항일운동사연구』. 지식산업사.

_____. 2001. 『한국여성근대화의 역사적 맥락』. 지식산업사.

박정애. 1999. 「1910~1920년대 초반 여자일본유학생 연구」. 숙명여자대학교 한국사
　　　학과 석사학위논문.

서중석. 2001. 『신흥무관학교와 망명자들』. 역사비평사.

신영숙. 1993. 「일제하 한국여성사회사연구」. 이화여자대학교 사학과 박사학위논문.

연변조선족자치주부녀연합회. 1991. 『연변여성운동사』. 연변인민출판사.

이배용 외. 1993. 「한국여성사 정립을 위한 인물유형연구」. ≪여성학논집≫, 제10집.

_____. 1999. 『우리나라 여성들은 어떻게 살았을까(2)』. 청년사.

이상경. 2002. 『나혜석전집』. 태학사.

이해동. 1990. 『만주생활 77년』. 명지출판사.

정요섭. 1971. 『한국여성운동사』. 일조각.

정정화. 1987. 『녹두꽃: 여자독립군 정정화의 낮은 목소리』. 未完.

朝鮮總督府 警務局 編. 朴慶植 解說. 1984. 『朝鮮の治安狀況: 1930』. 不二出版.

최혜실. 2000. 『신여성들은 무엇을 꿈꾸었는가』. 생각의 나무.

한겨레신문사. 1991. 『발굴 한국현대사인물』. 한겨레신문사.

한국사회사연구회. 1993. 『일제하의 사회운동과 농촌사회』. 사회사연구회논문집 제25
　　　집. 문학과지성사.

한국여성개발원 엮음. 1998. 『한국 역사 속의 여성인물(하)』. 한국여성개발원.

한국여성연구소 여성사연구실. 1999. 『우리여성의 역사』. 청년사.

한국여성연구회 여성사분과 엮음. 1992. 『한국여성사: 근대편』. 풀빛.

한도신 기록. 김동수·오연호 정리. 1996. 『꿈 갓흔 옛날 피 압흔 니야기』. 돌베개.

허은 구술. 변창애. 1995. 『아직도 내귀엔 서간도 바람소리가』. 정우사.

일본

安齋育郎. 李修京 編. 2000. 『クラルテ運動と『種蒔く人』反戰文學運動"クラル
　　　テ"の日本と朝鮮での展開』. 御茶の水書房.

市川房枝. 1974. 『市川房枝自伝 戰前編』. 新宿書房.

江刺昭子. 1980. 『覺めよ女たち: 赤瀾會の人びと』. 大月書店.

折井 編. 1991. 『資料 性と愛をめぐる論爭』. ドメス出版.

大越愛子. 1997. 『近代日本のジェンダー』. 三一書房.

『關東大震災と朝鮮人』. みすず書房. 1963.

金子ふみ子. 1931. 『何が私をかうさせたか』. 春秋社. 復刻版. 黑色戰線社.

金子文子 訊. 問調 書. 1997. 『日本女性運動資料集成』. 第3卷. 不二出版.

金一勉. 1973. 『朴烈』. 合同出版.

金贊汀. 1977. 『風の』. 田畑書店.

＿＿＿. 2004. 『在日, 激動の100年』. 朝日新聞社.

キャスリン·バリー. 1984. 『性の植民地』. 田中和子 譯. 時事通信社.

黑川美富子. 1970. 「婦人水平社研究試論」. ≪部落問題研究≫, 第28号.

櫻井由幾·早川紀代 編. 1998. 『日本女性史論集10 女性と運動』. 總合女性史研究
　　　會 編. 吉川弘文館.

黑川みどり. 2002. 「被差別部落と性差別」. 秋定嘉和·朝治武 編著. 『近代日本と水
　　　平社』. 解放出版社.

近藤眞柄. 1981. 『わたしの回想(下) 赤瀾會とわたし』. ドメス出版.

香內信子 編. 1984. 『資料 母性保護論爭』. ドメス出版.

水平社博物館 編. 2002. 『全國水平社を支えた人びと』. 解放出版社.

鈴木裕子. 1989. 『女工と勞働爭議』. れんが書房新社.

_____. 1989~1990. 『山川菊榮 人と思想』. 戰前篇·戰後篇. 勞働大學.

_____. 1991. 『女性と勞働組合(上)』. れんが書房新社.

_____. 2002. 『水平線をめざす女たち―婦人水平運動史』. 增補新版. ドメス出版.

鈴木裕子 編. 1984. 『山川菊榮女性解放論集』(全3巻). 岩波書店.

鈴木裕子 編著. 1989. 『女性 反逆と革命と抵抗と』. 社會評論社.

鈴木裕子 編·解說. 1993~1997. 『日本女性運動資料集成』(第1~8巻). 不二出版.

總合女性誌硏究會 編. 2000. 『史料にみる日本女性のあゆみ』. 吉川弘文館.

竹村民郎. 1982. 『廢娼運動』. 中公新書.

竹中惠美子 編. 1991. 『新·女子勞働論』. 有斐閣.

玉川寬治. 2002. 『製糸工女と富國强兵の時代』. 新日本出版社.

山代巴·牧瀬菊枝 編. 1969. 『丹野セツ: 革命運動に生きる』. 勁草書房.

富坂キリスト教センター 編. 2002. 『女性キリスト者と戰爭』. 行路社.

鳥塚義和. 1996. 『授業が樂しくなる＜歌と演說＞』. 日本書籍.

日本キリスト教婦人矯風會. 1986. 『日本キリスト教婦人矯風會百年史』. ドメス
　　　出版.

平塚 らいてう 著. 平塚らいてう著作集編集委員會 編. 1983~1984. 『平塚らいて
　　　う著作集』(全7巻). 大月書店.

福永操. 1982. 『あるおんな共産主義者の回想』. れんが書房新社.

藤目ゆき. 1997. 『性の歷史學』. 不二出版.

部落解放同盟中央本部 編. 2002. 『寫眞記錄 全國水平社』. 解放出版社.

≪部落解放 '特集 婦人水平社の時代'≫, 第371号. 解放出版社. 1994.

清子. 1988. 『青鞜の時代』. 岩波書店.

堀場清子 編. 1991. 『'青鞜'女性解放論集』. 岩波文庫.

松尾章一. 2003. 『關東大震災と戒嚴令』. 吉川弘文館.

みな. 1975. 『山內みな自伝』. 新宿書房.

山崎朋子. 1995. 『アジア女性交流史』. 筑摩書房.

山下智惠子. 1985. 『幻の塔』. BOC出版部.

山田昭次. 1996. 『金子文子』. 影書房.

_____. 2003. 『關東大震災時の朝鮮人虐殺』. 創史社.

山田昭次 編·解說. 1989. 『關東大震災朝鮮人虐殺問題關係史料』(全5卷). 綠蔭書房.

湯淺孝子. 1983. 「資料にみる水平社運動と女性」. 解放教育研究所 編. ≪解放教育≫, 6月号 臨時增刊. 明治図書.

佐代子. 2002. 『平塚らいてう』. 吉川弘文館.

제3장

한국

가와모토 아야(川本 綾). 1999. 「조선과 일본에서의 현모양처 사상에 관한 비교연구: 개화기로부터 1940년대 전반을 중심으로」. 서울대학교 사회학과 석사학위논문.

강이수. 1991. 「1930년대 면방대기업 여성노동자의 상태에 대한 연구: 노동과정과 노동통제를 중심으로」. 이화여자대학교 사회학과 박사학위논문.

김경일. 2004. 『근대의 여성. 여성의 근대』. 푸른역사.

김두헌. 1969. 『한국가족제도사연구』. 서울대학교출판부.

김진균·정근식 편저. 1997. 『근대주체와 식민지 규율권력』. 문화과학사.

김혜경. 1997. 「일제하 '어린이기'의 형성과 가족변화에 관한 연구」. 이화여자대학교 사학과 박사학위논문.

_____. 1999. 「가사노동담론과 한국근대가족」. 한국여성학회 엮음. ≪한국여성학≫, 제15권 제1호.

_____. 2003. 「식민지조선에서의 핵가족개념의 도입과 젠더규범」. 『화양신용하교수정년기념논총(I)』. 나남출판.

노영택. 1979. 『일제하 민중교육운동사』. 탐구당.

노치준. 1995. 「근대사회로의 변화와 종교」. 『한국사회사의 이해』. 문학과지성사.

문소정. 1991. 「일제하 한국농민가족에 관한 연구: 1920~30년대 빈농층을 중심으로」. 서울대학교 사회학과 박사학위논문.

_____. 1995. 「가족생활의 변화와 여성의 성장」. 신용하·박명규·김필동 엮음. 『한국사회사의 이해』. 문학과지성사.

소현숙. 1999. 「일제 식민지시기 조선의 출산통제 담론의 연구」. 한양대학교 사학과 석
　　　사학위논문.

손인수. 1977. 『한국여성교육사』. 연세대학교출판부.

손정목. 1996. 『일제하 강점기 도시화과정 연구』. 일지사.

신영숙. 1989. 「일제하 여성사회사 연구」. 이화여자대학교 사학과 박사학위논문.

안태윤. 2001. 「일제하 모성에 관한 연구: 전시체제와 모성의 식민화를 중심으로」. 성신
　　　여자대학교 사회학과 박사학위논문.

여성사연구모임 길밖세상. 2001. 『20세기 여성사건사』. 여성신문사.

오성철. 1996. 「1930년대 한국 초등교육연구」. 서울대학교 박사학위논문.

오천석. 1964. 『한국신교육사』. 현대교육총서출판사.

유준기. 2001. 「1910년대 전후 일제의 유림 친일화 정책과 유림계의 대응」. ≪한국사연
　　　구≫, 제113집.

이덕주. 1993. 『태화기독교사회복지관의 역사』. 태화기독교사회복지관.

이만열. 1987. 『한국기독교문화운동사』. 대한기독교출판사.

이정옥. 1990. 「일제하 공업노동에서의 민족과 성」. 서울대학교 사회학과 박사학위논문.

장병욱. 1979. 『한국감리교여성사』. 성광문화사.

장시원. 1994. 「산미증식계획과 농업구조의 변화」. 강만길 외 엮음. 『한국사 13: 식민지
　　　시기의 사회경제-1』. 한길사.

정광현. 1967. 『한국가족법연구』. 서울대학교 출판부.

정근식. 1997. 「식민지적 근대와 신체의 정치」. 한국사회사학회. ≪사회와 역사≫, 제51집.

정세화. 1972. 「한국근대여성교육」. 김영덕 외 엮음. 『한국여성사: 개화기~1945』. 이
　　　화여자대학교출판부.

한국사회사연구회. 1987. 『한국의 종교와 사회변동』. 한국사회사연구회논문집, 제7집.
　　　문학과지성사.

한국여성연구소 여성사연구실 지음. 1999. 『우리 여성의 역사』. 청년사.

한국여성연구회 여성사분과 엮음. 1992. 『한국여성사: 근대편』. 풀빛.

함종규. 1983. 『한국교육과정변천사연구─前篇』. 숙명여자대학교출판부.

허수열. 1985. 「1930년대 군수공업화정책과 일본독점자본의 성격」. 차기벽 엮음. 『일제
　　　의 한국 식민통치』. 정음사.

일본

井上輝子 ほか 編. 1995. 『日本のフェミニズム3 性役割』. 岩波書店.

イヴォンヌ・クニビレール ほか. 1994. 『母親の社會史: 中世から現代まで』. 中嶋
　　公子 ほか 譯. 筑摩書房.

落合惠美子. 1997. 『21世紀家族へ－家族の戰後休制の見かた・超えかた』. 有斐閣.

金子幸子. 1999. 『近代日本女性論の系譜』. 不二出版.

金森トシエ・藤井治枝. 1990. 『女の教育100年』. 三省堂選書.

加納實紀代. 2002. 『天皇制とジェンダー』. インパクト出版會.

鹿野政直. 2001. 『健康觀にみる近代』. 朝日新聞社.

川村邦光 編著. 2003. 『戰死者のゆくえ: 語りと表象から』. 青弓社.

北原惠. 2001. 「正月新聞に見る'天皇ご一家'像の形成と表象」. ≪現代思想≫, 6月
　　号. 青土社.

金富子. 2005. 『植民地期朝鮮の教育とジェンダー』. 世織書房.

小山靜子. 1991. 『良妻賢母という規範』. 勁草書房.

＿＿＿. 1999. 『家庭の生成と女性の國民化』. 勁草書房.

佐々木啓子. 2002. 『戰前期女子高等教育の量的擴大過程』. 東京大學出版會.

篠塚英子. 1995. 『女性と家族―近代化の實像』. 讀賣新聞社.

鈴木裕子 編・解說. 1995a. 『日本女性運動資料集成』(第7卷). 不二出版.

＿＿＿. 1995b. 『日本女性運動資料集成』(第10卷). 不二出版.

＿＿＿. 1996. 『日本女性運動資料集成』(第4卷). 不二出版.

瀧尾英二. 2001. 『朝鮮ハンセン病史―日本植民下の小鹿島』. 未來社.

＿＿＿. 2004. 「小鹿島ハンセン病補償請求が問うもの」. ≪世界≫, 4月号.

瀧尾英二・德田靖之・朴燦運. 2005. 「小鹿島ハンセン病補償請求裁判の意味」. ≪世
　　界≫, 5月号.

宮嶋博史・李成市・尹海東・林志弦 編. 「植民地期の在日朝鮮人論―歸屬・文化をめ
　　ぐって」. 『植民地近代の視座 朝鮮と日本』. 岩波書店. 2004.

富坂キリスト教センター 編. 1995. 『近代日本のキリスト教と女性たち』. 新教出
　　版社.

＿＿＿. 2002. 『女性キリスト者と戰爭』. 行路社.

中村洪介. 林淑姬 監修. 2003. 『近代日本音樂史序說』. 東京書籍.

早川紀代. 1998. 『近代天皇制國家とジェンダー──成立期のひとつのロジック』. 青木書店.

平野武. 1990. 『信敎の自由と宗敎的人格權』. 法藏館.

政春. 1998. 『解放の宗敎へ』. 綠風出版.

藤野豊. 2001. 『'いのち'の近代史』. かもがわ出版.

藤目ゆき. 1997. 『性の歷史學』. 不二出版.

堀內敬三·井上武士 編. 1982. 『日本唱歌集』. 岩波書店.

正己. 1990. 『日本敎育小史 近·現代』. 岩波新書.

みどり. 1995. 『戰爭がつくる女性像』. 筑摩書房.

제4장

한국

가와 가오루(河かおる). 2002. 「총력전 아래의 조선여성」. 김미란 옮김. ≪실천문학≫, 제67집. 실천문학사.

가와모토 아야(川本 綾). 1999. 「한국과 일본의 현모양처 사상: 개화기로부터 1940년대 전반까지」. 『모성의 담론과 현실』. 나남.

강선미·야마시타 영애. 1993. 「천황제 국가와 성폭력: 군'위안부' 문제에 관한 여성학적 시론」. 한국여성학회. ≪한국여성학≫, 제9집.

곽건홍. 2002. 『일제의 노동정책과 조선노동자 1938~1945』. 신서원.

권명아. 2004. 「전시 동원 체제의 젠더정치」. 『일제 파시즘 지배정책과 민중생활』. 혜안.

_____. 2004. 「총력전과 젠더: 군국의 어머니 담론 연구」. 『성평등연구』.

_____. 2004. 「총후부인, 신여성, 그리고 스파이: 전시 동원체제하의 총후부인 담론 연구」. ≪상허학보≫.

김민영. 2003. 「강제동원피해자에 대한 조사 및 인원 추정」. 『2003년도 일제하 피강제 동원자 등 실태조사연구 보고서』. 정신문화연구원.

김정면. 1992. 『정신대』. 임종국 옮김. 일월서각.

김정미. 1980. 「朝鮮農村女性に對する日帝の政策」. ≪朝鮮史叢≫, 第3集. 靑丘文庫.

미야다 세쓰코(宮田節子). 1997. 『朝鮮民衆과 「皇民化」政策』. 일조각.

미야다 세쓰코 외(宮田節子·金英達·梁泰昊). 1992. 『創氏改名』. 明石書店.

민족문제연구소 엮음. 2000. 『한국 근현대사와 친일파 문제』. 아세아문화사.

박석분·박은봉. 1994. 「김활란. 한국 최초의 여자박사」. 『여성인물사』. 새날.

배성준. 1998. 「日帝下 京城지역 工業 硏究」. 서울대학교 사학과 박사학위논문.

안태윤. 2001. 「일제하 모성에 관한 연구: 전시체제와 모성의 식민화를 중심으로」. 성신
    여자대학교 사학과 박사학위논문.

양현아. 2001. 「한국인 군'위안부'를 기억한다는 것」. 일레인 김·최정무 엮음. 『위험한
    여성들』. 박은미 옮김. 삼인.

여성사연구모임 길밖세상. 2001. 『20세기 여성사건사』. 여성신문사.

여순주. 1994. 「일제말기 조선인 여자근로정신대에 관한 실태 연구」. 이화여자대학교
    여성학과 석사학위논문.

오유석. 1994. 「박마리아: 면죄부를 줄 수 없는 친일과 권력욕의 화신」. 반민족문제연구
    소. 『청산하지 못한 역사 2』. 청년사.

윤명숙. 1998. 「일본군 '위안부'와 일본의 국가책임」. ≪한국독립운동사연구≫, 제11집.

윤해동. 2000. 「식민지 인식의 '회색지대': 일제하 '공공성'과 규율권력」. ≪당대비평≫.
    당대.

이만열·김영희. 2000. 「1930~40년대 조선여성의 존재양태: '일본군 위안부' 정책을 배
    경으로」. ≪국사관논총≫, 제89집. 국사편찬위원회.

이상경. 2002. 「일제말기의 여성동원과 '군국의 어머니'」. 한국여성연구소 ≪페미니즘
    연구≫, 제2집. 동녘.

이선옥. 2002. 「평등에 대한 유혹: 여성지식인과 친일의 내적 논리」. ≪실천문학≫, 제
    67집. 실천문학사.

이승엽. 1998. 「신여성: 식민지시대 말기 여성의 '황민화' 운동」. ≪한국민족운동사연
    구≫, 제20집.

이준식. 2004. 「문화 선전 정책과 전쟁 동원 이데올로기: 영화 통제 체제의 선전 영화를
    중심으로」. 『일제 파시즘 지배정책과 민중생활』. 혜안.

전상숙. 2004. 「일제 군부파시즘체제와 '식민지 파시즘'」. 『일제 파시즘 지배정책과 민
    중생활』. 혜안.

정진성. 1998. 「억압된 여성의 주체형성과 군'위안부' 동원」. ≪사회와 역사≫, 제54집. 문학과지성사.

_____. 1999. 「군'위안부' 강제연행에 관한 연구」. 『근현대 한일동포와 재일동포』. 서울대학교출판부.

_____. 2001. 「군'위안부', 정신대 개념에 관한 고찰」. ≪사회와 역사≫, 제60집. 문학과지성사.

_____. 2004. 『일본군 성노예제: 일본군 위안부 문제의 실상과 그 해결을 위한 운동』. 서울대학교출판부.

최유리. 1997. 『日帝 末期 植民地 支配政策研究』. 국학자료원.

한국사편집위원회. 1994. 『한국사(14)』. 한길사.

한국여성연구소 여성사연구실 지음. 1999. 『우리여성의 역사』. 청년사.

한국정신대문제대책협의회 엮음. 1997. 『일본군 '위안부' 문제의 진상』. 역사비평사.

한국정신대연구회 엮음. 1997. 『한일간의 미청산 과제』. 아세아문화사.

한일민족문제학회 강제연행문제연구분과 지음. 2005. 『강제연행 강제노동 연구 길라잡이』. 선인.

히구치 유이치(樋口雄一). 1999. 「태평양전쟁 중 일제의 조선여성 동원: 애국반을 중심으로」 홍종필 옮김. ≪명지사론≫, 제10호.

일본

赤澤史朗·北河賢三 編. 1993. 『文化とファシズム』. 日本経済評論社.

アジアに對する日本の戰爭責任を問う民衆法廷準備會. 1995. 『音樂·美術の戰爭責任』. 樹花舎.

李恢成. 1983. 『サハリンへの旅』. 講談社.

『日本が'神の國'だった時代』. 岩波新書. 2000.

紀久枝. 2004. 『大陸の花嫁』. 岩波書店.

今村昌平 編. 1987. 『講座日本映畵5 戰後映畵の展開』. 岩波書店.

內野光子. 1988. 『短歌と天皇制』. 風媒社.

エルヴィン·ヴィッケルト 編. 1997. 『南京の眞實』. 平野卿子 譯. 講談社.

大沼保昭. 1992. 『サハリン棄民』. 中公新書.

大沼保昭·徐龍達 編. 1986. 『在日韓國·朝鮮人と人權』. 有斐閣.

大西修. 1995. 『戰時教學と淨土眞宗－ファシズム下の仏教思想－』. 社會評論社.

小澤節子. 2004. 『アヴァンギャルドの戰爭体験－松本竣介. 瀧口修造そして畵學
　　　生たち』(新裝版). 青木書店.

女たちのを問う會. 1977~1984. ≪銃後史ノート≫, 戰前篇 1~9号. JCA出版.

笠原十九司. 1995. 『南京難民區の百日』. 岩波書店.

_____. 1997. 『南京事件』. 岩波書店.

梶村秀樹 著. 梶村秀樹著作集刊行委員會·編集委員會 編. 1992. 『梶村秀樹著作集
　　　第1卷 朝鮮史と日本人』. 明石書店.

「滿州と女たち」. 『講座近代日本と植民地5』. 岩波書店. 1993.

加納實紀代. 1987. 『女たちの'銃後'』. 筑摩書房.

鹿野政直·堀場清子. 1977. 『高群逸枝』. 朝日新聞社.

笙一郎. 1973. 『滿蒙開拓靑少. 義勇軍』. 中公新書.

龜井文夫. 1989. 『たたかう映畵—ドキュメンタリストの昭和史』. 岩波新書.

北河賢三. 1989. 『國民總動員の時代』. 岩波ブックレット.

金富子·宋連玉責任 編集. 2000. 『'慰安婦'戰時性暴力の實態(1), 日本·台湾·朝鮮編』.
　　　綠風出版.

桑島節郎. 1979. 『滿州武裝移民』(教育社歷史新書 日本史). 敎育社.

『暮しの手帖 96 特集 戰爭中の暮しの記録』. 1968.

小峰和夫. 1991. 『滿州マンチュリア '起源·植民·覇權'』. 御茶の水書房.

坂本龍彦. 1998. 『孫に語り伝える '滿州'』. 岩波ジュニア新書.

齊藤美奈子. 2002. 『戰時下のレシピ』. 岩波アクティブ新書.

佐藤眞. 2001. 『ドキュメンタリー映畵の地平－世界を批判的に受けとめるために』.
　　　凱風社.

澤正彦. 2004. 『日本キリスト教史－韓國神學大學講義ノート』. 金纓 譯. 草風館.

鈴木裕子. 1986. 『フェミニズムと戰爭—婦人運動家の戰爭協力』. マルジュ社.

_____. 1989a. 『昭和の女性史』. 岩波ブックレット.

_____. 1989b. 『女性史を拓く1—母と女』. 未來社

_____. 1989c. 『女性史を拓く2—翼贊と抵抗』. 未來社.

_____. 1992. 『從軍慰安婦·內鮮結婚』. 未來社.

_____. 1994. 『フェミニズムと朝鮮』. 明石書店.

_____. 1995. 『女性史を拓く3―女と＜戰後50年＞』. 未來社.

鈴木裕子 編·解說. 1997. 『日本女性運動資料集成』(第3卷). 不二出版.

_____. 1998. 『日本女性運動資料集成 第9卷人權·廢娼Ⅱ』. 不二出版.

總合女性史研究會 編. 1998. 『日本女性史論集10－女性と運動』. 吉川弘文館.

田代美江子. 1999.「十五年戰爭期における廢娼運動と敎育－日本キリスト敎婦人
　　　矯風會を中心に」. 松浦勉·渡辺かよ子 編.『差別と戰爭－人間形成史の陷穽－』.
　　　明石書店.

高群逸枝. 1940. 『女性二千六百年史』. 厚生閣.

高木健一. 1990. 『サハリンと日本の戰後責任』. 凱風社.

高杉一郎. 1980. 『中國の綠の星』. 朝日新聞社.

丹尾安典·河田明久. 1996.『イメージのなかの戰爭―日淸·日露から冷戰まで』. 岩
　　　波書店.

千野陽一. 1979. 『近代日本婦人敎育史』. ドメス出版.

塚瀨進. 1998. 『滿州國‘民族協和’の實像』. 吉川弘文館.

富坂キリスト敎女性センター 編. 1995.『近代日本のキリスト敎と女性たち』. 新
　　　敎出版社.

_____. 2002. 『女性キリスト者と戰爭』. 行路社.

土肥昭夫. 1976. 『日本プロテスタント敎會の成立と展開』. 日本基督敎団出版局.

南京事件調査研究會 編譯. 1992.『南京事件資料集, アメリカ關係資料編』. 靑木書店.

日本社會文學會 編. 1997. 『近代日本と‘僞滿州國’』. 不二出版.

秦 郁彦　1986. 『南京事件』. 中央公論社.

林郁. 1983.『滿州·その幻の國ゆえに―中國殘留妻と孤兒の記錄』. 筑摩書房.

_____. 1988. 『アムール史想行－大河流れゆく』. 朝日新聞社.

樋口雄一. 2005.「戰時下朝鮮における女性動員」. 早川紀代編 『植民地と戰爭責任』.
　　　吉川弘文館.

政春. 1993. 『淨土眞宗の戰爭責任』. 岩波ブックレット.

菱木政春. 1998. 『解放の宗敎へ』. 綠風出版.

さくら. 2003. 「'近代家族'としての滿州農業移民家族像－'大陸の花嫁'をめぐる言說から」. 大日方純夫 編. 『日本家族史論集13 民族·戰爭と家族』. 吉川弘文館.

朴慶植. 1973. 『日本帝國主義の朝鮮支配 下』. 靑木書店.

松岡 環. 2003. 『南京戰, 切り裂かれた受難者の魂』. 社會評論社.

ミニー·ヴォートリン. 1999. 『南京事件の日々』. 笠原他 譯. 大月書店.

宮城晴美. 2000. 『母の遺したもの沖繩'集團自決'の新しい証言』. 高文研.

宮本正男 編. 1979. 『長谷川テル作品集』. 亞紀書房.

むらき數子. 1977〜1980. 「唱歌は世につれ, 世は」(1〜4). ≪銃後史ノート≫, 戰前篇 1〜4号. JCA出版.

森川万智子 編. 1996. 『文玉珠 ビルマ戰線楯師団の慰安婦だった私』. 梨の木舍.

森脇佐喜子. 1994. 『山田耕筰さん, あなたたちに戰爭責任はないのですか』. 梨の木舍.

吉見義明 編. 1992. 『從軍慰安婦資料集』. 大月書店.

渡邊澄子. 1998. 『日本近代女性文學論』. 世界思想社.

＿＿＿. 1998. 『與謝野晶子』. 新典社.

＿＿＿. 2000. 「戰爭と女性—太平洋戰爭前半期の吉屋信子を視座として」. 『戰時下の文學－擴大する戰爭空間』. インパクト出版會.

＿＿＿. 2000. 「戰爭と女性－日中戰爭期の吉屋信子を視座として」. 『大東文化大學紀要』. 第38号.

渡邊澄子 他 編著. 2004. 『女たちの戰爭責任』. 東京堂出版.

제5장

한국

강이수. 1999. 「미군정기 공창폐지와 여성운동」. 『미군정기 한국의 사회변동과 사회사 II』. 한림대학교 아시아문화연구소.

김혜수. 2000. 「1950년대 한국여성의 지위와 현모양처론」. 한국외국어대학교 역사문화연구소. ≪외대사학 I≫, 제12집.

문경란. 1989. 「미군정기 한국여성 운동에 관한 연구」. 이화여자대학교 사학과 석사학위논문.

민주주의민족전선. 1946.『해방조선 I: 자주적 통일민족국가수립투쟁사』. 과학과사상사
(1988년 복간).

박찬표. 1997.『한국의 국가형성과 민주주의: 미군정기 자유민주주의의 초기제도화』.
고려대학교출판부.

보건사회부. 1987.『부녀행정 40년사』.

새움터. 2001.『경기도 지역 성매매 실태 조사 및 정책대안 연구』.

宋蓮玉. 1985.「朝鮮婦女總東盟: 八·一五解放直後の女性運動」.『朝鮮民族運動硏
究(2)』. 靑丘文庫.

신영숙. 2000.「해방 이후 1950년대의 여성단체와 여성운동」. ≪여성연구논총≫. 제15집.

양동숙. 1998.「해방 후 한국의 공창제 폐지 과정에 대한 연구」. 한양대학교 사학과 석
사학위논문.

여성사연구모임 길밖세상. 2001.『20세기 여성사건사』. 여성신문사.

오금숙. 1998.「4·3을 통해 바라본 여성인권 피해 사례」.『동아시아의 인권과 평화』.
역사비평사.

오지연. 1997.「미군 기지촌 매춘여성들의 주변적 문화: 의정부시 송산동 기지촌을 중심
으로」. 서울대학교 인류학과 석사학위논문.

이배용. 1986.「미군정기 여성생활의 변모와 여성의식 1945~1948」. ≪역사학보≫, 제
150집. 역사학회.

이순금. 1945.「조선여성에게」. ≪여성공론≫.

이승희. 1994.『한국현대여성운동사』.

이임하. 2002.「1950년대 여성의 삶과 사회적 담론」. 성균관대학교 사학과 박사학위논문.

_____. 2004.『계집은 어떻게 여성이 되었나』. 서해문집.

_____. 2004.『여성. 전쟁을 넘어 일어서다』. 서해문집.

이정주. 1999.「제주 '호미'마을 여성들의 생애사에 대한 여성학적 고찰: '4·3'경험을
중심으로」 이화여자대학교 여성학과 석사학위논문.

이혜숙. 1992.「미군정의 경제정책에 대한 정치사회학적 연구」. 서울대학교 사회학과
박사학위논문.

_____. 2003.「미군정기 한국의 정치사회적 변동: 국가-시민사회 관계의 역사적 구조화」.
김필동·지승종 외.『한국사회사연구』. 나남출판.

_____. 2004. 「미군정기 여성운동과 여성정책」. 정진성 외. 『한국현대여성사』. 도서출판 한울.

이효재. 1989. 『한국의 여성운동: 어제와 오늘』. 정우사.

정희진. 1999. 「죽어야 사는 여성들의 인권: 한국 기지촌여성운동사 1986~98」. 한국여성의전화연합 엮음. 『한국여성인권운동사』. 도서출판 한울.

조순경 외 엮음. 1995. 『냉전체제와 생산의 정치: 미군정기의 노동정책과 노동운동』. 이화여자대학교출판부.

최민지. 1979. 「한국 여성운동 소사」. 이효재 엮음. 『여성해방의 이론과 현실』. 까치.

한국부인회총본부. 1986. 『한국여성운동약사: 1945~1963년까지 인물중심』. 한밤의소리사.

황정미. 1999. 「발전국가와 모성」. 심영희 외 엮음. 『모성의 담론과 현실: 어머니의 성, 사람, 정체성』. 나남출판.

_____. 2002. 「해방 후 초기 국가기구의 형성과 여성(1946~1960): 부녀국(婦女局)을 중심으로」. ≪한국학보≫, 제28권 제4호. 일지사.

일본

葦原邦子 ほか. 1985. 『女たちの八月十五日』. 小學館.

池田正枝. 2000. 『2つのウリナラ―21世紀の子どもたちへ―』. 解放出版社.

伊藤康子. 1975. 『戰後日本女性史』. 大月書店.

_____. 1982. 「戰後改革と婦人解放」. 『日本女性史』(第5卷). 東京大學出版會.

植野妙實子. 2000. 『憲法の基本―人權·平和·男女共生』. 學陽書房.

小熊英二. 2002. 『民主と愛國』. 新曜社.

(財)沖繩縣三惡追放協會 編·刊. 1998. 『創立30周年記念誌 三惡追放協會の歩み』.

沖繩縣 編. 1996. 『沖繩 苦難の現代史』. 岩波書店.

女たちの現在を問う會 編. 1988. 「もはや戰後ではない?」. ≪銃後史ノート≫, 戰後篇 4号. インパクト出版.

蒲生眞紗雄 ほか. 2003. 『ビジュアルワイド図說日本史』(改訂2版). 東京書籍.

鹿野政直. 2004. 『現代日本女性史』. 有斐閣.

鹿野政直·加納實紀代. 2004. 「戰後史と家族」. ≪現代思想≫, 9月号.

加納實紀代. 2005.『戰後史とジェンダー』. インパクト出版會.

金城清子. 2002.『ジェンダーの法律學』. 有斐閣.

京都市立郁文中學校二部(夜間)學級文. 1998.『夜空─よぞらー』.

金榮. 1997.「在日朝鮮人活動家朴靜賢とその周辺」. ≪在日朝鮮人史研究≫, 第27号.

基地·軍隊を許さない行動する女たちの會 編·刊. 2004.『沖縄·米兵による女性へ
　　　の性犯罪　第7版(1945. 4月～2004. 10月)』.

栗原貞子. 2005.『人類が滅びぬ前に栗原貞子全詩篇』. 土曜美術出版.

國際女性の地位協會 編. 1998.『女性關連法データブック──條約·勸告·宣言から
　　　國內法まで』. 有斐閣.

古關彰一. 1989.『新憲法の誕生』. 中央公論社.

近藤和子·鈴木裕子 編. 1991.『おんな·核·エコロジー』. オリジン出版センター.

在日大韓民國婦人會東京地方本部 編·刊. 1993.『婦人會東京半世紀史』.

在日本朝鮮民主女性同盟中央常任委員會. 1998.『在日本朝鮮民主女性同盟結成50
　　　周年記念　女性同盟の誇らしい50.』.

篠田英朗. 2003.『平和構築と法の支配』. 創文社.

女性史總合研究會 編. 1990.『日本女性生活史　第5卷　現代』. 東京大學出版會.

鈴木裕子. 1994.「高度経濟成長下の女性勞働運動」『兵庫縣勞働運動史　戰後4』.
　　　兵庫縣.

＿＿＿. 1994.『女たちの戰後勞働運動史』. 未來社.

＿＿＿. 1995.『女と'戰後50年'』. 未來社.

＿＿＿. 1996.『'慰安婦'問題と戰後責任』. 未來社.

『戰後50年おきなわ女性のあゆみ』. 沖繩縣. 1996.

總合女性史研究會 編. 1993.『日本女性の歷史─女のはたらき』. 角川書店.

宋連玉. 1985.「朝鮮婦女總同盟」. ≪朝鮮民族運動史研究≫, 第2号.

竹山昭子. 1989.『玉音放送』. 晩聲社.

田中壽美子 編. 1975.『女性解放の思想と行動─戰後編─』. 時事通信社.

高橋保. 2000.『法律でみる女性の現在』. ミネルヴァ書房.

ドウス昌代. 1995.『敗者の贈物─特殊慰安施設RAAをめぐる占領史の側面』. 講
　　　談社文庫.

那覇市總務部女性室. 2001. 『なは·女のあしあと　那覇女性史(戰後編)』. 那覇市.

日本教職員組合 編. 1977. 『日教組三十年史』. 勞働敎育センター.

日本教職員組婦人部 編. 1977. 『日教組婦人部三十年史』. 勞働敎育センター.

朴慶植. 1989. 『解放後　在日朝鮮人運動史』. 三一書房.

樋口陽一. 1979·1999. 『比較のなかの日本國憲法』. 岩波新書.

藤目ゆき. 1997. 『性の歷史學』. 不二出版.

松尾尊兌. 2002. 『戰後日本への出發』. 岩波書店.

牧原憲夫 編. 2003. 『山代巴獄中手記書簡集』. 平凡社.

あき. 1987. 『風は炎えつつ』. 私家版. 神戶學生靑年センター(2004 再刊).

山川菊榮生誕百年を記念する會 編. 1990. 『現代フェミニズムと山川菊榮』. 大和書房.

山極晃·中村正則 編. 1990. 『資料日本占領1　天皇制』. 大月書店.

山下康子·戒能民江·神尾眞知子·植野妙實子. 2000. 『法女性學への招待』. 有斐閣.

山代巴. 1980~1986. 『囚われの女たち』(全10卷). 徑書房.

湯澤雍彦 編. 1976. 『日本婦人問題資料集成5　家族制度』. ドメス出版.

吉田. 1992. 『昭和天皇の終戰史』. 岩波書店.

제6장

한국

강인순. 2004. 「산업화. 개발국가와 여성(1960~1970년대)」. 정진성·안진 외. 『한국현
　　　대여성사』. 도서출판 한울.

강준만. 2002. 『한국현대사 산책 1970년대 편 1~3권』. 인물과 사상사.

_____. 2002. 『한국현대사 산책 1980년대 편 1~4권』. 인물과 사상사.

_____. 2004. 『한국현대사 산책 1960년대 편 1~3권』. 인물과 사상사.

강현아. 2004. 「5. 18 민중항쟁과 여성주체의 경험」. 김명혜 편역. 『여성과 민주화운동』.
　　　경인문화사.

구수정. 2000. 「20세기 광기와 야만이 부른 베트남전 한국군 양민학살」. 한국인권재단
　　　엮음. 『제주 인권학술회의 2000: 일상의 억압과 소수자의 인권』. 사람생각.

구해근. 2002. 『한국노동계급의 형성』. 신광영 옮김. 창작과비평사.

김미경. 2004. 「이주와 여성노동」. ≪여/성이론≫, 통권 11호. 도서출판 여이연.

김소영. 2004. 「1980년대 한국영화와 여성」. 정진성·안진 외. 『한국현대여성사』. 도서출판 한울.

김수영. 2004. 「근대화와 가족의 변화」. 정진성·안진 외. 『한국현대여성사』. 도서출판 한울.

김영옥. 2003. 「1970년대 근대화의 전개와 여성의 몸」. 한국여성연구원 엮음. 『한국의 근대성과 가부장제의 변형』. 이화여자대학교출판부.

김원. 1995. 「1980년대 한국 대학생의 하위문화와 대중정치에 대한 연구」. 서강대학교 정치외교학과 석사학위논문.

김창남. 1995. 「'유신문화'의 이중성과 대항문화」. 역사문제연구소 ≪역사비평≫, 제30호. 역사비평사.

_____. 2003. 『대중문화의 이해』. 도서출판 한울.

김창진·이광일. 1994. 「광주민중항쟁」. 박현채 엮음. 『청년을 위한 한국현대사 1945~1991: 고난과 희망의 민족사』. 소나무.

김현미. 2004. 「'친밀성'의 전지구적 상업화: 한국의 이주 여성 엔터테이너의 경험」. ≪여/성이론≫, 통권 11호. 도서출판 여이연.

김현선. 2002. 「주한미군과 여성인권」. 한국인권재단 엮음. 『한반도의 평화와 인권 2』. 사람생각.

김현숙. 2001. 「민족의 상징, '양공주'」. 일레인 김·최정무 편저. 『위험한 여성: 젠더와 한국의 민족주의』. 박은미 옮김. 삼인.

김현아. 2004. 『전쟁과 여성: 한국전쟁과 베트남 전쟁 속의 여성·기억·재현』. 여름언덕.

문승숙. 2001. 「민족공동체 만들기」. 일레인 김·최정무 편저. 『위험한 여성: 젠더와 한국의 민주주의』. 박은미 옮김. 삼인.

문, 캐서린. 2002. 『동맹 속의 섹스』. 이정주 옮김. 삼인.

_____. 2004. 「한국 기지촌의 여성」. 정진성·안진 외. 『한국현대여성사』. 도서출판 한울.

문현아. 2002. 「박정희시대 영화를 통해 구현된 여성이미지 되짚어 보기」. 한국정신문화연구원 엮음. 『박정희시대 연구』. 백산서당.

박수정. 2003. 『숨겨진 한국여성의 역사』. 아름다운 사람들.

박현귀. 1996. 「80년대 변혁운동가들의 정체성 변화과정: '운동권' 출신의 여성 모임을 중심으로」. 서울대학교 인류학과 석사학위논문.

방현석. 2005. 「우리 사회의 명예로운 일원이 되어야 할 이주노동자」. ≪기억과 전망≫, 11호. 민주화운동기념사업회.

산드라 스터드반트·브렌다 스톨츠퍼스 편저. 『그들만의 세상: 아시아의 미군과 매매춘』. 김윤아 옮김. 잉걸.

서중석. 1995. 「박정권의 대일자세와 파행적 한일관계」. 역사문제연구소 엮음. ≪역사비평≫ 제28호. 역사비평사.

_____. 2005. 『사진과 그림으로 보는 한국현대사』. 웅진.

설동훈. 1998. 『외국인 노동자와 한국사회』. 서울대학교출판부.

안진. 2004. 「5·18광주항쟁과 여성」. 정진성·안진 외. 『한국현대여성사』. 도서출판 한울.

양현아. 2000. 「호주제도의 젠더 정치: 젠더 생산을 중심으로」. ≪한국여성학≫, 제16권 제1호. 한국여성학회.

여성사연구모임 길밖세상. 2001. 『20세기 여성사건사』. 여성신문사.

우석균. 2005. 「베트남전쟁의 또 하나의 피해자: 베트남 참전군인—베트남전쟁이 참전군인들에게 남긴 신체적·정신적 상처」. 베트남전 종전 30돌, 한국군 참전 40돌 기념 강연회 자료집, 또 하나의 전쟁: 전쟁의 기억과 상처.

이병천 엮음. 2003. 『개발독재와 박정희시대: 우리 시대의 정치경제적 기원』. 창비.

이옥지. 2001. 『한국여성노동자운동사 1』. 도서출판 한울.

_____. 2004. 「1970년대의 한국 여성노동자운동」. 김명혜 편역. 『여성과 민주화운동』. 경인문화사.

이종석. 1995. 「북에서 본 한일협정과 '조일회담'」. 역사문제연구소 엮음. ≪역사비평≫, 제28호. 역사비평사.

이효인. 2003. 『영화로 읽는 한국사회문화사』. 개마고원.

일레인 김·최정무 편저. 2001. 『위험한 여성: 젠더와 한국의 민족주의』. 박은미 옮김. 삼인.

전순옥. 2004. 『끝나지 않은 시다의 노래』. 한겨레신문사.

정유진. 2000. 「평화를 만든다는 것」. 『제주 인권학술회의 2000: 일상의 억압과 소수자의 인권』. 사람생각.

정희진. 1999. 「죽어야 사는 여성들의 인권: 한국 기지촌여성운동사. 1986~1998」. 한국여성의전화연합 엮음. 『한국여성인권운동사』. 도서출판 한울.

조희연. 1995. 「민청세대·'긴조세대'의 형성과 정치개혁 전망」. 역사문제연구소. ≪역사비평≫, 제30호. 역사비평사.

_____. 2004. 『비정상성에 대한 저항에서 정상성에 대한 저항으로』. 아르케.

_____. 2005. 「운동과 저항, '오래된 현재'」. 학술단체협의회 엮음. 『사회를 보는 새로운 눈』. 도서출판 한울.

최장집. 2002. 『민주화 이후의 민주주의: 한국 민주주의의 보수적 기원과 위기』. 후마니타스.

한국영상자료원·이효인. 2004. 『한국영화사 공부: 1960~1979』. 이채.

한홍구. 2002. 「베트남. 우리를 비추는 거울」. ≪황해문화≫, 통권 36호.

_____. 2003. 『대한민국사 01』. 한겨레신문사.

_____. 2003. 『대한민국사 02』. 한겨레신문사.

_____. 2003. 「베트남 파병과 병영국가의 길」. 이병천 엮음. 『개발독재와 박정희시대』. 창작과비평사.

홍인숙. 1995. 「한일회담에 대한 미·일의 구도와 대응」. 역사문제연구소 엮음. ≪역사비평≫ 제28호. 역사비평사.

Lee, Hye-Kyung. 2005. "International Marriage Migration in South Korea." Paper presented at the Women's World 2005. 9th International Interdisciplinary Congress on Women. Ewha Womans University. June 19~24.

민주화실천가족운동협의회 홈페이지 http://minkahyup.org

민주화운동기념사업회연구소 홈페이지 http://www.kdemocracy.or.kr

삼청교육대 인권운동연합 홈페이지 http://samchung77.or.kr

성공회대 민주자료관 홈페이지 http://www.demos.or.kr

이주노동자 노동조합 홈페이지 http:migrant.nodong.net

(재)5·18기념재단 홈페이지 http://www.518.org

전태일기념사업회 홈페이지 http://chuntaeil.org

주한미군범죄근절운동본부 홈페이지 http://usacrime.or.kr

평화박물관 홈페이지 http://peacemuseum.or.kr

(사)한국여성노동자협의회 홈페이지 http://www.kwwnet.org

한국이주여성인권연대 홈페이지 http://www.wmigrant.org

일본

天野正子. 1996.『'生活者'とはだれか』. 中央公論社.

朝倉むつ子 ほか. 2003.『導入對話によるジェンダー法學』. 不磨書房.

新崎盛暉. 1984.『沖繩考』. 凱風社.

石川准 ほか 編. 1999.『障害學への招待 社會, 文化, ディスアビリティ』. 明石書店.

伊田廣行. 2003.『シングル化する日本』. 洋泉社.

伊藤康子. 1974.『戰後日本女性史』. 大月書店.

上野千鶴子 編. 1982.『主婦論爭を讀む』. 1. Ⅱ. 勁草書房.

內田隆三. 1987.『消費社會と權力』. 岩波書店.

江原由美子. 1985.『女性解放という思想』. 勁草書房.

小此木政夫. 2004.『在日朝鮮人はなぜ歸國したのか』. 現代人文社.

大越愛子. 1996.『フェミニズム入門』. 筑摩書房.

大越愛子 ほか 編. 2004.『現代文化テクスチュア』. 晃洋書房.

大澤眞幸. 1996.『虛構の時代の果て オウムと世界最終戰爭』. 筑摩書房.

小田實. 1995.『'ベ平連'・回顧錄でない回顧』. 第三書館.

小倉貞男. 1992.『ヴェトナム戰爭全史』. 岩波書店.

女たちの現在を問う會 編. 1996.「全共鬪からリブへ」.《銃後史ノート》, 戰後篇
　　　8号イ. ンパクト出版會.

加藤尙武 編. 1998.『環境と倫理』. 有斐閣.

加納實紀代. 2005.『戰後史とジェンダー』. インパクト出版會.

加納實紀代 編. 2004.『リブという革命』. インパクト出版會.

韓國教會女性連合會 編. 1984.『キーセン觀光實態報告書』. 山口明子 譯. NCCキ
　　　リスト教アジア資料センター.

樺光子 編. 1960.『人知れず微笑まん 美智子遺稿集』. 三一書房.

金贊汀. 2004.『在日, 激動の百年』. 朝日新聞社.

金満里. 1996.『生きることのはじまり』. 筑摩書房.

伍賀偕子. 2002.『次代を拓く女たちの運動史』. 松香堂.

塩川喜信 ほか 編. 1999.『新左翼運動40年の光と影』. 新泉社.

澁川智明. 2001.『福祉NPO 地域を支える市民起業』. 岩波書店.

情況出版編集部 編. 1998.『全共闘を讀む』. 情況出版.

女性史總合研究會 編. 1990.『日本女性生活史 第5卷 現代』. 東京大學出版會.

鈴木尙子 編. 1985.『資料 戰後母性の行方』. ドメス出版.

鈴木裕子. 1995.『女と'戰後50年'』. 未來社.

_____. 1996.『'慰安婦'問題と戰後責任』. 未來社.

徐勝. 1994.『獄中19年』. 岩波書店.

宋連玉. 2002.「在日女性の戰後史」. ≪環≫, 第11号. 藤原書店.

_____. 2005.「在日朝鮮人女性とは誰か」. 岩崎稔·大川正彦·中野敏男·李孝德.『継
　　　續する植民地主義 ジェンダー/民族/人種/階級』. 青弓社.

フェミローグの會. 1992.「在日女性と解放運動―その創成記に」.『フェミローグ
　　　3』. 玄文社.

高崎宗司. 1990.『'妄言'の原形』. 木犀社.

_____. 1996.『檢証 日韓會談』. 岩波書店.

高里鈴代. 1996.『沖縄の女たち』. 明石書店.

田中宏. 1991.『新版 在日外國人』. 岩波書店.

谷川榮彦 編. 1984.『ベトナム戰爭の起源』. 勁草書房.

鶴見良行. 2002.『鶴見良行著作集2 ベ平連』. みすず書房.

永田. 1982~1983.『16の墓標』. 上下. 彩流社.

永田洋子. 1995.『續16の墓標』. 彩流社.

平井一臣. 2003.「ヴェトナム戰爭と日本の社會運動」. ≪歴史學研究≫, 10月号.

平林久枝. 1991.『私を呼ぶ朝鮮』. 社會評論社.

古田元夫. 1991.『歴史としてのヴェトナム戰爭』. 大月書店.

_____. 1996.『ホー·チ·ミン 民族解放とドイモイ』. 岩波書店.

「ベトナムに平和を!」. 市民連合 編.『資料·'ベ平連'運動』(上·中·下). 河出書房新
　　　社. 1974.

松井やより. 1987.『女たちのアジア』. 岩波書店.

_____. 1990.『市民と援助』. 岩波書店.

_____. 2003.『愛と怒り 闘う勇氣: 女性ジャーナリストいのちの記録』. 岩波書店.

溝口明代 ほか 編. 1992~1994.『資料日本ウーマン・リブ史』(全3卷). 松香堂.

むくげの會 編. 1972.『身世打鈴 在日朝鮮女性の半生』. 東都書房.

村瀨ひろみ. 2000.『フェミニズム・サブカルチャー批評宣言』. 春秋社.

吉川勇一 編. 1995.『反戰平和の思想と行動 コメンタール戰後50年』(第4卷). 社會評論社.

吉川勇一・道場親信. 2003.「ヴェトナムからイラクへ」. ≪現代思想≫, 6月号.

제7장

한국

심영희. 1998.『위험사회와 성폭력』. 나남출판.

이효재. 1989.『한국의 여성운동: 어제와 오늘』. 정우사.

정진성. 2004.『일본군 성노예제: 일본군 위안부 문제의 실상과 그 해결을 위한 운동』. 서울대학교출판부.

정진성・안진 외. 2004.『한국현대여성사』. 도서출판 한울.

한국여성단체연합. 1998.『열린 희망: 한국여성단체연합 10년사』. 동덕여자대학교 한국여성연구소.

한국여성의 전화 연합. 1999.『한국여성인권운동사』. 도서출판 한울.

한국정신대문제대책협의회 2000년 일본군 성노예전범 여성국제법정 한국위원회 증언팀 엮음. 2001.『강제로 끌려간 조선인 군위안부들 4: 기억으로 다시 쓰는 역사』. 풀빛.

한국정신대문제대책협의회 2000년 일본군 성노예전범 여성국제법정 한국위원회・한국정신대연구소 공편. 2004.『강제로 끌려간 조선인 군위안부들 5』. 풀빛.

한국정신대문제대책협의회 부설 전쟁과여성인권센터 연구팀. 2004.『강제로 끌려간 조선인 군위안부들 3』. 여성과인권.

한국정신대문제대책협의회. 1997.『일본군 위안부 문제의 진상』. 역사비평사.

한국정신대문제대책협의회·한국정신대연구소 공편. 1993.『강제로 끌려간 조선인 군위
　　　　안부들 1』. 도서출판 한울.

＿＿＿＿＿＿. 1997.『강제로 끌려간 조선인 군위안부들 2』. 도서출판 한울.

＿＿＿＿＿＿. 1999.『강제로 끌려간 조선인 군위안부들 3』. 도서출판 한울.

한국정신대연구소 엮음. 2003.『중국으로 끌려간 조선인 군위안부들 2』. 도서출판 한울.

한국정신대연구소. 2000.『할머니 군위안부가 뭐예요?』. 한겨레신문사.

한국정신대연구소·한국정신대문제대책협의회 공편. 1995.『중국으로 끌려간 조선인 군
　　　　위안부들: 50년 후의 증언』. 도서출판 한울.

변영주 감독. 1999. 영화 ≪숨결≫. 기록영화제작소 보임.

일본

'慰安婦'問題の立法解決を求める會. ≪ニュース≫, 当該号.

石田米子·內田知行 編. 2004.『黃土の村の性暴力 大娘(ダーニャン)たちの戰爭は
　　　　終わらない』. 創土社.

伊藤公雄·樹村みのり·國信潤子. 2002.『女性學·男性學 ジェンダー論入門』. 有斐閣.

井上輝子. 1997.『新版 女性學への招待』(初版1992). 有斐閣.

井上輝子 ほか 編. 1994.『日本のフェミニズム 2 フェミニズム理論』. 岩波書店.

「夫(戀人)からの暴力」. 調査研究會.『ドメスティック·バイオレンス』(新裝版). 有斐
　　　　閣. 1998.

大越愛子. 2004.『フェミニズムと國家權力』. 世界書院.

大島孝一·有光健·金英姬 編. 1996.『'慰安婦'への償いとは何か－'國民基金'を考
　　　　える』. 明石書店.

鹿野政直. 2004.『現代日本女性史』. 有斐閣.

韓國女性ホットライン連合 編. 2004.『韓國女性人權運動史』. 山下英愛 譯. 明石書店.

韓國挺身隊硏究所. 金英姬·許善子 編譯. 2002.『よくわかる韓國の'慰安婦'問題』.
　　　　アドバンテー ジサーバー.

久保井規夫. 2004.『消され, ゆがめられた歷史敎科書－現場敎師からの告發と檢
　　　　證』. 明石書店.

國際法律家委員會. 1995. 『國際法からみた‘從軍慰安婦’問題』. 自由人權協會·日本の戰爭責任センター 譯. 明石書店.

子どもと教科書全國ネット21. 2001. 『こんな教科書 子どもにわたせますか−‘つくる會’の歷史·公民教科書批判−』. 大月書店.

小森陽一·坂本義和·安丸良夫 編. 2001. 『歷史教科書 何が問題か』. 岩波書店.

在日朝鮮人·人權セミナー 編. 1999. 『在日朝鮮人と日本社會』. 明石書店.

從軍慰安婦問題ウリヨソンネットワーク 企畫. 1995. 金富子·梁澄子 ほか 著. 『もっと知りたい‘慰安婦’問題−性と民族の視点から』. 明石書店.

女性學研究會 編. 1981. 『女性學をつくる』. 勁草書房.

鈴木裕子. 1992. 『從軍慰安婦·內鮮結婚』. 未來社.

_____. 1993. 『‘從軍慰安婦’問題と性暴力』. 未來社.

_____. 1997. 『戰爭責任とジェンダー』. 未來社.

_____. 2002. 『天皇制·‘慰安婦’·フェミニズム』. インパクト出版會.

戰後處理の立法を求める法律家·有識者の會. ≪ニュース≫, 當該号.

角田由紀子. 1991. 『性の法律學』. 有斐閣.

_____. 2001. 『性差別と暴力』. 有斐閣.

東京女性財団 編. 『セクシュアル·ハラスメントのない世界へ』. 有斐閣.

戶塚悅朗. 1999. 『日本が知らない戰爭責任』. 現代人文社.

永原慶二. 2001. 『歷史教科書をどうつくるか』. 岩波書店.

ナヌムの家付設日本軍. 2000. ‘慰安婦’歷史館 編. 『咲ききれなかった花 日本軍‘慰安婦’ハルモニの繪畫集』. ナヌムの家.

西野瑠美子. 1992. 「從軍慰安婦」. 明石書店.

_____. 2003. 『船上の‘慰安婦’』. 明石書店.

日本教職員組合 編. 2005. 『教科書白書2005＜中學校 歷史·公民編＞』. アドバンテージサーバー.

VAWW-NET Japan 編. 2000～2002. 『日本性奴隷制を裁く 2000年女性國際戰犯法廷の記録』(全6卷). 綠風出版.

_____. 2001. 『ここまでひどい, 「つくる會」歷史·公民教科書』. 明石書店.

_____. 2001. 『裁かれた戰時性暴力』. 白澤社.

_____. 2002. 『Q&A 女性國際法廷 '慰安婦'制度をどう裁いたか』. 明石書店.

VAWW-NET Japan 編譯. 1998. 『戰時·性暴力をどう裁くか 國連マクドゥガル報告全譯』. 凱風社.

慧眞. 1998. 『ナヌムの家のハルモニたち』. 徐勝·金京子 譯. 人文書院.

堀尾輝久. 1992. 『教科書問題－家永訴訟に託すもの－』. 岩波ブックレット.

'女性·戰爭·人權' 學會. 2005. 「'戶惑う人間'のための安全保障學－沖縄と韓國における反基地運動 '住民アクター'の視点から－」. ≪女性·戰爭·人權≫, 7號. 行路社.

松井やより. 2002. 「アクティヴィストが期待するアジア女性學」. ≪かりん かりん 女性學·ジェンダー研究≫, 第2号. 城西國際大學.

_____. 2003. 『愛と怒り. 闘う勇氣』. 岩波書店.

尹貞玉. 2003. 『平和を希求して』. 鈴木裕子編·解説. 白澤社.

尹貞玉 他. 1992. 『朝鮮人女性がみた'慰安婦問題'』. 三一書房.

吉見義明. 1992. 『從軍慰安婦資料集』. 大月書店.

ラディカ·クマラスワミ. 2000. 『女性に對する暴力－國連人權委員會特別報告書』. クマラスワミ報告書研究會 譯. 明石書店.

歴史學研究會 編. 2001. 『歴史家が讀む'つくる會'教科書』. 青木書店.

Web site of International Criminal Court's Home Page. http://www.icc-cpi.int/

Web site of International Criminal Court of Amnesty International's Home Page. http://web.amnesty.org/library /Index/ENGIOR510062004

アムネスティ·インターナショナル(日本)のホームページの國際刑事裁判所に關するウェブサイト゜ http://www.amnesty.or.jp/campaign/icc/

연표

井上輝子·江原由美子 編. 2005. 『女性のデータブック』(第4版). 有斐閣.

岩波書店編集部 編. 1984. 『近代日本總合年表』(第2版). 岩波書店.

生方孝子 他 編. 1983. 「近代日本女性史小年表」. 『女性史小事典』. エッソ石油 廣報部.

京都大學文學部國史研究室日本近代史辭典編集委員會. 1958. 『日本近代史辭典』. 東洋経濟新報社.

遠山茂樹·安達淑子. 1961. 『近代日本政治史必携』. 岩波書店.

中村正則 編. 1989. 『年表 昭和史』. 岩波ブックレット.

丸岡秀子·山口美代子 編. 1980. 「近代日本婦人問題. 表」. 『日本婦人問題資料集成』(第10卷). ドメス出版.

三井禮子 編. 1963. 『現代婦人運動史年表』. 三一書房.

朝日ジャーナル 編. 1984~1985. 『女の戰後史』(Ⅰ~Ⅲ). 朝日新聞社.

阿部恒久·佐藤能丸. 2000. 『日本近現代女性史』. 芙蓉書房出版.

市川房枝 ほか 編. 1976~1981. 『日本婦人問題資料集成』(全10卷). ドメス出版.

井上輝子·上野千鶴子·江原由美子·大澤眞理·加納實紀代 編. 2002. 『岩波 女性學事典』. 岩波書店.

李順愛 編譯·解說. 1989. 『分斷克服と韓國女性運動』. 御茶の水書房.

李效再. 1987. 『分斷時代の韓國女性運動』. 李順愛·崔映淑·金靜伊 譯. 御茶の水書房.

_____. 1988. 『分斷社會と女性·家族』. 金學鉉·金洪仙·左和子 譯. 社會評論社.

鹿野政直·堀場清子. 1985. 『祖母·母·娘の時代』. 岩波ジュニア新書.

近現代日本女性人名事典編集委員會 編. 2001. 『近現代日本女性人名事典』. ドメス出版.

女性史總合研究會 編. 1982. 『日本女性史』(第4~5卷). 東京大學出版會.

總合女性史研究會 編. 1992. 『日本女性の歷史 性·愛·家族』. 角川書店.

帶刀貞代. 1957. 『日本の婦人』. 岩波新書.

田中壽美子 編. 1968. 『近代日本の女性像』. 社會思想社(現代教養文庫).

永原和子·米田佐代子. 1986. 『おんなの昭和史』. 有斐閣.

朴垠鳳. 1999. 『わかりやすい朝鮮社會の歷史』. 石坂浩一 監譯·清水由希子 譯. 明石書店.

韓洪九. 2003. 『韓洪九の韓國現代史』. 高崎宗司 監譯. 平凡社.

もろさわようこ. 1971. 『おんなの戰後史』. 未來社.

歷史教育研究會 編. 2003. 『日本と韓國の歷史共通教材をつくる視点』. 梨の木舍.

	한국의 여성들	일본의 여성들	한일 및 세계의 주요 사건
1866	민자영, 고종과 혼인하여 왕비가 됨.		
1868		낙태약의 판매금지.	일본, 왕정복고의 선언.
1869		'여자매매금지'의 건백.	다이묘가 토지와 농민을 천황에게 돌려주는 판적봉환(版籍奉還) 실시.
1870			보불전쟁.
1871		쓰다 우메코 등 소녀 5명, 미국 유학 출발. 「신율강령」, '처첩'을 2촌으로 함.	일본, 폐번치현(廢藩置縣). 청일수호조약. 조선의 대원군, 전국에 척화비 세움.
1872		학제 발포, 남녀평등의 의무교육제로 함. 「인신매매금지령」, 예창기의 「해방령」	일본, 학제 발포.. 관영 후쿠오카 제사장 개업.
1873	고종의 친정 선포. 명성황후의 정치적 역할이 커짐.	처의 이혼소송을 허가. 여성호주 허가. 교토에 여홍장(女紅場) 설립.	일본, 지조개정조례 공포. 「징병령」 공포. 일본, '대만 출병', '정한론'으로 사이고 다카모리 하야.
1874		도쿄여자사범학교(최초의 여성 교원 양성 학교) 설립. 모리 아리노리(뒤의 문교부 장관), '처첩론'으로 일부일처제를 주장하고, 이듬해 '계약결혼'.	일본, 자유민권운동 시작.
1875		≪명육잡지≫로 후쿠자와 유키치 등 여성문제를 논쟁.	일본, 언론법인 참방률(讒謗律), 신문지조례 규정. 운요호 사건.
1876		오사카 부 병원 산파학 졸업자 175명, 산파 면허의 시작.	강화도조약.
1877		자유민권운동으로 남녀동원론 저작 다수.	일본, 서남전쟁.

	한국의 여성들	일본의 여성들	한일 및 세계의 주요 사건
1878		도야마에서 어민 여성이 쌀 소동. 고치의 구쓰노세 여호주로서 공민권 요구.	독일, 사회주의자 진압법.
1879		교육령 공포, 남녀별학(別學)을 규정.	일본, 류큐 처분. 부현회 개설. 우에키 에모리, 『자유민권론』. 독일·오스트리아 동맹.
1880		집회조례 포고, 여성의 정치 활동 제한. 세계폐창연합회가 공창폐지를 권고.	조선, 서울에 일본공사관 설치. 일본에 수신사 파견. 일본, 집회조례.
1881			조선, 일본에 신사유람단 시찰, 청에 영선사 파견. 일본, 국회 개설의 조서. 자유당 결성.
1882	'임오군변'으로 명성황후 피신했다 환궁.	군마 현회, 창기폐지의 건의 제출. 기시타 도시코, 가게야마 히데코 등 자유민권을 연설.	조선, 임오군변. 일본, 군인칙유. 독일·오스트리아·이탈리아, 삼국 동맹.
1883		신문지조례 개악, 여성의 발행·편집·인쇄 금지.	조선, ≪한성순보≫ 창간. 원산 학사 설립. 인천항 일본조계조약.
1884	궁녀 고대수(顧大嫂), '갑신정변'을 도움.	오키노 겐코, 의술개업시험에 합격.	조선, 갑신정변. 일본, 자유당 해산. 청·프랑스 전쟁.
1885		메이지여학교 설립, 크리스트교 남녀평등주의를 표방. ≪여학잡지≫ 창간, 반동적 여자교육 비판.	영국, 조선의 거문도 불법 점령(거문도사건). 일본, 조선 쿠데타 계획 발각(오사카 사건). 내각제도 제정. 마쓰카타 디플레이션.
1886	한국 최초의 여학교 이화학당 설립.	야마나시 현 고후에서 아마미야 제사방직 여공, 일본 최초로 파업. 도쿄기독교부인교풍회 설립.	일본, 조선 정부와 부산 절영도 조차 약서 조인. 조약 개정 교섭 개시. 영국령 버마 성립.
1887	여성 의사 하워드가 한국 최초의 여성병원 보구여관 설립. 여성 의사 엘리스, 연동여학교 설립.	도쿄제국대 의과대학 부속병원, 간호부 양성 개시.	일본, 보안조례. 프랑스령 인도네시아 성립.
1888		≪도쿄부인교풍잡지≫ 등 단체	일본, 추밀원 설치.

	한국의 여성들	일본의 여성들	한일 및 세계의 주요 사건
		기관지 연달아 창간.	
1889		부인교풍회 '일부일처제' 건백서 제출, 군마현회, 폐창안 가결.	일본, '대일본제국헌법' 발포. 제2인터내셔널 결성.
1890		도쿄여자고등사범학교(현재 오차노미즈여자대학) 설립. 전국폐창동맹회 결성. 집회 및 정치결사법 공포. 여성의 정치 활동 전면금지. 여성 전화교환수 9명, 최초로 채용.	일본, 제1회 총선거, 제1회 제국의회. 교육칙어 발포. 집회 및 정치결사법 공포.
1891		가족제도를 둘러싼 민법전 논쟁 (일부일처제 등).	제주도에서 봉기 발생. 일본, 대역사건. 시베리아 철도 기공.
1892		야지마 제사 여공 임금인하 반대 파업(야마나시).	러시아·프랑스 동맹.
1893		일본기독교부인교풍회 결성. 여자교육에 관한 훈령, 재봉과 설치.	
1894	조혼 금지. 과부 재가 허용.	도쿄 후카가와의 도쿄방직회사, 탁아소 개설. 청일전쟁에 적십자 간호부 종군.	갑오농민전쟁. 갑오개혁. 영일통상항해조약. 청일전쟁(~1995).
1895	명성황후 시해됨.	고등여학교 규정 제정. 군마현회, 공창 재설치 건의안을 가결. 히구치 이치요, 「키재기」, 「흐린 강」 등 발표.	조선, 을미개혁. 단발령 시행. 시모노세키 조약. 삼국간섭.
1896		노동력 부족 때문에 종연방직 숙련 여공 쟁탈.	조선, 아관파천. 《독립신문》 발간. '독립협회' 조직.
1897		「남녀별학훈령」에 따라 여학생에게 고유의 교육.	대한제국 선포. 광무개혁. 일본, 금본위제 확립. 노동조합 기성회 결성.
1898	한국 최초의 여성단체 '찬양회' 조직. 여성단체 '순성회'가 조직되어 독립협회 활동에 참여.	민법 친족편·상속편 공포 시행, 가족제도 법제화. 오쿠무라 이오코, 한국의 광주(光州)에 실업학교 설립.	미국, 하와이 병합. 독일이 중국 자오저우 만, 러시아가 여순·대련, 이탈리아가 블라디보스토크 조차. '독립협회' 주최로 만민공동회 개최. '독립협회', 강제해산.
1899		고등여학교령 공포, 양처현모주	일본, 영사재판권(치외법권) 철

	한국의 여성들	일본의 여성들	한일 및 세계의 주요 사건
		의 교육 확립.	폐. 프랑스, 광저우 만 조차.
1900	한국 최초의 여성 의사 박에스 더, 귀국하여 의료 활동 시작.	치안경찰법 공포, 여성의 집회결 사를 금지. 쓰다 우메코, 여자영학숙(현재 쓰 다주쿠대학), 요시오카 야요이, 도쿄여의학교(현재 도쿄여자의과 대학) 설립. 「창기취체규칙」 공포, 자유폐업 을 법제화.	한국, 활빈당(活貧黨) 활동 활 발. 일본, 치안경찰법 공포 입헌정우 회 결성. 중국, 의화단사건.
1901		오쿠무라 이오코가 주창하여 애 국부인회 설립. 일본여자대학교, 여자미술학교 (현재 여자미술대학) 설립. 요사노 아키코, 『흐트러진 머리 카락』 간행. 미쓰이 오복점에서 여성 점원 3 명 채용.	일본, 사회민주당 결성. 동청(東 淸)철도 완성.
1902		사이타마, 학대여공구제회 설립. 제사 여공 270명 단식동맹(사이 타마 후카야).	영일동맹. 시베리아 철도 완성.
1903		「전문학교령」 발포, 여자전문학 교 설립. 농상무성『직공사정』 전5권 간 행, 노동의 실태를 적나라하게 보고, 극비취급.	일본, 평민사 결성. 국정 교과서 제.
1904		사회주의협회·평민사, 사회주의 부인강연회 개최. 출정군인가족위문부인회, 위문 대를 병사에게 보냄. 폐창기의 수용시설 「자애관(慈 愛館)」(부인교풍회) 낙성.	러일전쟁(~1905). 한일의정서 조인. 제1차 한일협약. 영프협상.
1905	한일 양국의 고관 부인들의 단 체인 '대한부인회' 설립. 첫 부인상회로 이일정(李一貞) 이 경영하는 '일정상회' 생김.	평민사의 여성들, 치안경찰법 제 5조 개정을 청원. 일본크리스트교여성청년회(Y WCA)(회장 쓰다 우메코) 발족.	포츠만강화조약. 제2차 한일협 약. 조선통감부 설치. 제1차 러시아혁명.
1906	조선 황실의 후원으로 진명여학 교와 명신여학교(뒤에 숙명여학 교로 개칭) 설립.	치안경찰법 제5조 2항(정담집회 의 자유보증) 중원(衆院)에서 채 택.	한국, '대한자강회' 조직. 이인 직, 신소설 발표. 일본사회당 결성. 철도국유법.

	한국의 여성들	일본의 여성들	한일 및 세계의 주요 사건
	여성 종합 잡지 《가정잡지》 발간. '여자교육회' 조직됨. 총재 이옥경(李鈺卿). '한일부인회' 조직.	야지마 제사 여공 456명 임금 인하 반대 파업, 해결.	남만주철도(만철) 설립. 관동도독부(關東都督府) 설치.
1907	'국채보상부인회', '탈환회' 등 여성단체 조직. '진명부인회' 창립. 친일 인사 부인들을 중심으로 '자선부인회' 창립. '여자교육회'에서 공립병원을 설치하고 의료봉사 시작. 윤희순, 안사람 의병운동 전개.	후쿠다 히데코 《세계부인》 창간, 최초의 사회주의 여성 신문. '가라유키상' 싱가포르에만 2~3만 명이라고 추정.	조선, 국채보상운동 전개. 군대해산. '신민회' 결성. 제1차 러일협약. 영러협상. 영·프·러 3국협상.
1908	'한성여자보육학원'에서 여성 계몽 잡지 《여자지남》 창간. 고등여학교령 제정 공포 한성고등여학교 설립.	여성 교원의 출산휴가 규정을 제정(나가노). 《가정지우》, 《부인지우》라고 개제. 나라여자고등사범학교(현재 나라여자대학) 개교.	한국에 동양척식주식회사 설립. 일본, 아카하타(赤旗) 사건.
1909		도쿄 모슬린 여공 300명 임금인상 요구 파업.	안중근, 이토 히로부미 사살. 일본군, 남한대토벌 벌임.
1910	'김해부인회', '나주잠업부인회', '양정여자교육회' 등 조직. 조산부양성소 설립. 세브란스여학교 간호학과 제1회 졸업생 배출.	고등여학교령 개정, 재봉 등 실과고등여학교 제도 성립.	일본, 대역사건. 제2차 러일협약. 한국 강점. 명칭을 '조선'으로 격하.
1911	「조선교육령」, 「여자고등보통학교 규칙」 공포. 「조선총독부령」, 「예기 창기 작부 취체규칙」 제정.	간노 스가코, 대역사건으로 고토쿠 슈스이와 함께 처형. 여성 노동자 등 보호의 공장법 공포(최초의 노동입법), 시행은 5년 뒤. 요시하라 유곽 화재, 많은 창기들이 사망, 부인교풍회, 요시하라 유곽 폐지운동. 공창폐지운동단체·곽청회 결성. 히라쓰카 라이초 등, 《세토》 창간.	중국, 신해혁명.
1912	제령 제7호로 「조선민사령」 (공포. 한성고등여학교가 경성여자고등		조선총독부, 토지조사사업 시작 (~1918). 제3차 러일협약. 제1차 호헌운동.

	한국의 여성들	일본의 여성들	한일 및 세계의 주요 사건
	보통학교로 개칭. 이화학당, 「조선총독부령」에 의해 보통과, 고등과, 대학과 인가.		중화민국 성립. 청나라 멸망.
1913	경성신문사, 여성 대상 계몽지 《우리의 가정》 창간. 평양숭의여학교 비밀결사 '송죽결사대' 조직.	《세토》 신여자 특집호, 발매 금지. 도호쿠제대에 여학생 3명 입학. 이시하라 오사무, 『위생학으로 본 여공의 현황』, 방직 여공의 심야작업에 따른 질병, 사망률의 높음을 실증적으로 고발.	
1914	이화학당 대학과 제1회 3명 졸업. 관립 경성여자고등보통학교에 사범과 설치.	다카라스카 소녀가극 제1회 공연. 도쿄 모슬린 방적회사 오즈마 공장 쟁의, 야마우치 미나 참가.	일본, 제1차세계대전에 참전.
1915	도쿄에 '재동경조선여자유학생친목회' 발족.	「간호부 규칙」, 「내무성령」으로 제정.	대중국 21개조 요구.
1916	「경무총감부령」 제4호, 「대좌부창기취체규칙(貸座敷娼妓取締規則)」 발포. 데라우치(寺內正毅) 총독, 공창제도 공포.	《부인공론》 창간. 우애회부인부 설치(일본 최초의 노동조합부인부).	요시노 사쿠조(吉野作造), 민본주의를 제창.
1917	'재동경여자유학생친목회'에서 기관지 《여자계》 창간. '천도교여성동맹' 창립.	《주부지우》 창간. 제1회 전국 소학교 여교원 대회 개최.	이시이·란싱 협정. 러시아혁명.
1918	하바로프스크에서 김 알렉산드라의 주도로 한인사회당 결성. 도쿄여의전을 졸업한 허영숙, 총독부 의사시험에 합격. 「조선교육령」, 「여자고등보통학교 규칙」 개정.	모성보호 논쟁 시작(요사노, 히라쓰카, 야마카와, 야마다). 전국처녀회 중앙부 설립. 도야마 현 아래의 '쌀 소동' 전국에 확대.	일본, 쌀 소동. 시베리아 출병. 하라 다카시(原敬) 내각 성립. 독일혁명.
1919	도쿄의 유학생들이 2·8독립선언을 전개함. 3·1운동에 여성들이 거리로 나와 시위운동 전개. '대한민국애국부인회' 창설. 중국에 거부 여성들을 중심으로 '상하이애국부인회' 조직. '대한민국애국부인회', 군자금을 임시정부에 보내려다 발각되어	오사카에서 방적 관계 대공장 중심으로 쟁의 집중. 우애회(友愛會)부인부 주최, 최초의 부인 노동자 대회. 제1회 간사이부인단체연합대회에서 신부인협회(히라쓰카, 이시카와 등) 결성 발표.	3·1독립운동, 대한민국임시정부 수립, '의열단' 조직. 중국, 5·4운동. 베르사유 조약.

	한국의 여성들	일본의 여성들	한일 및 세계의 주요 사건
	체포. 기독교 여성들이 절제생활운동을 위한 금주회 창설.		
1920	일엽 김원주 편집의 ≪신여자≫ 발간. 차미리사를 중심으로 여성계몽운동단체 '조선여자교육회' 창립. 의사 허영숙, 여성 최초로 개인병원인 영혜의원을 개설. '조선여자유학생친목회'를 '조선여자유학생학흥회'로 개칭. 평남 '대한청년단' 총참모 조신성 체포.	도쿄 시 버스에 여성 차장 근무. 도야마 와사 방적 오시아게 공장의 노무라 쓰치노, '조합권' 확인을 요구, 파업 결행, 패배. 우애회 부인부 타격을 받음.	전후 공황, 제1회 메이데이, 국제연맹 성립, 일본 가입. 봉오동·청산리 전투. ≪조선일보≫, ≪동아일보≫ 창간.
1921	나혜석, 경성일보사 구내에서 개인 전시회를 엶. 천도교 '내수단' 조직. 「조선민사령」 개정.	자유학원, 문화학원 창립. 최초의 사회주의 여성단체, 세키란카이 결성.	일본노동총연맹. 워싱턴군축회의. 영일동맹폐기.
1922	조선여자교육회가 '조선여자교육협회'로 개칭. 조선교육령 개정. 김활란, 김필례 등이 중심이 되어 '한국여자기독교청년회(YWCA)'를 조직. 정종명 등이 '여자고학생상조회'를 조직. 개벽사가 부인들의 교양 잡지로 ≪부인≫을 발행. 강향란, 여성 최초로 단발.	치안경찰법 5조 개정 공포, 여성에게 정치집회 참가·개최(회동권)를 인정. 문부성 훈령, 여성 교원의 산휴 규정.	이광수, '민족개조론' 발표. 민립대학설립운동 추진. 일본, 전국수평사 결성. 일본농민조합 결성. 일본공산당 결성. 워싱턴해군군축조약. 이탈리아에 파시스트 정권. 소비에트사회주의공화국연방 성립.
1923	기생의 학생 복장을 엄중 금지. 개벽사, ≪부인≫을 ≪신여성≫으로 개칭, 발간. '조선간호부협회' 조직. '경성고무여자직공조합' 조직. 부산조선방직회사 여직공 파업. '암태부인회' 여성 농민운동.	제1회 국제 부인의 날, 기념강연회 개최, 도중에 금지당함. 전국수평사대회에서 '부인수평사' 설립을 가결. 대지진 뒤, 가네코 후미코 검거, 이토 노에 학살당함. 이와와다 방적 쟁의 일어남. 도쿄연합부인회, 전국공창폐지기성동맹회 결성.	암태도농민항쟁(~1924). 일본, 간토 대지진. 도라노몬(虎の門) 사건(섭정 히로히토 습격됨).
1924	사회주의 여성들을 중심으로 '조선여성동우회' 창립. 조선여성동우회 주최 남녀연합	일본농민조합대회, 부인부 설치. 부인참정권 획득 기성동맹회 발기(이듬해 부선획득동맹으로	'조선청년동맹' 결성. '조선노농총동맹' 결성. 일본, 제2차 호헌운동.

	한국의 여성들	일본의 여성들	한일 및 세계의 주요 사건
	대강연회를 개최. 인천정미소의 선미 여직공 동맹 파업, 대구 조선·제사 공장 여직공 파업, 원산 고무 공장 여직공 파업. '조선여자기독교절제회연합회' 조직. 《조선일보》에 민간지 최초 여기자 최은희 탄생.	개칭).	
1925	주세죽, 허정숙 등 사회주의자들이 '경성여자청년맹' 결성. 정칠성(丁七星) 등 일본여자유학생 '삼월회' 조직. '조선여성해방동맹' 발기 총회. 이화여자전문학교 설립.	정치연구회 부인부 발족, 무산정당강령문제로 야마카와 기쿠에, 8항목을 요구 제출. 호소이 와키조, 『여공애사』 간행. 국제연맹, 부인아동매매금지 조약 비준.	조선공산당 결성. 일본, 보통선거법 공포. 치안유지법 공포. 일본노동조합평의회 결성. 중국, 5·30사건.
1926	'조선여자직업조합' 조직. '경성여자청년맹'과 '경성여자청년회'가 통합하여 '중앙여자청년동맹' 결성. 기생들이 기생 잡지 《장한》 발간. 직업여성들의 친선 도모, '망월구락부' 조직.	노동조합부인부 설치 문제, 평의회 대회에서 논쟁. 곽청회·교풍회 연합 결성. 여성 유년 노동자의 심야작업 금지 청원운동.	6·10만세운동. 경성제국대학 개교. 일본, 노동농민당·사회민중당·일본노농당 결성. 장제스, 북벌 개시.
1927	'근우회' 창립총회. 여성종합지 월간 《부녀세계》 간행. '조선여자흥업사' 발기.	동양모슬린 가메도 공장 쟁의에서 '여공 외출의 자유'를 획득. 나가노 오카야 제사 공장, 야마이치 하야시조(山一林組)의 여성 노동자 파업. 간토부인동맹, 전국부인동맹, 사회부인동맹 차례로 무산여성단체 결성.	조선, '신간회' 결성. 일본, 금융공황. 산둥(山東) 출병 (~1928).
1928	'경성여자상업학교' 동맹휴학. 여성종합지 월간 《현대부인》 발행. '경성여자소비조합' 조직. 평양의 '백선행기념관' 낙성식.	부인소비조합협회 발족. 《여인예술》 간행. 하야시 후미코, 「방랑기」 연재 개시.	조선, 원산총파업(~1929). 일본, 3·15사건(공산당원 대검거). 제남사건. 관동군, 장주오린(張作霖)을 폭살. 파리 부전(不戰) 조약.
1929	'평양불교여자청년회' 조직. 근우회 기관지 《근우》 창간.	무산부인동맹 결성. 개정 공장법 시행, 여성·소년 노동자의 심야작업 금지.	세계대공황. 광주학생항일운동.

	한국의 여성들	일본의 여성들	한일 및 세계의 주요 사건
1930	서울여학생만세시위운동(근우회사건). 근우평양지회, '여자실업장려회' 조직.	다카무라 이쓰에, 모치즈키 유리코 등 무산부인예술동맹 결성. ≪부인전선≫ 창간. 제1회 전 일본 부선대회 개최. 동양모슬린 가메도 공장, 종방, 구라시키 방적 등 방적 여성 노동자의 쟁의 격발.	금 해금(金解禁). 런던해군군축조약, 통수권 간범(干犯) 문제.
1931	천도교 '내수단'과 '여성동맹'이 합하여 '내성단' 결성. 평양 평원고무 공장 파업. ≪현대가정공론≫ 창간.	일본산아조절연맹 결성. 부산부인대회 개최. 대일본연합부인회 발족. ≪부인전기(婦人戰旗)≫ 창간, 주조(미야모토) 유리코, 구보카와(사다) 이나코 등 집필.	류탸오후(柳條湖) 사건(만주사변). 일본, 금 수출 재금지. 조선, '신간회' 해소 동아일보사, 브나로드 운동 전개(~1934).
1932	상하이에 최초의 해군 위안소 창설. 비판사, 여성 잡지 ≪여인≫ 발간. 조선제사공장 여직공 파업. 삼천리사, ≪만국부인≫ 발행. 청주군시(郡是) 제사 공장 여직공 파업. 제주도 잠녀 투쟁.	도쿄지하철 파업에서 여성들 활약. 대일본국방부인회 창립.	상하이 사변. '만주국' 성립. 5·15사건. 이봉창·윤봉길 의거.
1933	신동아사, ≪신가정≫ 창간. '조선여자소비조합' 창립총회. 평양 구전(久田)고무 공장 여직공 파업. 김천 상전(上田)정미소 여직공 파업. 이화여자전문학교 학생 등 '적색(赤色)독서회사건'으로 검거. 반두여성시보사, ≪반도여성≫ 발간.	도쿄부인시제쟁화연맹 결성. 「창기취체규칙」 개정 공포, 시행. 창기, 유곽 밖 외출 자유. 쇼치쿠 소녀가극단(도쿄) 쟁의 일어남.	일본, 국제연맹 탈퇴. 조선총독부, 농촌진흥운동 시작. 한글 마춤법 통일안 제정.
1934	군산 가등(加藤)정미소 여직공 파업. 카페 여급들이 잡지 ≪여성≫ 발행.	모성보호법제정촉진부인연맹 결성. 도호쿠 대흉작에서 딸의 인신매매 격증, 구제운동 개시.	워싱턴해군군축조약 폐기.
1935	목포 삼화(三和)고무 공장 여직공 파업.	선거숙정부인연합회 결성회.	일본, 미노베 다쓰기치(美濃部達吉)의 천황기관설 문제화. 이탈리아, 에티오피아 침공.
1936	사해공론사, ≪부인공론≫ 발간.	광산에서 여성의 심야작업 완전	일본, 런던군축회의 탈퇴. 2·26

	한국의 여성들	일본의 여성들	한일 및 세계의 주요 사건
	경성조선금융조합연합회, ≪가정지우≫ 창간.	금지. 보육문제연구회 성립, ≪보육문제연구≫ 창간.	사건. 독·일 방공(防共)협정 성립. 시안(西安) 사건. 조선중앙일보, 동아일보의 일장기 말살 사건.
1937	부산 조선방직공장 여직공 파업. 친일 여성단체 '애국금차회' 결성.	모자보호법, 보건소법 공포. 일본부인단체연맹(부선획득동맹 등 8개 단체) 결성, 시국에 협력. 애부·국부·연부 등, 국민정신총동원 중앙연맹에 포함. 여자의용대, 각지에 결성.	루거우차오(盧溝橋) 사건, 중일전쟁. 일본, 국민정신총동원중앙연맹 결성. 문부성, 『국체의본의』. 조선총독부, 황국신민의 서사 제정. 신사참배 강요. 독·이·일, 3국방공협정 성립. 중국, 제2차 국공합작.
1938	「조선교육령」 개정 공포, '황국신민화' 교육. 경성여자의학전문학교 설립. 숙명여자전문학교 설립. '애국부인회' 조선 본부에서 우량 아동 표창식을 거행. 조선총독부, 각종 토목공사에 「부인동원령」을 시달. 경성신문사 주최, 총후부인전람회 개최. 숭의여학교 신사참배 거부하고 폐교.	상하이 일본군 특무부에 군의 '위안부'로서 일본인·조선인을 합하여 100여 명의 여성이 모집됨. 그 뒤 다수의 여성이 군 '위안부'로서 전지에 보내짐. 「가정보국 3강령·실천 14요목」 발표. 다카무레 이쓰에, 『모계제의 연구』. 하세가와 데루, 한커우에서 항일 방송.	일본, 국가총동원법. 조선총독부, 한글 교육 금지. 뮌헨 협정.
1939	김활란, 이화학당 교장에 취임. 이화여자전문학교, 양장 제복 착용을 발표. 매일신보사와 경성일보사 주최로 '어머니의 날' 행사가 열림. '조선국방부인회' 설치.	'대륙신부' 100만 명 계획. 여성 광내 작업 금지 규정 개악. 부인시국연구회 결성, 국책연구·협력. 파마머리 금지, 여성에게 몸빼 상용화.	국민징용령. 독소불가침조약. 제2차세계대전 시작.
1940	일본적십자사 조선 본부에서 구호간호부 35명 모집. 여급·기생·하녀들이 실천저축조합 결성. 경성부 교화단체연합회에서 결혼상담소 설치. 송금선, '덕성여자실업학교' 교장이 됨.	애부·국부·연부 등 전시 절미보국운동. 국민우생법 공포. 사치품 사용 금지운동. 부선획득동맹 획득 해산 결정.	독·이·일 3국군사동맹. 조선총독부, 창씨개명 실시. ≪조선일보≫, ≪동아일보≫ 폐간. 한국, 광복군 창설. 다이쇼익찬회 성립. 대일본산업보국회 창립.
1941	매일신보사 주최, 총후부인들의	대일본연합여자청년단, 대일본	일본, 국민학교령. 쌀의 배급제도

	한국의 여성들	일본의 여성들	한일 및 세계의 주요 사건
	궐기로 '중견부인간담회' 개최. 임전보국부인대회가 열림.	청소년단으로 개조. 인구정책확립요강 결정, 조혼과 출산 장려, 이듬해에 임산부 수첩 배포. 경시청 요청으로 여성 잡지가 80개에서 17개로 통합. 「국민근무보국협력령」 공포.	실시. 문부성, 『국민의 길』. 소일중립조약. 아시아·태평양 전쟁, 대한민국 임시정부, 대일 선전포고.
1942	경성자매원 고아원 설립. 일반 가정의 금속류 강제 회수 시작.	대일본부인회 발기. 뒤에 다이쇼익찬회 가맹. 전시가정교육지도요강 제정, 가정생활의 국책협력 요청. 농번기 공동탁아소, 농촌의 생활 공동화 운동. 대일본부인회, 근로보국대의 결성을 지령.	일본, 미드웨이 해전에서 패배. '조선어학회' 사건.
1943	제4차 「조선교육령」 개정, 학도 전시동원체제 확립. 여자학도병 동원 결정. 경성운동장에서 여자전문체력대회 열림. 적십자사 조선 본부에서 제일선에 나갈 '백의의 천사' 편성식이 열림.	고등여학교 규정 제정, 수업연한 4년으로 단축. 도쿄 시 전시탁아소 요강 실시. 학도근로동원체제 확립 요강 결정.	일본, 솔로몬 제도의 과달카날 (Guadalcanal) 섬에서 패퇴. 학도 출병. 이탈리아 항복. 카이로 회담.
1944	조선여자청년연성소 규정 제정. 경성부에서 건강수첩제와 함께 임산부, 유유아(乳幼兒) 등록 실시. 「여자정신근로령」 공포·시행.	「학도근로령」, 「여자정신근로령」 공포·시행.	일본, 사이판 섬 함락당함. B29에 의한 일본 공습. 학동 집단 소개(疎開). 여운형, '건국동맹' 결성.
1945	'건국부녀동맹' 발족. 경성방직 공장 여성 노동자 총파업. '북조선민주여성동맹' 결성. 건국부녀동맹, '조선부녀총동맹'으로 개편.	국민근로동원법 공포·시행. 오키나와 전투에서 여자학생간호부대 집단자결. 내무성, 점령군을 위한 성적 위안시설(RAA) 설치를 지령. 신일본부인동맹 결성(회장 이치카와 후사에). 치안경찰법 폐지, 노동조합법 공포.	미군, 오키나와 상륙. 독일 항복. 얄타 회담. 포츠담 회의. 히로시마·나가사키에 원폭 투하. 일본, 포츠담 선언 승락. GHQ 설치, 5대 개혁 지령. 치안경찰법 폐지. 노동조합법 공포 국제연합 성립. 한국, 일제 식민통치에서 해방. 조선건국준비위원회 발족(위원장 여운형). 조선인민공화국 수립 선포.

	한국의 여성들	일본의 여성들	한일 및 세계의 주요 사건
			미 극동사령부, 남한에 군정 선포. 신탁통치 반대운동 시작.
1946	우익단체인 '독립촉성중앙부인단' 결성. '독립촉성애국부인회' 결성. 북조선임시인민위원회, 남녀평등에 관한 법 공포. 미군정 보건후생국 안에 부녀국 설치. 미군정 법령 제70호에서 '부녀자의 매매 또는 그 매매계약의 금지' 공포.	전후 제1회 중의원 선거, 여성들 최초로 참정권 행사. 전후 최초의 메이데이, 50만 명 참가인 중 여성은 8만 명. 일본국헌법 공포.	제1차 미소공동위원회 개최, 좌우합작위원회 출범. 천황의 '인간선언'. 극동국제군사재판(도쿄 재판)의 개정. 일본, 전후 최초의 총선거. 중국, 국공내전.
1947	미군의 한국 부녀 능욕 사건으로 각계 여론 비등. 조선부녀총동맹, '남조선민주여성동맹'으로 개칭. 《부녀신문》 창간. 「공창폐지령」 공포.	교육기본법, 노동기준법, 개정민법 공포. 노동성 발족, 부인소년국 신설(국장 야마카와 기쿠에).	제2차 미소공동위원회 개최, 유엔 총회에서 남북총선거를 통한 정부 수립 결정. 일본, 2·1총파업 중지 지령. 일본, 교육기본법 공포 6·3제 교육제도 실시. 일본, 독점금지법 공포. 노동기준법 공포. 마셜플랜 발표.
1948	'대한부인회' 결성. 제헌국회의원 선거에서 여성이 최초로 선거권 행사. '대한여자국민당' 창당.	GHQ, 노조부인부 비판, 해체를 시사. 우생보호법 공포.	유엔 소총회, 남한만의 선거 실시 결의, 남북협상. 제주 4·3항쟁. 대한민국·조선민주주의인민공화국 성립. 세계인권선언. 일본, 공무원의 파업권 박탈(정령 201호).
1949		실업을 반대하는 여성대회, 각지에서 개최. 생활개량보급원(전원이 여성) 전국에 배치.	김구 피살. 일본, 도지 라인(Dodge Line) 발표로 공무원의 대량 해고 북대서양조약기구(NATO). 중화인민공화국 성립.
1950	한국전쟁으로 수많은 '전쟁미망인' 발생. 여자의용군을 모집하여 전쟁에 참여시킴. 최초의 여군 배출.	생활보호법 공포·시행. 각지의 여성들, 공산주의자 숙청(red purge: 좌익세력의 색출 해고) 반대 투쟁. 방범협회, 경찰어머니회, 일본	한국, 농지개혁 실시. 한국전쟁(~1953). 일본노동조합 총평의회 결성. 일본, 레드 퍼지. 일본, 경찰예비대 설치.

	한국의 여성들	일본의 여성들	한일 및 세계의 주요 사건
	'대한여자청년단' 발족.	적십자봉사단 등 관계 여성단체 조직화.	
1951	조선 방직 여성 노동자 파업. '조선민주여성동맹' 결성. 여군 창설.	일본생활협동조합연합회(생협) 창립. 재군비반대부인회 결성(회장 히라쓰카 라이초).	한국, 거창양민학살사건. 일본교원노동조합, "제자를 다시 전쟁터에 보내지 말라"라는 운동 결정. 대일강화·일미안보조약 조인.
1952	여성 잡지 ≪여성계≫ 창간. '여성문제연구원' 창립.	면방 4할 조업 단축 등, 여성 노동자 대량 해고 개시. 제1회 전국부인교원연구협의회 파방법(破防法) 반대 부인단체 통일 행동. 생활을 쓰는 모임·생활기록운동을 시작. 일본탄광주부협회 결성.	한국과 유엔군 사이에 마이어 협정 체결. 제2대 정부통령 선거, 대통령에 이승만 당선. 징병제 실시. 일미행정협정 조인. 일본, 피의 메이데이 사건. 일본, 파괴활동방지법. 일본, 경찰예비대를 보안대로 개조.
1953	여성에게 글을 가르치기 위해 야간 어머니 학교 개설. 국립모자원 설립. 근로기준법에 여성 근로자에 대한 차별금지, 근로여성보호 및 모성보호 명기.	일본부인단체연합회 결성(회장 히라쓰카 라이초). 이시카와 현 우치나다 촌 시범사격장 접수 반대 투쟁, 여성들 연좌농성.	한국, 제1차 통화개혁 실시. 노동조합법, 노동쟁의조정법, 근로기준법 국회 통과. 휴전협정 조인. 우치나다(內灘) 시범사격장 반대 투쟁. 이케다·로버트슨 회담.
1954	≪서울신문≫에 정비석 소설 『자유부인』 연재. '모자원' 설치·운영.	원수폭(原水爆) 금지 서명운동, 스기나미 협의회 결성. 오미견사 노조 총궐기대회, 인권쟁의로서 주목.	한국, 사사오입 개헌. 일미 MSA 협정. 일본, 자위대 발족. 저우언라이(周恩來)·네루 평화 5원칙 발표.
1955	대구 대한방직 쟁의 발생. 여군훈련소 설립.	주부논쟁, 이시가키 아야코, 시미즈 게이코, 사카니시 시호 등 제1회 모친대회, 2,000여 명 참가. 모리나가 비소 우유 사건.	제1회 원수폭 금지 세계대회(히로시마). 스나가와(砂川) 기지 반대 투쟁. 일본사회당 통일. 보수합동(자유민주당 결성). 아시아·아프리카 회의. 바르샤바 조약 기구.
1956	여성문제연구원 부설 '여성법률상담소'(이후 가정법률상담소로 개칭) 설립(소장 이태영).	제1회 부락해방전국부인 대회(교토). 총평부인협의회 주최 '일하는 부인의 중앙집회' 시작. 매매춘방지법 공포(1958년 전면 실시).	한국, 제3대 정부통령 선거, 대통령에 이승만(자유당) 당선. 일소공동선언. 일본, 국제연합 가맹. 스탈린 비판 시작. 헝가리 사건.

	한국의 여성들	일본의 여성들	한일 및 세계의 주요 사건
			수에즈 전쟁.
1957	제1회 미스코리아 선발대회. 서울시, 여자경찰서 폐지. 국회, 동성동본과 8촌 이내 인척의 상혼을 금지하는 법 통과. 여성들, 국회 앞에서 민법안의 여성차별에 대해 시위.	제1회 전국소비자 대회, '소비자선언' 발표. 유엔 부인의 지위 위원회의 위원국에 일본 최초 당선.	퍼그워시 회의.
1958		제1회 부선회의(전국지역부인단체연락협의회, YWCA, 부선동창회 등 주최). 경찰직법 개악 반대의 여성운동, 데모.	한국, 가톨릭노동청년회(JOC) 조직. 진보당 사건. 일본교원노동조합 근평 투쟁. 일본, 경찰직법 개악 반대 투쟁. 일본에서 조선민주주의인민공화국(북조선)으로 귀환사업 시작.
1959	정부, UN 여성참정협정에 가입. '여성문제연구원'이 '여성문제연구회'로 개칭. '한국여성단체협의회' 창설(회장 김활란).	안보 개정 저지 모친대회. 후쿠오카 현의 여성, 탄광 실업자 구제의 '검은 날개' 모금운동.	한국, 반공청년단 결성. 미이케(三池) 탄광 쟁의 시작. 일본, 사회당 분열. 쿠바 혁명. 중소논쟁.
1960	전국섬유노조연맹 총파업, 8시간 3교대제 실시 요구. 부녀국, '부녀계몽' 위해 '어머니 교실' 설치. 여자국민당, 부통령 후보로 임영신 등록.	국회 구내에서 안보 반대 데모의 여학생 간바 미치코 압사. 후쿠후지 연습장 시보쿠사 어머니회, 연좌농성. 보육소 운동 활성화.	한국, 4·19혁명. 이승만 대통령 하야. 장면 정부 출범(제2공화국). 일미신안전보장조약 반대투쟁 고조. 남베트남 해방민족전선 결성.
1961	'여기자클럽' 발족. 5·16 쿠데타로 인해 YWCA 등 4개 단체를 제외한 모든 여성단체 강제 해산. '대한가족계획협회' 창립. 윤락행위 등 방지법 제정 공포.	여성단체 생백신 요구운동.	한미경제협정. 5·16 군사 쿠데타. 반공법 공포. '한국노동조합총연맹' 결성. 일본, 농업기본법. '베를린 장벽'이 세워짐.
1962	'대한가족계획협회' 시도 지부 설립. 가족법 제1차 개정. 법정분가제도 신설.	중학교 신학습 지도 요령, 여자는 가정과, 남자는 기술과. 객지벌이와 '엄마 농업', 농업 위기 심각.	한국, 제1차 경제개발 5개년 계획 시작. 김종필·오히라(大平) 메모 합의. 쿠바 위기.
1963	국립여성회관 설립. '대한가족계획협회'가 시범연구기관으로 지정한 종합병원에서 자궁 내 장치(리페스 루프) 시술 시작. 한국 여성이 리페스 루프	미이케 주부회, 미카와광 재해 책임 추궁 항의 대집회. 도쿄무인가보육소연락협의회 결성준비회. 재일조선여성동맹 주최, 조일부	한국, 노동조합법 개정. 제5대 박정희 대통령 취임(제3공화국 출범). 일본 최고재판소, 마쓰가와(松川) 사건 피고의 전원 무죄.

	한국의 여성들	일본의 여성들	한일 및 세계의 주요 사건
	의 세계 최초 임상실험 대상이 됨. 제1차 전국가족계획대회. 부녀국을 부녀아동국으로 개칭. '한국도시산업선교회' 구성, 본격적인 활동 시작. '크리스챤아카데미' 설립.	인간담회 개최.	일본, 부분적 핵실험 정지 조약.
1964	'대한부인회', '한국부인회'로 이름을 바꾸고 활동 재개.	보육소 요구 전국 여성대회. 모자복지법 공포·시행. 주부의 파트타임 취업 증가.	한국, 야당 및 각계 대표 200여 명 대일 굴욕외교 반대 범국민 투쟁위원회 결성. 한일회담 반대 학생시위. 한국군 베트남 파병 시작. 일본, IFM8조국(條國) 이행. 도카이 도(東海道) 신칸센 개통. 도쿄 올림픽.
1965	'여성문제연구회' 내 '가정경제보호회'를 설치하고 소비자 보호운동을 펼침. 국립모자원, 국립부녀직업보도소로 개칭.	베트남 침략전쟁 반대·한일조약 비준 반대 여성단체의 운동 활발. 모자보건법 공포.	한일협정 조인. 일본, 동화 대책심의회 답신. 미국, 북베트남 폭격 개시.
1966	서울 시내버스 '여차장' 파업 시위. 처우개선과 몸 수색 등 인권 유린 횡포에 항의. 서독, 한국간호원 128명 초청. 세 자녀 갖기 운동 전개.	전국농협부인 대회, 여성 8할 '농부증(農夫症)' 보고. 결혼퇴직제, 위헌 판결(스미토모 시멘트).	한국, 한미행정협정(SOFA) 조인 (1967.2.9. 발효). 외자도입법 제정. 중국, 문화대혁명.
1967	'한국교회여성연합회' 창립.	제1회 직업병 전국 교류 집회.	한국, 제2차 경제개발 5개년 계획 시작. 제6대 대통령 선거, 박정희 당선. 동백림 간첩단 사건 발표. 일본, 최초의 건국기념일. 일본, 공해대책기본법.
1968	'한국여성연구회' 내, '직업여성 상담실' 설치. 대법원, 한국 여성을 강간한 미군 2명에게 징역형 확정. 행정적 지원하에 전국 농촌에 마을 단위로 '가족계획어머니회' 조직.	무인가 보육소에 원조 결정(도쿄). 베트남 전쟁을 반대하는 여성운동 활발. ILO 100호 조약(남녀동일임금) 발표. 육상 자위대 여성 자위관 최초 모집.	북한 특수부대 청와대 기습. 한국, 주민등록증제도 도입. 국민교육헌장 공포. 일본, 전공투 운동 왕성. 미군, 남베트남에서 대학살(손 미사건). 파리, 5월혁명. 체코 사건.

	한국의 여성들	일본의 여성들	한일 및 세계의 주요 사건
			류큐 정부 초대 주석에 혁신적인 야라초뵤(屋良朝苗) 당선. 오가사와라(小笠原) 제도 반환.
1969	정부, '국민 생활 합리화'를 위한 「가정의례준칙」 공포. 기지촌 여성의 죽음에 대해 미군의 책임을 묻는 기지촌 여성들 시위.	이시무레 미치코, 『고해 정토—나의 미나마타병』. 영세아 지정보육소 설치 인정. 고교 진학률, 중의원 선거 투표율, 여성이 남성을 상회.	한국, 3선개헌 반대 학생시위. 3선개헌안 변칙 통과. 한국, 마산 수출자유지역 설치. 해방전선, 남베트남임시혁명정부 성립. 미, 전국에 베트남반전운동 확대. 사토·닉슨 공동성명, 안보유지, 한국·대만의 안전 중시 등 발표.
1970	청계피복노조 결성.	'침략=차별과 싸우는 아시아 부인 협회' 발족. 국제 반전의 날에서 일본의 우먼·리브 데모 시작.	한국, 경부고속도로 개통. 평화시장 노동자 전태일, 근로기준법 준수를 요구하며 분신자살. 오사카 센리에서 일본 만국박람회. 일미안보조약 자동 연장. 칠레에 아옌데 인민연합정권 성립.
1971	미군 기지촌 여성 100~150여명이 안정리 출입금지와 캠프 험프리의 정문 폐쇄 결정에 항의하여 시위 농성. 아이 둘 낳기 운동 전개. 농협 '부녀회' 조직.	아키타 지방재판에서 남녀 동일임금을 둘러싼 최초의 공판 투쟁. 오키나와 협정 비준 반대의 여성 집회 1만 7,000명 참가.	한국, 새마을운동 시작. 제7대 대통령 선거, 박정희 당선. 경기도 광주대단지 사건(도시빈민투쟁) 발생. 중화인민공화국, 국제연맹대표권 획득.
1972	한국모방(1974년 이후에는 원풍모방으로 개칭) 노조, 퇴직금 받기 운동과 노조 민주화 투쟁 시작. 동일방직 노조, 한국 최초로 여성 노조지부장 선출하고 민주노조 운동.	노동 부인 복지법 공포·시행. 우먼·리브 그룹, 우생보호법 개악 반대 전국 동시 데모.	한국, 7·4남북공동성명 발표. 「전국 비상계엄령」 선포, 국회 해산, 대학에 휴교령(10월유신). 제8대 대통령으로 박정희 선출. 오키나와 반환. 중일 국교 정상화.
1973	모자보건법 제정 시행. '범여성가족법개정촉진회' 결성. 콘트롤데이타 분회 결성. 노조 결성 후 임금인상과 노동시간 단축 등을 포함한 노동 개선 투쟁. 여성 특수과제 설정. '교회여성연합회', 기생관광 반	기생관광 반대운동 활발. '미혼모' 재판 패소. 고교 여자 가정과 필수 실시.	김대중 사건. 제4차 중동전쟁. 제1차 석유 파동.

	한국의 여성들	일본의 여성들	한일 및 세계의 주요 사건
	대운동. 부녀회 '새마을부녀회'로 변경.		
1974	반도상사 여성 노동자들 근로조건 개선 및 민주노조 결성 투쟁. 민주노조 결성. '크리스챤아카데미', '여성 인간선언'에서 여성운동을 문화개혁과 인간해방운동으로 규정.	가정과의 남녀 공동수업을 추진하는 모임 발족. 야스쿠니 법안 강행 채결(採決)에 여성 15단체, 반대 성명. 우생보호법 개정안, 폐안.	한국중앙정보부, '민청학련 사건' 발표 제2차 '인혁당 사건' 발표 동아일보 기자들, '자유언론실천선언' 발표 민주회복국민회의 선언대회 개최. 일본의 자민당, 야스쿠니 신사 법안을 중의원 본회의에서 채결 강행.
1975	가족법 개정안 법제사법위원회에 상정했으나 1년 이상 아무런 심의도 하지 않음. YH무역 노조 결성. 삼성제약에 노조 결성. 임금인상 투쟁과 성차별 언행 금지, 생리휴가, 결혼퇴직제 철폐, 산전·산후 휴가 정착, 수유시간 확보 투쟁. '크리스챤아카데미'의 젊은 주부 프로그램 실시. 여성운동의 인력 양성. 'YWCA연합회', '전문직여성클럽' 등 여성단체, 은행 여행원의 결혼퇴직제 폐지촉구운동.	세계여성대회(멕시코시티). 보육휴가 공포.	제1차 선진국 수뇌회의(사미트). 일본, 공로협 등 '파업권 파업'에 돌입. 한국의 조선일보와 동아일보 기자, 자유언론 투쟁과 해직사건. 청년문화 단속을 위해 가요 223 곡을 금지곡으로 발표.
1976	은행 여행원 결혼퇴직제 폐지. 동일방직 여성 노동자들 민주노조 사수 투쟁. '한국도시산업선교회', 노조설립 지원, 노동운동 지도자 훈련, 노사분규 조정 등의 활동 전개.	민법 등을 일부 개정, 이혼 후에 결혼 전의 성을 쓸 수 있도록 함. 후생백서, 최초의 여성과 사회보장 백서.	한국, 재야에서 '민주구국선언' 발표(3·1민주구국선언). 일본, 로키트 사건으로 다나카 전 수상 체포. 중국, 천안문 사건. 남북 베트남 통일.
1977	정부, 종합소득세제의 부양가족 공제대상 자녀 수를 2명으로 제한. 청계피복노조, 노동 교실 사수 투쟁. 가족법 제2차 개정. 여성계, 가족법 개정 청원서 국회 제출. 이화여자대학교, 여성학 강좌 개	도쿄 도 부인 상담 센터(가케코 미사) 개설. 제1회 전국 '여성사 모임' 개최 (나고야).	한국, 수출목표 100억 달러 달성. 엔고 불황. 중국, '4대 근대화 계획'.

	한국의 여성들	일본의 여성들	한일 및 세계의 주요 사건
	설. '가톨릭농촌여성회' 결성, '가톨릭농민(회)부녀부' 조직. '한국교회여성연합회', '가출 소녀와 매춘 여성에게 열린 전화' 개소.		
1978	동일방직 여성 노조원들, 회사 측에 의해 똥물을 뒤집어쓰고 집단 폭행당하는 사건 발생. 동일방직 여성 노동자 41명, 명동성당에서 9일간 단식농성. 광주 '송백회' 결성.	유엔에 핵무기 완전 금지를 요청하는 서명운동, 여성 17개 단체 공동행동. 국제여성학회 도쿄 회의 개회, '여성학'의 본격적인 등장.	국제연합, 최초의 군축특별총회. 중일평화우호조약 조인. 일미 가이드라인 결정. 제9대 박정희 대통령 취임.
1979	개정된 가족법 시행. YH무역 노조 장기 농성 돌입. 경찰이 강제해산하는 과정에서 여성 노동자 김경숙이 추락 사망하고, 100여 명이 부상당하는 YH사건 발생.	자민당, '가정 기반 충실에 관한 대책 요강' 발표.	일본, 원호법 성립. 제2차 석유 파동. 이란 혁명. 미국, 스리마일 섬 원폭 발사로 방사능 누출 사고. 한국, 크리스챤아카데미 사건. 소련, 아프가니스탄 침공. 한국, 부마항쟁. 한국, 박정희 대통령 암살 사건(10·26사건). 전두환 보안사령관 등 신군부, 12·12쿠데타.
1980	'여신학자협의회' 출범. '광주민중항쟁 구속자 가족회' 결성.	아시아 여성들의 모임, 성매매 관광 반대 집회·데모. 민법 등의 일부 개정, 배우자의 법적 상속분 2분의 1로 함.	한국, 광주 민주화 운동. 언론기관 통폐합. 노동관계법 개악. 일본, 최초의 중참 동시 선거에서 자민당 압승. 이란·이라크 전쟁.
1981	광주민중항쟁 구속자 가족 광주 미문화원 점거.	전쟁의 길을 허락하는 않는 여자들의 연락회, 반전 마라톤 연설 개시. 최고재판소, 남녀 정년 차별 무효 판결.	제12대 전두환 대통령 취임(제5공화국 출범). 중국 잔류 일본인 고아, 첫 일본 방문. 유럽에서 대규모 반핵 데모.
1982	'한국가정법률상담소', 호주제 폐지를 비롯한 가족법 개정을 촉구하는 건의서 국회에 제출. 1970년대 최후의 민주노조인 한국모방 노조 해체. 이화여자대학교, 여성학 대학원	교과서 검정 문제에서 시민여성단체, 문부성에 항의 데모. 우생보호법 개악 반대운동, 각지에서 일어남.	한국 부산의 미문화원 방화사건. '평화를 위한 히로시마 행동'. 포클랜드 분쟁. 일본의 역사 교과서 기술, 국제 문제화.

	한국의 여성들	일본의 여성들	한일 및 세계의 주요 사건
	과정 개설.		
1983	'한국여성개발원' 발족. 최초의 진보적 여성운동단체 '여성평우회' 창립. '한국여성의 전화' 창립. 정부, 총리실에 '여성정책심의위원회' 신설. '민주화운동청년연합 여성부' 조직.	여성 택시 운전사, 심야영업 허가를 진정. 동경강간구원센터 설립.	KBS 이산가족 찾기 TV 생방송 시작. 대한항공 습격 추락 사건. 서독에서 '반핵행동주간' 미군기지를 '인간 사슬' 30만으로 포위.
1984	청계피복노조 합법성 쟁취대회에서 노동자들과 학생이 참여하는 노학연대 투쟁이 전개됨. '가족법 개정을 위한 여성연합회'(회장 이태영) 결성. 각 회원 단체별 서명운동. '또 하나의 문화' 창립. '기독교농민회 여성위원회' 조직. '한국여성학회' 창립. 정부, UN의 '여성에 대한 모든 형태의 차별 철폐 협약' 가입. 청량리경찰서 여대생 성추행 사건. 여성단체, '여대생 성추행사건 대책협의회' 구성 및 공동활동.	후생성 전국 모자세대 조사, 이혼이 사별을 상회. 국적법·호적법 개정 성립, 부모 양계 혈통주의를 채용.	한국, 민주화추진협의회(민추협) 발족. 대학생들, 민정당사 점거 농성. 한국의 전두환 대통령 일본 방문, 나카소네 수상과 공동성명으로 '미래 지향'.
1985	'한국여성의 전화', 성도섬유(톰보이) 성폭력사건 항의 불매운동. '민주화실천가족운동협의회' 창립. 여성단체들, 25세 여성조기정년제 철폐를 위한 공동 활동 전개(위원장 김희선). 진보적 여성단체들, 제1회 3·8 여성대회 개최. 정부, 여성발전기본계획 수립. 여성단체들, 여성노동자생존권 대책위원회 공동 활동.	남녀고용기회균등법 성립. 여성차별철폐조약 비준.	한국, '민주통일민중운동연합'(민통련) 발족. 전국학생총연합(전학련) 결성. 대학생들, 서울 미문화원 점거 농성. 나카소네 수상, 역대 수상으로서 최초로 야스쿠니 공식 참배. 일본 후생성, 생활보호기준액을 남녀 동일하게 개정, 실시.
1986	서울고등법원, 이경숙 윤화(輪禍) 사건 항소심에서 미혼 여성	중참의원 동일(同日) 선거, 사회당 대패로 위원장에 도이 다	한국의 신민당, 개헌추진운동 선언. 제10회 서울 아시안 게임 개

	한국의 여성들	일본의 여성들	한일 및 세계의 주요 사건
	정년을 55세로 판결. 부천경찰서 경장 문귀동의 권인 숙 성고문 사건 발생. 의정부에 기지촌 여성 지원단체 '두레방' 설립. 성매매 근절을 위한 '한소리회' 결성. 모자보건법 전면 개정. '여성노동자생존권지원대책위 원회'(위원장 이우정) 결성. 'KBS TV시청료 거부운동 여성 단체연합' 구성 및 공동 활동. '한국여성의 전화', 직장 내 여 성차별 문제 및 성폭력 상담을 위한 여성문제 고발창구 개설.	카코(土井たか子). ILO 고용정책 조약(122호) 인 적 자원개발 조약(142호) 비준.	막. 일본, 1987년 예산으로 방위비, GNP의 1 % 돌파. 필리핀에서 마르코스 대통령 퇴 진, 아키노 정권 수립(필리핀 혁 명). 소련, 체르노빌 원자력 발전 대 사고.
1987	21개 여성단체가 모여 전국적 인 규모의 여성운동 조직인 '한 국여성단체연합' 발족. 1970년대 여성 노동운동 출신 들이 중심이 되어 '한국여성노 동자협의회' 창립. '한국 여성의 전화', 아내 구타 피 해자들을 위한 피난처 '쉼터' 개 설. 주부들과 사무직 여성 노동자들 이 중심이 되어 '한국여성민우 회' 창립. 남녀고용평등법 제정. '여성연합회', 가족법 개정을 위 한 계몽운동 전개. 전국 최초 군여성농민 단독집회. 농어촌 의료보험 개선을 위한 전 북 무안의 여성농민대회.	남녀 공동 참가형 사회의 신국 내 행동 계획 결정. 노동기준법 개정(노동시간 단축, 변형 노동시간 비율). 유책 배우자의 이혼을 조건부로 인정하는 판결. 어린이 동반 출근 논쟁(아그네스 논쟁) 일어남.	박종철 고문 치사 사건. 전두환 대통령, 호헌과 관련한 특별 담화 발표(4·13 호헌조치). '민주헌법쟁취국민운동본부' 결 성. 6월민주항쟁. 노태우, '6·29 선언' 발표. 한국, 7·8·9월 노동자 대투쟁. 일본의 국철 분할, 민영화. 전일본민간노조연합회(연합) 발 족.
1988	제2정무장관실 발족. 《여성신문》 창간. 성폭행하려는 남자의 혀를 깨물 다가 폭력혐의로 구속된 변월수 씨 사건 발생.		노태우, 제13대 대통령으로 취 임(6공화국 출범). 제24회 서울 올림픽 대회 개최. 한국, 5공 청문회. 노동법 개정 투쟁. 여의도 농민 시위. 한국민 족예술인총연합(민예총) 결성. '원자력발전소를 반대하는 1만

	한국의 여성들	일본의 여성들	한일 및 세계의 주요 사건
			인 행동'에 2만 명 참가(도쿄). 일본, 리크루트 사건.
1989	'한국여성정치문화연구소' 설립. 모자복지법 제정. '전국여성농민위원회' 결성(위원장 이정옥). '한국여성단체연합', 가족법 개정 특위 구성 및 대책 활동. 가족법 3차 개정. '한국여성연합', 인신매매 및 매춘 특위 구성. '한국여성연구회' 창립. '한국여성민우회', 생활 과제 포괄하는 지역 주부 운동의 조직을 위해 생활협동조합 운동 시작.	가정과 남녀 모두 필수, 보건체육 남녀 선택 가능. 후쿠오카에서 제소, 성희롱 문제화.	한국, '전국교직원노동조합(전교조)' 결성. 전대협 대표 임수경 평양에서 열린 세계청년학생축전 참가. 쇼와 천황 사거. 일본, 소비세 도입. 총평 해산, 일본 노동조합 총연합회(연합) 발족. 중국, 천안문 사건.
1990	37개 여성단체와 개인들, '한국정신대문제대책협의회' 결성. '정신대연구소' 발족(1997년 한국정신대연구소로 개칭).	1·57쇼크(합계 특수 출생률, 사상 최저). 일본 정부, 국회에서 일본군 '위안부'에 군의 관여를 부정. 매매춘문제대책위원회 주최의 집회에서 윤정옥 교수, 일본군 '위안부' 문제로 "일본 사람들에게 호소한다" 강연.	한국, '전국노동조합협의회(전노협)' 결성. 현대중공업 노동자들의 골리앗 농성 시작. 전노협, 현대중공업 노동자 투쟁을 지지하는 총파업. 한국, 소련과 수교. 일본, 주가 폭락. 동서 독일 통일.
1991	'영유아보육법' 제정. '한국성폭력상담소'(대표이사 조형, 소장 최영애) 개소. '걸프 전쟁과 한국군 파병을 반대하는 어머니 모임' 결성. 옛 일본군 '위안부' 김학순 할머니, 피해 사실 최초 공개. '한국여성단체연합', 분단 후 최초로 남북한 여성 대표들의 교류 모임 개최(장소: 서울). '전국지체부자유대학생연합' 조직 결성. 장애 여성의 문제를 제기. '한국여성단체연합', '한국여성의 전화', 성폭력특별법 제정 특위 결성. '김부남 씨 사건' 발생.	육아휴직법 성립(남성도 대상으로 함).	일본, 버블 경제 붕괴. 남북, 유엔에 동시가입, 제5차 남북 고위급 본회담에서 남북기본합의서 채택. 소연방 해체, 독립국가 공동체(CIS).

	한국의 여성들	일본의 여성들	한일 및 세계의 주요 사건
1992	한국정신대문제대책협의회, 일본군 '위안부' 문제 해결을 위한 정기 수요시위 시작. 전국여성농민위원회가 '전국여성농민회총연합'으로 명칭 변경. 성폭력 대책에 관한 특별법(안) 국회 제출. 평양에서 남북한 여성 교류 제3차 토론회 개최. 일본군 '위안부' 문제를 해결하기 위한 연대활동에 합의. '한국여성노동자회'가 '서울여성노동자회'로 개칭하고 전국 조직인 '한국여성노동자협의회' 창립. '한국여성단체연합', 1992년을 성폭력 추방의 해로 설정. '전국여성농민회총연합', 여성농민개혁안 발표. 정부, UN의 여성차별철폐위원회의 여성 폭력에 관한 일반 권고안 19호 채택. 여성단체들, 윤금이 씨 살해사건 공동대책위원회 결성. '여성문화예술기획' 창립. 의붓딸을 성폭행 오다가 살해당한 김영오 사건 발생.	방한한 미야자와 수상이 일본군 '위안부' 문제에 대해 사죄. 직장의 성희롱 소송 승소(후쿠오카 지방법원). 정부, 일본군 '위안부' 문제로 군의 관여나 강제성을 인정하여 정식으로 사죄.	PKO법 성립, 자위대, 캄보디아에 해외 파견. 유고 해체 분리·독립. 한국, 중국과 국교 수립. 제14대 김영삼 대통령 취임. 문민정부 출범.
1993	서울대학교 신 교수의 우 조교 성희롱 사건 발생. 한국성폭력상담소, 성폭력 피해자를 위한 위기 센터 개설. 한국인 최초의 동성애자 모임인 '초동회' 결성.	혼외자의 상속 차별, 도쿄 고등법원 위헌 판결. 파트타임 노동법 성립.	한국, 금융실명제 실시. 북한, 핵확산금지조약(NPT) 탈퇴 선언. 일본, 외국인등록법 개정법 시행, 지문날인제도 금지. 자민당 분열, 비자민 연립의 호소카와(細川) 내각 성립. 호소카와 수상, 아시아·태평양 전쟁을 침략전쟁으로 인정, 아시아 인근 국가들의 희생자에 추도의사 표명, 자민당을 중심으로 반대 성명. 유럽공동체(EC), 12개국에서 발족.

	한국의 여성들	일본의 여성들	한일 및 세계의 주요 사건
			팔레스티나 잠정 자치협정 조인.
1994	성폭력 범죄의 처벌 및 피해자 보호 등에 관한 법률 제정. 여성 동성애자 인권 모임 '끼리끼리' 결성. '한국여성단체연합'과 '한국여성단체협의회', '할당제 도입을 위한 여성연대' 결성 및 공동 활동. 한국 주요 여성단체들, 제4회 베이징세계여성대회 참석을 위한 한국 여성 NGO 위원회 조직. 장애우권익문제연구소, '빗장을 여는 사람들' 결성. 장애인운동 내에서 장애 여성의 문제 제기. '한국여성단체연합', 가정폭력방지법 제정을 위한 전국연대 결성.	남녀고용기회 균등법의 지침과 「여자 노동 기준 규칙」(여성보호규정)의 일부 삭제.	북한 김일성 주석 사망. 북미 제네바 합의. 일본, 자민·사회·사키가케의 3당 연립의 무라야마(村山) 내각 발족. 만델라, 남아프리카 대통령에 취임.
1995	'한국교회여성연합', '한소리회', 경기도여자기술학원 방화사건 대책협의회 결성. 성매매 여성의 인권문제 여론화. 제4회 베이징세계여성대회에 참가하여 일본군 '위안부' 문제를 세계적으로 여론화. 2000년대 여성 지위 향상을 위한 행동강령 마련. 여성과 환경분과 조직. 여성발전기본법 제정. 윤락행위 등 방지법 개정. 남녀고용평등법 2차 개정. '한국여성노동자협의회', 5개 지역에 평등의 전화 상담실 개설.	ILO 156호 가족책임조약 국회 승인. 베이징에서 제4회 세계여성회의 '행동강령', '베이징 선언' 채택. 오키나와에서 미군 병사 3명이 소학교 여학생을 강간.	일본, 한신 아와지 대지진. 일본, 옴진리교에 의한 지하철 독가스 사건. 세계무역기구(WTO) 발족.
1996	'농가주부모임전국연합회' 결성. '한국여성농업인중앙연합회' 결성. 제1회 전국여성장애인대회 개최. 기지촌 여성운동단체 '새움터' 설립. '한국정신대대책협의회', 일본 국	지방의회의 여성 의원, 전국에서 2,757명, 4.2%. 우생보호법 개정, 모체보호법으로 됨. 여성을 위한 아시아평화국민기금, '위로금' 지급 수속 개시.	GATT 해체. 세계무역기구 WTO 발족. 우루과이라운드 발효. 한국, 지방자치제 전면 실시. 전직 대통령 전두환, 노태우 구속. 5·18특별법 제정. 한국, 부동산 실명제 발표.

	한국의 여성들	일본의 여성들	한일 및 세계의 주요 사건
	민기금을 반대하는 강제연행당한 일본군 '위안부' 문제 해결을 위한 시민연대 결성. '한국여성단체연합', 가정폭력방지법 제정 추진 특별위원회 활동. 공권력에 의한 한총련 여학생 성추행 고소 고발.		일본, 비가열 혈액 제재로 HIV 감염된 혈우병 환자에게 후생장관 진사(陳謝).
1997	세계 여성의 날 기념 제13회 한국여성대회에서 부모 성 함께 쓰기 운동 선언. '여성문화예술기획', 제1회 서울여성영화제 개최. 헌법재판소, 가족법의 동성동본 금혼 규정에 대해 헌법 불합치 판정. 헌법재판소, 이혼재산분할에 대한 증여세 부과의 위헌 결정. 가정폭력 범죄의 처벌 등에 관한 특례법과 가정폭력 방지 및 피해자 보호 등에 관한 법률 제정. 국적법의 성차별 규정 개정. 자녀 국적은 부모 양계주의, 부부 국적은 선택주의 채택. '평화를 만드는 여성회' 창립. 페미니스트 저널 ≪이프(IF)≫ 창간.	일본 산부인과학회, 수정란의 유전자 진단 인정.	외환위기. 한국 정부, IMF(국제통화기금)에 긴급구제금융 공식 요청. 일미방위협력지침(가이드라인) 결정. 아이누 문화 진흥법 성립. 홍콩, 중국에 반환.
1998	성폭력특별법 제정으로 여성 위기 전화 '1366' 개통. 정부, 대통령 직속 '여성특별위원회' 신설. 6개 부처에 여성정책 담당관실 설치. 독자적인 장애 여성 모임인 '장애여성 공감' 창립. 법무부, 가족법 개정안 시안 마련. 가족법 개정 공청회 개최. 한국여신학자협의회 부설기관으로 '기독교여성상담소' 개설하여 교회의 성폭력 문제 다룸. 여성단체와 시민단체들, '호주제 폐지를 위한 시민연대' 결성.	일본 DV 방지·정보 센터 설립. 개정 노동 기준법 성립, 여성 보호 규정 철폐.	제15대 김대중 대통령 취임. 국민의 정부 출범. 기업과 은행의 구조조정. 기업의 연쇄부도, 퇴출, 실업대란. 북한, 김정일 체제 공식 출범. 현대, 금강산 관광사업 시작. 일본, 금융 빅뱅, 전후 최악의 실업률. 코소보 분쟁. 대인지뢰 전면금지조약 발효.

	한국의 여성들	일본의 여성들	한일 및 세계의 주요 사건
	정부, 여성정책 5개년 계획 발표. 여성 공무원 채용 목표제, 공기업 인센티브제 도입. 정부, 일본군 '위안부' 피해자에게 생활지원금 지급.		
1999	'여성 기업 지원에 관한 법률' 제정. 중소기업청에 여성기업활동촉진위원회 설치. 전국 여성 장애인 조직인 '한국여성장애인연합' 창립. '한국여성단체연합', '호주제폐지운동본부' 발족. '여성환경연대' 창립. 전국 50여 단체, 호주제 불만 및 피해 사례 신고전화 운영. '전국여성노동조합' 결성. '전국여성노조연맹' 출범. UN인권위원회, 한국 정부에 호주제 폐지 권고. 헌법재판소, 제대군인 공무원 채용시험 가산점제도 위헌 판결. '한국여성재단' 설립. 남녀고용평등법 개정에 직장 내 성희롱 조항 포함.	개정 남녀고용기회 균등법 시행. 개정 노동자 파견법 성립, 파견노동의 자유화. 남녀공동참여사회기본법 성립.	한국, 동티모르 파병.
2000	전국여성노조, 비정규직 여성권리 찾기 운동본부 발족. 군산 대명동 성매매 집결지 화재 참사사건을 계기로 여성계가 성매매 문제를 적극적으로 공론화. 2000년 일본군 성노예 전범 여성국제법정(일본 도쿄), 일왕 히로히토 유죄 판결. 여성부, 여성사전시관 개관. '운동사회 성폭력 뿌리뽑기 100인 위원회' 구성. 100인 위원의 실명공개 감행. 여성단체, 반인권 반여성적인 정치인에 대한 낙천·낙선운동을 적극 전개.	연금개혁 관련 7법 성립, 급부 수준 억제 등. 스토커 행위 규제법 성립. '여성국제전범법정' 도쿄에서 개최, 쇼와 천황 등을 유죄로 인정. 이듬해 헤이그 법정에서도 유죄 인정.	한국의 총선시민연대, 4·13총선 낙선운동. 평양에서 남북정상회담 개최. 남북 6·15공동선언 발표. 일본, 개정 개호(介護)노동자법 성립. 연금개혁 관련 8법 성립, 급부(給付) 수준 억제 등.

	한국의 여성들	일본의 여성들	한일 및 세계의 주요 사건
2001	한국여성단체연합, '성매매방지법 제정을 위한 특별위원회' 구성. 여성부 출범. '이주여성인권연대' 결성. 출산휴가 90일 확대, 유급육아휴직제 도입 등을 골자로 한 모성보호관련법 개정. 한국정신대문제협의회 내 전쟁과 여성 인권센터와 일본의 여성 전쟁 인권학회가 한일 여성 공동 역사 교재 편찬을 위한 모임 결성.	배우자로부터의 폭력방지 및 피해자의 보호에 관한 법률(DV방지법) 성립. 젠더 차별, 남녀 공동 참가를 위하여 반동.	한국, 국가인권위원회 출범. 일본, 정보공개법 시행, 시민의 개시청구권 인정. 미국, 9·11사건(미국 무역센터 빌딩 등 붕괴). 미·영군, 아프가니스탄 공격.
2002	미군 장갑차 여중생 살인사건.	승진 차별 소송, 승소, 화해 계속.	한일 공동 월드컵 대회 개최. 한국, SOFA 개정을 위한 촛불시위. 일본, 우정공사(郵政公社) 관련 4법 성립. 일본, 주민기본대장 네트워크 시스템 가동 개시. 북한과 일본 수뇌회담, 평양선언.
2003	노무현 정부, '호주제 폐지'를 12대 국정과제로 설정. 국무회의, 호주제 폐지를 내용으로 하는 민법개정안 의결. 정부, 보육 업무 여성부 이관. '한국여성단체연합', 이라크 파병 반대운동. '평화박물관 건립추진위원회' 발족식.	소자화(少子化) 대책 기본법 성립.	제16대 노무현 대통령 취임. 참여정부 출범. 북한 핵확산금지조약 탈퇴선언(NPT). 한국, 이라크 파병 반대 촛불시위. 한국 공병부대와 의료부대 이라크 파병. 일본, 개인정보보호법 성립. 일본, 유사법제 관련 3법 성립, 전시체제 정비 목적. 일본, 개정 테러 특조법 성립. 미·영군, 이라크 전쟁 개시.
2004	'한국정신대문제대책협의회', 정기 수요시위 600회 돌입. 17대 총선, 여성 국회의원 비율 13%. '레즈비언인권연구소' 개소. 전쟁과 여성인권박물관 건립위	개정 DV방지법 성립. 개정 아동 성매매·포르노 금지법 성립.	노무현 대통령 탄핵. 한국 전투부대 이라크 파병. 니가타 나카고에 지진. 자위대 이라크에 파병. 미군 헬리콥터 오키나와 국제대학에서 추락 사고.

	한국의 여성들	일본의 여성들	한일 및 세계의 주요 사건
	원회 발족식. '사이버 평화박물관' 개관.		남아시아 지진해일.
2005	호주제도 폐지를 내용으로 하는 민법개정안 국회 통과. 여성가족부 출범. 여성·가족·영유아 보육업무. 제9차 세계여성학대회 서울에서 개최. 빈곤과 폭력에 저항하는 여성 전 지구 횡단 릴레이 세계여성 행진(2005.3.8.~10.17.)에서, 한국에서의 7·3여성행진. 일본군 '위안부' 문제 해결을 위한 8·10 세계 연대의 날 집회. 한국정신대문제대책협의회 내 전쟁과 여성 인권 센터와 일본의 여성 전쟁 인권학회가 한일 여성 공동 역사 교재인 『여성의 눈으로 본 한일 근현대사』 발간.	검정 교과서에 '종군위안부' 삭제. 여성 천황을 둘러싼 논쟁. 헌법 9조, 24조를 지키는 움직임 활발.	일본 역사·공민 교과서 왜곡 파동.

　정말 힘든 과정이었다. 일본의 잇따른 역사 교과서 왜곡문제에 부딪히면서, 아시아의 근현대사에서 일어난 여성 인권침해 문제를 위해 연구하고 운동해 온 한국의 '전쟁과 여성 인권 센터'(한국정신대문제대책협의회 부설)와 일본의 '여성·전쟁·인권' 학회가 새롭게 역사 교재를 써보자고 의견을 모으게 되었다. 그동안 한국과 일본에서 만들어진 역사 교재들과는 다르게, 여성의 눈으로, 또 피해를 당한 사람들의 입장에서 다시 역사를 재구성해 보자고 생각했다. 그러고 보니, 한국이나 일본, 각 나라의 역사적 사실만으로는 실상을 알기 힘든 부분이 너무나 많다는 것을 깨달았고, 그래서 두 나라에서 일어난 일과 그 접점을 하나의 이야기로 엮어보자는 데도 의견을 모았다. 편집위원들이 한국과 일본을 오가며 관점과 책의 장, 절, 소제목과 그 안에 들어갈 구체적인 내용과 분량, 사진과 연표까지 토론하고 또 토론하며 다다른 오늘도, 아직 의견이 완전히 일치하지 않아 수시로 전화와 이메일이 오가고 있다. 무엇보다도, 이렇게 얽혀있는 한국과 일본, 재일교포의 손길과 숨결이 만든 온기와 활력이 이 책의 원천이다.

　전체를 7장으로 구성하여 한국과 일본에서 각 장의 책임자를 결정했다. 한국에서는 본인이, 일본에서는 스즈키 유코 선생이 책 전체의 편집 책임을 맡아 큰 흐름을 끌어갔지만, 각 장의 양국 책임자가 서로 원고를 검토하는 과정이 밑바탕을 이루었다. 한국 측은 꼭 필요한 부분을 제외하고 각 장의 책임자가 그 장의 한국에 관한 내용을 전체적으로 기술했다. 이 작업을 시작한 첫해에는 일제시대의 우리의 여성사, 다음 해에는 해방 후 여성사를 집중 토론하는 과정을 집필자 외의 다른 여러 학자들과 함께 거친 후였기 때문에 가능한 일이었다. 일본 측은 각 장의 책임자가 그 장 안의 절 또는 소제목마다 다른 필자를 찾아 원고를 쓰도록 하는 방식을 택했다.

한국의 원고는 하나의 흐름을 유지하면서 중복을 피할 수 있었지만 방대한 역사의 내용 중에서 한 사람의 필자가 간과한 것이 없지 않나, 또는 관점이 편향되지 않았을까 고심했으며, 반면에 일본의 경우는 대학원생, 활동가를 포함한 수많은 사람들의 다양한 관점과 의견을 포함시킬 수 있었지만, 중첩되거나 집필의 수준이나 관점에서 나타나는 차이를 조율하는 데 애를 태우기도 했다. 한국과 일본의 편집 책임을 맡은 본인과 스즈키 선생은 양국의 원고를 순서에 맞게 배열하고, 한 글자 한 글자까지 관점이 올바른지, 내용은 적합한지 고민하고 의논하면서, 필자들과 상의하여 문장을 고치고 다듬었다.

이처럼 한국 필자 내부에서, 또 일본 필자 내부에서, 그리고 양국 필자들 사이에서 일어나는 그야말로 다각적인 갈등과 차이를 대면하는 것은 도전 그 자체였다. 한일 관계, 그 안에서의 여성, 피해자의 역사 역시 이런 도전의 과정이지 않았을까. 우리가 마침내 완벽하지는 않지만 그 결실을 맺게 된 것과 같이, 우리 한일 여성의 역사도 무엇인가 성취해 가는 과정에 있을 것이다.

이 작업에 출발점이자 시종 기둥이 되어주셨던 윤정옥 선생님께 깊은 존경과 감사의 말씀을 드리고 싶다. 책의 모습을 갖추는 데 마지막 수작업을 하느라 사생활마저 바친 박정애 씨의 노고는 이루 말할 수 없다. 김수영 씨의 수고에도 감사한다. 예산과 연락을 비롯한 살림살이를 맡아준 윤예림 양과 수시로 바뀌는 원고의 일본어 번역을 끝까지 책임져 준 후지다케시 씨의 노력이 이 책의 구석구석에 숨어있다. 처음부터 관심을 가지고 책을 출판해 주신 도서출판 한울의 이재연 이사님께도 고개 숙여 감사드린다. 무엇보다도 이 작업에 참여한 모든 필자들과 함께 마침내 이루어

낸 우리의 책 출판을 기뻐하고 싶다.

한국와 일본의 역사 교재의 수준이 향상되는 데, 나아가서 한일 양국의 역사 발전에, 이 책이 조금이라도 기여할 수 있기를 우리 필자 모두를 대신하여 기원한다.

일본에서는 『젠더 시점에서 본 일한 근현대사』라는 이름으로 나시노키샤(梨の木舍)에서 한국과 동시에 출판된다.

2005년 10월

한국어 판 편집책임자 정진성

　이 책은 한국과 일본의 여성·시민들이 공동으로 만든 역사 교재입니다. 근대 초기부터 오늘날에 이르는 역사를 여성과 시민의 눈으로 살펴보려고 한 것입니다.

　사실, 역사인식을 둘러싸고 한국과 일본의 국민 사이에 깊은 골이 있습니다. 우리들 일본 국민이 우선 근현대 한일 역사에 관해 기본적인 사실을 제대로 아는 것이 중요하다고 생각합니다. 사실을 아는 것에서 서로에 대한 이해가 시작되어 신뢰 관계가 쌓일 수 있다고 믿기 때문입니다.

　이 책에서는 근대 초기부터 1945년까지 일본제국주의가 한국을 침략·점령하고 가혹하게 식민지 지배를 했던 것, 전후의 냉전체제하에서 일본이 미국의 비호를 받으며 침략과 식민지 지배의 청산을 회피했던 것, 그러한 무책임함이 지금까지도 '전후 배상' 문제를 해결하지 못한 채로 두고 있다는 것을 사실에 입각하여 서술하고 있습니다.

　우리들은 이 역사적 사실을 겸허하게 받아들여 한일 간 시민·여성 사이에 우정과 우호, 그리고 연대의 미래를 열어가고 싶습니다. 이 책은 이러한 생각을 가지고 간행되었습니다.

　한일 여성 공동 역사 교재의 편찬이 시작된 직접적인 계기는 2001년의 '역사 왜곡' 문제로 아시아의 공동투쟁운동이 전개되었던 때로 거슬러 올라갑니다. 이때 우리들은 교과서 전체에 '여성의 관점'이 빠져있다는 것을 통감했습니다. 다행히 이른바 일본군 '위안부' 문제로 한일 여성·시민 간에 10여 년에 걸친 연대운동이 있었습니다. 이 기초 위에서 공동의 역사 편찬 작업이 시작되었습니다. 그때로부터 정확히 4년, 드디어 간행에 이르렀습니다. 최초의 시도이기도 해서 부족한 점도 많이 있을 것입니다. 편집을 끝내는 지금, 이것이 첫걸음이므로 더욱 진전된 공동연구의 기초가 되기를 바라 마지 않습니다.

이 책이 나오는 데에는, 특히 한국에서 온 유학생 홍윤신·전성곤·김도희가 번역에, 연표 작성에는 미야자키 레이코(宮崎黎子)·우에다 아케미(植田朱美)가 각각 협력해 주었습니다. 마지막에는 나시노키샤의 하타 유미코(羽田ゆみ子) 씨께 큰 신세를 졌습니다. 하세가와 다케키(長谷川建樹) 씨는 꼼꼼하게 교정을 해주셨습니다. 모두에게 감사드립니다.

한편 한국어 판은 도서출판 한울에서 『여성의 눈으로 본 한일 근현대사』라는 이름으로 동시에 출판됩니다.

2005년 10월

일본어 판 편집책임자 스즈키 유코(鈴木裕子)

찾아보기

인명

지은이들

한국

강선미(康宣美) 1957년생. 이화여자대학교 대학원 여성학과 박사(여성학이론, 여성사 전공). 주한 유니세프 사무소 홍보관. 2005년 세계여성학대회 조직위원회 사무국장. 한국 국제협력사업단(KOICA) 페루 파견 여성정책 전문가. 현재 서울시립대학교 여성학 강사.

김수영(金秀映) 1966년생. 고려대학교 사회학과 박사. 도쿄대학교 사회과학연구소, 히도츠바시대학교 대학원 사회학연구과 객원연구원 역임. 고려대학교, 중앙대학교, 서울대학교 강사. 중앙대학교 사회과학연구소 전임연구원.

김제정(金濟正) 한국 근대사 전공. 서울대학교 강사.

김혜경(金惠慶) 1958년생. 이화여자대학교 사회학과 박사(식민지시대 가족사 전공). 전북대학교 사회학과 교수. 한국여성연구소 발간 ≪페미니즘 연구≫ 편집위원.

박선영(朴宣映) 서울대학교 대학원 여성학 협동과정 석사.

박정애(朴貞愛) 1973년생. 한국 근대사, 여성사 전공. 상명대학교 강사. 일제강점하강제동원피해진상규명위원회 조사관.

소현숙(蘇賢淑) 한국 근대사, 여성사 전공. 한양대학교 강사.

신영숙(申榮淑) 1949년생. 이화여자대학교 대학원 사학과 박사(한국 근대여성사 전공). 이화여자대학교, 서울여자대학교, 한양대학교 등 강사. 한국정신대연구소 소장 역임. 현재 일제강점하강제동원피해진상규명위원회 조사2과장.

신혜수(申蕙秀) 한국풍속산업의 정치경제학 연구. 한국정신대문제대책협의회 상임대표.

안연선(安姸宣) 독일 라이프찌히(Leipzig)대학 동아시아학과 연구원.

안진(安眞) 1958년 전남 출생. 서울대학교 사회학 박사. 피츠버그대학교(Pittsburgh Univ.) 국제학 연구 센터 Post-doc. 광신대학교 사회복지학과 교수. 광주여성민우회 이사. 광주전남여성연합 정책자문위원. 전남지방노동위원회 공익위원. 고용평등위원.

윤정옥(尹貞玉) 1925년생. 전 이화여자대학교 교수. 전 한국정신대문제대책협의회 공동대표.

이혜숙(李惠淑) 1957년생. 서울대학교 사회학과 박사. 경상대학교 사회학과 교수. 전 여성학회 이사. 한국가족학회, 한국사회사학회 회원.

정진성(鄭鎭星)　1953년생. 미국 시카고대학교(University of Chicago) 사회학 박사. 전 한국정신대문제대책협의회 공동대표. 현재 서울대학교 사회학과 교수. 유엔(UN) 인권소위원회 위원. 서울대학교 한국여성연구소 소장. 한국 통일부 정책자문위원. 일제강점하강제동원피해진상규명위원회 위원.

최병택(崔炳澤)　한국 근대사 전공. 서울대학교 강사.

일본

가미야 니지(神谷丹路)　1958년생. 한국·조선 연구.

가미야마 노리코(神山典子)　'미카엘라 기숙사' 근무.

고베 오사무(神戸 修)　근대일본사상사 연구가. 정토진종(淨土眞宗) 승려.

구마모토 리사(熊本理抄)　'여성·전쟁·인권' 학회 회원.

기쿠치 나쓰노(菊地夏野)　탈식민주의, 페미니즘 연구.

기타하라 메구미(北原 惠)　교토 출생. 코난(甲南)대학 교원. 표상(表象)문화론, 미술사, 젠더론 연구.

김성일(金聖一)　'여성·전쟁·인권' 학회 회원.

김영(金榮)　1959년생. 재일 조선여성사 연구자.

김우자(金友子)　리쓰메이칸(立命館)대학 대학연구과 박사 과정 단위취득 퇴학.

나카가와 시호코(中川志保子)　1976년생. 뉴욕주립대학 알바니(Alban)교 여성학부 석사 과정.

나카자와 기미코(中澤紀美子)　1940년생. 나라(奈良)여성사연구회 회원.

나카하라 미치코(中原道子)　'여성·전쟁·인권' 학회 회원. 바우넷 재팬(VAWW-NET Japan) 부대표.

니시노 루미코(西野瑠美子)　바우넷 재팬 공동대표. 여성들의 전쟁과 평화 자료관 관장.

다시로 미에코(田代美江子)　1962년 도쿄 출생. 여자영양대학 교원.

다카기 다카(高城たか)　1943년 아키타(秋田) 출생. '위안부' 문제의 입법해결을 구하는 모임 회원.

다카하라 사치코(高原幸子)　대학 비상근 강사.

도미타 사치코(富田幸子)　1948년생. 다카쓰키(高槻) 젠더 연구 네트워크.

도쓰카 에쓰로(戸塚悦朗)　료코쿠(龍谷)대학 법과대학 대학원 교수. JFOR 제네바 국제
　　　연맹 수석대표.

마키하라 노리오(牧原憲夫)　1943년 도쿄 출생. 도쿄경제대학 교원. 일본 근대사 전공.

모리카와 마치코(森川万智子)　1947년생. 버마의 일본군 '위안부' 연구.

모모코(MOMOCO)　1980년생. 섹슈얼리티 연구자. 서클 '로스(ROS)' 소속.

모토야마 히사코(本山央子)　'우먼인블랙(Women in black) 도쿄' 회원. 아시아여성자
　　　료센터 운영위원.

무라타 아키코(村田晶子)　1956년생. 사회교육 연구.

미노우라 마사키(箕浦正樹)　1972년 오사카 출생. 프리랜서.

미야기 하루미(宮城晴美)　1949년 오키나와 출생. 오키나와젠더사연구회 회원.

미야자키 레이코(宮崎黎子)　도쿄 출생. 아다라(足立)여성사연구회 회원.

미즈타마리 마유미(水溜眞由美)　오사카 출생. 일본사상사 전공.

방청자(方淸子)　'여성·전쟁·인권' 학회 회원.

사토 마코토(佐藤 眞)　1957년 아오모리 출생. 영화감독.

쇼지 루쓰코(東海林路得子)　일본기독교부인교풍회 '스텝하우스(stephouse)' 소장. 바
　　　우넷 재팬 공동대표.

스즈키 유코(鈴木裕子)　1949년 도쿄 출생. 여성사 연구자.

시미즈 기요코(志水紀代子)　1940년생. 오테몬가쿠인(追手門學院)대학 교원.

시미즈 사쓰키(淸水さつき)　1960년생. 게센죠가쿠엔(惠泉女學園)대학 평화문화연구소

야나기모토 유카코(柳本祐加子)　'여성·전쟁·인권' 학회 회원. 나고야(名古屋)경제대학
　　　교원. 민법학, 젠더법학 연구.

야마시타 아키코(山下明子)　1944년생. 여성학 연구자.

야마시타 영애(山下英愛)　대학 강사. 여성학.

오고시 아이코(大越愛子)　교토 출생. '여성·전쟁·인권' 학회. 페미니즘 사상 연구.

오바야시 미키(大林美龜)　1939년생. 나라(奈良)여성사연구회 회원.

오하시 미노루(大橋 稔)　'여성·전쟁·인권' 학회 회원. 조사이(城西)대학 교원.

와타나베 스미코(渡邊澄子)　도쿄 출생. 다이토(大東)문화대학 명예교수. 근대 일본문
　　　학 전공.

우에다 아케미(植田朱美)　1949년 오사카 출생. 이와테(岩手) 여성사를 만드는 모임
　　　회원.

이게다 미도리(井桁 碧) '여성·전쟁·인권' 학회 회원.

이수경(李修京) 도쿄학예대학 교원. 한일 근대사.

이시지마 아유미(石島亞由美) 1980년생. 여성학, 젠더론 전공.

이시카와 마사야(石川雅也) 1977년 고베 출생. 일본정치사상사 전공.

이케다 에리코(池田惠理子) TV 프로듀서. 바우넷 재팬 회원. 여성들의 전쟁과 평화
　　자료관 운영위원장.

호시 레이코(星 玲子) 1926년 홋카이도 출생. 공창제도 연구.

홋타 요시로(堀田義太郎) 1974년 나고야 출생. 오사카(大阪)대학 대학원 의학계 박사
　　과정.

홍윤신(洪玧伸) 1978년 서울 출생. 와세다(早稻田)대학 대학원 아시아·태평양연구과
　　박사 과정. 오키나와·한국의 군사폭력 연구.

후나바 야스유키(舟場保之) 1962년생. 자유주의자.

후지메 유키(藤目ゆき) 1959년생. 오사카(大阪)외국어대학 교원.

히아이 아카네(日合あかね) 1975년생. 젠더·섹슈얼리티 연구자.

한일여성공동역사교재 편찬위원

한국	일본
정진성 (편집책임자)	스즈키 유코 (편집책임자, 제1·4장 편집담당)
강선미 (제1장 편집담당)	오고시 아이코 (제2·6장 편집담당)
신영숙 (제2장 편집담당)	이게다 미도리 (제3장 편집담당)
김혜경 (제3장 편집담당)	시미즈 기요코 (제5장 편집담당)
박정애 (제4장 편집담당)	나카하라 미치코 (제7장 편집담당)
이혜숙 (제5장 편집담당)	('여성·전쟁·인권' 학회)
김수영 (제6장 편집담당)	
안 진 (제7장 편집담당)	

한울아카데미 800

여성의 눈으로 본 한일 근현대사

ⓒ 한일여성공동역사교재 편찬위원회, 2005

지은이 | 한일여성공동역사교재 편찬위원회
펴낸이 | 김종수
펴낸곳 | 도서출판 한울

초판 1쇄 발행 | 2005년 10월 28일
초판 2쇄 발행 | 2011년 4월 25일

주소 | 413-756 경기도 파주시 교하읍 문발리 535-7 302(본사)
　　　121-801 서울시 마포구 공덕동 105-90 서울빌딩 1층(서울 사무소)
전화 | 영업 02-326-0095, 편집 031-955-0606(본사)/02-336-6183(서울)
팩스 | 02-333-7543
홈페이지 | www.hanulbooks.co.kr
등록 | 1980년 3월 13일, 제406-2003-051호

Printed in Korea.
ISBN 978-89-460-4406-7　93910

* 가격은 겉표지에 있습니다.